금융으로 세상을 읽다

김진호 교수의
금융학 강의

금융으로 세상을 읽다

김진호 교수의 금융학 강의

금융이라는 단어를 분해하면 자금 또는 금전의 융통이 되며, 이를 우리말로 풀어내면 '돈의 흐름'이 된다. 낚시를 잘하는 사람들은 비싼 낚싯대나 미끼에 신경을 쓰기보다는, 계절과 시간, 날씨 등을 고려하여 물고기가 잘 모이는 포인트를 찾는 데에 주력한다. 즉 물고기가 들고 나는 흐름을 중시하는 것이다. 이와 마찬가지로 금융전문가들은 복잡다단한 정보들로부터 '돈의 흐름'을 읽는 데에 큰 신경을 쓴다. 돈의 흐름을 제대로 읽어낸다면 남들보다 적은 비용으로 돈을 빌려서 사업을 증진시키거나, 여윳돈을 굴려 재테크 수익률을 높일 수 있다. 낚시꾼이 물고기가 모이지 않는 곳에 앉아서 비싼 낚싯대에 맛있는 미끼를 물리고 기다려봐야 허탕 치기 마련인 것처럼, 돈의 흐름을 읽지 못한다면 금융에서 성공을 기대하기는 어렵다. 금융이 돈의 흐름이라면 돈은 어디에서 어디로 흐르는 것일까? 학생들에게 물이 어디에서 어디로 흐르는가를 물어보면 대개는 높은 곳에서 낮은 곳으로 흐른다고 대답한다. 아주 틀린 대[illegible]렇다면 하늘에서 내린 빗물이 높은 산에서 출발하여 시내와 강을 거쳐 낮[illegible]다에 이른 다음에는 어디로 갈까? 더 이상 낮은 곳은 없다. 이제는 다시 올라가야 한다[illegible]다에 이른 물은 증발하여 수증기가 되어 구름을 형성한다. 그리고 물은 비가 되어 땅으로 [illegible]지고 낮은 곳을 향하여 다시 흐르기 시작한다. 물은 높은 곳에서 낮은 곳으로 흐르기만 하는 [illegible] 아니다. 생태계에서 물은 높은 산에서 낮은 바다로, 그리고 하늘로 올라가 높은 산으로 다시 내[illegible]를 형성한다. 그렇다면 돈의 흐름은 어떠한가? 만일 물이 높은 곳에서 낮은 곳으로만 흐른다고 생각하면, 돈은 많은 곳에서 적은 곳으로 흐른다고 생각하기 쉽다. 그러나 우리는 모두 알고 있다. 돈이 부자로부터 가난한 사람에게 흐르기는 쉽지 않다는 것을 말이다. 오히려 그 반대일 가능성이 크다. 결론부터 얘기하자면 돈은 여유가 있는 곳에서 필요한 곳으로 흐르기 시작한다. 삶에서 돈의 여유가 있는 사람이 얼마나 될까? 아마도 극소수를 제외하고는 대개 돈의 부족함을 느끼며 살 것이다. 그러나 돈의 부족을 느끼는 중산층이나 저소득층도 저축을 한다. 쓰고 남아서 저축을 하는 것이 아니다. 부족함에도 불구하고 적은 월급에서 일단 저축할 몫을 떼어 놓고 나머지를 소비하는 것이 우리네 보통사람들의 바람직한 삶이다. 그렇다면 왜 가계는 부족한 돈에서 저축부터 하고자 하는 것일까? 이는 저축이 실직, 질병 등 불확실한 미래에 대비하고 더 나아가서 은퇴 이후의 삶을 준비하기 위해 꼭 필요하기 때문이다. 쓰고 남아서 여윳돈이 아니라 미래에 대비해 자기 강제적으로 모아야 하는 여윳돈인 것이다. 부자, 중산층, 저소득층 모두가 소득 크기에 불문하고 저축을 우선시해야 하는 이유가 바로 여기에 있다. 이렇듯 가계 부문에서 저축을 시작하는 것이 '돈의 흐름'의 출발점이 된다. 각 가계 단위로 보면 적은 돈일 수 있지만 이들이 모이면 커다란 자금이 된다. 마치 시냇물이 모여서 큰 바다를 이루는 것과 같다. 이렇듯 가계 부문의 저축으로부터 형성된 여윳돈은 은행과 금융시장을 통해 기업 부문으로 흘러가게 된다. 가계 부문이 은행에 예금이나 적금을 하면 은행은 이 돈을 필요한 기업에 대출해줄 수 있다.

김진호 지음

이화여자대학교출판문화원

머리말

오늘날 금융은 일반인 대부분이 필요로 하는 필수재가 되었음에 비해, 내용은 이해하기 어려워졌고 과거보다 다루는 영역도 넓어졌다. 이 책은 금융 전공자들이 금융시장, 금융회사 경영 및 금융상품 분석의 출발점으로 삼고, 더 나아가 대학 수준의 학습능력을 갖춘 금융 비전공자들이 금융을 포괄적으로 이해하는 데에 도움을 주려는 목적으로 만들어졌다. 이 책에서 저자는 금융과 실물경제 간 관계에서 출발하여, 금융시장, 금융회사 경영 및 금융상품 각각에 대한 독자들의 기본적 이해를 돕고자 했다.

금융을 제대로 이해하기 위해서는 경제학과 금융학의 다양한 과목들, 그리고 수학과 통계학의 지식까지 필요로 한다. 이들 과목을 꼼꼼하게 이수하고 나서야 실제 금융현상을 해석하고 분석하여 재테크에 활용하거나, 더 나아가 정책을 비판하고 대안을 제시하는 것이 가능하다. 저자는 지난 20여 년에 걸쳐 책과 칼럼들을 통해 금융의 다양한 사례들을 분석하는 작업을 지속적으로 해왔다. 사례 연구들 각각은 나름대로 당시의 금융현상을 분석, 비판하고 정책 대안을 제시하기 위한 독립적 역할을 수행했으며, 전체적으로는 금융의 통합적 체계 내에서 필요한 주제들을 포괄하고 있다. 이 책은 저자의 기존 저서와 칼럼들에서 시공(時空)을 초월한 보편적 내용들을 발췌, 수정 및 편집하여, 금융을 이해하는 데에 필요한 분야들을 포괄적이고 체계적으로 정리한 개론서이다.

이 책에는 금융을 바라보는 저자의 주관(主觀)이 적잖이 녹아들어가 있다. 따라서 금융 교과서나 참고서라고 하기는 적합하지 않을 수 있다. 독자들은 이 책에 더하여 금융 관련 다양한 독서를 통해 금융에 대한 자신의 견해를 구축해가기 바란다. 이 책의 내용은 저자의 기존 저서와 칼럼들을 기반으로 했으되, 다양한 외부 자료, 특히 한국은행과 금융감독원의 훌륭한 자료들로부터도 큰 도움을 받았다. 하지만 이 책은 팩트북(fact book)이 아니다. 따라서 최신 금융제도 및 각종 통계수치들에 대해서는 해당 기관의 홈페이지 및 발간자료들을 참고하기를 부탁드린다.

이 책의 구성은 다음과 같다. Part 1에서는 금융을 공부하기 위한 기초로서 '금융이란 무엇인가'라는 본질적 질문에 답하고, 금융을 공부하는 이유와 구체적인 공부 방법을 소개했다. Part 2는 금융시장과 하부구조에 대한 이해를 돕기 위해, 실물경제, 경기변동과 정부정책, 금융시장과 돈의 흐름 및 금융하부구조에 대해 설명했다. Part 3는 은행, 증권 및 보험회사 등 금융회사에 대한 이해를 돕기 위해, 금융회사의 본질과 권역별 특징들을 정리했다. Part 4는 각종 금융상품을 이해하려는 목적하에, 금융상품 투자의 기초, 다양한 금융상품들의 소개, 금융신상품 및 포트폴리오 개념을 다루었다. Part 5에서는 금융의 사회적 역할 측면에서 개인 신용관리와 금융교육, 금융소비자 보호와 포용적 금융 등의 주제를 다루었다. 마지막으로 Part 6에서는 우리나라 금융의 역사적 경험으로서, 1997 외환위기와 2008 글로벌위기를 겪으면서 지금에 이르는 금융 및 실물경제의 과거, 현재 그리고 미래를 조망해보았다.

이 책이 출간된 것은 이화여자대학교출판문화원의 적극적 권유가 계기가 되었다. 적절한 기획과 격려로서 저자를 이끌어준 출판문화원 관계자들께 감사드린다. 또한, 저자의 강의와 강연을 들은 수많은 학생들 및 수강생들과의 교류가 이 책의 기초를 구성했음을 밝힌다. 학회활동을 통해 저자에게 가르침을 주고 새로운 생각의 방향을 이끌어준 동료와 선배들께도 감사드린다. 1년이 넘는 저술 기간 중 저자의 영육 간 건강에 힘써준 가족들에게 감사와 더불어 깊은 사랑을 전한다. 마지막 감사를 이 책을 읽어줄 독자들에게 미리 드리며, 이제 또 한 권의 책을 세상으로 내보낸다.

2017년 7월

이화여대 연구실에서

저자 김진호

차례

part 1

금융을 공부하기 위한 기초

chapter 1

금융이란 무엇인가

1. 금융은 돈의 흐름이다

금융(金融)이라는 단어를 분해하면 자금(資金) 또는 금전(金錢)의 융통(融通)이 되며, 이를 우리말로 풀어내면 '돈의 흐름'이 된다. 낚시를 잘하는 사람들은 비싼 낚싯대나 미끼에 신경을 쓰기보다는, 계절과 시간, 날씨 등을 고려하여 물고기가 잘 모이는 포인트를 찾는 데에 주력한다. 즉 물고기가 들고 나는 흐름을 중시하는 것이다. 이와 마찬가지로 금융전문가들은 복잡다단한 정보들로부터 '돈의 흐름'을 읽는 데에 큰 신경을 쓴다. 돈의 흐름을 제대로 읽어낸다면 남들보다 적은 비용으로 돈을 빌려서 사업을 증진시키거나, 여윳돈을 굴려 재테크 수익률을 높일 수 있다. 낚시꾼이 물고기가 모이지 않는 곳에 앉아서 비싼 낚싯대에 맛있는 미끼를 물리고 기다려봐야 허탕 치기 마련인 것처럼, '돈의 흐름'을 읽지 못한다면 금융에서 성공을 기대하기는 어렵다.

1) 돈은 어떻게 흐르는가?

금융이 '돈의 흐름'이라면 돈은 어디에서 어디로 흐르는 것일까? 학생들에게 물이 어디에서 어디로 흐르는가를 물어보면 대개는 높은 곳에서 낮은 곳으로 흐른다고 대답한다. 아주 틀린 대답은 아니다. 그렇다면 하늘에서 내린 빗물이 높은 산에서 출발하여 시내와 강을 거쳐 낮은 바다에 이른 다음에는 어디로 갈까? 더 이상 낮은 곳은 없다. 이제는 다시 올라가야 한다. 바다에 이른 물은 증발(蒸發)하여 수증기가 되어 구름을 형성한다. 그리고 물은 비가 되어 땅으로 떨어지고 낮은 곳을 향하여 다시 흐르기 시작한다. 물은 높은 곳에서 낮은 곳으로 흐르기만 하는 것이 아니다. 생태계에서 물은 높은 산에서 낮은 바다로, 그리고 하늘로 올라가 높은 산으로 다시 내려오는 순환계(循環系)를 형성한다.

그렇다면 '돈의 흐름'은 어떠한가? 만일 물이 높은 곳에서 낮은 곳으로만 흐른다고 생각하면, 돈은 많은 곳에서 적은 곳으로 흐른다고 생각하기 쉽다. 그러나 우리는 모두 알고 있다. 돈이 부자로부터 가난한 사람에게 흐르기는 쉽지 않다는 것을 말이다. 오히려 그 반대일 가능성이 크다. 결론부터 얘기하자면 돈은 여유가 있는 곳에서 필요한 곳으로 흐르기 시작한다. 삶에서 돈의 여유가 있는 사람이 얼마나 될까? 아마도 극소수를 제외하고는 대개 돈의 부족함을 느끼며 살 것이다. 그러나 돈의 부족을 느끼는 중산층이나 저소득층도 저축을 한다. 쓰고 남아서 저축을 하는 것이 아니다. 부족함에도 불구하고 적은 월급에서 일단 저축할 몫을 떼어놓고 나머지를 소비하는 것이 우리네 보통사람들의 바람직한 삶이다.

그렇다면 왜 가계는 부족한 돈에서 저축부터 하고자 하는 것일까? 이는 저축이 실직, 질병 등 불확실한 미래에 대비하고 더 나아가서 은퇴 이후의 삶을 준비하기 위해 꼭 필요하기 때문이다. 쓰고 남아서 여윳돈이 아니라 미래에 대비해 자기강제적(自己强制的)으로 모아야 하는 여윳돈인 것이다. 부자, 중산층, 저소득층 모두가 소득 크기에 불문하고 저축을 우선시해야 하는 이유가 바로 여기에 있다. 이렇듯 가계 부문에서 저축을 시작하는 것이 '돈의 흐름'의 출발점이 된다. 각 가계 단위로 보면 적은 돈일 수 있지만 이들이 모이면 커다란 자금이 된다. 마치 시냇물이 모여서 큰 바다를 이루는 것과 같다.

이렇듯 가계 부문의 저축으로부터 형성된 여윳돈은 은행과 금융시장을 통해 기업 부문으로 흘러가게 된다. 가계 부문이 은행에 예금이나 적금을 하면 은행은 이 돈을 필요한 기업에 대출해줄 수 있다.[1] 한편, 가계 부문에서 기업의 주식이나 채권을 매입해도 돈은 가계에서 기업으로 흐른다.[2] 그렇다면 이때 기업이 돈을 끌어다 쓰는 이유는 무엇일까? 기업을 하는 사람들이 자기 돈만 갖고 해도 되지 않을까? 왜 굳이 은행 대출, 주식 및 채권 발행 등 남의 돈을 끌어들여서까지 하고자 하는 것일까? 가계 부문과 달라서 기업은 끌어다 쓴 돈의 조달 비용 대비 투자의 효익이 크다면 외부로부터 돈을 끌어다 쓰는 것이 타당하다. 물론 기업의 생사(生死)를 가를 만큼 무모한 규모로 끌어다 쓰지만 않는다는 전제하에서 말이다.

성공적 기업은 직접 또는 간접금융을 통해 외부로부터 끌어온 자금을 효율적이고 효과적으로 투자하여 영업이익을 낸다. 그리고 이는 은행 대출이나 채권에 대해서는 이자, 주식에 대해서는 배당금의 형태로 다시 가계 부문으로 환류된다. 물론 이때 가계 부문이 기업에 노동을 공급하고 이에 대한 대가로 받은 임금 역시 기업에서 가계로 흐르는 주요 환류 통로가 된다. 결국 가계는 기업으로부터 이자, 배당금, 임금 등을 받아, 다시 이중에서 상당액을 저축하고 나머지를 소비하고자 한다. 하나의 순환과정이 돌아간 것이다. 이러한 순환과정이 확장적으로 이루어질 때 우리는 이를 '금융의 선순환(善循環)'이라고 한다.

그러나 바람직하지 않은 경우도 있다. 애초 자금이 가계에서 기업으로, 그리고 그 과실이 기업에서 가계로 이어지는 것이 선순환이라면 반대는 악순환(惡循環)이

---

1 이를 '간접금융'이라고 한다. 은행이 중간에 서서 예금자와 대출자를 분리하여 상대방을 서로 모르게 한다는 데에서 나온 말이다.

2 이때는 돈을 공급하는 가계와 이를 끌어다 쓰는 기업이 상대방을 서로 직접 파악할 수 있기 때문에 이를 '직접금융'이라고 한다.

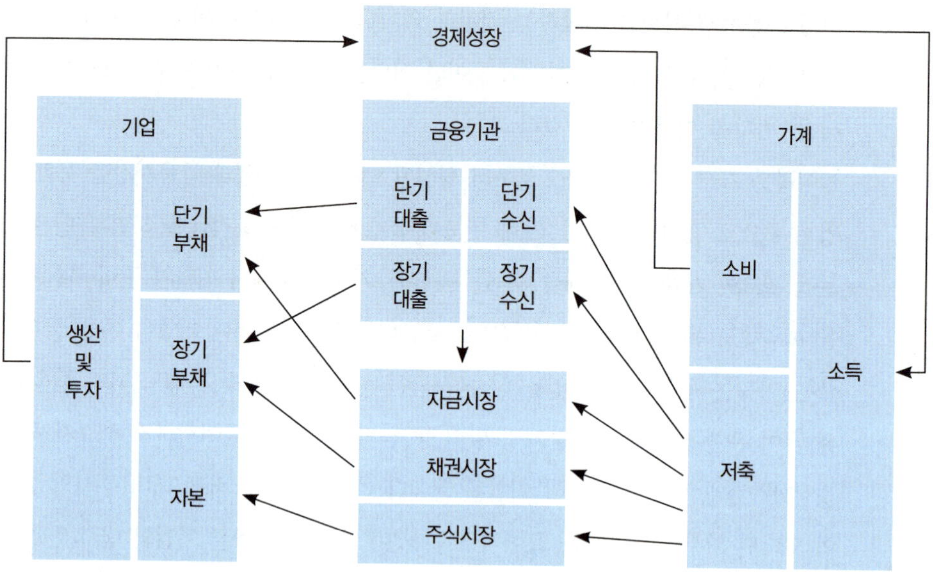

〈그림 1-1〉 돈의 흐름

자료: 한국은행, 한국의 금융제도, 2011

다. 기업이 벌어들인 영업이익을 가계로 환류하기보다는 저축을 하고 가계가 이를 빌려다 쓰는 것이다. 투자를 해야 하는 기업이 저축을 하고, 반대로 저축을 해야 하는 가계가 대출을 끌어다 쓰는 것은 중장기적으로 보면 바람직하지 않다. 가계는 외부에서 끌어다 쓴 돈을 효율적이고 효과적으로 투자하여 순환과정을 확장적으로 주도할 능력이 없기 때문이다. 2000년대 후반 이후 우리나라 경제가 무기력한 모습을 보이는 것은 금융시장 일부에서 나타난 자금의 악순환과 무관하지 않다.

2) 자금 순환과정에서 금융회사의 위치

자금의 순환과정에서 금융회사 및 금융시장은 핵심적 중개역할을 담당한다.[3] 금

3 금융회사와 금융기관은 이 책의 대부분에서 비슷한 의미로 사용된다. 양자간 차이에 대해서는 ch.5에서 상술한다.

융산업이 제조업과 같이 삶에 직접 유용한 재화 또는 서비스를 생산하지 못함에도 불구하고 중요성을 인정받는 것은 '자금의 융통' 기능을 담당하기 때문이다. 즉 자금의 잉여 부문(주로 가계)으로부터 생산적인 기업 부문으로 자금을 흘려보내고, 또한 과실을 다시 가계로 돌려주는 서비스를 제공함으로써 경제 전체의 효율성을 증진시키는 것이다. 이를 위해서는 보다 생산적이고 미래지향적인 기업을 선정하는 심사능력이야말로 금융산업의 핵심역량이라고 할 수 있다.[4]

2. 금융의 사회경제적 역할[5]

금융의 기능은 신체에서 핏줄과도 같다. 힘줄과 뼈대가 일을 할 수 있도록 핏줄은 영양분과 산소를 공급하는 역할을 한다. 드러나 보이게 일을 하는 것이 아니기 때문에 가끔은 무위도식(無爲徒食)한다는 억울한 비난을 받을 수도 있지만, 신체에서 핏줄의 중요성은 결코 간과할 수 없다. 핏줄은 심장을 중심으로 연결된다. 허파에서 영양분과 더불어 맑은 산소를 공급받은 혈액은 심장 박동에 의해 동맥을 따라 신체 각 부분으로 전달되어, 힘줄과 뼈대가 일하게끔 에너지를 공급해준다. 그리고 소기의 목적을 마치고 난 피는 정맥을 통해 다시 심장으로 끌려들어온다. 이 과정을 끊임없이 반복하면서 우리 신체는 일하고 먹고 놀기도 하는 것이다.[6]

금융은 시장에서 비생산적으로 놀고 있는 여유자금(대개 가계 부문)을 끌어모아서 이를 보다 생산적인 부문(대개 기업 부문)에서 사용되도록 함으로써, 경제 전체적으로 효율성을 증진시킨다. 주로 가계 부문에 산재해 있는 비생산적 자금을 끌어모으는 일은 허파에서 영양분과 산소를 공급받아 동맥으로 이어주는 것에 비유

4 『신용경제』 저자 칼럼(2000년 11월) 참조.

5 『나라경제』 저자 칼럼(2009년 7월) 참조.

6 이때 핏줄에 가해지는 압력이 지나치게 높으면 고혈압, 낮으면 저혈압이 되어 건강에 좋지 않다. 마찬가지로 금융을 통해 공급되는 자금의 양이 지나치게 많으면 인플레이션, 반대로 너무 적으면 경기침체를 유발할 수 있다.

된다. 이때 깨끗한 피를 공급받아 일을 하는 힘줄과 뼈대에 해당하는 것이 바로 기업이다. 기업은 공급 받은 자금을 기반으로 이익을 창출하고, 이를 배당이나 이자의 형태로 다시 가계 부문에 환원한다. 제대로 쓰인 피가 정맥을 통해 다시 심장 방향으로 환류되는 것과 비슷하다. 이와 같은 유사성 때문에 우리는 금융이 경제 내의 핏줄과 같은 중요성을 갖는다고 얘기할 수 있다. 경제위기 상황에서 다른 산업에 우선하여 금융 부문에 아낌없이(!) 공적자금을 투여하는 것도 그와 같은 맥락에서이다. 이렇듯 가계 부문의 여유자금을 기업으로 연결시켜 제대로 활용되게 하고, 그에 따른 이익을 가계 부문에 환류시켜줄 때 금융은 비로소 선순환(善循環) 구조를 갖는다.

3. 금융 발전

1) 양적 발전과 질적 발전

금융의 본질이 사회 내 비생산적 자금을 끌어모아 생산적 부문으로 연결하는 순환계의 중추 역할이라면, '금융 발전'이라 함은 금융이 수행하는 자금중개 역할이 보다 원활하고 효율적으로 진전하는 것을 의미한다. 금융 발전은 크게 양적 발전과 질적 발전으로 구분할 수 있다. 양적 발전은 보다 많은 양의 자금이 금융시장 및 금융회사를 통하여 중개되는 것을 뜻하며, 질적 발전은 조달된 자금이 보다 효율적으로 자금 수요 경제주체에 배분되고 운영되는 것을 의미한다.

우리나라는 그동안 꾸준한 노력을 통해 금융의 양적 발전을 상당 부분 이루어냈으나, 아직 선진국 대비 부족하며 앞으로 더 개선할 여지가 남아 있다. 지하경제 양성화(陽性化) 또는 사금융(私金融)의 공금융(公金融)화 등이 대표적 과제이다.

질적 발전 측면에서는 최근 들어 두드러지고 있는 금융의 악순환이 우려되고 있다. 즉 가계 부문의 여유자금이 기업 부문의 생산적 투자로 이어지기보다는, 기업 부문의 여유자금이 오히려 가계 부문의 부동산 투자를 위한 레버리지 재원으로 활용되는 금융의 역류(逆流) 현상이다. 이는 2000년대 들어 크고 작은 경제위기들에 맞서 본원적 처방으로 해결하기보다는 확대적 금융정책에 지나치게 집착한 결과로 해석된다. 금융정책에의 지나친 의존보다 교육제도 개선, 신기술 개발, 신수종 산업 개척 등에 신경을 썼다면, 우리나라 금융은 지금보다 질적으로 훨씬 더 발전했을 가능성이 크다.

2) 금융자율화

금융자율화는 금융회사 경영자로 하여금 주주의 부의 극대화를 목표로 적극적 자금 조달과 운용활동을 수행하도록 유도하여, 금융의 양적 발전에 기여한다는 점에서 금융 발전을 위한 외적 전제조건이 된다. 우리나라의 금융자율화를 위해서는 특히 재벌과 관피아의 영향력 축소 필요성이 많이 지적된다.[7]

이에 비하여 내적 전제조건으로는 금융시장과 금융회사들의 혁신을 위한 노력을 들 수 있다. 금융혁신은 동원된 자금을 효율적으로 배분하는 데에 도움을 주어 질적 발전을 도모할 수 있기 때문이다.[8]

3) 금융에 대한 자원배분[9]

금융이 사회경제적으로 중요한 역할을 담당하는 것은 누구도 부인할 수 없는 사

---

7 '관피아'는 관료+마피아의 합성어로서, 관료들이 현직 또는 퇴직 후 집단 이기주의하에 움직이는 특정 세력을 뜻한다.

8 경제학과 경영학에서 '효율성'은 다양한 의미로 사용된다. 여기서 '효율적'이라는 것은 가능한 많은 자금이 적은 비용으로 중개되고 생산적으로 배분됨을 뜻한다.

9 『금융위기와 리스크관리』(김진호 저, 박영사, 2012) 참조.

실이지만, 금융 부문에 지나치게 많은 인적, 물적 자원이 배분되는 것이 바람직하기만 한 것은 아니다. 최근 들어 국가부채 및 가계부채를 걱정하는 배경에는 경제 전체적 자원배분 측면에서 실물경제 대비 금융 부문에 불필요하게 많은 자원이 배분되었다는 인식이 깔려 있다. 돈이든, 리스크이든, 인적 자원이든, 필요 이상의 자원이 실물경제보다 금융에 더 많이 배분되는 것은 바람직하지 않다. 금융 부문 수익률은 실물 부문 생산성을 장기적으로 능가하기 어렵다. IT혁명 이후 실물경제에서 뚜렷하게 새로운 혁신을 이루지 못한 상태에서, 경제위기 국면마다 정책당국이 치유책의 일환으로 쏟아낸 과잉유동성이 금융 분야로의 왜곡된 자원배분을 유도했다. 그 부작용 중 하나인 과잉부채를 우리는 혹독하게 경험했다.

실물경제와 금융 간 조정속도에는 차이가 존재한다. 2000년대 들어 실물경제가 다소 주춤하는 사이 금융이 너무 앞서 달려온 형국이다. 국가 및 가계부채 문제를 해결하고자 하는 논의는 이와 같은 상황 인식에서 출발해야 한다. 즉 손쉬운 경기대응책으로서 확장적 통화신용정책에 대한 국제적 공조가 이루어진 결과 금리가 지나치게 낮아져 자산시장에 거품이 형성되고, 국제적으로는 기축통화인 달러화에 대한 적절한 통제가 이루어지지 못하면서 결국 전 세계적으로 거품이 퍼져나갔다. 또 다른 경기대응책으로서 증세(增稅)에 대한 정치적 부담을 피하고자 중앙 및 지방정부들이 앞다투어 빚을 내어 불필요한 사업을 벌이는 과정에서 국가 및 공공부채 또한 폭증해왔다. 이제는 실물경제와 금융 간 간극을 메울 시점이다. 그러기 위해서는 경제주체 각자가 고통을 분담할 각오가 되어 있어야 하며, 이를 조화롭게 이끌어내기 위한 강력한 정치지도력이 필요한 시점이다.

chapter 2

금융을 공부하는 이유와 공부 방법

1. 금융을 공부하는 이유

1) 보다 나은 세상을 만들어가기 위한 시각 제공

천위루와 양동이 공저한『금전통치』에 다음과 같은 글이 있다.

> 금융학은 세상의 모든 사물과 사건을 하나의 통 안에 담아놓고 들여다보는 학문이다. …금융체제를 결정짓는 것은 단지 경제발전만이 아니다. 과학기술과 정치제도 또한 금융체제와 유기적으로 연결되어 있다. …민족의 문명 또한 금융에 영향을 미친다.

건축가는 건축물을 통해, 의사는 환자의 질병 치료를 통해, 과학도는 실험실에서 각자 나름대로의 시각과 방법으로 기존 세상을 해석하고 보다 나은 미래를 꿈꾼다. 마찬가지로 금융은 세상을 바라보는 또 하나의 시각을 제공한다. 안전하고 등 따습고 배부른 삶을 지향하는 실물경제가 원활하게 작동하도록 필요한 에너지를 적절하게 공급하고자 하는 금융은 나름대로의 관점에서 기존 질서를 해석하고 부정하며 더 나아가 보다 나은 세상을 만들어가고자 한다.

따라서 우리가 금융을 공부하는 첫 번째 이유는 보다 나은 세상을 만들기 위한 '또 다른 시각'을 얻고자 함이다. 앞서 든 예에서 언급한 건축물, 환자, 실험실 등을 통해서는 보이지 않는 세상의 다른 측면이 금융을 통해서 오롯이 우리에게 보여질 수 있다. 그렇다고 해서 금융이 세상의 모든 측면을 살펴볼 수 있는 만능이 아님은 물론이다.

2) 재테크의 수단

(1) 물질적 풍요와 행복한 삶

현대 사회에서 금융과 완전히 담을 쌓고 사는 사람은 거의 없다. 금융전공이 아닌 대부분 사람들이 금융에 관심을 갖는 이유는 살아가면서 일시적으로 부족한 돈을 위험하지 않으면서도 효율적인 방식으로 조달하거나, 미래를 대비하여 자기강제적(自己强制的)으로 모으는 여윳돈을 잘 굴리려는, 이른바 재테크를 위해서일 것이다. 각자의 직장에서 충분한 실력을 쌓고 열심히 일하여 많은 월급을 받는 것만큼이나 중요한 것은 위험하지 않으면서도 효율적인 재테크를 하는 것이다. 그런데 이를 위해서는 우선적으로 우리 삶의 기준점을 분명하게 설정해둘 필요가 있다. 즉 돈을 왜, 그리고 얼마나 벌어야 할 것인가에 관한 것이다. 이러한 기준점이 제대로 설정되지 않는다면, 우리네 삶은 그저 평생 돈만을 추구하는 물질지상주의에 젖어 마감될 가능성이 크다.

학생들에게 돈을 왜, 그리고 얼마나 벌어야 할 것인가를 질문하면 금방 대답이 돌아오지 않는다. 너무 당연한 질문을 왜 하는가 하는 표정을 짓기 마련이다. 현대 사회에서 돈을 모으고 키우는 것은 너무도 당연하고, 돈은 많으면 많을수록 좋다는 생각이 잠재적으로 깔려 있는 것이다. 과연 그러할까? 인터넷에서 구전되는 다음 얘기를 살펴보자.[1]

어느 부유한 투자가가 조그만 어촌 마을을 방문했다. 마을 해변엔 작은 배 한 척과 어부가 있었다. 투자가는 다가가 배 안에 고기 몇 마리가 잡혀 있는 것을 보고, 어부를 칭찬하면서 이것들을 잡는 데에 얼마나 걸렸냐고 물었다. 어부는, "얼마 안 걸렸어. 그저 잠깐"이라고 답했다. 그러자 투자가는, "왜 더 오래 배를 타면서 더 많은 고기를 잡지 않는 거죠?"라고 물었다. "그야, 이 정도 물고기면 가족들이 당장 필요한 것들을 구할 수 있으니까." 어부는 답했다. 투자가는 다시 물었다. "물고기 잡지 않는 다른 시간엔 뭘 하세요?" 어부는 이렇게 대답했다. "늦잠자고, 애들이랑 놀아주고, 마누라 일 도와주고, 마을 어귀를 어슬렁어슬렁 산책하다가 막걸리 한잔 마시고, 그렇게 논다네." 그러자 투자가는 어부에게 다음과 같은 제안을 했다. "전 유명 대학에서 MBA를 받은 사람입니다. 아저씨께 성공하는 비법을 알려드리죠. 만일 아저씨가 고기를 잡는 데에 지금보다 더 많은 시간을 투자한다면 돈을 모아 더 큰 배를 살 수 있을 겁니다. 더 큰 배로 더 많은 고기를 잡아 배 몇 척을 더 살 수 있겠죠. 그리고 더 많아진 배로 더 많은 고기를 잡아서 이제는 고기잡이 선단을 살 수 있을 겁니다. 이렇게 사업이 커지면 물론 아저씨는 이 조그만 마을을 벗어나 큰 도시로 나가야 할 겁니다. 거기서 더 사업이 커지면 외국까지 진출하는 겁니다. 생각해보세요, 아저씨는 국제적 기업의 회장님이 되는 겁니다." 어부는 물었다. "그런 다음엔?" 투자가는 웃으며 답해주었다. "바로 그다음이 아저씨 인생에 있어 최고의 날이 되는 겁니다. 아저씨는 기업의 주식을 상장하고 주식을 팔아 엄청난 돈을 벌어들이는 겁니다. 말 그대로 백만장자가 되는 거죠." "백만장자? 그리고,

1 『참여정부 시기의 금융이야기』(김진호 저, 이화여자대학교출판부, 2007) 참조.

그다음엔?" 어부가 다시 물었다. "그런 다음 은퇴하는 거죠." 투자가의 마지막 대답은 다음과 같았다. "조그만 어촌으로 내려가 늦잠자고, 고기 좀 잡고, 애들이랑 놀아주고, 마누라 일이나 도와주고, 마을 어귀를 어슬렁어슬렁 걷다가 막걸리 한잔 마시며 놀면 되죠." (자료: 인터넷 구전)[2]

삶의 가치와 행복에 대한 인문학적 소양이 없는 MBA 출신 투자가의 어리석음이다. 우리가 돈을 벌고 모으는 근본적 이유는 하고 싶은 일을 할 수 있는 자유, 그리고 하기 싫은 일을 하지 않을 자유를 얻고자 함이다. 멋진 해외여행, 좋은 집과 비싼 자동차 등 하고 싶은 일, 갖고 싶은 것들이 많은 돈을 필요로 한다면 노력해서 많은 돈을 벌어야 할 필요가 있다. 그러나 그렇지 않다면 인생의 귀한 시간을 돈이 아닌 좀 더 귀중한 가치를 추구하는 데에 사용할 수 있다.

또한, 하기 싫은 일들이 많다면 역시 그로부터 벗어날 자유를 얻기 위해 많은 돈이 필요하지만, 그렇지 않다면 인생을 돈 버는 데에 전념하며 살아갈 필요는 없다. 이와 같이 자신의 삶에 대한 투철한 자기성찰 끝에 얻어지는 물질적 필요에 대한 판단이 있고 난 다음에야 우리는 돈을 제대로 다룰 수 있다. 이러한 성찰 없이 무조건 돈을 벌겠다고 재테크에 뛰어든다면 설령 물질적으로는 성공할 수 있을지언정 행복한 삶을 살았다고 하기는 어려울 것이다.

돈과 행복에 관해서 이 세대는 많은 착각에 젖어 있다. 행복을 위해 사치(奢侈)가 필요하다든가, 돈이 많을수록 행복할 것이라든가, 모든 물질적 욕망이 충족되어야만 행복할 것이라든가 하는 식의 말은 대표적 오류이다. 미래의 예기치 않은 노동기회 또는 노동력의 상실에 대비하고 은퇴 이후 노년의 삶을 준비하기 위해 저축을 하고 이를 성실히 투자하되, 물질적 목표는 내가 원하는 삶의 모습, 즉 무엇을 하고 싶고 무엇을 하기 싫은가와 깊게 연결되어야만 한다.

2 향후 출처가 명확히 밝혀지면 수정 보완하겠다.

(2) 물신(物神) 주의에 대한 경계[3]

한국전쟁 이후 그동안 우리가 이룬 경제발전의 성과는 놀라운 것이었다. 그러나 이 과정에서 자리 잡은 물신주의와 무한경쟁은 꼭 바람직하다고만 볼 수는 없다. 같이 조금씩 덜 먹고 덜 입으면서, 조금 작은 집에서 오순도순 살면서 조금 천천히 가면 안 되는 것일까? 어렸을 때 대부분 읽었을 '서울 쥐, 시골 쥐' 동화에서처럼 아무리 맛있는 음식을 산더미 같이 쌓아놓고 배부르고 등 따습다 한들, 항상 마음이 불안하고 미래에 대한 걱정으로 날밤을 지샌다면 그것이 과연 우리가 이루어나가고자 하는 행복한 미래의 모습일까?

KTX가 개통되어 전국이 일일 생활권으로 들어왔다. 이제 서울-부산을 2시간대에 갈 수 있다. 그런데 그렇게 빨리 가는 것만이 바람직한 것일까? 5시간 걸리던 것에서 절약된 나머지 3시간을 우리는 더 행복하게 사용하고 있는가? 기차 창가를 스쳐 지나가던 논두렁 사이로 누런 황소의 되새김질을 보며 즐기던 목가적(牧歌的) 추억을 오히려 잃어버린 것은 아닐까? 우리가 무조건 열심히 더 일하고 금융을 적극적으로 활용하여 재테크에 성공한다고 해서, 우리의 행복이 꼭 증진된다고 자신할 수 없다. 초고속으로 앞으로만 달려가는 기차는 효율적일지는 모르나 우리의 삶을 더 행복하게 만들어준다고 장담하기는 어려울 것이다.

물신주의가 팽배하면서 경쟁과 효율성 증진으로 우리의 물질적 삶은 윤택해지겠지만, 그로 인한 긴장과 불안감 증대가 정신적 삶을 황폐화시킬 가능성을 염두에 두어야 한다. 치열한 경쟁에서 살아남기 위해 남들보다 더 열심히 일하고 더 많은 돈을 모아 재테크를 통해 부자가 된들, 그 과정에서 느끼는 압박과 불안감을 잊기 위해 밤새 술 마시는 데에 돈과 시간을 사용한다면 이는 결코 우리가 바라는 것이 아니다. 과연 우리는 미래의 어떤 삶을 목표로 이렇게 무섭게 달려만 가고 있는가? 재테크로서 금융을 생각하기에 앞서 이 문제부터 심사숙고해야 할 것이다.

---

3 『신용경제』 저자 칼럼(2002년 6월) 참조.

2. 개인 재무계획의 중요성

1) 젊은 시절의 근검한 삶

(1) 부익부, 빈익빈의 갈림길

최근 들어 노후 은퇴준비에 대한 사회적 각성이 활발히 이루어지고 있는 것은 만시지탄(晩時之歎)이지만 바람직하다고 본다. 대부분 평범한 사람들은 20~30대에는 결혼 준비, 주택 마련 등으로 수입이 지출보다 적은 적자(赤字) 인생을 살다가, 40~60대에 인생의 절정기를 누리면서 수입이 지출을 초과하는 흑자(黑字) 인생을 살게 된다. 이때 열심히 저축하고 이를 효율적으로 재테크했느냐의 여부가 은퇴 이후 사망에 이르기까지 불가피하게 다가오는 적자 인생의 시기를 행복하게 살아낼 수 있는가의 중요한 관건의 하나가 된다. 우리나라에서는 특히 자녀교육 등으로 인해 40~60대에서조차 적자 인생을 면치 못하는 경우가 많은데, 이는 노후에 상당한 경제적 부담으로 작용할 가능성이 크다는 점에서 우려할 만하다.

40~60대의 흑자를 챙기는 것만큼이나 중요한 것은 젊어서 가능한 한 일찍 투자를 위한 종잣돈을 마련하는 것이다. 젊은이들의 재무적 삶을 극단적으로 두 부류로 구분할 수 있다. 한 부류는 근로소득에서 자기강제적(自己强制的) 저축을 먼저 하고 남는 것을 소비한다. 저축이 효율적 투자로 이어지면 곧 재테크로부터 투자소득이 발생하게 된다. 따라서 다음 기에는 이미 받고 있는 근로소득에 투자소득이 더해져서 더 큰 소득을 얻게 되며, 기존의 자기강제적 저축을 하고 나더라도 더 많은 소비 또는 추가 저축 여력이 생기게 된다. 이와 같은 과정이 반복되면 이 부류의 젊은이들은 부익부(富益富)의 선순환을 즐길 수 있게 된다.

한편, 반대 부류에서는 근로소득만으로는 과소비를 감당하지 못하고 빚을 지는 삶을 시작한다. 처음에는 과소비의 달콤함에 젖지만, 시간이 흐르며 빚에 대한 이자 지급이 발생하면서 고통이 시작된다. 애초에 근로소득만으로도 소비를 감당하

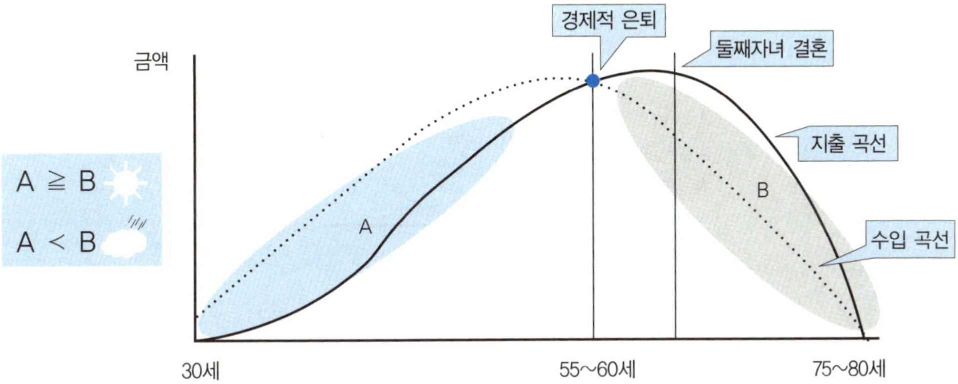

〈그림 2-1〉 일생의 수입, 지출 흐름 예시

자료: 한국은행, 금융생활 길라잡이, 2011

지 못했는데 이제는 근로소득에서 빚에 대한 이자 지급을 제하고 나니 소비에 쓸 돈이 더욱 적어지는 것이다. 이때에도 반성하지 못하고 기존의 소비 수준을 유지하려고 하면 이 사람은 더 큰 빚을 추가로 져야만 하며, 이는 결국 빈익빈(貧益貧)의 삶으로 이어진다. 따라서 부익부와 빈익빈의 갈림길은 인생길 초반의 삶에 대한 자기철학에 있다.

부익부(富益富)의 삶을 시작하기 위해서는 젊을 때부터 달콤한 빚의 유혹에서 벗어나야 한다. 과도한 결혼비용, 좋은 자동차, 자기과시(自己誇示)적 승진 턱, 이런 것들이 모이면 빈익빈(貧益貧)의 가능성이 커지지만, 사회적 체면을 무시하고 자기중심의 실용성을 추구하는 검약한 삶을 시작한다면 부익부로 이어질 가능성이 커진다.

삶의 변곡점인 젊은 시절에 내려지는 이러한 판단은 직장생활에도 큰 영향을 끼친다. 소득에서 자기강제적 저축을 꾸준히 해온 사람들은 웬만한 경제적 위기가 닥쳐도 흔들리지 않고 넘어설 기반을 튼튼하게 구축하게 되지만, 반대로 과소비가 빚의 누적으로 이어진 사람들은 늘 부채상환 부담에 짓눌리게 되어 위기국면에 취약하게 노출될 가능성이 크다. 성공적 직장생활을 위해서는 끊임없는 자기계발과

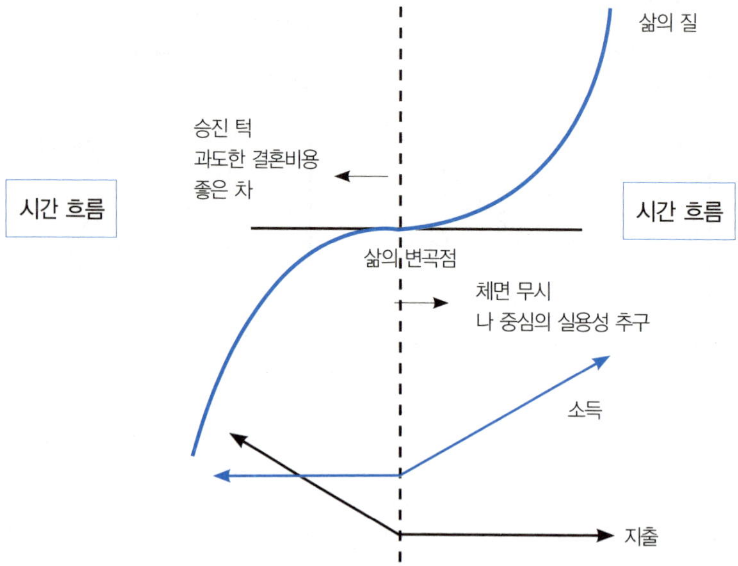

〈그림 2-2〉 두 가지 다른 삶

재투자가 필요한데, 이때 부익부와 빈익빈의 서로 다른 삶을 살아가는 두 부류 중 누가 더 자기계발과 재투자에 유리할 것인지는 자명하다. 부채비용이 소득의 일정 비율을 초과하면, 이에 신경을 쓰느라 직장생활이나 삶의 더 중요한 가치추구는 뒤로 미루어질 가능성이 크다.

(2) 과도한 가계대출의 문제점[4]

일부 대기업에서 막대한 여유자금을 보유하면서 이를 적극적으로 실물투자하기보다는 오히려 금융 재테크에 활용하는 반면, 가계 부문은 이 자금을 빌려다 부동산 투자나 생활자금에 사용하는 바람직하지 않은 현상이 나타났다. 이는 신체에 비유하면 '피가 역류(逆流)하는 것'으로서 '금융의 악순환'이라 할 수 있다. 신체에서

4 『나라경제』 저자 칼럼(2009년 7월) 참조.

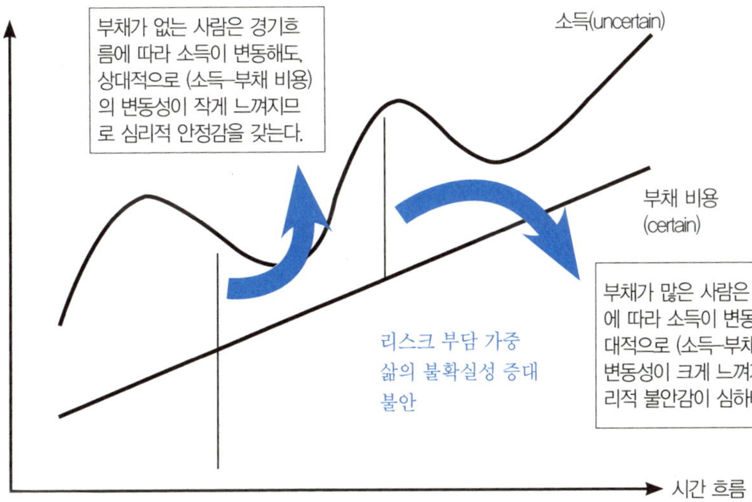

〈그림 2-3〉 과도한 부채의 압박: 심리적 리스크 증대

도 당연히 그러하듯 경제 내에서도 이와 같은 역류현상이 갖는 부작용은 크다. 어쩌면 최근 우리나라 경제의 장기적 무기력을 가져온 원인이면서 곧 결과로서 꼽을 만하다.

기업이 실물투자하지 않고 돈을 재테크 차원에서 은행에 쌓아두면, 은행은 생존 차원에서 이를 빌려줄 다른 대상을 찾게 되는데, 이것이 바로 가계 부문이 된 것이다. 가계는 빚을 져도 되는가? 그렇지 않다. 대출이 의의를 갖는 것은 기본적으로 조달비용 대비 투자효율이 높을 때이다. 기업이라면 연구개발과 기술발전을 통해 이를 달성하기에 어려움이 없지만, 가계 부문에서 이러한 영역을 찾아내기란 생각보다 어렵다.[5]

---

5 가계 부문이 순저축을 보유하는 것이 당연할 터인데, 오히려 이렇듯 큰 빚을 진 이유는 근검절약(勤儉節約) 정신의 실종 및 부동산거품과 무관하지 않을 것이다. 과거에 비해 좀 더 좋은 환경에서 살고 싶다는 욕망에서 능력 밖의 무리를 하기도 했을 것이고, 무섭게 상승하는 집값을 바라보노라면 당장에 돈을 빌려서라도 사두지 않으면 평생 내 집 장만이 어려울 것 같은 위기감이 가계 부문을 빚잔치로 몰아넣었을 것이다. 그리고 금융회사들은 기업대출이라는 기존 시장이 축소된 마당에, 새롭게 형성된 가계 부문의 '부동산 담보대출'이라는 거대한 시장의 먹잇감을 놓치기 어려웠을 것이다.

그 결과로 우리가 떠안게 되는 것이 가계발 신용위기 가능성이다. 경제가 나빠져서 실업자가 늘어 가계대출 연체가 증가하고, 여기에 부동산거품의 붕괴가 겹치게 될 경우 우리나라 경제는 재앙적 상황에 놓이게 될 수 있다. 이는 단순한 경제만의 문제는 아니다. 가계가 재무적 곤경 상태에 빠질 경우, 이는 우리 사회를 구성하는 기초적이고 안정적 단위의 붕괴로 이어지며, 자연히 사회불안을 야기할 수밖에 없다.

신체 내에서 피가 역류한다면 어떤 상황이 발생할까? 지금이라도 우리는 금융시장의 악순환구조를 선순환구조로 전환시키는 데에 노력을 기울여야 한다. 금융이 사회경제적 책임을 제대로 수행하기 위해서 돈은 기업에서 가계 방향이 아니라, 가계에서 기업 방향으로 다시 흘러야 한다. 가계가 짊어진 부채규모를 빠른 시간 내 축소시킴으로써, 우리 사회의 기초 구성단위를 보다 건강하게 체질개선시켜야 한다. 그리고 기업이 투자할 수 있는 여건 마련을 위해 모든 구성원이 머리를 맞대고 지혜를 모아야 한다. 사람들은 현재의 고통을 미래의 희망이라는 약으로 치유해간다. 우리 경제에서 미래의 희망은 30~40년 후 우리를 먹여 살릴 기업의 싹이 지금 피어나는 것을 보는 데에서 시작될 수 있다.

2) 은퇴 이후 노후에 대한 대비

보통사람들이 금융을 공부하고 성실하게 돈을 모으는 이유 중 중요한 것은 은퇴 이후 노후에 대한 대비일 것이다. 은퇴 이전에 번 돈을 잘 굴려서 은퇴 이후 소득이 없는 시기를 대비하는 것이다. 이를 잘 준비하는 사람들의 경우 나이가 들어갈수록 노동능력은 소진되지만, 이를 대신하여 금융 및 실물자산을 축적하게 된다. 이때 고려해야 할 것은 인생의 황금기에는 지적 능력이 최고조에 달하여 리스크를 적극적으로 수용하고 이에 따른 고수익을 겨냥하지만, 리스크 수용 능력이 나이가 들어가면서 줄어든다는 사실이다. 따라서 은퇴 이후 노후 대비는 연령대에

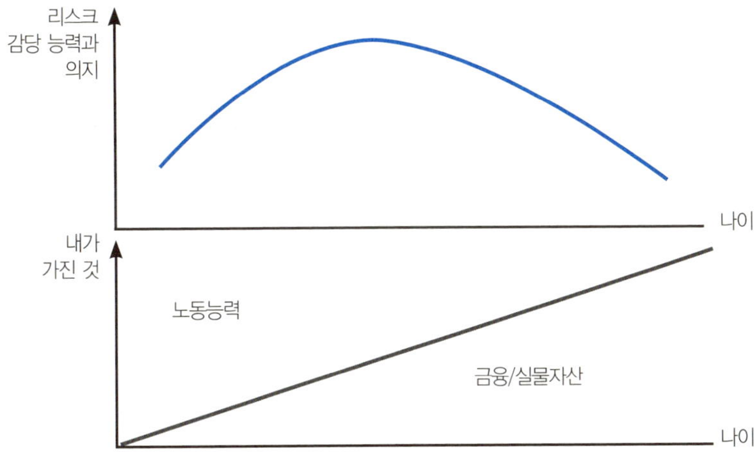

〈그림 2-4〉 내가 가진 것: 연령대에 따른 변화

따라 다른 전략을 추구해야 한다.

한편, 평균수명이 급속도로 증가하면서 우리나라는 노인 인구 비중이 급증하는 노령화 시대에 접어들었다.[6] 또한 젊은 층의 노인 공경 및 부모 봉양의식도 과거와는 많이 달라졌다. 이들 모두를 고려하면 우리는 과거보다 은퇴 이후 더 오래 살지만 과거와 같이 젊은 세대가 직접 봉양 또는 연금 갹출 등으로 은퇴 세대의 노후를 부담하는 것은 점점 더 어려워지므로, 앞으로는 각자가 스스로의 노후를 책임지는 것이 불가피하다.

(1) 3층 구조의 연금

은퇴 이후 노후에 대비하기 위해서는 우선적으로 '3층 구조'의 연금을 준비해야 한다. 첫째는 국가가 주도하는 4대 공적연금, 즉 국민연금, 공무원연금, 군인연금, 사

6 통계청 자료에 따르면 2000년에 남녀 각각 72.06, 79.50세였던 평균수명은 2050년이 되면 79.95, 86.24세에 달하게 된다. 한편, 생산가능인구 유지 및 증가에 중요한 합계출산율은 1.0~1.2명의 상당히 낮은 추세를 지속하고 있다.

학연금이다. 그러나 안타깝게도 낮은 출산율과 증가하는 평균수명으로 인해 해가 갈수록 연금 갹출을 담당하는 젊은 층보다 연금 지급을 받는 노년층 비중이 상대적으로 증가함에 따라, 이들 공적연금의 고갈 시기가 예상 외로 빨리 도래할 가능성이 크다. 향후 정치권과 정부에서 이에 대한 적절한 대책을 마련할 것으로 예상되지만, 이는 결국 보험료 인상과 연금 지급액 축소로 이어져 국민들의 불만을 유발할 수밖에 없어 쉽지는 않아 보인다. 두 번째는 기업보장의 퇴직연금제도이다. 이는 과거의 기업퇴직금제도를 대신하여 마련된 것으로서, 재직 중 쌓은 재원을 바탕으로 은퇴 이후 연금 형태로 종신 지급하도록 하는 것이다. 그리고 세 번째는 개

			제도명	취급기관	감독부처
연금제도	국가보장	공적연금	국민연금	국민연금공단	보건복지부
			공무원연금	공무원연금공단	행정안전부
			사립학교교직원연금	사립학교교직원연금공단	교육과학기술부
			군인연금	국방부	국방부
	기업보장	퇴직금	[퇴직금제도] 퇴직보험, 퇴직신탁, 종업원퇴직적립 보험 등 → [퇴직급여제도]* –퇴직연금제도: · 확정급여형 (DB) · 확정기여형 (DC) –퇴직금제도	보험, 은행 등 금융기관	고용노동부, 금융위원회, 금융감독원
	개인가입		개인연금	보험, 은행 등 금융기관	기획재정부, 금융위원회, 금융감독원

개인가입	여유 있는 생활보장	→	개인연금
기업보장	표준적인 생활보장	→	퇴직급여제도
사회보장	기본적인 생활보장	→	국민연금

〈그림 2-5〉 연금제도의 체계

자료: 한국은행, 금융생활 길라잡이, 2011

〈표 2-1〉 퇴직연금의 종류

	확정급여형(DB)	확정기여형(DC)
	확정급여형퇴직연금제도: 규약에서 급여액을 정하는 제도 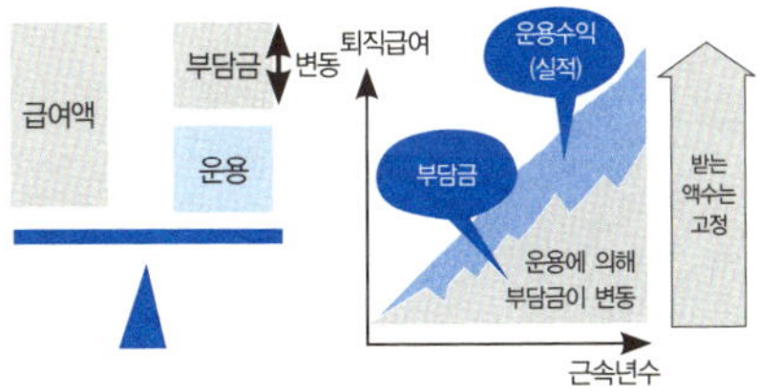 	확정기여형퇴직연금제도: 규약에서 기여액을 정하는 제도 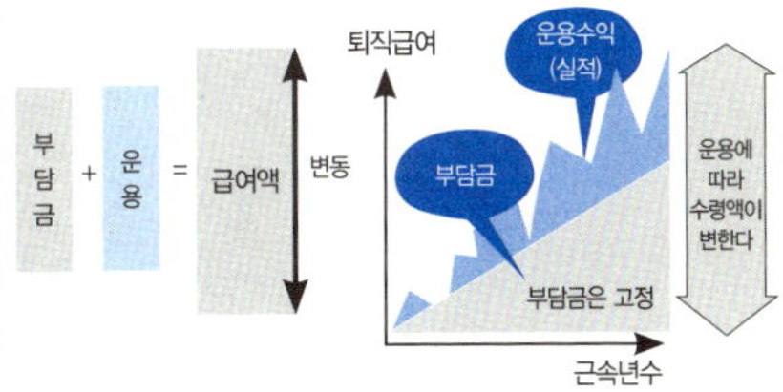
기업부담금	• 산출기초율(자산운용수익률, 퇴직률 등) 변경시 변동	• 확정(근로자 연간 임금 총액의 1/12 이상)
적립금 운용	• 기업이 운용 지시 • 운용손익이 기업에 귀속	• 근로자가 운용 지시 • 운용손익이 근로자에게 귀속
이직시 퇴직 연금 이전	• 새 회사의 확정기여형 또는 개인퇴직계좌로 이전 가능	• 새 회사의 확정기여형 또는 개인퇴직계좌로 이전 가능
퇴직급여 형태 및 금액	• 연금(55세 이상, 가입기간 10년 이상) • 일시금: 근속년수×30일분 평균임금 이상	• 연금(55세 이상, 가입기간 10년 이상) • 일시금: 개인별 운용실적에 따라 변동
급여 수준	• 퇴직금과 동일(일시금 기준) • 연금은 일시금을 규약이 정하는 바에 따라 분할 지급	• 적립금 운용결과에 따라 근로자별로 상이
연금계리*	• 필요	• 불필요
긴급자금 필요시	• 담보제공 가능(법정사유 충족시)	• 중도인출 · 담보제공 가능(법정사유 충족시)
적합한 기업/근로자	• 연공급 임금체계를 가진 사업장 • 장기근속을 유도하고자 하는 기업	• 연봉제 채택 사업장 • 체불 위험이 높은 사업장의 근로자 • 직장 이동이 빈번한 근로자
* 임금상승률, 퇴직률, 예정이율 등을 이용하여 장래에 지급될 퇴직급여금액을 구하고 이를 충당하기 위해 기업이 얼마만큼의 부담금을 납부하여야 하는가를 산출하기 위한 수리 통계적인 방법을 말함.		

자료: 한국은행, 금융생활 길라잡이, 2011

인연금제도이다. 앞서 첫 번째, 두 번째 제도가 강제적 성격을 갖는다면, 개인연금은 개인의 자율적 선택에 의해 은퇴 이전에 쌓은 돈을 바탕으로 은퇴 이후 연금을 지급하는 것이다. 적립 당시 세제 혜택 여부에 따라 세제 적격과 세제 비적격으로 구분되며, 은퇴 이후 연금 지급 기간에 따라 확정형과 종신형 등으로 구분된다.

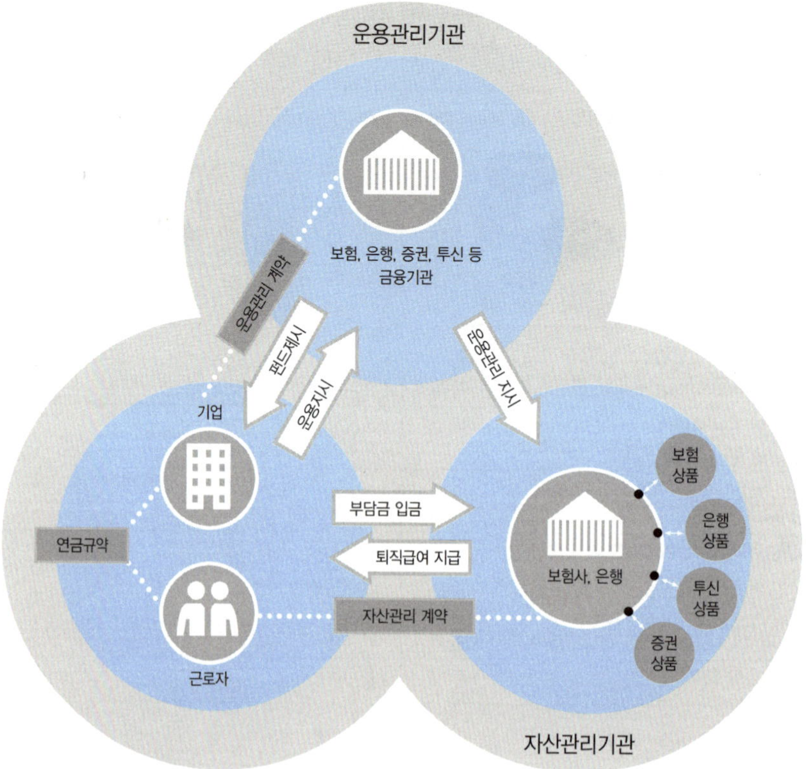

〈그림 2-6〉 퇴직연금제도의 구조
자료: 한국은행, 금융생활 길라잡이, 2011

(2) 각자의 자구노력: 72의 법칙[7]

'3층 구조' 연금 준비 없이 은퇴 이후의 안정적 생활을 영위하려면 은퇴 시 자구 노력으로 어느 정도의 목돈을 준비해야 하는가? 다수의 연구기관과 금융회사들이 이에 대한 자료를 발표해왔지만, 사실 이에 대해 확고하게 정해진 답은 없다. 노후에 어떤 삶을 살고 싶은가에 따라 준비해야 할 금액이 달라진다고 보는

7 『신용경제』 저자 칼럼(2001년 2월) 참조.

것이 상식일 것이다.

평범한 직장인이 65세에 은퇴하는데, 이미 자식들이 독립했으므로 자녀 양육에 따른 추가 부담은 없으며 부부가 모두 생존해있다고 가정해보자. 노후를 보낼 주거대책은 별도로 이미 마련되어 있다는 전제하에, 기본 생활을 영위하기 위해 월 150만원이 필요하다고 가정하자. 이 금액을 월 이자로 지급 받으려면 (세후) 금리를 연 6%라고 가정할 경우, 총 3억원의 목돈을 은퇴 시점에 보유하고 있어야 한다는 계산이 나온다. 이때 3층 구조 연금제도 일부를 이미 준비해두었거나 이자 외에 원금의 일부까지도 매월 돌려받는 보험회사의 '즉시연금'제도를 활용할 경우에는 필요금액이 3억원보다 줄어들 수 있겠지만, 하루하루 어렵게 사는 평범한 직장인 입장에서 이는 결코 적지 않은 금액임에 분명하다.

'72의 법칙'이라는 것이 있다. 이는 투자금액을 매년 x%의 이율로 복리 투자할 경우 대략적으로 72/x년이 되면 투자원금이 2배가 된다는 것이다. 예를 들어 12%의 금리로 1,000만원을 복리 투자하면 대략 6년이 경과하면 2,000만원이 된다는 계산이다. 까다로운 복리계산을 손쉽게 해준다는 점에서 널리 사용되는 재미있는 계산식이다. 그렇다면 앞서 말한 3억원의 거금을 은퇴 시점에 마련하기 위해서는 지금부터 얼마만큼의 돈을 저축하기 시작해야 할 것인가를 계산해보자. 현재 출발 시점에서 직장인의 나이는 35세라고 가정한다.

35세의 직장인이 1,000만원의 종잣돈을 모아 매년 12%의 (세후) 수익률로 투자한다고 해보자. 6년 후인 41세에 2,000만원, 12년 후인 47세에 4,000만원, 18년 후인 53세에 8,000만원, 24년 후인 59세에 1억 6,000만원, 드디어 30년 후인 65세에는 3억 2,000만원이 된다. 이때 물가상승을 고려하면 계산은 다소 복잡해지지만 매년 12%의 수익률에 더하여 물가상승률만큼의 추가 수익률을 올릴 수 있다면, 35세 직장인의 경우 오늘의 1,000만원이 65세 은퇴 시점에서 현재 가치로 월 150만원의 이자를 낳는 거금으로 성장하여 편안한 노후 생활을 제공하기에 부족함이 없다.

그러나 세후 연 12%의 평균 수익률을 30년간 유지한다는 것은 쉬운 일이 아니다. 그렇다면 연평균 6%의 수익률은 어떠한가? 이 경우 '72의 법칙'에 따라 12년이 되어야 원금이 2배가 된다. 35세 직장인의 1,000만원은 12년 후인 47세에 2,000만원, 24년 후인 59세에 4,000만원, 36년 후인 71세에 8,000만원에 달하게 된다. 따라서 65세쯤 되면 중간 금액인 6,000여만원에 불과하여 노후생활을 지탱하기에는 부족하게 된다.

결국 35세의 직장인이 같은 1,000만원의 금액으로 재테크를 시작함에도 불구하고 금융 공부를 열심히 해서 세후 수익률 12%를 달성하는 사람은 65세 은퇴시점에서 3억원이 넘는 거금을 만질 수 있는 데에 반해, 금융 공부를 등한시해서 낮은 투자수익률을 거두는 사람은 겨우 6,000여만원을 건질 수 있을 뿐이라는 차이를 보여주는 것이다. 금융 공부의 중요성이 생각보다 크지 않은가?

또 다른 분석이 추가적으로 도움이 될 것이다. 30대 나이를 절제 없이 과소비로 탕진하고 겨우 41세가 되어 종잣돈 1,000만원으로 시작하되, 늦게나마 금융 공부에는 최선을 다하여 세후 연평균 12%의 수익률을 보인다면 결과는 어떠할 것인가? 72의 법칙에 따라 41세 시점의 1,000만원은 6년 후인 47세에 2,000만원, 12년 후인 53세에 4,000만원, 18년 후인 59세에 8,000만원, 드디어 24년 후인 65세에는 1억 6,000만원이 된다. 꼭 같이 금융 공부에 최선을 다하여 연 12%라고 하는 경이로운 수익률을 보였음에도 불구하고 35세에 일찍 재테크를 시작한 사람이 3억 2,000만원을 만들었음에 비해, 그보다 불과 6년 뒤인 41세에 시작한 사람은 1억 6,000만원을 만드는 것으로 만족해야 한다. 여기서 우리는 성공적 재테크를 위해서는 금융 공부를 열심히 해서 높은 수익률을 달성할 수 있도록 노력해야 하는 것과 더불어, 재테크는 하루라도 일찍 시작하는 것이 중요하다는 결론을 내릴 수 있다.

근검절약하고 저축하는 것은 시대가 바뀌어도 지켜야 할 가정경제의 미덕이다. 그러나 오늘의 알뜰함이 단지 알뜰함 자체를 즐기기 위함이 아니라 보다 나은 내일을 위한 것이라면, 어렵게 모은 돈을 보다 안전하고 높은 수익률에 투자하는 데

〈표 2-2〉 72의 법칙과 서로 다른 네 사람 (단위: 만원)

나이(세) \ 수익률(%)	12	6	12	6
35	1,000	1,000		
41	2,000		1,000	1,000
47	4,000	2,000	2,000	
53	8,000		4,000	2,000
59	16,000	4,000	8,000	
65	32,000	6,000	16,000	4,000
71		8,000		

에도 좀 더 많은 시간과 노력을 기울여야 한다. 금융을 공부해야 하는 중요한 이유 중 하나이다.

(3) 대박의 허상[8]

은퇴 이후 안락한 노후에 대비하는 좋은 방법은 앞에서 살펴보았듯이 일찍 종잣돈을 준비하고 금융 공부를 열심히 해서 이를 성실하게 효율적으로 굴려가는 것이다. 그러나 일부에서는 '대박'의 헛된 노력으로 이를 단기간에 쉽게 달성하고자 하는 헛된 꿈을 보여 안타까움을 낳는다.

한때 '10 in 10', 즉 10년 안에 10억원을 모으자는 열풍이 불었던 적이 있다. 이러한 목표가 과연 현실적으로 타당한 것일까 생각해보자. 재테크의 시작이면서 고통스러운 부분은 초기에 종잣돈을 모으는 것이다. 종잣돈이 있어야만 눈덩이 굴리듯 시간 흐름에 따른 복리(複利) 효과를 추구할 수 있다. 아무것도 없는 빈손에서 종잣돈 1억원을 모으려면 금리 5%인 정기적금에 매달 100만원씩 7년을 넣어야 한다. 만만한 금액이 아니다. 10년 목표로 10억원을 만들고자 한다면 이만큼 종잣돈

8 「신용경제」 저자 칼럼(2004년 5월) 참조.

1억원을 모으는 데에 이미 7년이 걸렸으니, 이제 남은 3년 이내에 이를 10배로 키워야 한다. 기적이 일어나지 않는 한 불가능에 가까운 일이다.

만일 그동안 알뜰살뜰 모았거나 부모님 등에게서 물려받은 재산이 1억원 정도 이미 있었다고 가정해보자. 그렇다면 10년 동안 이를 10배로 키우는 것은 쉬운 일인가? 종잣돈 1억원을 10년 이내에 10억원으로 만들려면 연 평균 수익률 25% 이상을 달성해야 한다. 현재 은행 정기예금 금리가 2~3%도 되지 않는 것을 고려하면 이는 사실상 어마어마한 목표수익률이다.

그렇다면 매월 급여에서 일정 몫을 떼어 10년 동안 꾸준히 적금을 부어나가는 방법은 어떠할까? 4% 대의 은행 적금이자 수준이라 해도 10년 이내에 10억원을 만들기 위해서는 매월 650만원 이상을 적금으로 부어야 한다. 현재의 저금리 상황과 일반 직장인의 월급 수준을 고려하면 이는 거의 불가능한 전략이다. 매월 적금 금액이 너무 크다고 생각하여 이를 낮춰 잡으려면 당연히 목표수익률이 높아져야 할 것이다. 10년 이내 10억원을 만들기 위해 매월 적립금을 400만원으로 할 경우는 연간 평균 목표수익률이 13%가 되어야 하며, 월 적립금 300만원으로 할 경우는 18%, 200만원으로 할 경우는 24%, 100만원으로 할 경우는 목표수익률이 34%가 각각 된다. 어느 경우를 택하든 보통사람이 시도하기에는 어려운 것이다.

이렇다 보니 마음은 조급해지고 따라서 택하는 방법이 무리수가 되기 쉽다. 지나친 '고위험(리스크)-고수익' 전략을 추구하는 것이다.[9] '저위험(리스크)-저수익' 전략을 택하든 '고위험(리스크) - 고수익' 전략을 택하든, 원칙적으로 그것은 개인의 자기 선택이다. 그러나 대박의 허상에 사로잡힐 경우 지나친 고위험(리스크) 투자전략의 문턱으로 스스로를 밀어 넣을 가능성이 크며, 이는 결국 가정과 사회의 안정성을 해치는 독소(毒素)로 자리할 수 있다. 무모한 파생금융상품 투기, 부동산 투기, 로또, 경마, 도박 등의 사행심(射倖心)이 그것이다. 자본주의 사회에서 열심히 노력하

9 금융에서 '위험'은 대부분 danger가 아니라 risk를 의미한다. 그러나 종종 사람들이 이를 혼돈하여 잘못된 판단을 하므로, 이 책에서 필요한 부분에서는 '위험(리스크)'이라고 구별하여 표현한다.

고, 그에 대한 대가로서 보다 나은 미래의 물질적 풍요를 추구하는 것은 당연한 일이다. 그러나 대박이라는 허황된 목표 앞에 갈급(渴急)함과 미래 불확실성에 대한 두려움에 쫓기며, 물질적 풍요만을 무리하게 추구함은 옳지 않으며 효율적이지도 않다.

궁극적으로 '돈'이란 우리가 원하는 자유(自由)를 사기 위해 필요한 도구에 불과하다. 즉 하고 싶은 것을 할 수 있는 자유, 그리고 하기 싫은 일을 하지 않을 자유를 얻기 위함이다. 그러나 사람의 욕심은 끝이 없다. 인간의 물질적 욕망을 통제하지 않고 풀어놓기만 하면 우리는 계속하여 돈으로 하고 싶은 것을 찾게 되고, 대박의 허상을 쫓는 무리들은 사회에서 사라지지 않을 것이다. 우리의 삶에는 물질로서 충족될 수 없으며 오히려 그보다 가치가 있는 것들이 많다. 은퇴 이후의 안락한 삶을 위해 필요한 물질은 젊을 때 종잣돈을 빨리 마련하고, 금융 공부를 열심히 해서 이를 성실하게 효율적으로 굴리는 것으로 구하는 것이 바람직함을 잊어서는 안 된다.

3. 금융을 공부하는 방법

1) 경제학과 경영학에서 가르치는 금융

대학에서 금융을 다루는 전공은 경제학과 경영학이다. 경제학에서는 주로 화폐금융론, 국제수지론 등에서 거시금융(macro finance)에 중점을 두는 반면, 경영학에서는 주로 재무관리, 투자론, 파생금융상품, 금융회사경영 등에 중점을 둔다. 이는 경제학이 경제주체를 가계, 기업, 정부 및 해외 부문으로 크게 구분하고 이들 간 역학 분석을 통해 경제현상을 분석하고 예측하려는 데에서 출발한 것에 비해, 경영학은 기업이 하는 일을 크게 인사조직관리, 생산관리, 마케팅관리, 재무관리,

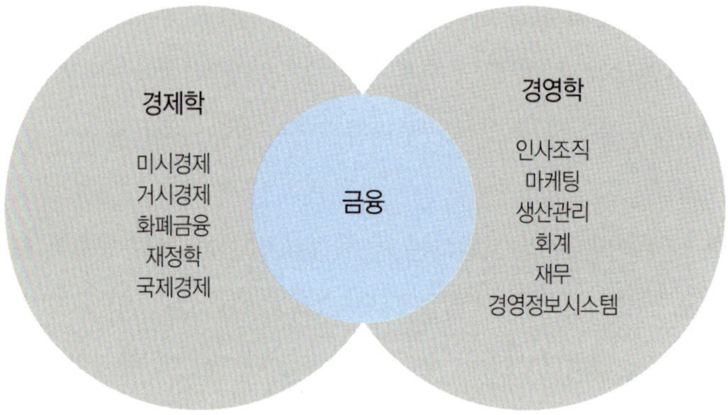

〈그림 2-7〉 금융을 다루는 전공

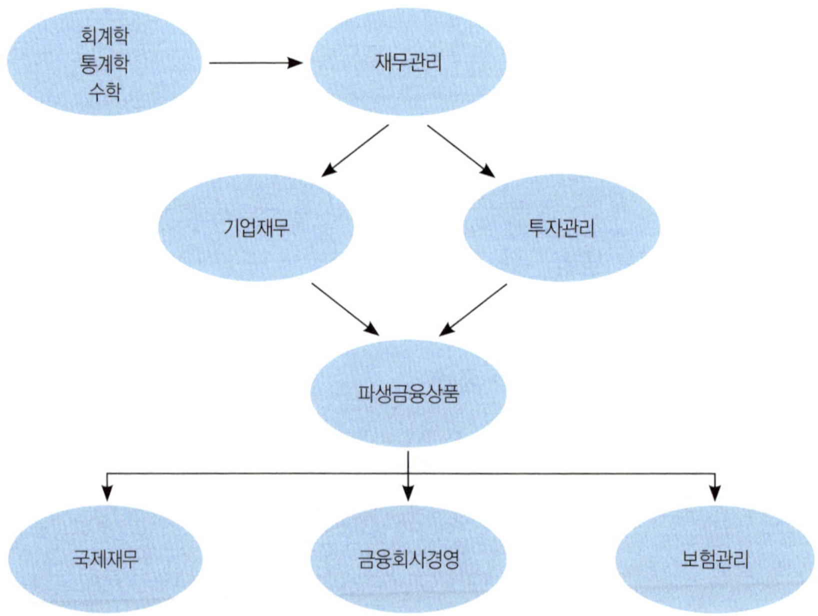

〈그림 2-8〉 경영학에서 금융 공부의 코스 맵(course map) 예시

회계관리, 경영정보시스템으로 나누어보는 것과 무관하지 않다. 최근 들어서는 경제학에서 주식, 채권, 파생금융상품 등 금융상품을 직접 가르치는가 하면, 경영학에서도 금융시장분석, 중앙은행의 통화신용정책을 다루는 등 그 차이가 많이 좁혀지고 있다. 바람직한 것은 경제학과 경영학의 양 측면에서 금융을 복합적으로 이해하려고 하는 것이다.

〈그림 2-8〉은 경영학 전공에서 금융 분야의 코스 맵(course map)을 보여준다. 이와 같은 순서대로 공부하는 것이 바람직함에도 불구하고, 그렇지 않은 학생들이 종종 보여 대학에서 금융을 가르치는 교수 입장에서는 아쉬움이 있다.

한편, 금융을 보다 깊고 전문적으로 공부하기 위해서는 경제학과 경영학 이외에도 수학과 통계학의 도움이 필요하다. 금융은 기본적으로 숫자를 다루는 학문이기 때문이다. 이러한 배경하에 저자가 속한 대학에서는 '재무경제 연계전공'이라는 이름으로 금융을 공부하기 위해 필요한 여러 과목들을 〈표 2-3〉과 같이 정리해두었다.

얼핏 보면 부담스러워 보이지만 이는 향후 금융감독기구 내지는 금융회사에서 일할 금융전공자들이 익혀야 할 과목들이다. 금융 비전공자나 일반인이 이렇게 많은 과목들을 공부하는 것은 현실적으로 불가능할 뿐 아니라 굳이 그럴 필요도 없

〈표 2-3〉 금융을 공부하기 위해 수강을 권장하는 과목들

개설전공	교과목
선수과목	미시경제이론, 거시경제이론, 회계정보원리, 통계학, 미분과 적분, 경제수학
경제학과	계량경제학, 국제금융론, 산업조직론, 화폐금융론, 금융경제학, 금융계량분석
경영학과	재무관리, 투자론, 금융회사경영, 기업재무, 국제재무관리, 재무제표분석, 리스크와 보험, 파생금융상품
수학과	선형대수학
통계학과	경영경제 자료분석 및 실습
법학과	상법

다. 일상적 금융생활을 영위하기 위해서는 금융의 기본 개념들을 이해하는 것이 필요하며 더 중요하다. 이 책은 그런 목적으로 쓰였다.

2) 경제철학과 사상, 그리고 금융[10]

경제철학과 사상은 크게 세 가지로 분류된다. 정부 통제의 측면에서 가장 강한 것은 마르크스가 주창한 계획경제 또는 공산주의이다. 이는 효율성 측면에서 최악으로 이미 역사의 심판을 받았다. 이와는 극단에 서 있는 철학이 폰 미제스의 오스트리아학파에서 하이에크, 오늘날 시카고학파로까지 이어지는 시장자유주의 흐름이다. 이들은 수요와 공급에 따른 시장의 가격기능을 신뢰하며, 최근까지 국제경제 질서의 지배 철학인 신자유주의의 기초가 되었다. 두 가지 철학의 가운데쯤 위치한 것이 케인지안들이다. 1936년 케인즈의 불후의 명저 『일반이론』은 거시경제학을 실질적으로 창시하는 기초가 되었으며, 시장의 불완전성을 치유하기 위한 정부 정책을 뒷받침하고 있다.

2008년 글로벌위기 발생 이전까지만 해도 시카고학파를 중심으로 한 신자유주의 철학이 시장을 지배했다. 시장은 절대적으로 옳은 것이었으며, 규제는 최소화해야 한다는 흐름이 국제적 규준이 되었다. 그러나 시장만능의 신화는 글로벌위기와 더불어 산산조각이 났으며, 미국을 중심으로 각국 정부와 금융감독당국은 정도의 차이는 있으나 강한 정부 규제의 필요성을 다시 주장하고 있다. 따라서 향후 정부 개입 및 규제의 강도와 방향은 신자유주의와 케인지안들 간 해묵은 가치관 전쟁의 연장선에서 결정될 가능성이 크다.

10 『금융위기와 리스크관리』(김진호 저, 박영사, 2012) 참조.

3) 금융의 인문학적 이해[11]

(1) 합리성 가정

현대 경제학을 이루는 중요한 기초에는 인간이 합리적이라는 가정이 있다. 아담 스미스가 제창한 이른바 '보이지 않는 손(invisible hand)'이 작동하는 것도 이 때문이다. 시장에서 어떤 원인들에 의해 수요가 줄고 공급이 늘어나면 가격이 하락하여 새로운 시장균형에 도달하며, 반대로 수요가 늘고 공급이 줄면 가격이 올라 역시 새로운 균형을 찾는다. 따라서 이론적으로 시장은 늘 균형을 회복하게 된다. 그렇다면 시장이 일시적으로 불균형 상태에 있더라도 정부는 적극적으로 개입하기보다는 오히려 방관함으로써 시장자율기능에 따른 균형회복을 기대할 수 있다.

그러나 모든 사람이 과연 항상 합리적이라고 장담할 수 있을까? 멀리 내다볼 것이 아니라 당장 저자 자신을 돌아보더라도 가끔씩, 또는 생각보다 자주 어리석은 행동을 할 때가 많다. 그렇다면 이런 비합리적인 사람들의 집합인 시장이 제대로 합리적으로 작동한다고 보기 어려울 수도 있다. 이런 사회에서라면 정부는 '시장의 실패' 가능성을 염두에 두고, 필요한 상황에 적당한 강도로 시장에 개입하여 균형과 질서를 회복시켜줄 의무를 갖게 된다.

또한, 개인, 기업, 정부 등 각 경제주체 각각은 합리적 의사결정과 행동을 했음에도 불구하고, 시장 전체적으로 비효율성이나 시장질서의 교란을 유발하는 경우도 있다. 이른바 '합성의 오류(fallacy of composition)'가 나타나는 경우이다. 경제위기 국면에서 합리적 개인이라면 불확실한 미래에 대비하여 저축을 늘리는 것이 바람직하지만, 모든 소비자가 저축에 열중하고 소비하지 않으면 불황이 더욱 심각하게 되어 시장 전체적으로 국민소득이 줄고 중장기적으로는 저축 여력도 줄어들게 되는 것이 대표적 예이다.

---

11 『나라경제』 저자 칼럼(2009년 10월) 참조.

이렇듯 경제주체로서 인간, 그리고 그들이 구성하는 집합체로서 사회를 바라보는 인문학적 관점에 따라 경제학의 이론은 달라지게 마련이다. 결국 경제학이란 사람들의 행위를 설명하고, 나아가 이를 바탕으로 바람직한 사회를 설계하며 또한 미래를 예측하고자 하는 학문이기 때문이다.

(2) 신자유주의와 케인지안

아담 스미스(Adam Smith)를 시조로 하는 고전학파, 미국 시카고대학 중심의 통화주의학파, 이들 전통을 이어 받은 신자유주의 철학은 인간의 합리성과 시장의 완결성에 대한 믿음을 바탕으로 한다. 이들은 오랜 시간 역사를 경험하는 과정에서 경쟁, 효율성, 자본자유화, 유연한 노동시장, 연봉제 등 오늘날 우리 사회를 구성하는 많은 제도적 가치관을 정립했다.

그런데 글로벌위기를 맞아 신자유주의 철학은 붕괴의 위기에 처한다. 시장에 맡겨두면 모든 것이 원리원칙대로 흐르고, 잠시 교란이 생기더라도 곧 균형을 회복할 것이라는 믿음이 무너져내렸다. 특히, 금융회사의 자율성 회복을 기치로 금융감독의 끈을 느슨하게 풀어버린 금융감독 당국에게 쏟아지는 비난의 화살이 날카롭기만 하다.

신자유주의와 반대편에 서 있는 것이 존 메이나드 케인즈를 거두로 하는 케인즈학파이다. 이들은 시장이 완벽하지 않으며 언제든지 균형을 이탈하여 불균형을 지속할 가능성이 있으므로, 정부의 적극적 개입이 필요하다고 주장한다. 이들도 인간이 합리적이라는 기본 믿음은 공유하지만 신자유주의보다는 못하며, 설령 합리적 인간으로 구성된 사회라 할지라도 합성의 오류 등으로 인한 시장질서 교란이 발생할 수 있다고 믿는다.

2008 글로벌위기가 신자유주의 철학의 실패에 책임이 있다고 실망한 각국 정부는 점차 케인즈적 정책을 다시 풀어놓기 시작한다. 기본적으로 세금을 감축하고 재정지출을 늘리며, 한편으로 금리를 낮추고 통화량을 늘려 이른바 유효수요를 증

진시키는 정책을 구사한 것이다. 이에 따라 적어도 단기적이고 표면적으로는 경기가 잠깐 살아나는 듯 보이기도 했다.

그러나 경제학의 양 학파 간 우열을 판가름하기는 어렵다. 양 학파 간 논쟁은 이후에도 역사를 반복하여 계속 이어져갈 가능성이 크다. 그리고 이러한 논쟁의 배경에는 인간과 사회를 바라보는 인문학적 관점의 차이가 깔려 있다. 실물경제와 금융을 제대로 이해하기 위해서 저자가 늘 경제학, 경영학과 인문학의 접경에서 고민할 필요성을 주장하는 것도 바로 이 때문이다. 오늘날의 인문학은 경제, 경영학을 지원해줄 여력을 갖추고 있는가?

(3) 인문학의 위기와 금융[12]

인문학은 '인간의 가치와 삶의 의미'를 탐구하는 학문이다. 인문학 없는 자본주의나 기술발전은 이 사회에 무서운 괴물을 만들어낼 가능성이 크다. 현대사회는 효율성을 중요시하지만 성장만이 능사가 아니다. 인문학이 사회발전의 올바른 방향키 역할을 제대로 해주지 못한다면, 오히려 잘못된 방향으로 '효율적' 자원배분이 이루어질 수도 있다. 이만큼 위험한 일은 없다. 실물경제나 금융이 추구하는 효율성 자체는 인간가치 및 행복추구와 직결되지 못할 수도 있으며, 가끔은 효율성을 추구한다는 명분하에 오히려 이들을 해칠 수도 있다. 그래서 경제학자 알프레드 마셜은 '차가운 머리와 뜨거운 가슴'을 강조했다. 인간에 대한 깊은 이해와 사랑 없이 물질만을 추구하는 것이 얼마나 허무하고 파괴적인가를 이미 갈파(喝破)했던 것이다. 물신주의(物神主義: mammonism)의 악령(惡靈)은 금융이 경계해야 할 대상이다.

금융은 얼핏 외형상 인문학과 대극(對極)에 놓인 학문이다. 하지만 금융학의 기초가 문사철(文史哲)임을 부인할 수 없는 근거를 몇 가지 들어보도록 한다. 우선

12 『참여정부 시기의 금융이야기』(김진호 저, 이화여자대학교출판부, 2007) 참조.

'고(高)위험(리스크), 고수익(high risk, high return)의 원칙'이다. 동일한 기대이익을 갖지만 서로 다른 리스크를 갖는 두 금융상품이 있을 때 어떤 것을 선택해야 할까? 대부분의 사람들은 이때 상대적으로 리스크가 적은 상품을 선호한다. 그러므로 고(高)위험(리스크) 상품을 판매하고자 하는 금융회사는 이를 팔기 위해 어쩔 수 없이 상대적으로 기대이익을 높여주어야 한다. 이에 따라 '고(高)위험(리스크), 고수익'의 원칙이 성립하게 되고, 이는 오늘날 금융상품 가격책정의 핵심원리가 되고 있다. 그런데 이때 중요한 것은 동일한 기대이익하에 왜 대개의 사람들이 적은 리스크를 선호하는가에 대해서는 금융학에서 직접 설명하지 못한다는 것이다. 이것은 인간심리에 기초한 것이므로 인문학에서 설명을 차용(借用)할 수밖에 없다.[13]

두 번째, 다양한 금융상품으로 구성된 포트폴리오에서 분산투자를 통해 비체계적 리스크를 제거하고, 오로지 체계적 리스크만을 남겨둔 바람직한 상태를 '효율적 투자곡선'이라고 부른다. 합리적인 투자자는 이 곡선 상에서 재테크 전략을 선택하게 되는데, 자신의 효용함수로부터 도출된 무차별곡선의 형태에 따라 저(低)위험(리스크), 저(기대)수익 포트폴리오를 선택하기도 하고 고(高)위험(리스크) 고수익 포트폴리오를 선택하기도 한다. 금융을 처음 배우는 학생들이나 일반인들 중에는 모든 사람들에게 선호되는 유일의 최적 포트폴리오가 있을 것으로 착각하는 경우도 있지만 그것은 사실이 아니다. 선택은 각자가 갖고 있는 리스크 선호에 따라 달라진다. 어떤 사람은 가늘고 길게 살기를 원하고 또 다른 사람은 굵고 짧게 살기를 원한다고 할 때, 이들의 차이를 이해하는 것은 인문학의 영역이지 금융의 본질적 영역이 아니다.

셋째, 현대 금융학은 모든 사람들이 합리적 의사결정을 한다는 것을 가정하고 있다. 그러나 이러한 이론적 기반 위에서는 도저히 해석되지 않는 이례적(異例的)

13 '선택과 결정' 과정에 대한 최초의 체계적 정의를 내리고, '크건 작건 간에 부(富)의 증가로부터 비롯되는 만족감은 이전에 소유하고 있던 재화의 양에 반비례한다'는 단언을 통해서 사람들이 리스크를 회피하는 이유를 설명한 최초의 학자는 18세기 수학자인 다니엘 베르누이(Daniel Bernoulli)였다.

금융현상들이 종종 발견되었으며, 이에 따라 탈러(Richard H. Thaler) 등 일군의 학자들은 근시안적(myopic)이며 결정에 대한 뒤늦은 후회 등 인간적 결함이 합리성을 저해하며 금융시장의 불확실성은 이러한 비합리성의 결과일 수 있다고 주장하여 오늘날 행태재무학(behavioral finance)을 탄생시켰다. 이후 금융학은 '과거의 패턴에 의지하여 통계 및 계량분석에 의존하는 사람들'과 '불확실한 미래에 대해 좀 더 주관적인 기준으로 결정을 내리려는 사람들' 간의 긴장 속에 위치해있다. 이는 과거가 미래 예측에 어느 정도까지 영향을 끼칠 수 있느냐에 대한 근본적 시각 차이를 보여주는 것으로서, 인간에 대한 깊은 이해를 중요한 기반으로 한다.

우리는 미래를 정확하게 예측할 수 없으며, 단지 과거에 일어난 일을 면밀히 파악하는 방법을 알고 있을 따름이다. 미래가 과거에 의존해서 계량화된 인과율에 따라 움직인다고 보는 금융이론들은 커다란 문제점을 안고 있다. 특히 사람들이 비합리적일 때는 더욱 그러하다. 인문학이 금융학을 지원해줄 수 있는 대표적 영역이다.

넷째, '아시아적 가치(Asian Value)'와 신자유주의 간 충돌은 1997 외환위기 이후 우리 사회에서 아마도 금융권에서 가장 치열했을 것이다. '한강의 기적'을 이끌어낸 아시아적 가치는 유교(儒教) 문화 속에서 조직에 대한 무한(無限) 충성, 연공서열(年功序列)과 종신(終身) 고용으로 특징지어진다. 반면, 외환위기 이후 우리 사회의 새로운 철학으로 자리매김한 신자유주의는 경쟁에 따른 '시장기능'을 중시하면서, 연봉제(年俸制)와 계약제 고용, 정부의 시장 개입 억제와 국경 없는 시장에서 자유경쟁을 주장한다. 우리나라는 신자유주의를 택함으로써 외환위기를 외형상 극복했는지는 모르겠으나, 이에 따른 부정적 영향으로 부익부(富益富) 빈익빈(貧益貧)의 양극화는 신자유주의를 통해 강화된 것을 부정하기 어렵다. 이는 결국 우리 사회의 갈등 요소로 자리 잡았다.[14] 신자유주의를 택하고 난 뒤 우리 모두는 과거보다 행

---

14 1997 외환위기 이전에 우리 기업들이 고용 측면에서 비효율적인 면을 갖고 있었음에는 부정할 수 없다. 그러나 이를 '국민행복'이라는 측면에서 살펴본다면, 정부가 못하는 '복지'를 기업이 대행해준 것으로 해석할 수는 없을까?

복해졌는가? 우리 사회가 아시아적 가치를 버리고 신자유주의를 강요받을 때 우리의 인문학은 어디서 무엇을 하고 있었는가?[15]

어떤 전공이든 나름대로 '보다 바람직한 사회'를 건설하는 데에 기여하고자 한다. 물질은 행복의 중요한 필요조건이지만 충분조건은 아니다. 과거보다 물질적으로 풍요한 지금에 와서 우리는 과연 더 행복해졌는가? 이에 대해 긍정적 대답을 할 수 없다면 그동안 우리가 놓쳐온 것은 무엇일까? 인문학 교육이 상아탑의 고귀함 속에서만 계속 머무를 경우, 물신주의(物神主義)가 내뿜는 악취 속에 우리 모두는 서서히 죽어갈 것이다. 인문학이 이제부터라도 인간에 대한 정확한 이해를 바탕으로, 평범한 사람들이 행복을 추구하고 궁극적으로는 삶이 살아볼 만한 가치가 있다는 확신에 이르도록 도와주기를 기대한다.[16]

4) 통계, 수학, 그리고 금융[17]

금융은 사람들이 합리적이라는 것을 기본 전제로 출발한다. 합리성에 따르면 불

다소 무능력한 사람일지라도 기업이 껴안고 가면서 비록 한직(閑職)일지라도 정년까지 일하게끔 해주던 사회, 이는 분명 비효율적인 사회일 것이다. 그러나 그런 사람들을 솎아내어 회사 밖으로 내보내고 남아 있는 사람들 상당수를 비정규직이라는 불안한 신분으로 방치한 대가로 얻어지는 '효율성'이 국민행복에 어떤 기여를 할 것인가? 이렇듯 우리의 과거는 모두 잘못된 것으로 부정되어야만 하는 것일까?

15 금융학자들은 외환위기나 글로벌위기를 예측하거나 예방하지 못한 원죄(原罪)에서 벗어날 수 없다. 이렇듯 부끄러운 저자 자신은 감히 인문학의 위기를 함부로 들어 비판할 자격이 없다. 다만 금융이 갖고 있는 수많은 어려운 문제들을 풀기 위해 이제 인문학의 도움을 절실히 기다린다는 뜻에서 몇 자 적어봤을 따름이다. 저자는 이를 위해 중요한 우선과제 중 하나로서 중고등학교 및 대학 교양과정에서 문사철(文史哲) 교육의 개선이 꼭 필요하다고 생각한다.

16 저자는 중고교 시절 받았던 암울했던 주입식 교육으로 인해 문사철(文史哲)이라고 하면 따분하다는 생각에 피했는데, 후배들은 저자처럼 인문학으로부터 도망가지 않기를 바란다. 그래서 우리 사회의 평범한 사람들이 인문학적 소양을 충실히 갖춘다면, 우리는 오히려 덜 벌어도 훨씬 행복할 수 있을 것이다. 이렇게 충족감과 행복감을 느끼는 사람들이 늘어간다면 그때 조금 더 물질적인 풍요를 추구하자고 우리들 경제, 금융학자들에게 요구해도 좋을 것이다. 지금 이 사회가 더욱 목말라하는 것은 '물질적 풍요'보다 '올바른 삶의 가치 정립'이라고 믿기 때문이다. 맹자는 무항산(無恒産), 무항심(無恒心)을 주창하여 물질이 행복의 필요조건임을 인정했으며, 정신노동을 하는 노심자(勞心者)와 육체노동을 하는 노력자(勞力者)가 서로 직능의 전문화와 분업화를 통해 생산성을 향상시킬 수 있다고 보았다. 또한, 막스 베버는 『프로테스탄티즘의 윤리와 자본주의 정신』에서 서구 자본주의 발생을 기독교적 금욕과 근로에 힘쓰는 종교적 생활태도와 연관시켜 분석함으로써 오늘날 자본주의를 지탱하는 이론적 설계를 제공했다. 지금 우리에게는 이렇듯 시대를 앞서가는 인문학이 필요하다.

17 『나라경제』 저자 칼럼(2009년 4월) 참조.

행한 사건은 발생가능성(likelihood)과 사건의 피해심각성(severity)을 동시에 고려하여 대처방안을 마련하도록 되어 있다.[18] 하지만 사람들이 꼭 합리적이기만 한 것이 아니라는 데에서 문제는 출발한다. 설령 발생가능성이 작음에도 불구하고 닥쳐올 피해상황에 대한 지나친 두려움으로 인해 비상식적 행동을 하는 사람들을 주변에서 발견하는 것은 그다지 어려운 일이 아니다.

앙투안 아르노(Antoine Arnauld)가 1662년 『논리, 사고의 예술(*La logique, ou l'art de penser*)』이라는 저서에서 사건의 발생가능성과 사건의 피해심각성이 동시에 의사결정에 영향을 준다고 주장한 이래, 다니엘 베르누이(Daniel Bernoulli)는 1738년에 『리스크측정에 대한 신(新)이론 해설(*Specimen Theoriae Novae de Mensura Sortis*)』이라는 저서에서 객관적 피해심각성이 아닌 주관적으로 느끼는 심각성이 의사결정에 더 큰 영향을 준다고 주장한다.[19]

한편, 유명한 경제학자인 케인즈는 1921년 『확률론(*A Treatise on Probability*)』이라는 저서에서, 기존 확률이론과 실생활의 괴리를 비판하며 주관적 판단의 중요성을 강조한다. 그는 '진실한 객관적 확률'이란 존재하지만 파악되지 않는 것이며, 다만 추정에 의해서 이를 구할 수밖에 없다고 보았다.

이상의 논의들을 종합하면 미래 상황에 대한 객관적 발생가능성 추정과 피해정도의 파악이 쉽지 않은 작업임을 알게 된다. 불확실한 미래에 대해 방심해도 곤란하지만 지나치게 소심하게 대응하는 것도 바람직하지 않다. 극단적으로 예외적인 최악의 상황에까지 우리가 대비를 해야 하는가? 그렇게 하면 안심은 될지 모르나, 그에 따른 천문학적 비용 부담의 문제가 남는다. 이 과정에서 비용과 편익을 비교하고 대응 여부를 판단하는 것은 고도로 훈련받은 리스크관리 전문가들의 영역이다.[20]

---

18 예를 들어 해와 달이 떨어지는 사건은 그에 따른 피해가 상상할 수도 없이 크겠지만, 발생가능성이 너무도 작으므로 이를 무시하고 살아가야 하는 것이 정답이다.

19 이때부터 기댓값이 아닌 기대효용의 극대화가 경제학과 금융학의 중심으로 자리 잡는다. 『리스크』(번스타인 저, 한국경제신문사, 2006) 참조.

20 언젠가 혜성이 지구로 떨어질 것이라는 걱정만으로, 말 그대로 하늘이 무너질까 걱정하여 하늘을 덮는 거대한 방공호를 짓고 모든 사람들이 그 속에 숨어 살 수만은 없다. 이런 상황에서 혜성이 지구에 충돌할 가능성에 대한 사려

수학은 문제의 인과(因果) 관계를 객관적으로 정립하고 통계학은 리스크 발생 가능성과 발생 사건의 피해에 관한 경험적 판단을 제시함으로써, 이러한 문제에 대한 적절하고 객관적 해결책을 제시하는 필요조건이다. 그래서 오늘날 금융에서 수학과 통계학의 중요성은 이루 말할 필요가 없이 크다.

5) 금융을 이해하는 세 가지 접근법

연극의 3요소를 무대, 배우, 극본이라고 하면, 금융에서는 금융시장, 금융회사, 금융상품이 각각 이에 해당한다. 어느 쪽으로 접근하더라도 금융의 대략적인 면을 파악할 수 있지만, 보다 완벽한 이해를 위해서는 세 가지 접근법을 모두 사용하는 것이 바람직하다. 그래서 이 책의 Part 2에서는 금융시장, Part 3에서는 금융회사, Part 4에서는 금융상품을 각각 다룬다. 이들 각각은 온전히 별개의 것이라기보다는 서로 밀접히 연관된 내용들이다. 같은 사물을 밑에서부터, 측면에서, 그리고 위에서 각각 살펴봄으로써 전체적 그림을 이해하는 것과 같다.

깊은 판단 없이 오직 피해심각성만을 여과 없이 일반인들에게 공개하여 불필요한 공포를 유발시키는 것은 바람직하지 않다.

part 2

금융시장과 하부구조에 대한 이해

chapter 3

실물경제: 경기변동과 정부정책에 대한 이해

1. 경기변동

앞에서 우리는 실물경제가 신체의 근육과 뼈에 해당된다면, 금융은 이에 산소와 에너지를 공급하는 핏줄의 역할을 수행함을 알았다. 따라서 금융을 이해하는 출발로서 실물경제에 대한 개략적 이해가 필요하다. 경제발전은 각 경제주체, 즉 가계, 기업, 정부 및 해외 부문이 생산하고 소비하며 부가가치를 창출하면서 이루어진다. 실물경제를 나타내는 대표적 지표가 '실질 GDP 성장률'이다. 이는 인플레이션 효과를 제거하고 국내총생산가치의 증감률을 살펴보는 것이다.

〈그림 3-1〉은 지난 50여 년에 걸친 우리나라 실질 GDP 성장률의 추이를 보여준다. 이를 보면 1970년대 8.3%, 1980년대 7.7%, 1990년대 6.3%, 2000년대 5.2%로 점점 성장추세선이 낮아지고 있음을 알 수 있다. 일반적으로 선진국에 진입하게 되면 성장속도가 하락하지만, 우리나라의 경우 과연 선진국에 진입했기 때문에 그런 것인지 아니면 다른 구조적 문제가 있어 정상 성장궤도를 이탈하여 성장률이

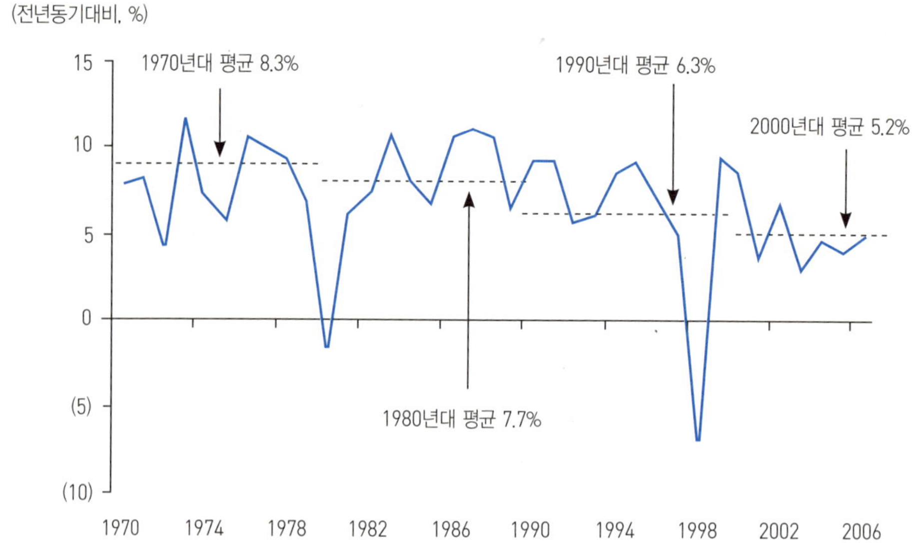

〈그림 3-1〉 우리나라 실질 GDP 성장률의 장기 추이
자료: 한국은행

낮아진 것인지 다소 불명확하다.

한편, 〈그림 3-1〉을 보면 경제성장률이 추세적으로 하락함과 더불어, 추세선을 중심으로 등락을 거듭하는, 이른바 '경기변동' 현상을 보이고 있음을 알 수 있다. 호황과 불황이 반복적으로 이어지는 현상이다.[1] 왜 이런 사이클이 반복되는 것일까? 호황도 불황도 없는 평탄한 경기흐름을 만들어낼 수는 없는 것일까?

경기변동은 신체리듬과 비슷하며, 경기침체는 감기몸살에 비유될 수 있다. 건강을 과신하여 몸을 혹사하는 것이 지나치게 되면 감기몸살에 걸리듯, 경기 또한 호황의 끝에 불황이 불가피한 측면이 있다.[2] 그런데 안타깝게도 경기변동을 정부정

1 호황 국면에서는 과소비, 과잉투자, 거품 생성이 나타나 사람들을 들뜨게 하며, 불황 국면에서는 반대로 구조조정, 실업, 거품 붕괴에 따른 자산가격 폭락이 나타나 사람들을 불안하게 한다.

2 호황 국면에서 정신없이 돌아가는 과정에서 무리하게 이루어진 기업들의 과잉투자, 가계 부문의 지나친 소비, 비현실적이며 무리한 각종 정부정책과 제도, 이 모든 것들과 함께 경제주체들의 비합리적 낙관주의가 어우러지면서 경제는 피로현상을 보이게 되고 대체로 이러한 국면에서 경기는 침체국면으로 접어들게 된다.

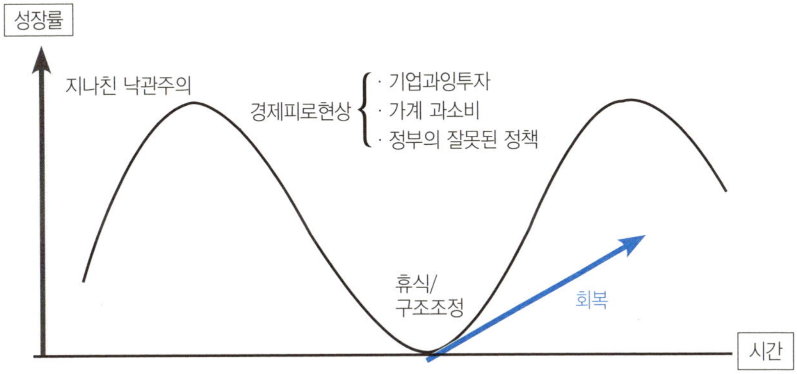

〈그림 3-2〉 경기 국면에서 경기주체들의 행동

책 시행을 통해 완전하게 해결하기는 어렵다. 1930년대 대공황을 경제학자 케인즈의 유효수요이론으로 치유한 이래, 경제학자들이 경기 활황(호황)과 침체(불황)라는 단어가 세상에서 사라질 것이라고 호언하던 시절이 있었다. 유효수요를 조절하는 정책 시행을 통해 경기 국면을 자유자재로 조절할 수 있다고 본 것이다. 그러나 호언장담도 잠깐의 헛된 꿈으로 끝나고, 경기 활황과 침체라는 반복되는 싸이클은 여전히 우리 곁에 남아 있다. 우리는 경기변동을 치료할 궁극의 특효약을 갖고 있지 않다.[3] 감기몸살에 특효약이 없는 것처럼, 불황 국면에서 벗어나기 위해서는 구조조정과 더불어 각 경제주체들의 지나침에 대한 반성과 휴식을 위해 어느 정도 회복시간이 필요하다.

2. 정부정책: 통화신용정책과 재정정책

경기변동에 대처하기 위한 정부정책에 대한 경제학자들의 입장은 시대에 따라 변

3 『신용경제』 저자 칼럼(2001년 4월) 참조.

화해왔다. 아담 스미스를 필두로 하는 '고전학파'는 '생산된 것은 결국 모두 팔린다'고 주장하며, 따라서 시장 내에 수요와 공급 간 일시적 불균형이 있더라도 시장은 스스로의 힘으로 균형을 회복한다고 설파했다. 가격 기능의 이른바 '보이지 않는 손(invisible hand)' 역할을 신뢰한 것이다. 고전학파 주장에 따르면 장기적이고 구조적 경기순환은 있을 수 없으며, 정부는 시장을 자유방임(自由放任)하는 것이 바람직하다.

그러나 고전학파 이론은 1929년 시작된 '대공황(Great Depression)'에서 효력을 상실한다. 장기적이고 구조적 불황이 발생했으며, 시장의 자율기능은 이를 치유하지 못했던 것이다. 이때 케인즈는 '유효수요'의 부족으로 불황이 발생할 수 있으며, 정부가 적극적으로 개입하여 경기변동을 통제하고 불황에서 탈피해야 한다고 주장하고 나섰다.

정부정책은 통화량과 금리 조절을 통한 '통화신용정책'과 재정지출 및 조세 조절을 통한 '재정정책'으로 구분된다. 통화신용정책은 경제주체가 현금 퇴장(退藏: hoarding) 없이 돈을 적극적으로 빌리고 이를 바람직한 곳에 투자해야 효과가 있으며, 유동성 공급이라는 보약(補藥)을 통한 간접효과를 기대한다. 이에 비해 재정정책은 원하는 시점과 영역에 직접 투입되어 외과수술과 같은 직접효과를 기대할 수 있다.

이후 승승장구하던 케인즈학파는 1970년대 들어 세계적 석유파동을 겪으며 발생한 '스태그플레이션(stagflation)', 즉 불황과 인플레이션이 동시에 발생하는 현상을 이론적으로 제대로 설명하지 못하고 적합한 대응책을 마련하지 못했다. 그리고 결국 고전학파의 맥을 잇는 통화주의자 및 신자유주의 학파에게 경제정책의 주도권을 넘긴다. 신자유주의는 이후 2008 글로벌위기라는 암초에 부딪힐 때까지 주요 국가들의 경제철학으로 자리매김한다. 이와 같은 역사적 역할에서 두 학파는 상대방의 장점을 수입하고 자신들의 단점을 보완하면서 이론과 정책의 많은 수정이 이루어져, 오늘날에는 과거에 비해 두 학파 간 차이가 상당히 줄어들고 있다.

1) 통화신용정책[4]

경기가 불황에 시달리면 정부, 보다 정확하게는 중앙은행은 시중 통화량을 증가시키고 '정책금리' 인하를 통해 '시장금리' 하락을 유도한다.[5] 시장금리가 하락하면 가계는 저축 유인이 상대적으로 줄어 소비를 늘리게 되며, 기업은 자금조달 부담이 줄어 투자를 늘린다. 따라서 가계 소비와 기업 투자가 증가하면서 경기회복을 기대할 수 있다.[6] 그런데 아쉽게도 최근 들어서는 통화신용정책의 유용성이 과거에 비해 많이 줄어들었다. 먼저 가계 부문을 살펴보자. 지금 가계 소비가 부진한 것은 미래 경제상황이 불확실한 상황에서 가계 빚 부담은 크며 이 와중에 노후에도 대비해야 하기 때문이다. 또한, 기업 투자가 부진한 것은 역시 시장 상황이 불확실한 데 추가하여, 원천기술 부족으로 인해 미래 유망사업이 부재하기 때문이다. 이러한 상황에서 당국이 정책금리 인하를 통한 확장적 통화신용정책을 고집할 경우, 가계와 기업은 과거와는 다른 대응을 보인다.

과거에는 시장금리가 하락할 경우 가계나 기업은 유동성 보유를 줄이고 소비나 투자를 했다면, 최근에는 시장금리의 하락에도 불구하고 유동성을 계속 보유하려고 한다. 불확실한 미래에 대처하는 우선적 방법으로 현금을 확보하고 지키는 것이다. 금리가 일정 수준으로 하락하면 이때부터는 가계와 기업의 유동성 수요가 무한정으로 증가하여, 금리정책이 무력화되는 국면을 '유동성함정(liquidity trap)'이라고 부른다. 이때 통화신용정책의 경기대응 효과는 크게 떨어진다. 결국 지금처럼 미래 불확실성이 큰 상황에서는 정책금리를 인하해도 소비와 투자의 증진 효과

---

4 월간 『금융』 저자 칼럼(2004년 7월) 참조.

5 정책금리는 중앙은행이 결정하는 정책변수이며, 시장금리는 정책금리에도 영향을 받지만 기본적으로 금융시장 내 자금의 수요와 공급 간 균형에서 결정된다.

6 이와 같은 통화신용정책이 활발하게 사용된 것은 2000년대 들어서이다. 미국 중앙은행 FRB 의장이었던 그린스펀이 금리를 경기조절의 적극적 도구로 사용한 것이 대표적 사례이며, 우리나라 또한 1997년 외환위기 이후 경기침체 대처방안으로서 선제적 금리 인하 정책을 자주 사용해왔다.

가 적다.[7]

통화신용정책의 수단들

통화신용정책은 통화량과 기준금리를 조절하여 경제에 영향을 주고자 한다. 재정정책에 비하면 정치적 부담이 상대적으로 적은 편이다. 사용되는 정책수단으로서는 공개시장운영(open market operations), 재할인율(discount rate) 조절 또는 대출정책, 지급준비율(reserve requirements) 조절정책 등을 들 수 있다.

한국은행이 기준금리 목표 수준을 정하면 이를 달성하기 위해 통화신용정책수단들이 동원된다.[8] 이렇게 하여 조정된 기준금리는 자금시장의 단기자금 수요와 공급에 영향을 주고, 자금시장의 변화는 다시 예금, 대출시장, 자본시장 및 외환시장 등에 변화를 주어 최종목표인 물가안정과 금융안정 목표를 이루게 한다.

적정 수준의 시장유동성 공급: 국제통화제도의 역사[9]

통화신용정책은 '노끈'과 같아서 이를 잡아당길 경우 과열된 경기를 진정시키는 데에 효과를 발휘하지만, 이를 밀어붙여본들 침체된 경기를 앞으로 나아가게 하는 데에는 한계가 있다. 그럼에도 불구하고 최근 여러 번의 위기극복 과정에서 확장적 통화신용정책에 지나치게 집착한 것은 아쉽다고 하지 않을 수 없다.

시장에 어느 정도의 유동성을 공급하는 것이 적정한가에 대한 논쟁을 거슬러 올라가면 '금본위(金本位) 제도'가 있다.[10] 금본위제도가 갖는 장점 중 하나는 재량

---

7 그래서 케인즈는 '통화신용정책은 노끈과 같다'고 지적했다. 노끈은 달려가는 말을 주저앉힐 수는 있지만, 주저앉은 말을 일으켜 세워 달리게 할 수는 없는 것이다.

8 '기준금리'는 '정책금리'라고도 불린다.

9 『나라경제』 저자 칼럼(2009년 8월) 참조.

10 한 국가가 보유한 금(金)의 양에 비례한 만큼의 통화를 공급하도록 한 이 제도는 사실상 정부에 의한 재량적(裁量的) 통화정책의 가능성을 원천적으로 봉쇄한다. 금본위제도하에서 유동성을 추가로 공급할 수 있는 방법은 자연에서 금(金)의 채굴을 늘리거나, 아니면 국제수지 흑자를 정산하는 과정에서 외국으로부터 금(金)을 이전받은 경우에 국한한다. 이로 인한 통화증발(通貨增發)은 국내물가를 상승시켜 수출 경쟁력을 떨어뜨림으로써, 대외균형을 회복시켜 경제의 자동안정화 기능을 수행하기도 한다.

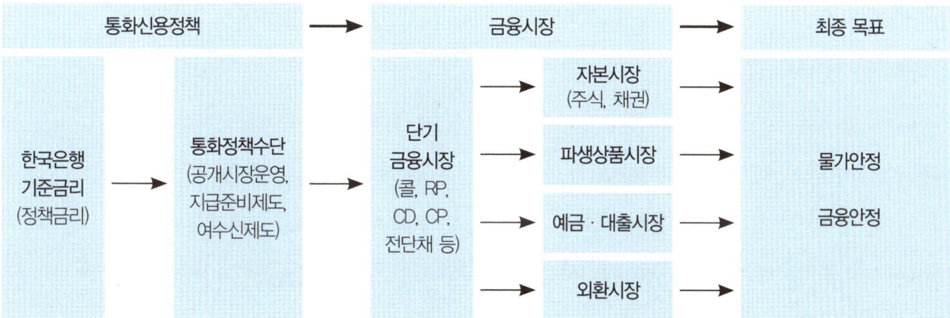

〈그림 3-3〉 통화신용정책이 경제에 영향을 미치는 파급경로
자료: 한국은행, 한국의 금융시장, 2016

적 통화신용정책의 가능성을 봉쇄함으로써, 과잉유동성 공급에 따른 자산시장 거품형성 등 통화신용정책의 부작용을 없애준다는 것이다.[11] 하지만 금본위제도가 갖는 아쉬운 점 또한 만만치 않다. 실물경기가 활성화되어 이에 합당한 양만큼의 유동성을 공급해야 함에도 불구하고, 금본위제도하에서라면 마땅한 방법이 없다. 또한, 금융위기를 당면했을 때 확장적 통화신용정책을 사실상 사용할 수 없기 때문에, 재정정책에만 의존하거나 아니면 고전학파의 주장대로 '보이지 않는 손'에 의한 시장의 자연치유능력을 기대할 수밖에 없다. 이러한 이유들로 인해 금본위제도는 역사적으로 소멸되고, 이의 후속으로 탄생한 것이 이른바 '브레튼우즈 체제'이다.

브레튼우즈 체제는 미국 달러의 가치를 금(金)에 연동시켜 상시적 태환(兌換)을 가능하게 하고, 기타 국가들의 통화가치는 미국달러에 연동시킴으로써 금본위제도의 통화정책이 갖는 경직성을 일부 완화시켜준 것이다. 그러나 베트남 전쟁 등으로 인해 막대한 재정지출 필요성을 겪게 된 미국정부가 달러를 마구 찍어내게 됨에 따라 결국은 금(金)에 비해 달러 가치가 폭락했다. 이에 따라 시장에서 달러의 금

11 이 점 때문에 글로벌위기를 당면하여 일부 전문가들이 금본위제의 부활을 꿈꾸기도 했다.

(金) 태환(兌換) 요구가 폭증하자, 미국정부가 이를 금지한다고 발표하면서 브레튼우즈 체제는 사실상 끝났다.

이후 주요국의 통화신용정책은 사실상 정부의 자유재량(自由裁量) 상태에 놓였다.[12] 1987년 주가 대폭락, 1990년대 IT거품붕괴, 미국 9·11 테러, 2008년 글로벌위기 등 크고 작은 경제위기 국면마다 유동성 공급 위주의 확장적 통화신용정책은 약방의 감초마냥 등장한다. 페니실린이 최초의 항생제로 등장했을 때 만병치유(萬病治癒)의 영약(靈藥)으로 착각되었던 것처럼, 통화신용정책은 이후 여러 번의 경제위기들을 넘기는 역할을 한다. 그러나 새롭고 강력한 항생제가 역설적으로 신종악성바이러스를 탄생시킨 것처럼, 통화신용정책에의 반복적 과잉의존은 결국 통화신용정책이 제대로 작동하지 않는 골병든 경제를 낳고 만다. 그 결과가 글로벌위기 국면에서 우리가 보는 현상이다. 유동성 공급은 더 이상 투자와 소비증가로 이어지지 않고, 실물경제와 괴리된 금융자산이나 부동산가격의 거품을 가져온다. 거품이 붕괴되려 하면 실물경제가 연쇄붕괴할까 두려워, 다시금 유동성 공급을 통해 이를 막으려는 시도를 한다. 포퓰리즘의 압박은 적확(的確)한 시점의 출구전략 시행을 어렵게 하고, 이는 또 다른 거품의 재형성으로 이어진다.[13]

바이러스를 이기는 항생제를 지속적으로 개발하는 것은 궁극적 치유책이 아니며 신체 체질 자체를 건강하게 만드는 노력이 필요하듯이, '창조적 파괴'를 통한 원천기술 개발과 신수종산업 발굴, 그리고 '기업가 정신'의 회복을 통한 경제체질 강화노력이 절실하다. 통화신용정책에 대한 지나친 집착은 위험하다.

---

12 미국 시카고 학파의 통화주의자들(monetarist)이 실물경제 성장에 비례하는 정도의 통화공급을 아예 규정으로 못박자고 주장했지만, 각국 정부들은 손안에 들어 있는 막강한 통화신용정책 권한을 놓고 싶어 하지 않았다. 이와 더불어 어려움에 직면하여 장기적이고 본질적 해결책보다는 단기적 대증요법(對症療法)이라도 좋으니 빠른 문제해결을 원하는 포퓰리즘이 영합되면서 통화주의자들의 주장은 세를 얻기 어려웠다.

13 금본위제는 경제에 필요한 만큼의 혈액을 제대로 공급하지 못할 수도 있다는 점에서 '저혈압' 증세의 가능성을 갖는다. 반면에 오늘날 우리가 택하고 있는 재량적 통화신용정책은 필요 이상의 과잉 혈액이 흐르는 '고혈압'의 우려를 갖게 한다. 간헐적으로 반복되는 자산시장거품의 붕괴는 고혈압 악화에 따른 일종의 뇌출혈(腦出血)에 비유될 수 있을 것이다. 저혈압과 고혈압, 이 모두를 피해 적정혈압의 묘법(妙法)을 찾아내지 못하는 한, 경제위기는 향후에도 계속 나타날 것이다.

그린스펀에 대한 평가[14]

미국 FRB 전(前) 의장 그린스펀은 1997년 금융위기를 성공적으로 극복한 것으로 칭송받아왔지만, 그가 남긴 유산, 즉 과도한 유동성 공급과 이에 따른 거품현상은 이후 경제에 상당한 부담을 주었다.[15] 그린스펀에 대한 비난의 핵심은 금융위기 국면마다 이를 본질적으로 치유하기보다는, 저금리와 과잉유동성 공급을 통해 표피(表皮)적으로 모면하는 데에만 급급했다는 것이다. 이로 인해 금융시장은 외형상 평온을 회복한 것처럼 보였지만, 실제로는 자산거품이 과도하게 형성되었을 뿐 아니라 금융시장의 자율적 교정(矯正) 능력도 상실되고 말았다는 것이다.[16]

거품을 꺼트리기 위해서는 금리를 인상하여 긴축적 통화신용정책을 수행해야 하지만, 거품붕괴는 더불어 실물경제위기를 물귀신처럼 끌고 들어간다. 이에 따른 정치적 부담을 이겨내고 긴축을 계속 유지하는 것은 정책당국자들과 정치인들에게 힘들어 보인다. 따라서 '저금리-자산거품'의 잘못된 균형으로부터 벗어나려는 노력은 아직까지도 실패를 거듭하고 있다. 세계경제는 겉으로는 안정을 간신히 유지하는 것처럼 보이지만, 병인(病因)은 잠복했을 뿐 소멸된 것이 아니다.

2008 글로벌위기의 출발점, 미국의 서브 프라임 위기[17]

오늘날 세계경제가 고통을 겪는 주요 원인 중 하나는 '글로벌 불균형'과 '과잉유

---

14 『참여정부 시기의 금융이야기』(김진호 저, 이화여자대학교출판부, 2007) 및 『금융위기와 리스크관리』(김진호 저, 박영사, 2012) 참조.

15 알렌 그린스펀과 본디오 빌라도의 공통점은 '(본인 스스로는) 틀린 줄 알면서도 대중에게 그들이 원하는 것을 준 것'이라고 한다. 한때는 금융시장의 전설로 영원히 살아남을 것만 같았던 그린스펀이 이러한 비난의 대상이 된 것을 보면 격세지감(隔世之感)을 느끼지 않을 수 없다. 한때 시장에서는 그린스펀을 칭송하며 그가 영원히 살 수 없는 유한(有限)한 생명을 가진 존재라는 것이 비극이라던 사람들도 있었다.

16 과거 20여 년간 유지된 저금리/과잉유동성 정책은 시장의 균형을 크게 옮겨놓았다. 현재의 균형은 사상 최저금리와 자산거품의 공존(共存)이다. 1990년대 중반부터 전 세계에 불어 닥친 금융위기를 해소하려는 목적하에 지속적으로 낮춘 금리 덕분에 경제는 파국을 모면했는지 모르겠지만, 이로 인해 형성된 자산시장거품은 날이 갈수록 우리의 목줄을 조이고 있다.

17 『금융위기와 리스크관리』(김진호 저, 박영사, 2012) 참조.

동성'에 있다.[18] 특히, 미국은 거대한 쌍둥이 적자(무역적자 및 재정적자) 재원을 전 세계에 걸친 엄청난 채무로 조달했다. 이는 달러화의 과잉공급 및 이로 이한 달러 가치의 하락을 촉발할 수밖에 없다. 미국의 대척점(對蹠點)에서 엄청난 흑자를 누리면서 미국의 채무를 인수한 주체가 일본과 중국이다. 또한, 위기 때마다 시장을 안정시키기 위해 각국이 경쟁적으로 취했던 저금리 정책과 유동성 공급은 전 세계적 과잉유동성 및 이에 따른 자산시장거품을 증폭시켜왔다.

결국 미국인들의 헤픈 씀씀이와 금융위기 치유비용으로 지불한 과잉유동성이 어우러져 전 세계적 부동산거품과 자산가격 폭등을 유발했다. 중국이 저렴한 노동력으로 값싼 물건을 공급함에 힘입어 안정된 물가는 각국 중앙은행들을 안심시켰고, 자산가격의 거품에 힘입어 소비가 증가하는 이른바 '골디락스' 현상에 모두가 취해있었다.[19] 그러나 모든 거품에는 종말이 있다. 거품이 서서히 꺼지는가, 아니면 급격히 소멸하는가의 차이가 있을 뿐이다. 2007년 시작되어 우리를 힘들게 해온 글로벌위기는 미국의 서브 프라임 위기에서 출발했으며, 서브 프라임 위기는 미국 부동산 시장거품의 붕괴에서 시작되었다.

2) 재정정책[20]

재정정책은 감세(減稅)를 통해 기업이나 가계의 세후 가처분소득을 증가시켜 투자 및 소비 활성화를 추구하거나, 재정지출 증대를 통해 직접적으로 유효수요를 늘

---

18 마뉴엘 힌즈(Manuel Hinds) 살바도르 전(前) 재무장관과 벤 스타일(Benn Steil) 미국 외교관계협의회 이사는 '돈의 가격인 금리에 대한 역사의 경고'라는 글에서 미국 FRB의 금리 인하가 주택자금 대출자들과 주식투자자들에게 일시적 행복감을 제공했지만, 이는 전 세계에 저렴한 달러화를 제공함으로써 거품을 확장시킬 수 있음을 우려했다. 특히, 자산가격 급등과 낮은 인플레이션이 맞물렸을 때 금융위기가 닥치곤 했던 과거 역사를 환기시킴으로써 긴장감을 주었다.

19 골디락스는 영국 동화 "엄마 곰, 아빠 곰, 아기 곰" 속의 주인공 소녀 골디락스가 알맞은 온도의 스프를 선택하여 주린 배를 채웠다는 내용에서 힌트를 얻어, 건실한 경제 성장과 낮은 인플레이션이 공존하는 이상적인 경제 상황을 지칭하는 단어이다.

20 월간 『금융』 저자 칼럼(2004년 07월) 참조.

려서 경기진작 효과를 추구한다.[21] 감세는 종종 부유층만을 위한다는 비판에 직면하기 쉽고 불확실성 하에서는 효과가 의문시되는 경우가 많다. 특히, 투자와 소비 부진의 원인이 투자비용 부담이나 가처분소득의 부족보다, 정치, 경제적 불확실성에 기인할 경우 재정정책은 그다지 효과적이지 않다. 재정지출은 적시적소(適時適所)에 사용할 수 있다면 효과를 기대할 수 있지만, 성공 여부는 정부의 올바른 판단과 집행과정의 효율성이 관건이 된다. 한편, 재정정책은 통화신용정책에 비해 정치적 부담이 상대적으로 크고, 따라서 의사결정 과정과 이후 집행까지 시간이 다소 많이 걸리는 편이다.[22]

정부의 역할과 한계

재정정책에서 유념할 것은 일반적으로 정부보다 민간 부문의 효율성이 높다는 것이다. 따라서 민간 영역에의 정부 진입이 항상 바람직한 것은 아니다. 그러나 민간 경제주체들이 심한 리스크 회피현상을 보이는 시점에서는 정부가 과감하게 진입하고, 투자가 안정단계에 이르면 민간에게 이를 이양하고 적절하게 빠져나오는 전략이 필요하다. 그렇지 못하고 정부가 민간 영역에 계속 눌러앉으면 각종 공공기관, 공사들의 비효율성이 장기적 성장잠재력을 훼손할 우려가 크다. 이럴 경우 오히려 재정투자의 비효율성이 부각되면서, 이로 인한 재정적자 누적 및 국가부채 부담이 심해질 우려가 있다.[23]

---

21 재정지출 증대는 미국의 1930년대 대공황 탈출에 기여한 케인즈의 이론을 기반으로 한다.

22 대외적으로 글로벌위기가 진행 중이며, 대내적으로는 대기업/수출기업 대비 중소기업/내수기업 간 양극화, 미래 성장동력을 찾지 못하고 떠도는 엄청난 규모의 부동(浮動) 자금, 투자자와 기업의 리스크 부담 기피가 나타나고 있다. 이럴 때 깨끗하고 유능한 정부라면 국채 발행으로 부동자금을 흡수하고 리스크를 부담하는 투자를 선도함으로써 경제회복에 나설 수 있다. 다만, 서민과 중소기업에 대한 '언 발에 오줌 누기'식 지원은 자원을 낭비할 가능성이 크다. 서민들이 바라는 것은 안정적 일자리이며, 중소기업들이 바라는 것은 안정적 판로와 운영자금이다. 이를 궁극적으로 북돋을 수 있는 재정정책이 필요하다.

23 옛적에는 마을마다 우물가에 펌프가 있었다. 펌프질을 시작하기 전에 먼저 물 한 컵을 위에서 부어주면 잠시 후 펌프질에서 물이 콸콸 쏟아지던 장면을 기억한다. 지금 우리에게 물 한 컵이 있다. 이 물을 목마른 사람들에게 바로 나누어줄 것이 아니라, 펌프에 붓고 펌프질을 통해 안정적 급수(給水)를 확보해주는 것이 바람직하다. 이것이 재정정책의 역할이다.

민간 부문에서 부동(浮動) 자금을 흡수하여 정부가 투자함으로써 원하는 효과를 거두기 위해서는, 정부가 리스크를 우선 부담하겠다는 적극성과 더불어 양심적이며 올바른 판단능력이 함께 요구된다. 우리나라가 '한강의 기적'을 이루어내는 데에 큰 역할을 했던 정부가 지금처럼 어려운 때에 구원투수로서 다시 나설 것을 기대해본다. 그리고 아껴서 부어준 한 컵의 물이 세찬 물줄기로 다시 뿜어져 나올 때, 정부는 다시 선량한 관리자의 역할로 돌아갈 것도 기대한다.

국가 및 지방자치단체 부채 확대의 우려[24]

재정적자는 현재 또는 미래의 누군가가 갚아야만 한다. 세금 징수에 따른 정치적 부담에서 벗어나 방만한 재정지출을 통해 유권자들을 현혹시킬 수 있기 때문에, 정치인들로서는 피하기 어려운 유혹이 국가 및 지자체 부채이다. 공짜라 해도 양잿물을 먹어서는 안 되는 것처럼, 미래 상환능력이 확실하게 담보되지 않은 상태에서 재정적자와 이로 인한 국가부채는 결국 기성세대의 고통을 미래 세대에게 전가하는 무책임한 행동이다. 남유럽국가들이 2008년 글로벌위기를 맞아 당장의 문제를 해결하기 위해 엄청난 규모의 기채(起債)를 통해 잠시 위기를 극복한 것처럼 보였지만, 결국은 재정지출이 미래 세원의 확대로 이어지지 못하자 국가부채를 상환할 능력이 없어져 부도 위기로 몰린 것을 중요한 타산지석(他山之石)으로 삼아야 한다.

국가 및 지자체의 과도한 부채 문제를 해결하기 위해서는 현재의 부담을 미래세대로 이전하는 데에 대한 한계를 분명하게 설정하는 도덕적 작업이 우선 이루어져야만 한다. 국민들은 각자가 짊어진 부담만큼의 서비스만 국가로부터 받아야 한다는 사실을 깨달아야 한다. 입으로는 애국을 떠들면서 내가 아닌 다른 누군가의 돈으로 먹는 공짜 점심에 즐거워하는 것은 올바른 시민의 자세가 아니다. 시민단체

24 『금융위기와 리스크관리』(김진호 저, 박영사, 2012) 참조

들도 우리의 미래세대가 억울하게 감당할지도 모를 부담을 덜어주도록 정치인들을 설득하고 감시해야 한다.[25]

3) 정책 조합의 최적화

1960년대 이래 기적적 경제성장을 이루어낸 우리나라는 이후 1997 외환위기, 2008 글로벌위기를 겪으면서 현재에 이르렀다. 이 과정에서 부유층과 빈곤층 간 소득격차, 수도권과 기타 지역 간 발전 격차, 서울의 강남과 비(非) 강남 간 격차가 확대되었으며, 지금은 신성장동력 부재(不在)와 성장잠재력 저하를 극복할 수 있는 새로운 활로를 모색해야 하는 시점이다. 노령화, 인구감소, 저성장, 저물가는 이제 우리 경제를 상징하는 대표적 단어들이다. 이에 대해 보수 세력은 수출 드라이브, 성장 중심, 현실 안주를 지향하는 반면, 진보 세력은 성장보다 분배, 개혁, 과거청산 등을 통해 산적한 문제들을 풀어가고자 서로 경쟁 중이다. 통화신용정책과 재정정책 간 우선 순위 및 비중을 놓고도 백가쟁명(百家爭鳴)식 논쟁이 치열하다. 우리나라를 위한 최적의 경제정책 조합은 무엇인가?

(1) 선택 가능한 정책조합[26] [27]

통화신용정책의 스펙트럼

2008 글로벌위기를 극복하려는 노력 속에서 정책당국자들은 기존의 교과서적이며 전통적인 정책의 한계를 분명하게 경험하면서 비전통적 정책들을 새롭게 채택

25 2016년 현재 우리나라 국가부채는 GDP 대비 45% 미만으로서 OECD 국가 중 하위권이어서 아직 크게 걱정할 단계는 아니다. 다만, 국가부채 통계에 잡히지 않는 공기업 및 공적 금융회사들의 부채를 포함하면 안심할 수도 없는 실정이다. 또한 우리나라의 경우 국가부채 증가 속도가 빠른데다, 심각한 고령화 추세와 통일비용 등까지 고려하면 문제는 더욱 심각해진다.

26 한국금융학회-한국은행 공동주최 정책심포지움의 저자 토론자료(2016년 10월) 참조.

27 여기서 거시건전성(또는 금융안정) 정책을 제외한 것은, 이는 통화신용정책, 재정정책, 금융정책의 결합이라고 보기 때문이다.

하게 된다. 통화신용정책 측면에서 정책금리가 사상 최저 수준을 돌파해서 거의 0의 수준에 도달하고 이 과정에서 유동성함정 현상까지 나타나자, 미국, 일본 등은 양적완화(量的緩和)로 대표되는 비전통적 통화신용정책을 시행한다.[28]

그러나 비전통적 통화신용정책을 통해서도 시장이 원하는 만큼 반응하지 않고 경기 침체가 지속되자, 일본 등 일부 국가는 시중은행이 중앙은행에 맡긴 예금에 대해 '마이너스 금리(negative rate)'를 부과하는 초강수를 보인다.[29] 시중은행이 맡긴 돈에 대해 중앙은행이 이자를 주기는커녕 일종의 보관료를 받을 테니, 중앙은행에 맡기지 말고 기업이나 가계에 적극적으로 대출해줌으로써 시중은행도 경기 진작에 나서라는 강력한 신호를 보낸 것이다.

계속된 불황으로 인해 적절한 자금운용처를 찾지 못한 시중은행들이 여윳돈을 중앙은행에 예치할 수도 없게 되자, 결국 이를 아예 금고(金庫)에 보관하고 거액자산가들도 유사한 행동들을 보이기 시작한다. 이에 대해 통화신용당국은 아예 '화폐 없는 세상'을 만들고자 하는 역사적 초유의 실험을 검토하기에 이르렀다. 이렇게 되면 돈을 금고에도 묻어둘 수 없기 때문에, '마이너스 금리(negative rate)' 불이익을 감수하거나 그것이 싫으면 대출, 투자 또는 소비를 하라는 것이다.[30]

재정정책의 스펙트럼

확장적 재정정책은 재정적자로 이어질 가능성이 크며, 적자가 누적될 경우 국가부채가 증가하게 된다. 글로벌위기 이후 미국, 일본, EU 등이 공통적으로 겪는 현상이다. 일부 국가에서는 국가부채 위기가 극심해지자 아예 정부에서 통화를 직접 발행하여 기존 부채를 상환하고, 나아가 추가 재정지출 여력을 확보하자는 극단적

---

28 이는 중앙은행이 기존의 통화신용정책 전파경로(transmission mechanism)를 벗어나, 정책금리 조정에 의존하지 않고 시장에 직접 유동성을 공급하는 것을 핵심으로 한다.

29 영문표현을 직역하면 '네가티브 금리'가 합당하지만, 이 책에서는 이미 언론에서 통상 사용되는 표현을 따라서 '마이너스 금리'라고 한다.

30 거의 '강제적' 경기진작책이다.

주장까지도 나타나기에 이르렀다. 이미 지난 역사를 통해 수없이 실패로 돌아간 사례가 있음에도 불구하고, 오늘날 이런 주장이 다시 나타난 것은 그만큼 위기가 심각하다는 증거가 아닐 수 없다.

최적 정책조합

〈그림 3-4〉는 앞에서 설명한 통화신용정책 및 재정정책 스펙트럼과 이에 따른 최적화지수를 3차원 입체상에 그려낸 것이다. 우리나라는 통화신용정책 면에서는 전통적 정책, 재정정책 면에서는 균형재정에 가까워서, 경기조절을 위한 정책 선택 폭이 다른 나라들에 비해 여유가 있음을 볼 수 있다. 그렇기 때문에 기획재정부에서는 한국은행이 좀 더 확장적 통화신용정책으로 나아가 주기를 바라며, 반대로 한국은행은 기획재정부가 재정정책에 좀 더 확장적 입장을 보여주기를 기대하는 것이다. 결국 어떤 정책조합에서 최적화를 이룰 수 있는가가 우리의 고민이다.

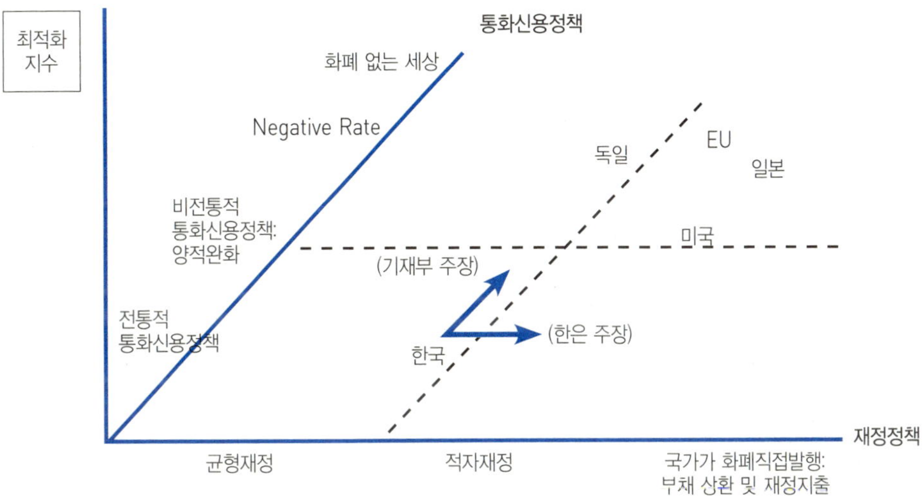

〈그림 3-4〉 선택 가능한 정책조합

(2) 최적화의 제약조건

모든 최적화의 문제는 제약조건에 지배당한다. 아무리 바람직한 정책방향이라도 우리가 달성할 수 있는 범위 밖에 있다면 무용지물이다. 정책조합 최적화를 제한하는 세 가지 제약조건들을 살펴보자.

정치적 제약

〈그림 3-5〉는 EIU(The Economic Intelligence Unit)가 발표한 민주주의 지수를 보여준다. 우리나라는 2015년 기준으로 '결함 있는 민주주의' 국가군에 속한다. 민의(民意)가 아닌 물신주의(Mammonism)가 지배하는 사회, 다수결 원칙이 때때로 무시되며 '헌법 위의 떼법'이라는 자조적 표현이 일상화된 현실, 우리 사회의 협의, 협상, 타협능력의 총체적 부족 등을 고려하면, 이들에 의해 정책조합 최적의 선택이 왜곡될 가능성이 크다.

〈그림 3-5〉 민주주의 지수
자료: The Economist Intelligence Unit, Democracy Index 2015

경제적 제약

〈그림 3-6〉은 경제체제를 케인지안의 '정부 중심'과 하이에크/신자유주의의 '시

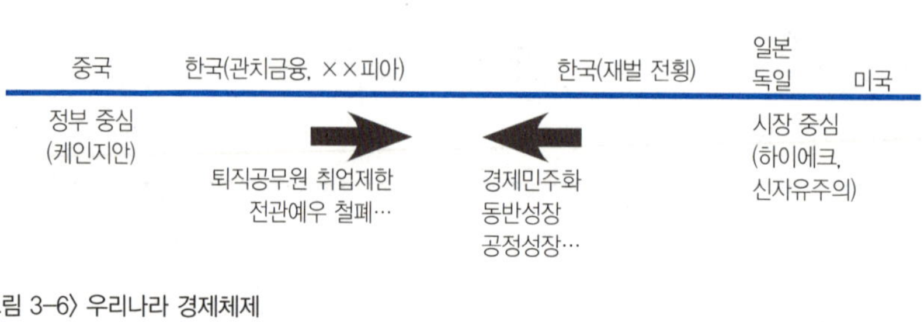

〈그림 3-6〉 우리나라 경제체제

장 중심'을 양끝으로 하고, 그 사이에 우리나라 현실을 위치시켜 본 것이다. 관치금융이나 'XX피아' 등으로 비하되는 일부 영역은 '정부 중심' 경제체제로 보이나, 재벌의 전횡은 '시장 중심' 체제에 좀 더 가깝다. 다만, 최근 들어 퇴직공무원 취업 제한이나 전관예우 철폐, 경제민주화 주장 등에 의해, 이들 이질적 경제체제 요소들은 그나마 수렴되는 모습을 보이기 시작하고 있다.

엄밀히 생각해보면 우리나라 경제체제는 케인지안이나 신자유주의로 설명하기 어렵다. 오늘날 자본주의 경제체제는 주주 이익, 또는 부(富)를 극대화하는 '주주 중심 경영'을 기반으로 하고 있다. 하지만 XX피아, ○○캠프 출신 경영자들은 전체 주주보다는 자신들이 속한 진영(陣營) 이익에, 그리고 재벌 소속 경영자들은 소수의 지배주주에 충성하기 마련이다. 이러한 기업지배구조는 주주 중심 자본주의와 거리가 멀다. 이때는 경제정책에 대응하는 미시 경제주체들의 최적화 행동들이 왜곡되고, 따라서 이들의 총합으로 나타나는 거시경제변수의 움직임이 이론과 달라질 수 있다. 그렇게 되면 경제정책의 최종효과가 기대한 것과 달리 나타날 가능성이 크고, 이는 곧 최적 경제정책조합 선택을 어렵게 하는 제약요인이 된다.

사회적 자본[31] 제약

〈그림 3-7〉은 국제투명성기구(Transparency International)가 조사한 '부패지수'를 보여준다. 우리나라는 중국보다 나을 뿐 아쉽게도 주요 선진국 대비 한참 부족하

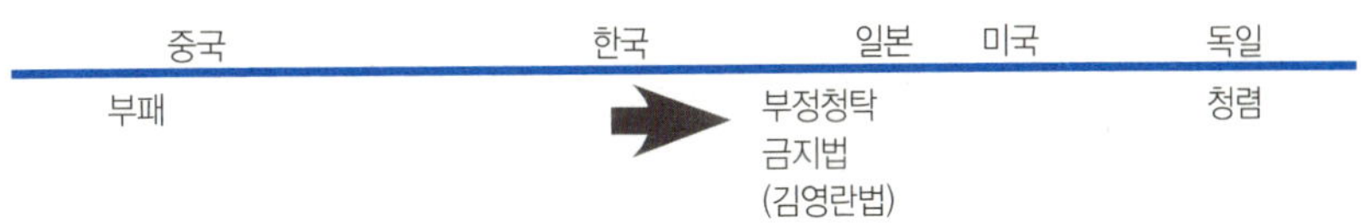

〈그림 3-7〉 부패지수

자료: Transparency International, Deterioration Index 2015

31 사회구성원들이 힘을 합쳐 공동 목표를 효율적으로 추구할 수 있게 하는 자본. 사람과 사람 사이의 협력과 사회적 거래를 촉진시키는 일체의 신뢰, 규범 등 사회적 자산을 포괄(『시사경제용어사전』 참조).

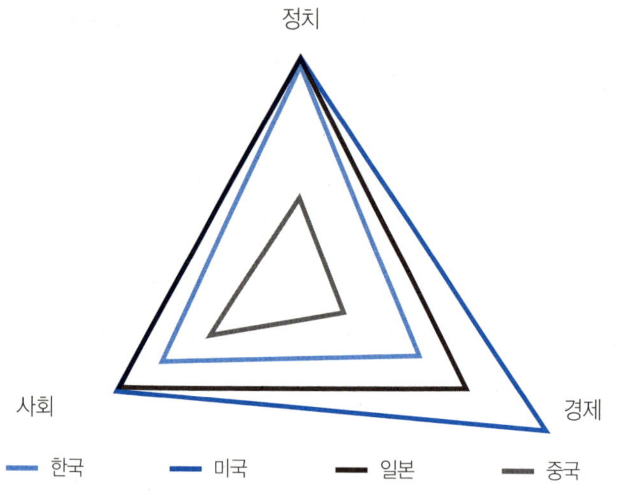

〈그림 3-8〉 주요국의 제약조건

다. 국가 및 지방재정에서 자기 개인 돈이라면 저렇게 집행할까 싶은 부정과 비효율이 횡행하고, 불공정 과세와 일부 기업인과 전문직의 탈세, 정경유착이 잔존하는 한 경제정책의 제대로 된 효과를 기대하기 어렵다. 이 또한 정책조합 최적화의 제약요인으로 작동한다.

(3) 제약조건 하의 정책조합 최적화

〈그림 3-8〉은 주요 선진국과 우리나라가 처한 제약조건을 다이어그램으로 비교하여 보여준다. 각 국은 제약조건 내에서 통화신용정책과 재정정책의 최적 정책조합을 찾아야 하는데, 〈그림 3-8〉에서 보다시피 나라마다 제약조건 상황이 다르다.

최근 들어 정책당국자들은 쓸 만한 정책을 찾기 어렵다는 말을 자주 한다. 글로벌위기가 2007년 시작된 이래 수많은 정책들을 집행해왔음에도 불구하고 뚜렷한 경기회복이 이루어지지 않은 상태에서, 국민들의 불만과 불안이 점증하는 데에 따른 정책당국자들의 초조감이다. 그러나 앞에서 살펴본 제약조건들의 확장 없이는

쓸 만한 정책조합을 찾기 어렵다.[32]

정치, 경제, 사회, 각 분야에 걸쳐 우리를 옥죄는 제약조건들을 확대하기 위해서는, 국민들의 근시안적(myopic) 이기심 탈피, 진정한 지도자들의 장기적 비전 제시, 그리고 이들을 가능케 하는 정치능력 확보가 관건이 될 것이다. 이 작업들은 시간이 걸리고 고통이 수반되겠지만, 우리 경제의 재도약을 위한 궁극적 해결책이 될 것이라 생각한다. 이제껏 달성 가능하지 않았던 새롭고 더 나은 정책조합의 시행은 이렇게 확대된 제약조건하에서만 가능하기 때문이다.[33]

---

32 이는 구조개혁, 요소생산성 향상 등 총공급정책을 넘어서는 개념이다.

33 추가로 살펴볼 것은 경제정책과 기업의 역할이다. 기업은 경제전쟁에서 야전군(野戰軍)에 해당한다. 반면, 정부, 언론, 학계는 훈수를 두는 참모(參謀) 역할을 할 뿐이다. 따라서 기업이 활력을 되찾고 앞장서지 않는 한, 경제정책의 제대로 된 효과를 기대하기 어렵다. 기업이야말로 다른 어떤 경제주체보다 불확실한 미래수익을 겨냥하여 리스크를 부담하고 창조적 파괴에 나서기 때문이다. 현재 우리나라 기업들의 당면 문제점으로 과거 정경유착 등 많은 잘못으로부터 자유롭지 못하다는 점, 재벌 2, 3세들의 기업가 정신 실종, 그리고 경제민주화 움직임에 따른 부담감 등을 들 수 있다. 더불어 기업인들이 토로하는 어려움에는 기술 부족, 인건비 상승, 가진 자에 대한 적개심 부담, 대기업 중심 경제구조 등도 있다. 그러나 이들과 연관된 사회 일각의 지나친 '반(反) 기업정서(또는 반재벌정서)'의 지나친 확산이 '기업하고 싶은 마음'을 소멸시키고 기업의 활력을 저하시키는 것은 바람직하지 않다. 기업이 활력을 되찾아야만 경제정책의 효율성과 효과성이 개선될 것이기 때문이다. 결국은 기업이 살아야 경제가 산다!

chapter 4

금융시장과 돈의 흐름

금융제도는 금융거래가 이루어지는 금융시장, 금융거래를 중개하는 금융회사(또는 기관), 금융거래를 지원하고 감시하는 금융하부구조의 세 가지로 구분할 수 있다.[1] [2]

1. 금융시장의 구분

1) 간접금융과 직접금융시장

'시장(市場)'은 수요와 공급이 만나는 곳으로서, 구체적 장소의 형태를 갖기도 하

1 「한국의 금융제도」(한국은행, 2011) 참조.

2 우리나라 금융제도의 변천과정은 간략하게 자주적 금융제도의 확립(1878~1959), 개발금융체제의 구축(1960~1979), 시장자율체제로의 전환 모색(1980~1989), 금융자유화 및 개방화 추진(1990~1996), 위기극복 및 금융선진화를 위한 금융개혁(1997~2006), 자본시장 및 금융투자업 규제 재편(2007~)기로 구분된다. 한편, 글로벌위기 이후 세계금융제도 개편 논의는 금융회사 겸업 제한 여부, 전업주의와 겸업주의 간 선택, 시스템 리스크관리 강화 및 대형화 규제, 거시건전성정책 논의 및 감독체계 개편 등을 중심으로 이루어지고 있다.

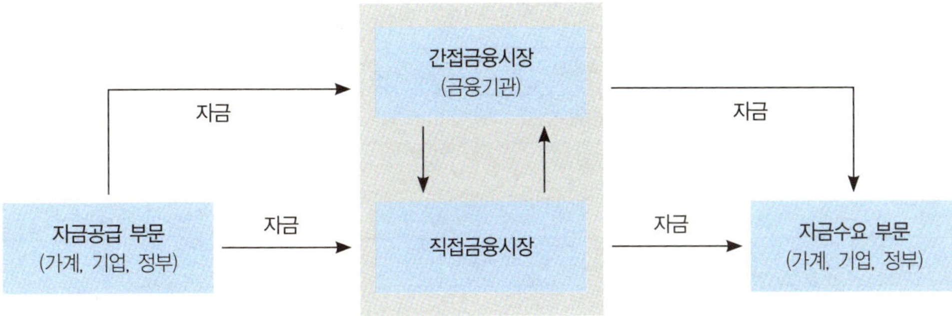

〈그림 4-1〉 금융시장과 자금흐름

나 추상적 공간도 가능하다. 금융시장은 자금의 수요와 공급이 어우러져 균형을 찾는 곳이다. 자금의 수요는 주로 기업 부문이 담당하지만, 경우에 따라서는 정부나 가계 부문도 담당한다. 자금을 공급하는 주체는 주로 가계 부문이지만, 기업과 정부도 자금공급 역할을 일부 담당한다. 수요와 공급 간 자금흐름을 연결하는 곳이 금융시장이며, 이는 간접금융시장과 직접금융시장으로 대별된다.

간접금융시장은 상업은행(commercial bank)이 자금공급자로부터 예금의 형태로 자금을 받아서, 이를 대출의 형태로 자금수요자에게 연결시켜주는 시장이다. 상업은행이 중간에서 역할을 하기에 '간접(間接)금융'이라는 표현을 쓴다. 이때 자금공급자와 수요자는 상업은행을 사이에 두고 간접적으로 만나기에 서로 상대방을 알지 못한다. 따라서 상업은행의 자금 유치능력, 대출심사능력, 상업은행과 차주(借主) 간 장기적 관계가 중요시된다.[3]

직접금융시장은 자금수요자가 주식과 채권 등을 발행하고, 자금공급자가 이들을 매입함으로써 자금흐름이 이루어지는 시장이다. 이 과정에서 양 당사자는 상대방을 직접 알게 되므로 '직접(直接)금융'이라는 표현을 쓴다. 투자은행(investment bank)이 이때 자금수요와 공급을 연결하는 역할을 맡으며, 네트워크 구성 및 정보

3 KB국민, 신한, 우리, KEB하나 등은 우리나라의 대표적 상업은행들이다. 우리나라 상업은행들은 일부 직접금융업무도 부분적으로 수행한다.

〈표 4-1〉 경제주체별 자금과부족(2016년 상반기중, 조원)

	자금조달(A)	자금운용(B)	자금과부족(C=B-A)
가계 및 비영리단체	56.8	94.8	38.0
기업	44.9	38.1	-6.8
정부	44.8	58.9	14.1
국외	51.7	-1.9	-53.6

자료: 한국은행 자금순환표
자료 재인용: 한국은행, 한국의 금융시장, 2016

생산, 가공, 전달 능력이 핵심 경쟁능력이다.

현재 우리나라에는 제대로 된 투자은행이 존재하지 않으며, 투자은행의 초기 조직이라 할 수 있는 증권회사들이 투자은행 업무를 일부 수행하고 있다. 정부가 투자은행 육성에 적극적 의지를 갖고 발전방안을 추진 중이며, 업계에서도 많은 노력을 기울이고 있으므로 조만간 우리나라에서도 투자은행이 활성화되리라 기대한다.

2) 공금융과 사금융시장

공금융(公金融)은 예대(預貸)시장, 증권거래소 등 우리가 일반적으로 알고 있는 대부분의 제도권 시장을 뜻한다. 공금융시장에서 자금의 수요와 공급이 충족되지 못할 때 발생하며, 정부의 규제 밖에 있거나 비합법적인 금융시장을 사금융(私金融)시장이라고 한다. 사채(私債)시장이 대표적 경우이다.

3) 자금시장과 자본시장

금융시장은 거래되는 상품의 만기에 따라 자금시장/단기금융시장(money market)과 자본시장/장기금융시장(capital market)으로 구분된다. 자금시장은 만기가 1년 미만의 금융상품이 거래되며 시장의 단기 유동성 조절에 기여하는 한편, 자본시장은 만기 1년 이상인 금융상품들이 거래되며 경제성장을 위한 장기투자를 뒷받침한다.

2. 금융시장의 구조

〈그림 4-2〉는 우리나라 금융시장의 구조를 개괄적으로 보여준다. 우선 전체 금

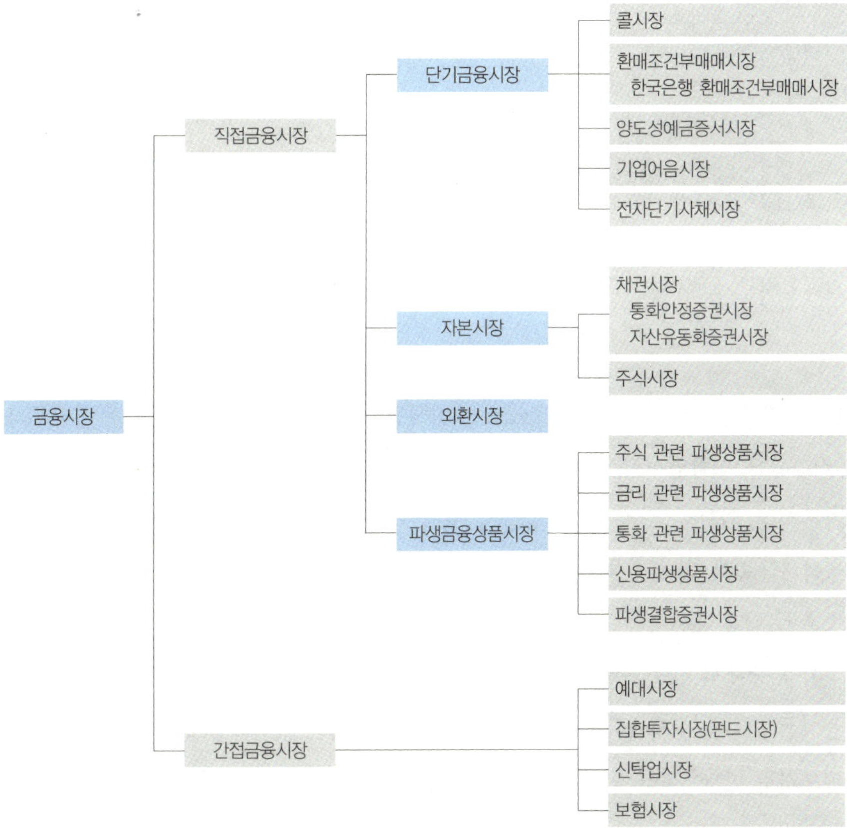

〈그림 4-2〉 우리나라 금융시장의 구조

자료: 한국은행, 한국의 금융시장, 2016

〈표 4-2〉 금융시장의 규모[1)]

(단위: 조원, 배)

	1990[A]	2000	2010	2016. 6[B]	B/A
단기금융시장[2)]	44.3	138.8	264.8	395.9	8.9
자본시장	114.0	638.8	2,352.7	2,997.3	26.3
채권[3)]	35.0	423.6	1,112.9	1,539.0	44.0
주식[4)]	79.0	215.2	1,239.9	1,458.3	18.5
전체(C)	158.3	777.6	2,617.5	3,393.2	21.4
C/명목GDP(%)	82.7	124.5	206.9	211.3	-
C/Lf[5)](%)	79.9	82.4	122.5	104.9	-
C/대출금[6)](%)	86.9	110.9	143.3	129.0	-

주: 1) 기말잔액 기준

2) 콜, 환매조건부매매, 양도성예금증서, 기업어음, 전자단기사채, 표지어음 및 1년물 이하 통화안정증권, 재정증권 합계

3) 상장채권 기준(단, 1년물 이하 통화안정증권 및 재정증권은 제외)

4) 한국거래소의 유가증권시장 상장주식 및 코스닥시장 등록주식의 시가총액

5) 금융기관 유동성(= M2 + 예금취급기관의 만기 2년 이상 유동성상품 + 증권금융 예수금 등 + 생명보험회사 보험계약 준비금 등)

6) 자금순환표상 대출금(단, 한국은행의 대출금 제외)

자료: 한국은행, 한국예탁결제원, 코스콤, 한국신용정보원, 금융투자협회, 기획재정부

자료 재인용: 한국은행, 한국의 금융시장, 2016

융시장을 간접금융과 직접금융으로 대별하면, 간접금융시장은 예대시장, 집합투자(펀드)시장, 신탁업시장, 보험시장으로 세분된다. 그리고 직접금융시장은 자금시장, 자본시장, 외환시장, 파생금융상품시장으로 세분된다. 자금시장은 콜, 기업어음, 양도성예금증서, 환매조건부매매, 통화안정증권, 표지어음시장으로 구성되며, 자본시장은 주식과 채권시장으로 구성된다.

이들 중에서 간접금융시장의 세부 구성요소들에 대해서는 뒤에 금융회사 및 금융상품 파트에서 자세하게 다루기로 하고, 여기에서는 직접금융시장에 국한하여 살펴보기로 한다.[4] 직접금융시장에 참가하는 핵심주체는 투자은행과 투자자이다.[5] 금

4 『한국의 금융시장』(한국은행, 2012) 참조.

5 투자은행에 대해서는 금융회사 편에서 자세히 설명하기로 한다.

〈표 4-3〉 금융시장별 통계 안내

금융시장		기관	webpage
자금시장	콜시장	한국은행	ecos.bok.or.kr
	환매조건부매매시장	한국은행 한국거래소 한국예탁결제원 금융투자협회	ecos.bok.or.kr www.krx.co.kr www.ksd.or.kr www.kofiabond.or.kr
	양도성예금증서시장	한국은행 금융감독원 금융투자협회	ecos.bok.or.kr www.fss.or.kr www.kofiabond.or.kr
	기업어음시장	한국은행 금융투자협회	ecos.bok.or.kr www.kofiabond.or.kr
자본시장	채권시장	한국은행 금융감독원 한국거래소 한국예탁결제원 금융투자협회 한국채권평가 KIS채권평가 NICE채권평가	ecos.bok.or.kr www.fss.or.kr www.krx.co.kr www.ksd.or.kr www.kofia.or.kr www.koreabp.co.kr www.bond.co.kr www.nicepricing.co.kr
	통화안정증권시장	한국은행 한국거래소 금융투자협회	ecos.bok.or.kr www.krx.co.kr www.kofiabond.or.kr
	자산유동화증권시장	금융감독원	www.fss.or.kr
	주식시장	한국은행 금융감독원 금융투자협회 한국거래소	ecos.bok.or.kr www.fss.or.kr www.kofia.or.kr www.krx.co.kr

자료: 한국은행, 한국의 금융시장, 2012

융시장을 구성하는 각각에 대해 좀 더 상세하게 알고자 하는 독자들은 〈표 4-3〉의 사이트들을 참조 바란다.

1) 자금시장

자금시장(money market)은 기업, 가계, 정부, 금융회사 등 경제주체들이 단기자금의 과부족(過不足)을 조절하기 위해 만기 1년 미만의 금융상품을 거래하는 시장이다. 자본시장이 경제발전을 위한 장기 시설투자자금 등을 다룬다면, 자금시장은 각 경제주체들의 일시적 유동성 조절을 목적으로 한다. 자금시장은 거래주체에 따라 금융회사 상호 간 단기자금 거래가 주를 이루는 '금융회사 간 시장'과 고객 간 자금거래가 이루어지는 '대고객시장'으로 구분된다.

또한, 자금시장은 중앙은행의 통화신용정책이 수행되는 대상 시장으로서, 동 정책효과가 파급되는 시발점이다. 중앙은행은 기준금리 조정을 통해 단기시장금리를 변동시키며, 단기금리는 장기시장금리에 영향을 주어 최종적으로 실물경제와 물가에 영향을 미친다.[6]

(1) 콜시장

콜시장은 금융회사들 간 자금의 과부족을 융통하는 금융회사 간 시장으로서, 일반인들의 참가는 원칙적으로 불가하며 만기가 가장 짧다. 초단기자금을 공급하는 것을 콜론(call loan), 조달하는 것을 콜머니(call money)라고 부르며, 자금중개회사들이 콜거래중개 업무를 영위하고 있다.[7]

(2) 기업어음시장

기업어음(CP: commercial paper)은 신용상태가 양호한 기업이 상거래와 관계없이 단기자금을 조달하기 위하여 자기신용을 바탕으로 발행하는 융통어음이다.[8] 발행절차가 상대적으로 간편한데다가, 통상 담보 없이 신용으로 발행되기 때문에 신속한 자금조달수단으로 이용된다. 2013년 1월에는 CP와 기능이 유사하면서도 투명성과 유동성이 강화된 전자단기사채제도가 도입되었다. 이는 실물 없이 전자방식

6 이에 대해서는 뒤에 중앙은행에 대한 설명에서 자세하게 다룬다.
7 언론에 종종 등장하는 미국의 Federal Fund Market은 미국 판 콜시장에 해당한다.
8 이는 상거래에 수반되어 발행되는 상업어음(commercial bill, 진성어음)과 구별된다.

〈표 4-4〉 자금시장(단기금융시장) 개요[1)]

<table>
<tr><th colspan="2"></th><th>콜</th><th>환매조건부매매</th><th>한국은행
환매조건부매매</th><th>양도성
예금증서</th><th>기업어음</th><th>전자단기사채</th></tr>
<tr><td colspan="2">도입시기</td><td>1960년 7월</td><td>1977년 2월</td><td>1969년 2월</td><td>1974년 5월</td><td>1972년 8월</td><td>2013년 1월</td></tr>
<tr><td colspan="2">특징</td><td>금융기관간
자금조절</td><td>금융기관간 자금조절, 금융기관의 단기자금조달</td><td>시중 유동성 조절</td><td>은행의
단기자금조달</td><td>기업 및 금융기관의 단기자금조달</td><td>기업 및 금융기관의 단기자금조달</td></tr>
<tr><td colspan="2">법적 성격</td><td>금전소비대차</td><td>증권매매</td><td>증권매매</td><td>소비임차</td><td>약속어음,
재무증권</td><td>채권</td></tr>
<tr><td rowspan="3">참가기관</td><td>자금조달(발행)기관</td><td>은행, 증권(PD, OMO 대상) 등</td><td>[기관간(장내)]
증권, 은행
[기관간(장외)]
증권, 은행, 자산운용, 증권신탁, 증권금융 등
[대고객]
은행, 증권, 증권금융, 종금, 체신관서 등</td><td rowspan="3">한국은행
환매조건부
증권매매
대상기관으로
선정된
은행, 증권,
증권금융</td><td>예금은행</td><td>기업, 금융기관,
SPC</td><td>기업, 금융기관,
SPC</td></tr>
<tr><td>자금운용(매입)기관</td><td>은행, 자산운용 등</td><td>[기관간(장내)]
증권, 은행
[기관간(장외)]
자산운용, 은행, 은행신탁, 증권신탁, 증권금융 등
[대고객]
금융기관, 기업, 개인</td><td>[은행간]
은행
[대고객]
금융기관, 기업, 개인</td><td>금융기관,
기업, 개인</td><td>금융기관,
기업, 개인</td></tr>
<tr><td>중개기관</td><td>자금중개</td><td>[기관간(장내)]
한국거래소
[기관간(장외)]
자금중개,
증권금융 등</td><td>증권,
종합금융,
자금중개</td><td>증권,
종합금융,
자금중개</td><td>증권,
자금중개</td></tr>
<tr><td colspan="2">만기</td><td>최장 90일 이내</td><td>자유화</td><td>최장 91일 이내</td><td>30일 이상</td><td>자유화</td><td>1년 이내</td></tr>
<tr><td colspan="2">최저발행(거래)금액</td><td>1억원
(중개거래시)</td><td>체신관서: 5만원
기타: 제한 없음</td><td>최저 입찰금액
100억원</td><td>제한 없음</td><td>증권: 1억원(거래시)
기타: 제한 없음</td><td>1억원</td></tr>
<tr><td colspan="2">이자지급 방식</td><td>만기일시지급</td><td>만기일시지급</td><td>만기일시지급</td><td>할인방식
선지급</td><td>할인방식
선지급</td><td>할인방식
선지급</td></tr>
<tr><td colspan="2">중도환매</td><td>-</td><td>제한없음</td><td>금지</td><td>금지</td><td>제한없음</td><td>제한없음</td></tr>
</table>

주: 1) 2016년 6월말 기준

자료: 한국은행, 한국의 금융시장, 2016

〈표 4-5〉 자금시장(단기금융시장) 규모 추이[1]　　(단위: 십억원, %)

	1990		2000		2010		2016. 6	
	금액	구성비	금액	구성비	금액	구성비	금액	구성비
콜[2]	3,397	7.7	16,058	11.6	22,501	8.5	9,390	2.4
환매조건부매매[3]	3,377	7.6	26,115	18.8	78,766	29.7	133,829	33.8
기업어음[4]	12,740	28.7	44,677	32.2	76,366	28.8	132,997	33.6
전자단기사채[5]	–	–	–	–	–	–	35,365	8.9
양도성예금증서[6]	6,804	15.4	14,218	10.2	44,472	16.8	24,162	6.1
표지어음[6]	277	0.6	11,201	8.1	1,604	0.6	524	0.1
통화안정증권[7]	15,241	34.4	26,488	19.1	41,140	15.5	53,670	13.6
재정증권	2,500	5.6	0	0.0	0	0.0	6,000	1.5
합계	44,335	100.0	138,757	100.0	264,849	100.0	395,937	100.0

주: 1) 기말잔액 기준
2) 중개거래 기준
3) 대고객 RP 및 장외기관간 RP 합계 기준
4) 2000년 이전은 자금순환표, 2010년 이후는 한국신용정보원 기준
5) 2013년 1월부터 도입
6) 자금순환표 기준
7) 만기 1년 이하 단기물 기준
자료: 한국은행, 한국예탁결제원, 한국신용정보원, 금융투자협회, 기획재정부
자료 재인용: 한국은행, 한국의 금융시장, 2016

으로 등록되며 투자자 보호가 강화된 것이 특징이다.

(3) 양도성예금증서 시장

양도성예금증서(CD: negotiable certificate of deposit)는 은행 정기예금에 양도성을 부여한 것으로서 무기명(無記名)으로 발행된다. 은행이 일반고객을 상대로 발행하는 CD는 예금 지급준비금 예치의무가 부과되나, 은행을 상대로 발행하는 CD는 부과대상에서 제외된다. CD는 현재 예금보호대상이 아니다.

(4) 환매조건부매매 시장

환매조건부매매(RP 또는 Repo: repurchase agreement)는 일정 기간이 경과한 후 정해진 가격으로 환매매하는 조건으로 증권을 매매하는 것이다. 형태적으로는 증권매매이나, 실제로는 단기자금 조달과 운용을 위한 대차거래 성격을 지니고 있다. 이는 금융회사와 일반고객 간 이루어지는 대(對)고객 RP, 금융회사 간 이루어지는 금융회사 간 RP, 한국은행의 공개시장조작 수단으로서 활용되는 한국은행 RP로 구분된다.[9]

(5) 통화안정증권시장

한국은행이 발행하는 채무증서인 통화안정증권이 유통되는 시장이다. 통화안정증권은 시중 유동성 조절을 목적으로 발행되며, 한국은행 RP 등과 더불어 한국은행의 공개시장운영 주요 수단으로 활용된다. 한국은행은 경상수지 흑자(적자), 외국인투자자금 유입(유출) 등으로 시중 유동성이 증가(감소)하여 이를 구조적으로 환수(공급)할 필요가 있을 때, 통화안정증권을 발행(상환)하여 유동성을 흡수(공급)한다.[10]

2) 자본시장

(1) 주식시장

주식회사의 지분권을 표시하는 유가증권인 주식이 거래되는 시장이다. 주식은 상환의무가 없고 경영실적에 따라 배당만 하면 되므로 발생기업 입장에서는 안정적 자금조달 수단이 되며, 기업 재무구조를 개선시키는 효과도 있다. 주식시장은

9 한국은행 RP는 한국은행이 시장의 단기유동성 과부족을 조절할 목적으로 금융회사들과 거래한다.

10 통화안정증권 만기는 14일에서 2년이라서 자금시장과 자본시장의 성격을 모두 가지고 있다. 다만 최근에는 발행만기 1년 이상의 비중이 커져서 자본시장 편에서 이를 다루는 경우가 많다.

〈표 4-6〉 주식시장의 종류 및 특징

구 분	장내시장		장외 시장	
종 류	유가증권시장	코스닥시장	프리보드	OTC
의 의	유가증권시장본부가 개설한 시장	코스닥시장본부가 개설한 시장	금융투자협회가 개설한 중개 시스템에서 거래되는 시장	유가증권, 코스닥, 프리보드 이외의 시장
매 매 대상물	주권, 상장지수펀드, 신주인수권증권, 수익증권, 채권 등	주권, 상장지수펀드	협회가 지정하는 법인의 주식	제한 없음
매매 방법	경쟁매매		상대매매	
결 제	한국예탁결제원(T+2)		한국예탁결제원 (T+2)	실물과 현금의 1:1수수

자료: 금융감독원, 금융감독제도, 2012

〈표 4-7〉 주식 발행현황[1)]

(단위: 십억원, 건)

	유상증자	기업공개			합계
		모집	매출	소계	
2001	6,357 [215]	1,531 [169]	–	1,531 [169]	7,888 [384]
2002	6,722 [226]	1,710 [130]	633 [3]	2,343 [133]	9,065 [359]
2003	8,282 [311]	1,102 [79]	36 [1]	1,138 [80]	9,420 [391]
2004	5,349 [189]	992 [54]	86 [2]	1,078 [56]	6,427 [245]
2005	3,514 [246]	1,299 [77]	3 [1]	1,302 [78]	4,816 [324]
2006	4,459 [233]	1,706 [60]	11 [1]	1,717 [61]	6,176 [294]
2007	14,292 [326]	2,302 [68]	409 [3]	2,711 [71]	17,003 [397]
2008	3,754 [203]	717 [42]	17 [1]	734 [43]	4,488 [246]
2009	9,223 [309]	1,674 [65]	1,791 [11]	3,465 [76]	12,688 [385]
2010	4,363 [135]	4,304 [96]	6,037 [16]	10,341 [112]	14,703 [247]
2011	9,410 [79]	2,439 [67]	192 [14]	3,780 [81]	13,190 [160]
2012	1,795 [55]	466 [25]	–	466 [25]	2,261 [80]
2013	3,644 [61]	1,096 [39]	193 [8]	1,289 [47]	4,933 [108]
2014	3,742 [66]	1,753 [70]	2,912 [12]	4,665 [82]	8,407 [148]
2015	4,639 [54]	3,153 [115]	1,368 [27]	4,521 [142]	9,160 [196]
2016. 상	2,594 [29]	810 [21]	271 [10]	1,081 [31]	3,675 [60]

주: 1) 기간중 발행 기준, 유가증권시장 및 코스닥시장 상장기업 기준, [ ] 내는 건수
자료: 금융감독원
자료 재인용: 한국은행, 한국의 금융시장, 2016

기업공개 및 유상증자 등을 통해 주식이 새로이 공급되는 발행시장과 이미 발행된 주식이 투자자 간 거래되는 유통시장으로 구분된다.

(2) 채권시장

채권이란 정부, 공공기관, 기업 등이 장기로 거액의 자금을 조달하기 위해 정해진 이자와 원금 지급을 약속하면서 발행하는 증권이다. 대개의 경우 매 기간 투자자에게 일정한 이자가 지급된다는 점에서 고정소득증권(fixed income securities)으로 불린다.

채권시장도 주식과 마찬가지로 발행시장과 유통시장으로 구분된다. 발행시장은 채권이 자금수요자에 의해 최초로 발행되는 시장이며, 유통시장은 이미 발행된 채권이 투자자들 사이에서 매매되는 시장이다. 투자자는 채권을 발행시장에서 인수

〈표 4-8〉 채권의 발행 정보

	발행기관	발행근거법	발행한도
국고채권	정부	「국채법」	국회동의를 받은 한도 이내
국민주택채권	〃	「주택도시기금법」	〃
재정증권	〃	「국고금관리법」	〃
통화안정증권	한국은행	「한국은행통화안정증권법」	금융통화위원회가 정하는 한도 이내
은행채	은행	「은행법」	자기자본의 5배 이내
회사채	주식회사	「상법」	없음[1]
산업금융채권	한국산업은행	「한국산업은행법」	자본금 및 적립금의 30배 이내
한국전력채권	한국전력공사	「한국전력공사법」	자본금 및 적립금의 2배 이내
예금보험기금채권 상환기금채권	예금보험공사	「예금자보호법」	국회동의[2]를 받은 한도 이내
부실채권정리기금채권	한국자산관리공사	「한국자산관리공사법」[3]	〃

주: 1) 2012년 4월부터 발행한도가 폐지되었음
2) 통상적으로 정부보증에 의해 발행되며 이 경우 국회동의가 필요함
3) 정식명칭은 「금융회사부실자산 등의 효율적 처리 및 한국자산관리공사의 설립에 관한 법률」임
자료: 한국은행, 한국의 금융시장, 2016

〈표 4-9〉 채권 발행 규모 (단위: 조원)

	2000	2005	2010	2012	2014	2015	2016. 상
국채[1]	24.7	87.0	86.7	111.9	147.7	164.0	83.0
(국고채)[2]	12.6	62.6	77.7	79.7	97.5	109.3	58.2
지방채[3]	1.6	2.2	4.2	3.7	4.5	6.0	1.9
특수채[4]	24.5	22.1	66.2	89.6	35.5	35.7	14.1
통화안정증권	98.8	165.1	248.2	167.2	193.3	191.5	90.8
금융채[5]	15.7	84.4	109.7	97.5	130.5	142.5	73.6
회사채	58.7	48.1	45.8	57.2	42.3	40.9	18.9
(ABS)	49.4	16.8	11.1	18.4	18.2	19.5	7.8
합계	224.0	442.0	560.8	527.1	553.8	580.6	282.3

주: 1) 국고채권, 재정증권, 국민주택채권(1종, 2종, 3종) 등
2) 양곡기금채권(2000년 1월 이후) 및 외국환평형기금채권(2003년 11월 이후) 포함
3) 도시철도채권, 지역개발채권 등
4) 예금보험기금채권, 한국전력채권 등
5) 은행채(산업금융채권과 중소기업금융채권의 창구발행분 포함), 신용카드채권, 할부금융채권, 리스채권

자료: 한국은행, 금융감독원, 한국예탁결제원

자료 재인용: 한국은행, 한국의 금융시장, 2016

〈표 4-10〉 채권 발행 잔액[1] (단위: 십억원, %)

	2002	2006	2008	2010	2012	2014	2016. 6
국채[2]	98,271 [16.2]	257,752 [31.4]	282,432 [30.1]	362,587 [31.4]	423,657 [32.8]	509,694 [34.5]	601,560 [37.7]
지방채[3]	8,766 [1.4]	11,461 [1.4]	12,779 [1.4]	15,792 [1.4]	16,918 [1.3]	19,071 [1.3]	21,401 [1.3]
특수채[4]	131,102 [21.7]	93,084 [11.3]	120,140 [12.8]	204,177 [17.7]	274,012 [21.2]	249,836 [16.9]	237,723 [14.9]
통화안정증권	84,278 [13.9]	158,390 [19.3]	126,937 [13.5]	163,530 [14.2]	163,070 [12.6]	181,476 [12.3]	184,869 [11.6]
금융채[5]	104,426 [17.2]	165,127 [20.1]	249,073 [26.6]	217,329 [18.8]	206,587 [16.0]	294,685 [20.0]	323,668 [20.3]
회사채	180,049 [29.8]	134,441 [16.4]	145,858 [15.6]	190,598 [16.5]	205,783 [16.0]	221,240 [15.0]	226,932 [14.2]
합계	606,892 [100.0]	820,225 [100.0]	937,219 [100.0]	1,154,013 [100.0]	1,290,027 [100.0]	1,476,002 [100.0]	1,596,153 [100.0]

주: 1) 기말 기준, [ ] 내는 전체 발행 잔액에서 차지하는 비중
2) 국고채권, 국민주택채권 1 · 2 · 3종, 양곡기금채권, 외국환평형기금채권, 보상채권
3) 지역개발채권, 도시철도채권 등
4) 공사채, 예금보험기금채권, 토지개발채권, 한국전력채권 등
5) 산업금융채권, 중소기업금융채권, 은행채, 여신전문금융기관 발행 채권 등

자료: 한국은행, 금융감독원, 한국예탁결제원

자료 재인용: 한국은행, 한국의 금융시장, 2016

<표 4-11> 자본시장 규모 추이[1] (단위: 조원, %)

	1990	2000	2010	2015	2016. 6
채권[2]	35.0 [100.0]	423.6 [100.0]	1,112.9 [100.0]	1,493.0 [100.0]	1,539.0 [100.0]
국채	3.1 [8.9]	73.3 [17.3]	362.6 [32.6]	566.2 [37.9]	601.6 [39.1]
지방채	1.1 [3.0]	9.8 [2.3]	15.8 [1.4]	21.3 [1.4]	21.4 [1.4]
금융채	6.6 [18.9]	49.1 [11.6]	217.3 [19.5]	313.9 [21.0]	323.7 [21.0]
통화안정증권	0 [0.0]	66.4 [15.7]	122.4 [11.0]	123.6 [8.3]	127.8 [8.3]
특수채	2.1 [6.1]	97.2 [22.9]	204.2 [18.3]	243.0 [16.3]	237.7 [15.4]
회사채	22.1 [63.0]	127.9 [30.2]	190.6 [17.1]	225.1 [15.1]	226.9 [14.7]
주식[3]	79.0 [100.0]	215.2 [100.0]	1,239.9 [100.0]	1,444.5 [100.0]	1,458.3 [100.0]
유가증권	79.0 [100.0]	186.2 [86.5]	1,141.9 [92.1]	1,242.9 [86.0]	1,250.2 [85.7]
코스닥	– [–]	29.0 [13.5]	98.0 [7.9]	201.6 [14.0]	208.1 [14.3]
합계	114.0	638.8	2,352.7	2,937.5	2,997.3

주: 1) 기말 기준, [ ] 내는 각각 채권 및 주식 세부항목별 구성비
2) 예탁채권 기준(단, 1년물 이하 통화안정증권 및 재정증권은 제외)
3) 유가증권시장 및 코스닥시장 상장주식의 시가총액
자료: 한국예탁결제원, 코스콤
자료 재인용: 한국은행, 한국의 금융시장, 2016

하거나 유통시장에서 매입할 수 있으며, 이자소득 외에 가격변동에 따른 자본이득(capital gain)을 기대할 수 있는 점은 주식과 비슷하다.

채권은 발행주체에 따라 정부가 발행하는 국채, 한국은행이 발행하는 통화안정증권, 지방자치단체가 발행하는 지방채, 주식회사가 발행하는 회사채, 금융회사가 발행하는 금융채, 한전 등 특수법인이 발행하는 특수채 등으로 나뉜다. 또한, 원리금에 대한 제3자 지급보증 여부에 따라 보증채와 무보증채로 구분되며, 담보제공 여부에 따라 담보부 채권과 무담보부 채권으로 나눌 수 있다.[11] 채권은 이자지급방법에 따라 할인채, 이표채, 복리채 등으로, 지급이자 변동 여부에 따라 고정금리부

11 담보부채권의 예로서는 최근 부각되고 있는 자산유동화증권을 들 수 있다.

와 변동금리부 채권으로 구분된다.

한편, 특이한 채권으로는 발행회사의 주식으로 전환할 수 있는 권리가 부여된 전환사채(CB: convertible bond), 발행회사의 신주를 일정한 조건으로 매수할 수 있는 권리를 부여한 신주인수권부사채(BW: bond with warrant), 발행회사가 보유한 제3자 발행 유가증권과 교환할 수 있는 교환사채(EB: exchangeable bond) 등이 있다.

3) 외환시장

외환시장은 서로 다른 종류의 통화가 거래되는 시장으로, 외국환은행 간 매매가 이루어지는 도매시장 성격의 은행간시장과 은행과 비은행 고객 간 매매가 이루어지는 소매시장 성격의 대고객시장으로 구분된다.

4) 파생금융상품시장

파생금융상품은 기초자산(underlying asset)을 근거로 '파생(derived)'되는 상품이다. 기초자산 성격에 따라 주식 관련, 금리 관련, 통화 관련, 상품 관련, 신용 관련 시장으로 구분되며, 기초자산의 가격변동에 따른 수익구조 변화 측면에서 선물, 선도, 옵션, 스왑으로 구분된다.[12]

파생금융상품시장은 기초자산의 가격변동 리스크와 신용리스크 등 리스크관리를 위해 고안된 파생금융상품 거래에서 출발했다. 따라서 파생금융상품은 리스크를 낮은 비용으로 헤지(hedge)하는 데에 주로 활용되나, 투기적 거래를 통해 추가적 수익을 얻을 수 있는 기회도 제공한다. 단, 이때는 레버리지 효과가 커서 대규모 손실 가능성도 있다.

12 파생금융상품에 대해서는 뒤에 '금융상품' 파트에서 상세하게 다룬다.

3. 금융시장의 대표적 가격변수: 금리, 돈의 흐름을 살피는 지표[13]

1) 금리의 개념

일반인들이 자주 접하는 금리로는 은행에 예금을 했을 때 붙는 예금금리, 대출을 했을 때 지급하는 대출금리가 대표적이다. 간혹 금리를 '돈의 값'이라고 표현하지만 이는 옳지 않다. 돈의 값이라 하면 돈으로 살 수 있는 물건의 가치와 비교하여 나타내는 것이 옳으며, 따라서 물가가 곧 '돈의 값'을 나타낸다. 물가가 높아질수록 돈의 값은 떨어진다. 따라서 금리는 '돈의 사용값'이라고 해야 옳다.

돈의 사용값이 필요한 이유는 '오늘의 100만원'과 '1년 후의 100만원'이 같은 가치를 갖는 것이 아니기 때문이다.[14] 사람들은 같은 액수의 돈이라면 1년 후보다는 오늘 갖기를 원한다. 따라서 오늘 내 수중의 돈을 포기하고 남에게 빌려주어 1년 후에 받게 될 때에는, 당연히 오늘 희생에 대한 대가를 받기를 원하며 이것이 곧 금리인 것이다.[15]

'돈'이라는 개념이 오늘날의 법정통화 형태로 자리 잡기 전에는 한때 물물교환이 사용되었다. 예를 들면 봄에 파종기를 맞은 농부가 씨앗이 부족할 경우 부농(富農)

---

13 『신용경제』 저자 칼럼(2002년 5월) 참조

14 이를 '시간가치(time value)'라고 한다. 뒤에 '금융상품' 파트에서 다시 상술한다.

15 역사적으로 대체로 금리, 곧 돈의 이자를 수취한다는 것은 비윤리적인 것으로 간주되어왔다. 그럼에도 불구하고 사유재산제도 아래 돈을 빌리고 빌려주는 대차(貸借) 행위가 오래 전부터 존재해왔음은 분명한 사실이다. 영국 고법(古法)에서는 대차 행위와 관련하여 어떤 형태로든 보상받는 것을 고리대(高利貸)라고 불렀다(이하 '브리태니커 백과사전' 일부 참조). 그러나 13세기의 무역팽창으로 신용에 대한 요구가 늘면서 일반 대차거래와 고리대는 분리된다. 1545년 영국에서는 법정최고이율을 정했는데 이를 초과하는 것을 고리대로 간주했다. 그 뒤 미국 대부분의 주와 많은 서구국가들은 이 관행에 따라 법정최고이율을 정하기도 했다. 한편, 일부 이슬람 국가에서는 형식에 그치는 것이긴 하지만 아직도 이자의 부과를 금지하고 있는데, 이는 이슬람교의 성전인 코란이 이자의 부과를 금지하기 때문이다. 한편 우리나라에서는 고려 때부터 고리대금이 성행했다. 의창(義倉), 상평창(常平倉), 제위보(濟危寶), 각종 불보, 장생고(長生庫) 등 정부, 종교기관들은 원래의 설립 취지에도 불구하고 점차 고리대 기관으로 변했다. 당시 금리는 33%로 정했으나 실제로는 그보다 높았다고 한다. 이와 같은 고금리 폐해를 막기 위한 각종 규정이 만들어졌음에도 이는 지켜지지 않았고, 이로 인한 농민들의 피해는 극심했다고 전해진다. 조선시대에도 고리대의 폐해는 이어져 후기 민란의 한 요인으로 작용했다. 대한제국 말기 최저 이율은 10개월에 20%였지만 100%에 이르는 고리일 때도 있었다고 한다.

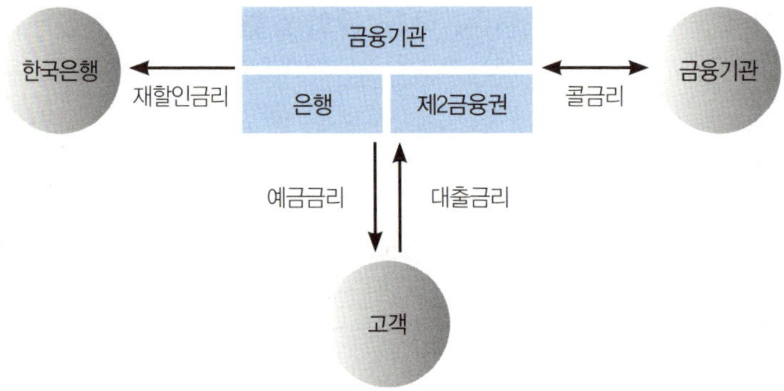

〈그림 4-3〉 정책금리와 시장금리

자료: 한국은행 경제교육 홈페이지

을 찾아가서 씨앗을 빌리고, 가을 수확기에 이자를 덧붙여 되갚는 거래를 하곤 했다. 이때 '한 말'을 빌리고 가을에 '한 말 반'을 갚았다면 '이자율'은 50%가 된다. 그러나 법정통화가 자리 잡은 오늘날에 이와 같은 물물거래는 드물며, 대부분의 대차거래는 돈을 매개로 한다. 이때 '돈'에 대해 붙는 '이자율'을 '금리(金利)'라고 한다.[16]

(1) 정책금리와 시장금리

우리나라 정책금리는 한국은행, 정확하게는 금융통화위원회에서 정하는 '기준금리', '재할인금리' 등을 말한다. 반면, 시장금리는 금융시장 내 자금의 수요와 공급 간 균형에서 결정된다. 콜금리, 예금 및 대출금리, 채권금리가 대표적 시장금리이다.

정책금리가 통화신용정책 목적하에 결정되면 이는 우선적으로 자금시장의 단기 시장금리에 영향을 준다. 단기 시장금리는 다시 자본시장의 장기 시장금리 및 주가, 환율 등에 영향을 주고, 이들은 최종적으로 실물경제를 움직이게 된다.[17]

16 따라서 역사적 연원을 살펴 따라가면 이자율과 금리는 엄격하게는 구별되는 개념이지만, 오늘날 이를 구분하는 실익은 없다.

17 이와 같은 과정을 통화신용정책의 전파경로 또는 파급경로(transmission mechanism)라고 한다.

(2) 단리와 복리

자금수요자는 일정 기간 경과 후 자금을 사용한 대가로서 자금공급자에게 이자를 지급한다. 이때 원금에 대해서만 이자를 지급하면 단리(單利), 원금뿐 아니라 이전에 지급된 이자에 대해서까지 이자를 지급하는 것을 복리(複利)라고 한다. 다른 조건이 같다고 하면 최종 원리금 합계는 단리보다 복리에서 당연히 더 크다.

2) 금리의 결정요인

(1) 자금의 수요와 공급

신체건강을 살필 때 우선 점검하는 지표로 체온이나 혈압이 있다. 대부분 사람들은 적정체온이 36.5도이며, 적정혈압은 80~120임을 알고 있다. 체온이나 혈압이 적정 수준을 벗어나 크게 변동한다면 이는 건강에 적신호가 켜진 것이다. 금융시장 내에서 이와 같은 역할을 하는 대표적 지표가 '금리'이다.

금융시장에서 자금의 수요와 공급이 균형을 이루는 단계에서 시장금리가 형성된다. 이후 기업의 투자 증가로 자금 수요가 증가하거나 가계의 소비 증가로 자금 공급이 감소하면, 자금수요가 공급을 초과하는 현상이 나타난다. 그렇다면 자금수요자는 경쟁적으로 높은 금리에 차입하고자 나설 것이며, 자금공급자들은 반대로 여유를 부리며 높은 금리를 제시하고자 할 것이다. 이때 시장금리는 상승하게 된다. 즉 금리의 변동은 금융시장 내 자금의 수요와 공급 간 균형이 깨지면서 발생하는 것이다.[18]

---

18 이러한 견해를 '대부(貸付)자금설(loanable fund theory)'이라고 하며 이는 기본적으로 고전학파의 이론을 따른 것이다. 이와는 달리 '시중 유동성' 수요와 공급 간 균형에서 시장금리가 결정된다고 보는 케인즈 학파의 '유동성 선호설(liquidity preference theory)'도 있다. 이들 간 차이에 대해 좀 더 상세하게 알고자 하는 독자는 '화폐금융론' 관련 서적들을 참조하기 바란다.

(2) 신용리스크와 인플레이션

돈을 빌려주었거나 또는 상거래를 근거로 받을 돈이 생긴 상황에서, 이를 제대로 받지 못할 가능성을 신용리스크라고 한다. 기준금리와 시장금리 수준에 변화가 없다 하더라도, 돈을 되돌려받기 어려울 가능성은 차주별로 달라질 수 있으며 이에 따라 대출금리 등이 달라질 수 있다. 이때 신용리스크가 없는 차주(대표적 예로서 국가)에게 적용되는 금리를 '무위험(리스크) 금리'라고 하며, 차주별 신용리스크에 따라 추가적으로 붙는 금리를 '가산금리' 또는 '신용리스크 프리미엄'이라고 한다.[19]

인플레이션 또한 금리에 영향을 미친다. 자금을 공급하는 입장에서는 향후 인플레이션이 예상될 경우 만기 시점에 돌려받게 되는 돈의 실질가치가 하락할 것이므로 자금공급을 꺼리게 된다. 반대로 자금수요자 입장에서는 자금상환의 실질부담이 감소하므로 오히려 자금수요를 늘리게 된다. 따라서 자금공급은 줄어드는 반면 수요는 늘어나므로 당연히 금리는 상승한다. 이때 인플레이션이 전혀 없는 상태의 금리를 '실질금리'라고 부르며, 우리가 통상 시장에서 관측하게 되는 금리는 실질금리에 인플레이션 기대가 추가된 '명목금리'이다.

3) 금리와 경제변수들 간 관계

(1) 금리와 경기흐름

금리가 하락하면 기업의 자금조달 비용이 줄어들어 투자가 증가하고, 가계의 저축 유인 감소와 소비 증가로 인해 총수요가 증가한다. 따라서 경기는 회복 내지 확장 국면을 보이게 될 가능성이 크다. 이것이 금리의 경기조절기능이다. 불경기 때 통화신용정책 당국이 정책금리 인하를 통해 시장금리 하락을 유도하는 것이 이

19 일반적으로 대기업에 비해 중소기업에 적용되는 대출금리가 더 높은 것은 바로 신용리스크 때문이다.

때문이다.

이렇듯 금리가 경기에 영향을 주지만, 경기 또한 금리에 영향을 준다. 즉 호경기가 되면 기업들의 적극적 투자 증가로 인해 자금수요가 증가하고 이는 금리 상승 요인이 된다. 또한, 가계도 미래에 대한 낙관적 기대 속에 소비를 늘리는 과정에서 저축이 줄어들며, 이는 자금공급의 감소를 가져와서 금리 상승 요인이 된다. 따라서 금리와 경기는 일방적 관계라기보다는 서로 영향을 주고받는 쌍방적 관계를 갖는다.

(2) 금리와 물가

기업이 투자를 할 때 자기자본으로 부족할 경우, 타인자본, 즉 대출이나 채권 발행을 통해 부족분을 조달한다. 투자의 성과가 영업이익으로 실현되면 타인자본 사용에 대한 대가를 이자로 지불해야 하며, 따라서 이는 기업의 비용요인이 된다. 그러므로 금리 상승은 기업의 비용 상승으로 이어지며, 기업이 이를 제품가격에 반영하는 과정에서 제품가격이 상승하고 결과적으로는 물가가 상승한다.

그러나 금리가 물가에 미치는 영향이 이처럼 간단하지만은 않다. 금리가 상승하면 기업이 투자에 필요한 자금조달 비용의 상승을 부담스럽게 느끼며 투자가 위축되게 된다. 가계 역시 금리 상승 국면에서는 소비를 줄이고 저축을 늘린다. 따라서 경제 전체적으로 총수요가 감소하며, 이는 물가 하락 요인이 된다. 결국 금리가 물가에 미치는 영향은 이 두 가지 힘 중에서 어느 편이 상대적으로 더 큰가에 따라 최종적으로 결정되며, 이는 시간과 장소에 따라 달라지므로 판단하기 쉽지 않다.

(3) 금리와 국내외 자금이동

1997 외환위기를 맞아 우리 정부는 IMF의 권고를 받아들여 정책금리 인상을 통해 시장금리 상승을 유도했다. 이는 당시 우리나라를 이탈하여 해외로 빠져나가려는 자금을 막고, 더 나아가 해외로부터의 자금 유치를 겨냥한 것으로, 어느 정도

성공을 거두었다.

현명한 투자자들은 국내외를 넘나드는 포트폴리오를 구성하므로 국내외 간 금리 차이에 민감하다. 국내 금리가 외국보다 높으면 외국자금이 국내로 유입되지만, 국내 금리가 상대적으로 낮아지면 반대로 국내자금이 해외로 유출된다. 2016년 말, 미국의 정책금리 인상 여부를 둘러싸고 전 세계 국가들이 불안에 떨었던 것은, 미국 금리가 상승하면 국내 자금이 미국으로 빠져나가는 과정에서 벌어질 시장혼란을 염려했기 때문이다.

4) 금리의 기능

(1) 금융시장 균형 회복기능

어떤 이유에 의해 자금공급 대비 수요가 더 커지면(작아지면) 시장금리는 상승(하락)한다. 그러면 이로 인해 자금수요는 감소(증가)하는 반면, 더 높은(낮은) 금리로 인한 자금공급의 증가(감소)로 인해 자금의 수요와 공급은 다시 균형을 되찾는다.

(2) 통화신용정책 기능

경기조절 기능[20]

우리가 금리에 관심을 갖는 첫 번째 이유는 경기조절 수단으로서 효과를 기대하기 때문이다. 즉 경기침체 국면에서 정책금리를 인하하여 시장금리의 하락을 유도함으로써 소비와 투자의 감소를 막을 수 있다. 금리가 낮을수록 저축의 유인이 줄어들어 소비가 상대적으로 증가할 수 있으며, 불경기로 인해 사업 수익성이 떨어지더라도 금리 하락이 자금조달 비용을 낮추어 기업투자를 증진시킬 수 있기 때

20 『참여정부 시기의 금융이야기』(김진호 저, 이화여자대학교출판부, 2007) 및 『금융위기와 리스크관리』(김진호 저, 박영사, 2012) 참조.

문이다.

반면에 경기가 지나치게 과열될 경우에는 과잉투자와 과소비를 억제하기 위해 정책금리를 인상할 수 있다. 이때 문제는 현재 경기가 회복국면에 있는가, 아니면 과열 국면으로 접어들 상황인가에 대한 정확한 경기 국면 판단 여부이다. 정책금리 인상/인하 여부를 둘러싸고 상반된 견해가 자주 돌출하는 것은 많은 경우에 경기 국면에 대한 서로 다른 판단 때문이다.

1997 외환위기 이후 2000년대 중반에 이르는 시기에서 역사적 최저 금리는 우리 경제가 위기를 벗어나는 데에 분명한 일조(一助)를 한 것이 사실이다. 그러나 정책당국이 크고 작은 위기마다 정책금리 인하 정책을 과용(過用)한 결과, 이후 부동산거품이라는 부작용을 불러오고 말았다. 위기가 어느 정도 극복되고 나면 적절한 시점에서 금리를 인상해야 하는 중요한 이유는 미래 불확실성에 대비한 '정책대안의 비축'이다. 경제 활황 국면에서 금리를 인상하여 과열 가능성을 예방하는 것도 필요하지만, 여유가 있을 때 금리를 올려두어야만 혹 있을지 모르는 미래의 부정적 외부충격에 금리 인하를 통해 대응할 여지를 갖게 되는 것이다.[21] 0%의 정책금리를 넘어서 마이너스 금리(negative rate)까지 나아간 일본은 사실상 경기조절 '정책대안'으로서 금리정책이 소진되었음을 보여준다.

자금배분 기능

통화신용정책을 담당하는 한국은행이나 예대업무를 맡는 상업은행들은 산업 및 부문별 자금 공급량 조절이나 금리 차이 등을 활용하여, 자금배분을 조정함으로써 특정 부문을 적극 지원하거나 반대로 억제할 수 있다. 이를 통해 실물경제 및 금융시장이 좀 더 바람직한 방향으로 발전하도록 유도하는 것이다.

21 미국 FRB 전(前) 의장 그린스펀은 한때 인상했던 정책금리를 이후 이어진 경기침체기에 지속적으로 인하함으로써 미국 경제회복의 발판을 마련했다. 그랬던 그린스펀조차도 이후에는 금리 인하 정책의 달콤함에서 빠져나오지 못하고 미국 자산시장 거품생성을 방조했다는 비판을 받는 것을 보면, 정책금리를 사용한 통화신용정책이 결코 쉽지만은 않음을 알 수 있다.

4. 환율: 우리나라 돈의 상대적 가치

금리가 금융시장에서 자금의 수요와 공급을 반영한다면, 환율은 국제 금융시장에서 우리나라 돈, 즉 원화의 해외통화 대비 상대적 가치를 나타낸다. 예를 들어 원/달러 환율이 950원에서 960원으로 상승하면, 이는 1달러의 가치가 950원에서 960원이 된 것이며 1원의 가치는 1/950달러에서 1/960달러가 된 것이다. 따라서 달러 가치는 상승한 반면 원화 가치는 하락한 것이다. 반대로 원/달러 환율이 950원에서 940원으로 하락하면 원화 가치는 상승한 것이다.

1) 환율 결정이론[22]

외환시장 상황과 무관하게 환율이 당국의 정책수단으로서 외생적으로 결정되는 것을 '고정환율제도'라고 한다. 한때 우리나라도 경제개발 초창기에 사용했던 제도이다. 하지만 오늘날 우리나라를 포함하여 대부분 선진국들은 외환시장에서 외환의 수요와 공급 간 균형에 의해 환율이 결정되는 '변동환율제도'를 채택하고 있다.

(1) 장단기 환율결정이론

변동환율제도에서 환율 결정이론은 크게 세 가지로 나누어볼 수 있다. 고전적이면서 '장기적' 환율움직임을 설명하는 이론은 '일물일가(一物一價)의 법칙' 또는 '구매력 평가설'이다. 이는 물가가 상대적으로 크게 상승하는 국가의 통화는 절하(切下)될 가능성이 크다는 주장이다.

두 번째로 '중기(中期)적' 환율 움직임을 설명하는 이론은 국제수지와 연관된다. 이 이론에 따르면 한국의 대미(對美) 무역수지가 흑자를 보일수록 국내 시장에 달

---

22 『신용경제』 저자 칼럼(2004년 12월) 참조.

러 공급이 늘어 달러 가치 하락/원화 가치 상승 현상이 나타난다. 따라서 생산성이 높고 국내 제품에 대한 선호도가 높으며 무역장벽을 높게 쌓은 나라일수록 통화가치가 절상된다.

세 번째로 비교적 '단기적' 환율 움직임을 잘 설명해주는 것이 '포트폴리오 이론'이다. 이는 외화 표시 금융자산과 원화 표시 금융자산의 상대적 기대수익률에 따라 외환 수급과 가치가 결정된다고 보는 것이다. 예를 들면 달러 표시 채권의 기대수익률은 미국 금리와 달러화 절상 기대의 합으로 나타난다. 이 경우 미국이 계속하여 금리를 올리고 한국이 금리를 내리는 상황이라면, 미국 금융자산에 대한 수요가 증가하여 달러 수요가 증가하고 따라서 달러 가치가 상승한다.

(2) 이례(異例) 현상

그러나 최근 원/달러 환율은 이상의 세 가지 이론만으로 충분히 설명되지 않는 움직임을 종종 보인다. 미국의 무역적자는 이미 스스로 감당할 수 있는 수준을 벗어나고 있으며,[23] 이러한 상황을 더욱 악화시키는 것은 미국의 재정적자이다. 엄청난 국방비와 복지예산 집행으로 인한 세입 대비 세출 규모의 확대는 결국 막대한 미국 국채 발행으로 이어지고, 이는 달러 표시 자산 공급을 증가시켜 달러 가치의 하락 요인으로 작용한다.

그런데 달러 가치가 이론만큼 크게 하락하지 않는 것은 미국의 군사력을 배경으로 하는 '강한 달러 정책', 전 세계 기축통화로서의 신뢰도, 바젤협약안 이후 위기 시 준비자산으로서 달러의 위상 강화 등 복잡한 배경 때문으로 해석된다. 크고 작

23 저자가 2003년 미국을 방문했을 때 놀란 일이 하나 있다. 패스트푸드 가게에서 공짜로 나누어주는 숟가락, 포크, 휴지 등의 질(質)이 엄청 좋다는 사실이다. 불과 10년 전만 해도 이들 가게에서 사용하는 용품들은 그야말로 1회용이어서 조심스럽게 사용하지 않으면 부러질까 싶었다. 그러나 2003년에 발견한 숟가락 등은 깨끗하고 견고하여 한 번 사용하고 버리기에는 죄책감이 들 정도여서, 우리 가족은 이를 집으로 갖고 와 잘 닦아서 여러 번 사용했다. 미국의 패스트푸드 가게에서 사용하는 휴지의 양(量)이 웬만한 나라 전체의 종이 소비량에 맞먹는다는 보고서도 있었다. 전 세계에서 수입되는 값싼 생필품이 미국 구석구석까지 널린 채 판매되는 것을 보며, 저자는 미국이 '지속 가능한' 소비 수준 및 무역적자 수준을 이미 벗어나고 있다고 판단했다.

은 위기마다 안전자산 운용처로서 미국의 위상은 오히려 부각되었으며, 이에 따라 우리나라를 비롯한 상당수 국가들의 자금이 미국으로 몰려들었다. 이들의 자금공급이 늘어나는 미국 적자를 흡수해주었으며, 따라서 달러 가치 하락을 막고 때로는 상승시켜준 것이다.[24]

장기적으로는 경제적으로 튼튼하고 성장하는 국가의 통화의 가치가 상승하게끔 되어 있다. 우리나라 입장에서 수출이 줄기차게 증가하고 해외건설이 활발하게 수행되며 외국인 관광객들이 몰려오고, 따라서 우리나라의 밝은 미래를 예상하는 외국인들의 주식투자가 증가하게 되면 달러의 공급이 늘어나고 원화 가치는 상승할 것이다.

반면, 과소비로 인해 해외수입이 급증하고 자체 원천기술 부족으로 해외에 막대한 로열티를 지급하고 기술을 사와야 하며, 흥청망청 해외여행 경비가 늘어나고 부족한 외화자금을 빌려온 대가로 이자까지 지불해야 하는 상황이 온다면 우리는 또다시 1997년 외환위기와 같은 상황을 맞을 수도 있다. 그러면 달러 공급 대비 수요 급증으로 인해 달러 가치는 크게 상승하는 반면 원화 가치는 폭락할 우려가 있다.

---

24 미국은 변화하고 있다. 아니, 어쩌면 미국을 바라보는 우리의 시각이 보다 객관적으로 변화하고 있는지도 모른다. 미국은 전 세계를 이끌어가는 리더로서 도덕적 위치를 점차 상실해가고 있다. 세계의 지도자 국가라면 그에 합당한 도덕적 의무를 감당할 수 있어야만 한다. 후진국의 교육받지 못한 개인들조차 자기 능력 이상으로 소비하는 것은 뒤에 화근(禍根)이 될 수 있음을 안다. 미국의 엄청난 소비력을 바탕으로 우리나라를 비롯한 전 세계가 이제껏 먹고 사는 데 도움을 받은 것은 분명 사실이다. 그러나 이러한 글로벌 불균형이 '지속 가능'하지 않아 붕괴 우려가 있다면 이는 참으로 두려운 일이 아닐 수 없다. 소련이 붕괴되고 중국이 아직 초강국으로 자리 잡지 못한 상황에서 미국은 적어도 현재 유일한 초강국이다. 따라서 미국 발 금융위기는 2008년 글로벌위기에서 여실히 보여주었듯이 핵폭탄처럼 전 세계를 한 순간에 초토화시킬 수도 있다. 달러가 전 세계에서 통용되는 한 필요한 만큼 찍어내어 사용하면 된다던가, 아니면 강력한 군사력을 바탕으로 달러화의 가치를 계속 유지하려는 전략은 세계 경제 질서에 지속적 리스크 요인으로 작동하게 될 것이다. 풍선처럼 부풀어가는 미국 발(發) 위기 가능성을 잠재울 수 있는 것은 미국인들의 '점진적이고 절제된' 소비밖에는 없다.

2) 환율 변화의 영향

(1) 국제수지에 미치는 영향

원/달러 환율이 상승하면 같은 1달러를 받더라도 더 많은 원화로 환전이 가능한데, 이때 기업들이 원래 예상했던 원화만큼만 받아도 된다고 생각하면 낮은 달러 가격으로 수출을 할 수 있게 된다. 이렇듯 수출품을 더 싼 달러가격에 팔 수 있게 되면, 수출이 증가하고 국제수지가 개선되는 효과가 나타난다.

반면, 원/달러 환율이 하락하면 수출업자 입장에서는 거꾸로 원화수익이 감소하므로, 수출품의 달러 가격을 불가피하게 인상할 수밖에 없어서 수출 감소로 이어질 가능성이 크다. 더불어서 원/달러 환율 하락에 따라 달러 표시 외국상품 수입에 대해 더 적은 원화를 지급해도 되므로 (값이 싸져서) 수입은 증가한다. 따라서 수출 감소와 수입 증가가 국제수지 악화를 초래한다.

(2) 유리한 쪽과 불리한 쪽

그렇다면 원/달러 환율 상승과 하락에 따라 누가 웃고 울게 되는가? 일부 언론들은 환율이 급등하거나 급락하면 부정적 측면만을 강조하여 늘 걱정을 하지만, 환율변동은 양날의 칼과 같아서 유리한 쪽과 불리한 쪽이 함께 나타난다. 원/달러 환율이 하락하게 되면 수출업자는 달러 표시 수출가격이 상승하면서 매출이 줄어들어 손해가 발생한다. 달러예금이나 달러 표시 주식, 펀드 등을 보유한 투자자도 환율 하락에 따른 평가손실을 보게 된다. 우리나라를 방문하는 미국 여행객들은 같은 금액의 달러를 들고 들어와도 원화 환전 금액이 줄어들어 손해를 보게 된다.

반면, 원/달러 환율이 하락할 경우, 우리나라 수입업자는 같은 수입품의 원화표시 판매가격이 하락하므로 매출이 늘어나는 이득을 보게 된다. 또한, 달러 부채를 보유한 우리나라 기업은 원화 환산 부채가액이 감소하여 상환부담을 덜게 된다.

우리나라 주식에 투자한 미국인들은 달러 환산 투자자산 가치가 증가하는 이익을 얻게 된다. 우리나라의 해외유학생들이나 해외여행자들도 필요한 달러를 환전하는 데에 필요한 원화금액이 줄어들므로 부담이 줄어드는 기쁨을 누릴 수 있다.

3) 정부의 외환시장 개입[25]

미국 트럼프 대통령은 몇몇 정부들이 인위적으로 외환시장에 개입하여 자국 통화가치를 적정 수준보다 낮게 형성되도록 유도하는 불공정행위를 한다고 비판한다. 이러한 주장의 진위(眞僞) 여부는 이 책에서 쉽게 논의할 바는 아니다. 다만, 이들 정부가 무리를 감수하면서까지 외환시장에 개입하는 것이 사실이라면 그 이유는 짐작할 수 있듯이 자국 제품과 서비스의 수출 가격경쟁력을 유지 또는 개선하고자 함이다. 국내의 여러 가지 사정으로 내수와 투자가 침체국면에서 벗어나고 있지 못한 상황에서, 수출을 탈출구로 삼고자 욕심을 낼 수 있다는 것이다. 글로벌 위기 이후 목전에 닥친 청년실업과 빈곤층 증가, 신용불량자 확산의 사회문제를 해결하기 위해, 대부분 국가에서 수출 증가는 없어서는 안 될 구원요소이다.

정부가 외환시장에 개입하여 환율 결정에 영향을 주는 것이 타당한가에 대한 논쟁은 경제학에서 오래 지속된 것이다. 간단히 말하자면 상품경쟁력, 물가, 금리 등 경제적 기본요인(fundamentals)의 변화에 따라 추세적으로 환율이 움직일 경우, 이에 저항하여 정부가 인위적으로 개입하는 것은 국제사회에서 용인 받기 어렵다. 또한, 정부가 인위적으로 개입할 경우, 이를 투기 기회로 삼아 이미 막강한 세력을 과시한 바 있는 국제 투기세력과 싸워 이기기도 어렵다. 다만, 정부의 개입이 그나마 허용될 수 있는 때는 외환시장의 단기적 실패로 인해 환율 움직임이 본질적 가치에서 이탈하여 일시적 혼란 상태에 들어섰을 경우 정도일 것이다.

---

25 『신용경제』 저자 칼럼(2004년 3월) 참조.

chapter 5

금융하부구조에 대한 이해[1]

금융하부구조란 금융거래가 원활하게 이루어지도록 금융시장 및 금융회사들을 지원, 감시하는 법률체계 또는 기관을 의미한다. 중앙은행제도, 지급결제제도, 금융감독제도 및 예금보호제도 등이 이에 해당된다.

1. 중앙은행제도

중앙은행은 통화량과 정책금리 조절을 통해 물가안정 및 거시경제 안정을 도모하며, 최종대부자 역할과 거시건전성 정책 등을 통해 금융안정에 기여한다. 중앙은행은 독점적 발권력을 바탕으로 금융회사에 부족자금을 대출하는 '은행의 은행' 기능과 정부의 세입 및 세출을 관리하고 필요시 부족자금을 대출하는 '정부의 은

1 『한국의 금융제도』(한국은행, 2011) 참조.

행' 기능을 수행한다. 우리나라 중앙은행은 한국은행이다.

1) 한국은행의 정책목표

한국은행은 우리나라 통화 '원화'를 발행한다. 따라서 돈의 가치를 일정 수준으로 유지하는 것, 즉 물가안정이 기본적 정책목표임은 두말할 필요가 없다. 이와 더불어 글로벌위기 이후 금융안정을 유지하는 것이 새로운 목표로 추가되었다. 이를 구체적으로 수행하는 것이 거시건전성정책이다. 또한, 지급결제제도의 총괄 및 감시도 한국은행의 목표에 속한다.

2) 한국은행의 주요 기능

(1) 화폐발행

한국은행은 우리나라 유일의 법정통화 '원화'를 발행한다. 실물 인쇄는 한국조폐공사가 담당하지만, 한국은행이 최종적으로 정책판단에 따라 이를 시중에 내보내는 '화폐발행' 업무 전체를 책임진다.

(2) 통화신용정책

한국은행은 통화신용정책의 수립 및 집행을 맡는다. 이를 위한 대표적 정책이 공개시장운영정책, 대출정책, 지급준비정책이다. 공개시장운영은 한국은행이 금융회사들을 상대로 시중의 채권을 사고파는 과정에서, 그리고 대출정책은 한국은행이 금융회사에 대출을 해주는 과정에서 각각 통화량을 조절하며 이를 통해 기준금리 목표를 달성하도록 한다.

공개시장운영은 직접금융시장에서, 그리고 대출정책은 간접금융시장에서 한국은행이 통화량을 조절하는 반면, 지급준비정책은 조금 다르다. (상업)은행은 보유 예금의 예상치 않은 인출에 대비하여 일정 금액을 지급준비금으로 한국은행에 예치하는데, 이때 의무적으로 예치하는 비율을 '필요 지급준비율'이라고 한다. 한국은행이 필요 지급준비율을 상향(하향) 조정하면 동일 예금총액에 비해 대출총액이 줄어들어(늘어나), 시중통화량이 감소(증가)하는 효과가 생긴다.

통화신용정책을 수행하는 과정에서 한국은행은 금융회사에 대해 직접규제를 하기도 한다. 여수신금리 규제, 신용공급량의 직접 통제, 특정 부문에 대한 여신취급 금지와 같은 신용할당 등이 이에 포함된다. 직접규제는 금융회사의 신용공급 규모 및 공급경로를 보다 신속하고 정확하게 조절할 수 있는 장점이 있는 반면, 장기적으로 자금배분 왜곡, 경쟁 제한 등으로 인해 금융시장의 효율성을 떨어뜨리는 부작용이 있다. 따라서 일반적으로 간접규제의 보완수단으로 사용한다.

(3) 지급결제제도의 총괄, 감시

이에 대해서는 뒤에 지급결제제도 부문에서 별도로 설명하겠다.

(4) 기타 기능들

한국은행은 위의 주요 기능들 외에도 다양한 기능들을 수행한다. 금융회사 경영실태 분석 및 검사, 외환정책 관련 업무로서 외국환업무 및 외국환업무 취급기관에 대한 건전성 규제, 금융회사 예금의 수입, 국고금 관리를 위한 국고금 수급, 국채 발행 및 상환, 공공기금 관리, 조사연구 및 통계편제, 금융기구와의 거래 및 교류 등이 대표적이다.

3) 통화창출

이 부분은 금융에서도 일반인들이 이해하기 어려운 대표적인 영역이다. 한국은행이 통화를 창출한다고 하는데, '통화'의 정확한 의미를 아는 일반인은 드물다. 따라서 금융 전문서적이 아닌 교양서적에서 이에 대한 설명은 간략하게 취급되거나 생략되는 것이 보통이다. 그러나 이는 글로벌위기 이전이라면 용인될 수 있었으되, 위기 이후에는 통화창출 과정에 대한 깊은 이해 없이 금융을 이해하기는 어려워졌다. 이제 어려운 길을 걸어가보자.

(1) 통화의 정의

통화, 화폐, 돈은 혼용되는 개념들이다. 통화(通貨)는 유통화폐의 준말로서 유통이나 지불 기능을 하는 교환수단을 뜻하며, '돈'은 좀 더 일상적이며 종종 부(富)를 포함하는 개념으로 확대 해석되기도 한다. 전문가들은 경우에 따라 이들을 엄밀히 구분하여 사용하기도 하지만, 이 책에서는 이들을 비슷한 개념으로 다루며, 이들 중 '통화'를 대표적으로 사용한다.

어떤 물건이 통화의 자격을 얻기 위해서는 교환의 매개, 가치의 저장 및 가치척도의 세 가지 기능을 모두 수행할 수 있어야 한다. 역사적으로 다양한 물건들이 통화로 사용되어 왔지만, 오늘날에는 법정통화로서 지폐, 주화 및 예금 등이 그 역할을 담당한다. 금융, 특히 핀테크의 화려한 발전과정에서 통화의 세 가지 기능을 수행할 수 있는 수단들은 다양하게 확대 발전해왔으며, 오늘날 통화의 정의와 범위를 분명하게 내리기는 어려워졌다. 따라서 현재 다양한 통화의 개념들이 혼용되고 있지만, 이 책에서는 설명의 편의상 민간 보유 현금(지폐 및 주화)와 요구불예금의 합을 통화라고 하고 이후 설명을 전개하도록 한다.[2]

(2) 본원통화와 통화창출

통화는 어떻게 만들어지는가? '통화'가 한 그루의 나무라면, 이의 씨앗에 해당하는 개념이 '본원통화(本源通貨, Reserve Base or Monetary Base)'이다. 즉 중앙은행이

2 이를 M1이라고 한다. 이외에도 다양한 통화의 정의에 관해 좀 더 상세한 내용들을 알고자 하는 독자들은 '화폐금융론' 서적을 참조하기 바란다.

처음에 본원통화를 만들어내면 이것이 자라나서 통화가 된다는 것이다. 본원통화는 민간 보유 현금, 금융회사 시재금, 한국은행이 맡아둔 각 (상업)은행들의 지급준비금을 합한 개념이다.[3] 이들은 한국은행이 직접 증감(增減)을 조절할 수 있다. 즉 한국은행 창고에 보관해둔 현금을 방출하거나, 은행 보유 채권을 매입한 대가로 은행의 지급준비금 계정에 증액을 하면 본원통화는 증가한다. 반대로 시중에서 낡은 화폐를 수거하여 (반대급부 없이) 소각하거나, 한국은행 보유 채권을 은행들에게 매각하고 이의 대금을 은행들 지급준비금 계정의 감액을 통해 지급받으면 본원통화는 감소한다.

그렇다면 '본원통화'는 어떤 과정을 거쳐 '통화'로 자라나게 되는 것일까? 그 비결은 지급준비금에 있다. 원래 역사적으로 은행들은 예금을 받게 되면 예금주들이 언제 인출할지 불확실하므로 전액을 만기까지 보유했다. 그런데 통계적으로 예금액 일부만이 중도인출된다는 것을 안 다음부터는, 예금액의 일부만 지급준비 목적으로 보유하고 나머지는 대출을 해서 수익을 올리는 것이 좋다는 것을 깨닫게 된다. 따라서 오늘날 현대금융은 은행이 예금액의 일정 비율만큼만 중앙은행의 지급준비금 계정에 예치하는 '부분 적립제도'를 기반으로 한다.

이제 통화창출 과정을 간단한 예를 들어 살펴보자. 한국은행이 A은행 보유 100억원 상당 채권을 매입한 대가로 A은행 지급준비금 계정에 100억원을 증액했다고 하자. 지급준비금 계정에서는 수익이 발생하지 않으므로,[4] A은행은 늘어난 100억원으로 신규대출을 한다. A은행에서 대출을 받은 기업이나 개인은 이를 현금으로 보유하기보다, 다음 거래목적으로 B은행 요구불예금에 예치한다. B은행은 예금총액 100억 중에서 지급준비율(10%라고 가정하자) 만큼 제외한 90억원을 또 누군가에게 대출한다. 그리고 이를 대출받은 기업 또는 개인은 90억원을 C은행 요구불예금

---

3 달리 나타내면 본원통화 = 화폐발행액 + 금융회사 지준예치금 = 민간보유현금 + 금융회사 총지급준비금이 된다.

4 우리나라와는 달리 중앙은행이 지급준비금 계정에 이자를 지급하는 나라도 있다. 이를 지준부리(支準附利)라고 한다.

계정에 입금한다. 이와 같은 거래는 계속 반복된다. 계속 진행한다면 D은행 요구불예금 81억, E은행 81×0.9, F은행 81×0.9×0.9… 이런 식으로 진행될 것이다.

이러한 거래가 무한히 이루어진다고 가정할 때 본원통화량과 통화량의 변화를 계산해보자. 본원통화는 한국은행이 A은행 보유채권을 매입하는 과정에서 지급준비금에서 딱 한 번 100억원이 증가했을 뿐이다. 그런데 요구불예금은 B은행 100억, C은행 90억, D은행 81억 등으로 증가했다. 고등학교 때 배운 무한등비수열 공식을 사용해서 계산하면 요구불예금은 총 1,000억만큼 증가했다. 중앙은행은 본원통화를 100억만큼 증액했을 뿐인데, 시중에 유통되는 통화량은 10배인 1,000억만큼 증가되었다. 이것이 오늘날 '부분 적립제도'하에서의 통화창출 과정이다.

4) 통화신용정책의 파급경로

한국은행은 공개시장운영정책, 대출정책, 지급준비정책 등 통화신용정책수단을 통해 정책금리인 기준금리를 조절한다. 그러면 기준금리는 우선적으로 자금시장(money market)의 금리들에 영향을 미치고, 단기 시장금리는 다시 자본시장(capital market)의 장기 시장금리, 주가, 환율 등에 영향을 준다. 최종적으로 한국

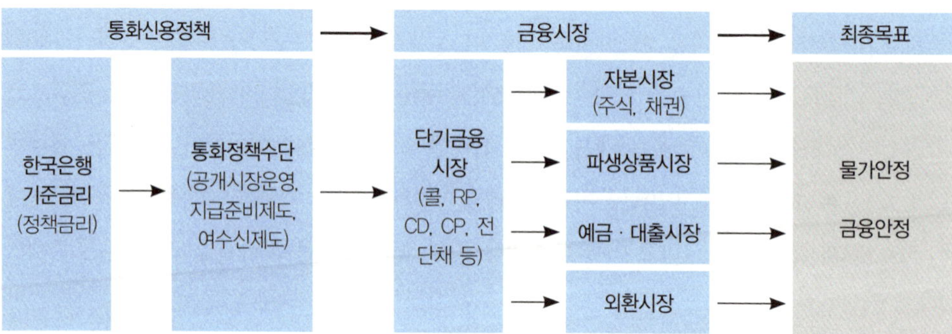

〈그림 5-1〉 통화신용정책이 경제에 영향을 미치는 파급경로

자료: 한국은행, 한국의 금융시장, 2016

은행이 바라는 것은 이들을 통해 물가목표를 달성하고 실물경제와 금융시장의 안정을 추구하는 것이다. 이처럼 한국은행의 기준금리 조절이 실물경제와 금융시장에 미치는 일련의 과정을 '통화신용정책의 파급경로(transmission mechanism)'라고 한다.

예를 들어 한국은행이 시중은행에게 대출해줄 때 적용하는 재할인금리를 인하하면, 시중은행은 자금조달 비용이 감소하므로 기업이나 가계에 적용하는 대출금리를 낮춰줄 수 있다. 이 같은 간접금융시장에서의 시장금리의 하락은 채권이 거래되는 직접금융시장의 금리를 경쟁적으로 낮추는 효과를 가져와, 결과적으로 금융시장 전반적으로 시장금리가 하락한다. 그리고 다른 조건들에 변화가 없다면 이는 총수요를 증대시키는 효과를 낳는다.

또 다른 예로서 한국은행이 금융시장에서 공개시장운영을 통해 채권을 매각(매입)하면, 시중유동성, 즉 통화량이 감소(증가)하게 된다. 대개의 경우 이는 시장금리 상승(하락)으로 이어져 실물경제와 금융시장에 영향을 미치게 된다.

5) 2008 글로벌위기 이후 비전통적 통화신용정책 등장

앞에서 설명한 통화창출 과정은 두 가지 가정에 기초한다. 즉 1) 대출받은 기업이나 개인이 이를 현금보유 등으로 퇴장(退藏)시키지 않고, 전액을 다른 은행 요구불예금에 예치한다는 것, 2) 그리고 예금을 받은 다른 은행은 필요 지급준비금을 제외한 나머지 전액을 누군가에게 다시 대출한다는 것이다. 그러나 현실 세계에서 이런 가정들은 종종 지켜지지 않으며, 따라서 통화창출 과정은 앞서 설명과 달리 진행될 가능성이 있다. 이를 극적으로 보여준 것이 2008년 글로벌위기 이후 금융시장이다.

글로벌위기를 맞아 미국 통화신용정책을 총괄하는 FRB는 본원통화를 증가시켰으나, 은행들은 대출을 적극적으로 늘리지 않고 본원통화를 FRB 지급준비금 계정에 머물게 했다. 본원통화는 자체로서는 경제 활성화에 도움이 되지 않으며, 통화 창출 기능을 통해 통화량과 금리를 움직여야만 비로소 실물경제에 영향을 줄 수 있다. 또한, 당시 미국 정책금리는 거의 0(zero) 수준에 달해, 확장적 통화신용정책으로도 이를 더 이상 낮추기 어려운 상태였다. 이러한 정책효과상 한계에 직면한 FRB는 은행을 통하는 전통적 통화신용정책을 벗어나, 주택담보대출증권(MBS) 등 매입을 통해 장단기 금융시장에 유동성을 직접 공급하고 시장금리를 직접 낮추는 이른바 '양적완화(quantitative easing)'와 같은 비전통적 통화신용정책을 구사하기에 이르렀다.

2. 지급결제제도

우리가 평범한 삶을 영위하는 과정에서 존재감을 모르고 지내지만, 문제가 생기면 크게 당황하는 것들이 있다. 상하수도가 대표적 예이다. 샤워 중에 갑자기 물이 끊긴다든가 하수구가 막혀 오물이 역류하면, 일상생활에서 예상치 않은 어려움을 겪을 수 있다. 지급결제제도가 그러하다.

지급결제제도는 실물 및 금융거래에서 발생한 채권과 채무를 완결시키는 기능을 수행하며, 지급수단, 참가기관 및 결제시스템으로 구성된다. 아침에 출근하는 버스 안에서 교통카드를 대면, 내 돈은 '어떤 경로를 통해' 교통카드에서 빠져나와 버스회사 계좌로 이전된다. 편의점에서 커피를 사면서 신용카드를 긁으면, '어떤 경로를 통해' 신용카드회사가 편의점에 물품대금을 선지급하고 나중에 내게 청구하면 내 통장에서 돈이 빠져나간다. 이때 '어떤 경로'에 해당하는 것이 지급결제시스템이다.

상하수도 시스템은 없으면 한시도 살 수 없는 필수적인 것이지만, 일반인들은 구체적 설계를 잘 알지 못한다. 내가 먹는 물이 '어디선가' 모아져서 깨끗한 정수과정

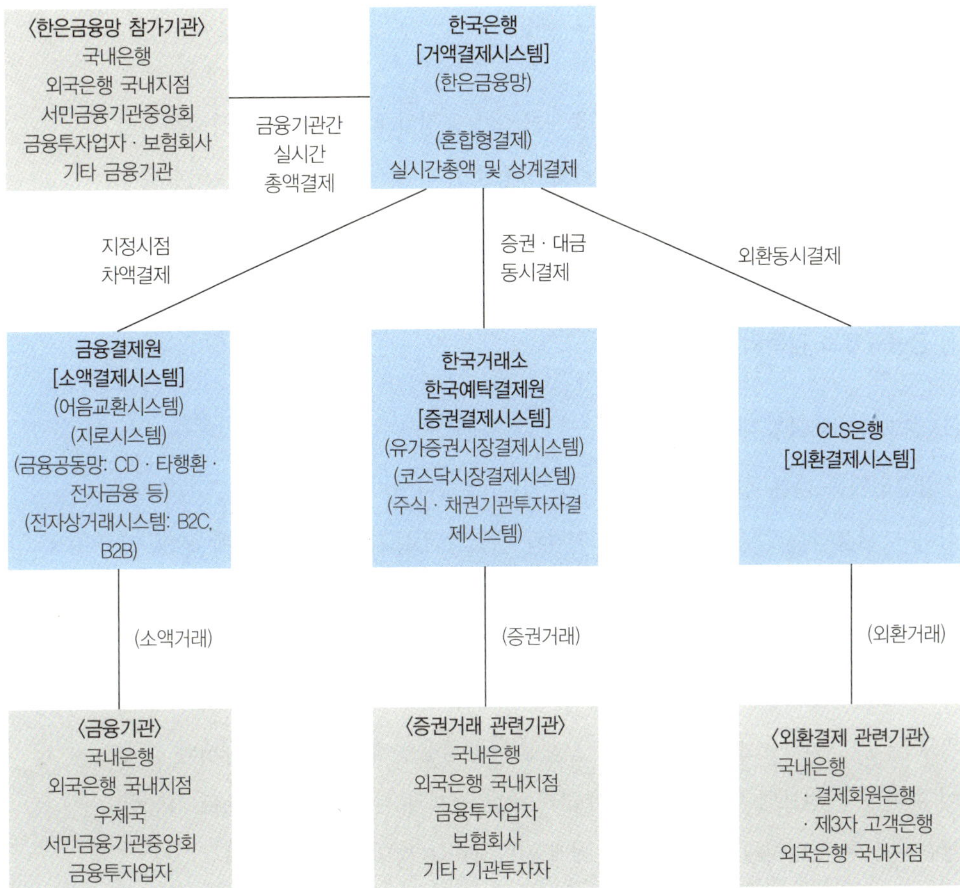

〈그림 5-2〉 우리나라의 지급결제시스템

자료: 한국은행, 한국의 금융제도, 2011

을 거쳐 '어떤 파이프라인을 타고' 내게 전달되겠지 하고 어렴풋하게 알 뿐이다. 지급결제시스템 역시 금융전문가들에게는 상당히 중요한 이슈이지만, 일반인들이 이를 굳이 자세하게 알 필요는 없다고 판단한다. 다만, 최근 부각되고 있는 핀테크가 일반인들이 좀 더 편하게 지급결제시스템을 이용할 수 있도록 하는 대표적 사례임을 밝히는 정도로 이에 대한 설명을 줄이고자 한다.

3. 금융감독제도[5]

금융감독제도는 금융회사의 금융중개기능이 공정하게 이루어지고, 금융회사의 경영 건전성을 유지하도록 한다. 이로써 금융소비자 재산 보호 및 금융거래 활성화를 도모한다.

1) 금융규제와 감독의 당위성

(1) 정보의 비대칭성 해소

금융업에는 다른 산업과 구별되는 두 가지 특성이 있다. 첫째는 정보의 비대칭성이다. 금융업은 업종 성격상 많은 기업과 개인의 정보가 집중되는 데에 반해, 기업이나 개인은 금융업에 대한 이해 정도가 크게 떨어진다. 그러다 보면 금융업자들이 정보의 우월적 위치를 악용하여 기업, 개인 등 금융소비자들의 이익을 해하려는 경우가 발생할 가능성이 높다. 따라서 이와 같은 정보비대칭성의 부작용을 막고 공공의 이익을 보호하기 위해, 오래전부터 금융업에 대해 각종 규제와 감독이 취해졌다. 정보의 비대칭성을 해소하기 위한 규제와 감독은 기본적으로 가능한 많은 정보를 투명하게 금융소비자들에게 전달하려는 방향으로 진행된다.

역선택

정보의 비대칭성은 세 가지 형태로 나타난다. 하나는 역선택(逆選擇: adverse selection)이다. 정보가 부족한 상태에서는 우량보다 불량한 선택을 할 개연성이 크다는 것이다. 쉽게 생각할 수 있는 예는 우량은행과 불량은행 간 경쟁이다. 불량은행은 예금 유치가 불리할 것으로 생각하여 막가는 심정에서 고금리로 예금 유치

5 『금융위기와 리스크관리』(김진호 저, 박영사, 2012) 참조

경쟁에 나설 수 있다. 이때 정보 부족 및 낮은 금융이해도로 인해 우량과 불량은행을 구분할 능력이 없는 예금자는 단지 고금리만 보고 불량은행을 선택할 가능성이 크다. 전형적인 역선택의 부작용이다. 역선택은 거래가 이루어지기 전, 즉 사전적(ex ante)으로 발생하는 특성을 갖는다.

도덕적 해이

정보 비대칭성의 또 다른 양상은 도덕적 해이(道德的 解弛: moral hazard)이다. 이는 정보의 우월적 위치를 악용하여 자신만의 이익을 얄밉게 챙기려는 행위를 뜻한다. 금융소비자들은 은행이 선량한 관리자의 주의의무를 다하여 신의성실 원칙하에 내 예금을 잘 관리해줄 것이라 믿고 은행에 돈을 맡긴다. 그런데 막상 은행은 고객이 정보 부족 및 낮은 금융이해도로 인해 은행경영을 잘 이해하지 못하는 점을 악용하여, 은행의 이익만을 추구하여 지나친 리스크를 부담하려고 할 수 있다. 이것이 도덕적 해이의 한 예이다. 따라서 도덕적 해이는 대개 거래가 이루어지고 난 뒤 사후적(ex post)으로 이루어지는 특성이 있다.

내부자거래

내부자거래(內部者去來: insider trading)는 금융회사 직원이 업무과정에서 고객에 앞서 습득한 정보를 부당하게 사용하여 자신의 이익을 챙기는 행위를 뜻한다. 이 또한 정보의 비대칭성 때문에 발생하는 현상이다. 이는 공정경쟁을 저해하며 형평성에 어긋난다고 보아 대부분 국가에서 불법으로 간주한다.

(2) 금융회사 건전성 유지

금융업이 붕괴하면 타 산업의 경우와는 비교하기 어려울 만큼 막대한 부작용을 경제 전체에 일으킨다. 금융은 신체를 구성하는 혈관과 같아서, 금융업의 붕괴는 신체 내의 뇌출혈, 패혈증 등에 비교할 수 있다. 이들은 신체 어느 부분에서 발생하더라도 사람이 죽을 수도 있는 최악의 경우로 몰고 간다. 금융업의 붕괴는 이와 같은 큰 충격을 타 산업군에 줄 수 있다. 그래서 정부는 금융업이 망하지 않도록(즉 건전성을 유지하도록), 타 산업 대비 강한 각종 규제와 감독을 부과해온 것이다.

금융회사 건전성 강화 규제로는 진입 규제(엄격한 인허가 절차), 정보공시 의무 강화, 자산운영 제한, 예금보호제도, 지나친 경쟁 제한, 금리 규제 등 타 산업에서 찾아보기 어려운 것들이 많다. 이들은 금융회사가 망할 가능성을 줄여줌으로써 금융시장, 더 나아가 실물경제의 안정을 추구한다.

2) 금융 규제감독 환경의 변화

(1) 금융기관에서 금융회사로!

금융업은 '정보 비대칭성 해소' 및 '건전성 강화'라는 독특한 특성으로 인해 타 업종에 비해 강한 규제를 받아왔다. 오죽하면 이들을 '(금융)회사'라 부르지 않고 '(금융)기관'이라고 불렀을까? 금융업에 부과된 규제는 상품생산부터 가격결정에 이르기까지 광범위하게 이루어졌다. 따라서 1980년대까지만 해도 금융업은 따분한 업종이었다.

그런데 1980년대 들어서 전 세계 금융업은 '탈규제화'라고 하는 거대한 열풍에 휩싸인다. 금융 '기관'들이 지나치게 엄격한 규제 시스템에 묶여 있다 보니 활력을 상실하고, 이로 인해 금융자원이 비효율적으로 배분되면서 실물경제의 발목을 잡고 있다는 비판이 일어났다. 이에 따라 각국은 금융규제들에 대한 과감한 철폐작업에 나선다. 1929년 미국 대공황의 한 원인으로 지적된 상업은행과 투자은행 간 겸영(兼營)을 막기 위해 1933년에 만든 글래스-스티걸 법안(Glass Steagall Act)이 폐지되었으며, 영국에서도 Big Bang이라는 타이틀 아래 각종 규제가 허물어져갔다. 우리나라도 이에 발맞추어 1990년대 탈규제화를 추진한다. 당시 4단계에 걸쳐 이루어진 금리자유화가 대표적이다.

탈규제화로 인해 금융'기관'은 금융'회사'로 탈바꿈한다. 정보비대칭성 해소와 건전성 강화 목적의 제약들이 완전히 사라진 것은 아니지만, 이제 금융'회사'들은 이윤 극대화를 위해 리스크를 부담할 수 있는 토양을 마련한 것이다. 비슷한 시기에 전 세계 경제철학으로 새롭게 등장한 '신자유주의'는 금융 '회사'들에게 날개를 달아준 셈이 된다. 이제 고위험(리스크)-고수익을 추구하여 성공하면 엄청난 보너스를 챙길 수 있게 된 것이다. 20~30대에 주말도 없이 24시간 일한 대가로 평생 놀고 먹을 만한 재산을 챙겨서 조기 은퇴하는 꿈이 금융회사 직원들에게 자리 잡은 것도 이즈음의 일이다. 금융회사는 더 이상 따분한 직장이 아니라 대학을 졸업한 패기만만한 실력 있고 용기 있는 젊은이들이 인생을 걸 만한 '모험기업'으로 변신한 것이다.

(2) 바젤협약

금융감독 당국이 무책임하게 규제의 빗장을 풀어준 것은 아니다. 비록 과거의 '직접' 규제방식에서는 벗어나 탈규제화를 추진하면서도, 국제적 공조를 통해 새로운 '간접' 규제방식인 '바젤협약안'을 도출해냈다. 이는 금융회사들에게 자산운용과 부채조달의 자유를 인정하되, 그에 따른 책임을 주주 자본출자를 통해 지도록 한 것이 핵심이다. 회사가 고위험(리스크)-고수익을 추구하다가 이익을 내면 주주들이 챙기지만, 망할 경우 무책임하게 회피하지 못하도록 적절한 리스크자본을 쌓도록 규제한 것이다. 이에 따르면 회사가 고위험(리스크)-고수익을 추구할수록 더욱 많은 자본을 쌓도록 강제함으로써, 나름대로 '모험기업'에 브레이크를 만들어주려 애썼다.

1988년 확정되고 1992년에 첫 시행된 바젤협약안은 국제금융 분야의 공정경쟁의 장(場: level playing field)을 조성했다. 이는 이후 수많은 개선을 통해 2004년 '바젤II'라고 불리는 새롭게 개선된 국제적 공조체제로 발전한다. 초기 바젤협약안(바젤I)이 획일적 리스크 가중치를 사용하여 규제차익(reulatory arbitrage) 부작용이 있었는데, '바젤II'는 리스크 크기에 따라 각기 다른 가중치를 적용함으로써 이 문제를 해결하고자 했다. 이제 '바젤II'만 있으면 금융회사들이 마음껏 자유롭게 영업을 하면서도 무모한 행동까지는 이르지 못하도록 하는 적절한 제어장치를 갖춘 것으로 대부분 믿었다. 그러나 2006년 '바젤II'가 시행되자마자 2008년 글로벌위기가 터지면서, 이러한 세상의 믿음은 헌신짝처럼 날아갔다. '바젤II'는 제대로 시작도 해보기 전에 역사의 박물관으로 실려 갔고, 이후 곧바로 2010년에 '바젤III'가 만들어져 2013년부터 시행되고 있다.[6]

3) 우리나라 금융감독체계[7]

기획재정부는 고유업무로서 정부의 기획 및 예산 기능, 재정정책 기능을 수행함과 더불어, 금융감독업무로서 국제금융정책 수립을 총괄한다. 금융위원회(증권선물위원회 포함)는 국내 금융정책을 수립하고, 모든 금융업종에 대한 포괄적 감독정책 수립 및 규정 제정, 금융회사 설립 및 합병에 대한 인허가, 금융감독원에 대한 지시, 감독 기능들을 수행한다. 기획재정부가 국제금융, 금융위원회가 국내금융을 담당하는 현재의 체계는 오늘날에 국내외 금융을 구분하는 것이 과연 가능하며 실익이 있느냐 하는 비판에 직면하고 있다.

금융감독원은 금융위원회 결정에 따라 금융감독 정책을 집행하며, 금융회사에 대한 검사 및 제재 기능을 수행한다. 금융회사 인허가, 경영건전성 지도, 영업행위 규제업무 및 검사업무가 금융감독기구(금융위원회+금융감독원)의 주요 업무이다. 금

6 2008 글로벌위기 원인의 하나로서 느슨해진 감독체제에 대한 비판이 강하게 제기되었다. 특히, 금융회사 임직원들의 탐욕을 강하게 통제해야 한다는 여론이 비등해졌다. 금융은 실물경제를 지원하는 단순한 역할에 국한되어야 하며, 자체적으로 리스크를 짊어지고 실물경제와 무관한 이윤추구에 나서서는 안 된다는 대륙계 금융철학이 강하게 재부각되기도 했다. 바젤III는 2008년 글로벌위기를 계기로 표출된 이와 같은 문제점들을 해소하기 위해 여러 가지 조치들을 보완했다. 기존의 미시건전성 체계에서 자본의 질과 양을 제고하고, 레버리지와 유동성 규제를 추가했다. 그리고 '거시건전성' 규제라는 새로운 개념이 추가되었는데, 이는 경기대응 완충자본, 대형금융회사들에 대한 추가 규제 등을 포함한다.

7 금융감독체계는 정권이 바뀔 때마다 자주 변한다. 따라서 이 책에서는 2017년 초 기준으로 설명하되, 개정 논란이 있는 부분을 추가 기술하기로 한다.

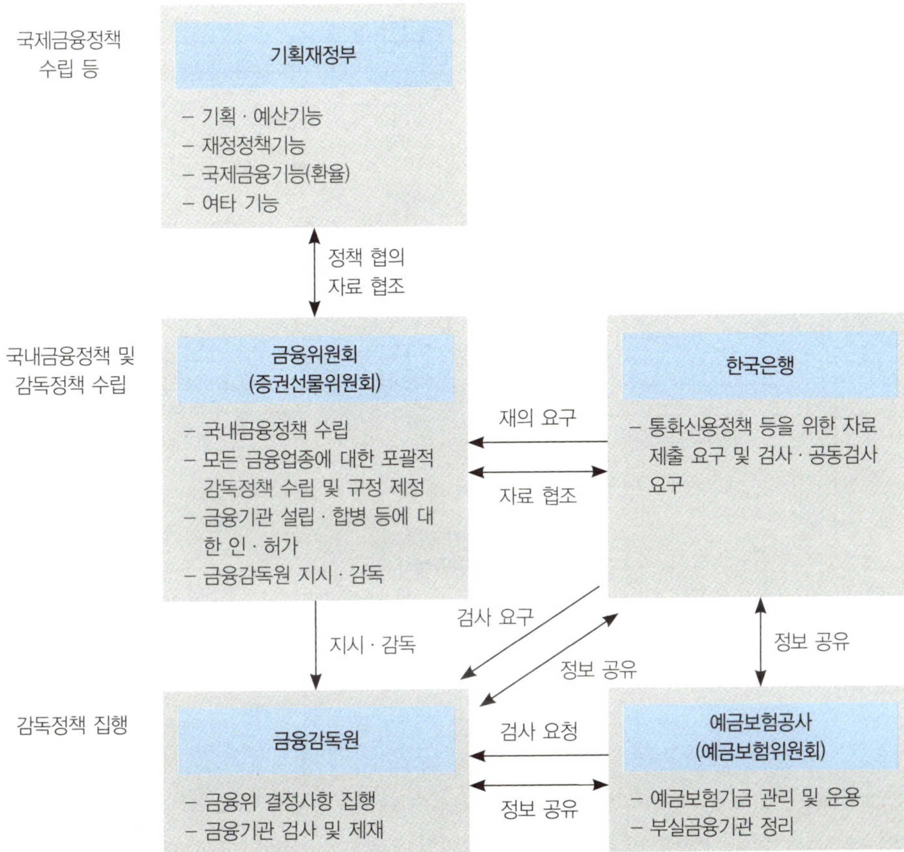

〈그림 5-3〉 우리나라 금융감독체계

자료: 한국은행, 한국의 금융제도, 2011

융위원회가 공무원 조직임에 비해 금융감독원은 민간조직이어서 양자 간 유기적 조화가 어려우며, 금융정책의 수립과 집행을 이원화하는 것이 과연 바람직한가 하는 비판에 노출되어 있는 실정이다.

한편, 한국은행은 통화신용정책 수행과정에서 금융회사에 대해 자료제출 요구 및 검사기능을 수행한다. 예전에는 한국은행이 '은행감독원'이라는 하부조직을 통해 은행에 대해 직접 검사 및 감독기능을 수행한 적도 있었지만, 현재는 금융감독

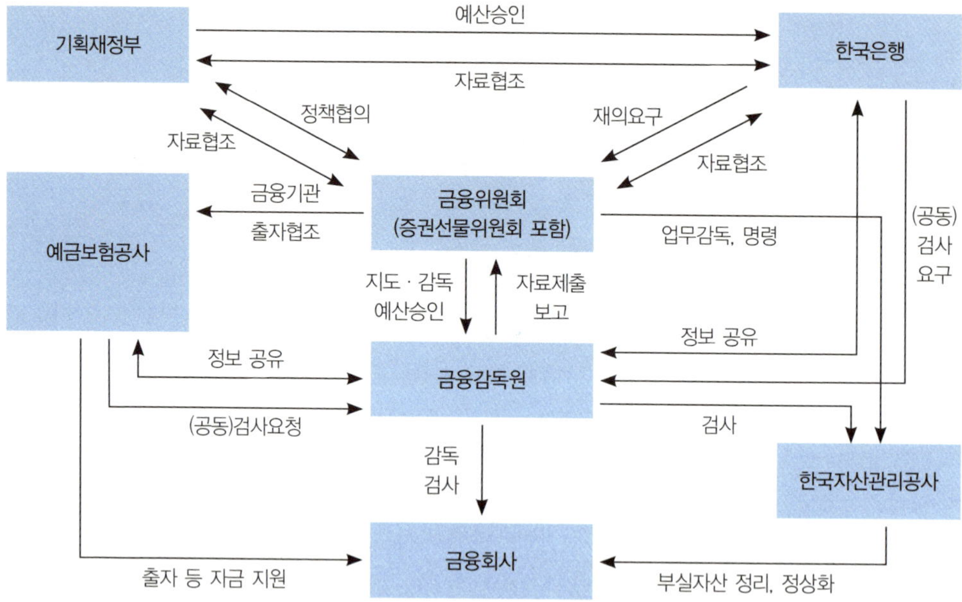

〈그림 5-4〉 금융감독체계에 속한 기관들 간 업무협조관계

자료: 금융감독원, 금융감독제도, 2012

원에 주요 기능을 이관하고 금융감독원과 공동작업 또는 자체 부분적으로만 해당 기능을 수행한다. 그런데 '바젤III' 이후 거시건전성(또는 금융안정) 책무가 금융감독기구(금융위원회+금융감독원) 및 한국은행에 공동 부과되면서, 이의 실질적 책임 있는 주체에 대해 현재 논란이 진행 중이다. 마지막으로 예금보험공사는 예금보험기능 관리 및 운용, 부실 금융회사 정리를 통해 금융감독체계의 일원으로 활동한다.

4. 예금보호제도

1) 금융안전망[8]

금융시장 안정이 실물경제 발전에 필요조건임을 부인하지 못한다. 그런데 금융회사는 리스크를 부담하는 대가로 이익을 취하는 조직이기 때문에 곤경에 처할 우려가 있다. 특히, 은행의 부실화는 막대한 외부불경제 효과로 인해 더욱 조심해야 한다. 개인이 애써 모은 저축이 한순간에 날아갈 수도 있다는 두려움은 금융소비자들로 하여금 은행을 기피하게 만들 수 있다. 차라리 배게 밑에 숨겨두는 것이 낫다는 어리석은(?) 결정을 내릴 수도 있는 것이다. 그렇게 되면 시중에 돈이 제대로 돌지 않게 되고, 따라서 시장 내 자원배분이 효율적일 수 없다. 이를 해결하기 위해 금융안전망이 필요하다.

금융안전망은 크게 세 가지로 구성된다. 금융회사의 건전성을 감독하는 금융 감독기구, 부실화된 금융회사를 대신하여 예금을 대지급해주는 예금보험공사, 금융위기 국면에서 최후의 대부자로서 역할을 하는 한국은행이다. 이들의 존재로 인해 시장참가자들은 큰 두려움 없이 매일매일의 금융활동을 유지할 수 있다.

그런데 좋은 취지의 금융안전망도 아쉬운 부작용이 있다. 이른바 역선택(adverse selection)과 도덕적 해이(moral hazard)의 발생이다. 공중그네를 타는 재인(才人)이 밑에 깔린 그물망을 너무 믿고 무모한 행동을 하면 이전보다 추락할 가능성이 커진다. 금융안전망도 비슷하다. 은행에 맡긴 예금이 보호된다는 믿음은 소비자들로 하여금 은행의 건전성과 상관없이 제시금리가 높은 불량 은행을 선택하게 하는 이유가 된다(역선택). 그리고 금융소비자들이 일단 은행에 돈을 맡긴 다음에는 예금보호 기능만 믿고 은행의 부실화 가능성에 대한 자체 감시를 등한시하며, 금융회

---

8 『참여정부 시기의 금융이야기』(김진호, 저, 이화여자대학교출판부, 2007) 참조.

〈표 5-1〉 금융상품별 예금보호 대상 여부(2011년 기준)

구분	보호대상	비보호대상
은행 (농 · 수협 중앙회, 외은 지점 포함)	– 보통예금, 저축예금, 별단예금, 당좌예금 등 요구불예금 – 정기예금, 기업자유예금, 주택청약예금 등 저축성예금 – 정기적금, 주택청약부금, 상호부금 등 적립식예금 – 연금신탁, 퇴직신탁 등 원금보전형신탁 – 외화예금(예금자)별 원화예금을 포함하여 5천만원 한도)	– 양도성 예금증서(CD), 환매조건부채권(RP) – 특정금전신탁 등 실적배당형 신탁 및 개발신탁 – 금융투자상품(수익증권, 뮤추얼펀드, MMF 등) – 은행발행채권, 농 · 수협 중앙회 공제상품 등
투자매매업자 · 투자중개업자	– 금융상품 중 증권 등의 매수에 사용되지 않고, 고객계좌에 현금으로 남아 있는 금액 – 자기신용대주담보금, 신용거래계좌설정보증금, 신용공여담보금 등의 현금 잔액 – 원금이 보전되는 금전신탁 등	– 금융투자상품(수익증권, 뮤추얼펀드, MMF 등) – 청약자예수금, 제세금예수금, 선물 · 옵션거래예수금, 유통금융대주담보금 – 환매조건부채권(RP), 증권사 발행채권 – 종합자산관리계좌(CMA), 랩어카운트, 주가지수연계증권(ELS), 주식워런트증권(ELW) 등
보험회사	– 개인이 가입한 보험계약(단 변액보험 제외), 퇴직보험계약 – 원금이 보전되는 금전신탁 등	– 법인보험계약(보험계약자 및 보험료 납부자가 법인인 보험계약), 보증보험계약, 재보험계약, 변액보험계약 등
종합금융회사	– 발행어음, 표지어음, 어음관리계좌(CMA)	– 금융투자상품(수익증권, 뮤추얼펀드, MMF 등), 수익증권, 환매조건부채권(RP), 종금사 발행채권, 기업어음(CP) 등
상호저축은행	– 보통예금, 저축예금, 정기예금, 정기적금, 신용부금, 표지어음 등	– 저축은행 발행채권 등

자료: 한국은행, 금융생활 길라잡이, 2011

사 또한 일단 들어온 돈을 함부로 운용하는 어리석음을 범할 수 있다(도덕적 해이). 이 모두가 금융안전망에 대한 과도한 믿음에 기초한 것이다.

따라서 금융은 이와 같이 상충하는 두 가지 목표, 즉 금융시장 안정 및 소비자 보호 추구와 역선택 및 도덕적 해이 문제의 해결을 동시에 달성해야 하는 어려움을 갖는다. 예금보호한도에 제한을 둠으로써 거액 예금자들의 시장 감시활동을 촉진하거나, 금융회사들의 자본건전성 규제를 통해 무모한 투자를 방지하는 것 등이 이상의 두 마리 토끼를 동시에 잡고자 하는 대표적 해결책이라고 할 수 있다.

2) 예금보험제도

예금보호제도는 금융회사가 경영부실 등으로 예금 원금이나 이자를 지급할 수 없을 때, 예금보험기구가 해당 회사를 대신하여 예금주에게 원리금의 전부 또는 일부를 지급하는 보험제도이다. 2017년 초 현재, 우리나라에서는 예금보험공사가 해당 업무를 관장하며, 예금보험 보장한도는 금융회사별로 1인당 5,000만원까지이다. 단, 모든 금융상품이 보호되는 것은 아니므로, 해당 금융회사 및 예금보험공사 홈페이지를 꼼꼼하게 살펴보아야 한다.

part 3

금융회사에 대한 이해

chapter 6

금융회사의 본질[1]

생산적 금융은 경제 내의 비생산적 자금에게 생산적 기회를 부여하는 것에서 출발한다. 가계 부문이 피땀 흘려 저축한 자금을 생산적 기업에게 원활하게 공급함으로써, 기업이 투자를 일으키고 이에 따라 고용을 창출하며 그 결과로 이자 및 배당을 가계 부문에 돌려주어 나라 전체를 살찌우는 것이다.

이때 금융회사의 목표는 정보 비대칭성 해소 및 금융회사 건전성 유지라는 제약 아래 기업으로서의 수익성을 추구하는 것이다. 그러나 우리 현실에서 사회적 기여라는 명분하에 이러한 본질은 위협받을 가능성이 크다. 이미 우리나라 금융은 개발연대 당시에 '고도성장 지원을 위한 무리하게 왜곡된 자금조달'의 부담으로 큰 위기를 겪었다. 이제 또다시 부당한 사회적 책임을 금융회사들에게 무리하게 강조한다면, 이로 인해 발생할 수 있는 금융 부실은 누가 책임질 것인지 우려된다.

---

1 『참여정부 시기의 금융이야기』(김진호 저, 이화여자대학교출판부, 2007), 『금융기관론』(강병호 저, 박영사, 2004) 참조.

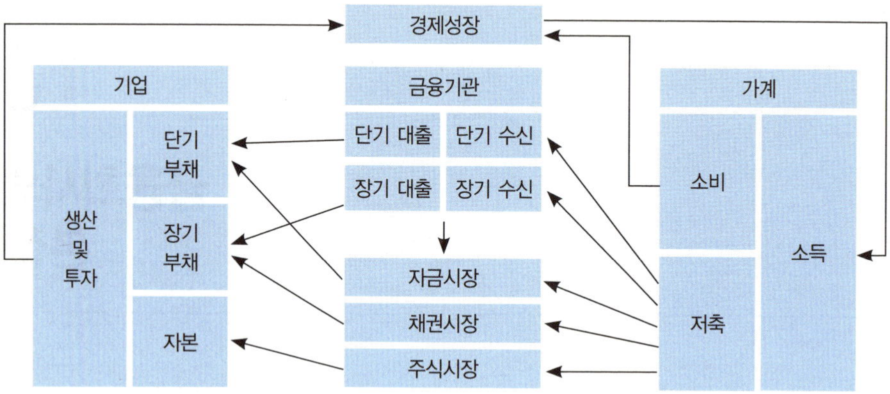

〈그림 6-1〉 금융회사의 자금중개 기능

자료: 한국은행, 한국의 금융제도, 2011

1. 금융회사 경영의 목표

금융회사는 자본주의 체제의 보통 회사들처럼 주주의 이익 또는 부(富)의 극대화를 목표로 한다. 자본시장이 발달하여 투자자의 수가 증가하고 시장 기능과 정보 전달이 효율적으로 수행되고 있다. 따라서 시장 내 정보를 반영한 수요와 공급 간 균형가격으로서 주식가격이 기업가치의 척도가 되므로, 주주의 부의 극대화는 주가의 극대화로 표현된다.[2]

그러나 주주의 부를 극대화하는 것만이 금융회사의 유일한 목표일 수는 없다. 회사의 이익참여자는 주주 외에도 채권자, 노동자(근로자), 금융소비자, 징세권을 갖는 정부 등으로 다양하다.[3] 따라서 일부 경영학자들은 주주에만 국한하지 않고 다양한 이익참여자들의 공동이익을 극대화하는 것이 더 바람직하다고 주장한다. 오

2 이때 주가는 기업의 현재 및 미래의 기대수익 뿐만 아니라 리스크도 함께 반영한다.

3 만일 주주의 부를 극대화하는 것이 금융회사 경영의 유일한 목표라고 협소하게 해석하면, 채권자에게 부당하게 연체하고 정규직보다 비정규직 노동자 고용을 늘이며 금융소비자에게 피해를 주는 각종 부적절한 행동들이 나타날 수 있다.

늘날 금융회사경영은 주주의 이익을 극대화하되, 다양한 이익참여자들의 이익 또한 세심하게 고려하는 방향으로 나아가고 있다.

금융회사는 다양한 이익참여자들의 이익을 넘어서는 추가적인 사회적 책임을 지고 있다. 이는 앞서 금융감독에 관한 부분에서 이미 상세하게 설명한 바대로, 금융회사가 갖는 특성, 즉 정보의 비대칭성 해소와 금융회사 건전성 유지라는 책임이다. 따라서 금융회사 경영을 요약하면 정보의 비대칭성 해소와 금융회사 건전성 유지를 제약조건으로 하면서, 주주의 이익을 극대화하되 다양한 이익참여자들의 이익 또한 세심하게 함께 고려하는 것이라고 정리할 수 있다.

2. 금융회사 경영의 특징

1) 레버리지 특성

고정비용과 가변비용 간 비율을 운영레버리지(operational leverage)라고 한다. 자동차, 조선업 등 장치산업의 경우 고정비용 비중이 압도적으로 큰 반면, 금융회사는 고정투자의 비중이 상대적으로 작다.[4]

한편, 자기자본과 타인자본 간 비율을 금융레버리지(financial leverage)라고 한다. 제조업을 포함한 비(非)금융업의 경우 자기자본과 타인자본이 함께 어우러져 자산을 구성하고 영업에 필요한 자금 조달원으로 사용되는 반면, 금융업에서 자기자본은 영업에 활용되기보다는 미래의 예상치 않은 손실 가능성에 대비하는 충격완화장치(buffer or cushion) 역할을 맡는다. 따라서 금융업에서 타인자본 대비 자기자본의 비중은 다른 산업에 비해 비교적 낮다.

---

4 농담으로 금융회사가 망하면 남는 시설은 책상과 PC뿐이라고 할 정도이다.

2) 자산과 부채의 연관

은행의 자산은 대출이며, 부채는 예금이다. 통상적으로 금융소비자가 예금하는 은행과 대출받는 은행은 같은 곳이기 마련이다. 즉 예금주와 대출 고객이 겸하는 경우가 많다. 이와 같은 자산과 부채의 연관성은 타 산업에서는 쉽사리 찾아보기 어려운 특성이다. 따라서 대출 결정이 예금 수준에 영향을 미친다든가, 예금 보유 현황이 대출 결정에 영향을 준다든가 하는 관계금융 현상이 금융권에서는 흔하게 이루어진다. 자산과 부채의 만기가 달라서 장단기 금리의 상대적 변동이 영업성과에 영향을 주는 것도 금융업의 특성 중 대표적인 것이다.[5]

3) 경영상의 규제

이에 대해서는 '금융감독' 부문에서 이미 상세하게 설명한 바 있다. 즉 금융회사는 업무 성격상 정보의 비대칭성으로 인한 각종 부작용이 발생할 여지가 크고, 건전성 유지와 관리에 실패할 경우 경제 전체에 미치는 악영향이 타 산업 대비 크므로 상당한 정도의 규제와 감독이 불가피하다.

4) 서비스업

금융업은 전형적인 노동집약적 서비스업이며, 산업 특성상 생산비용과 생산량을 측정하기가 타 산업 대비 쉽지 않다.[6]

---

5 이에 대해서는 자산부채종합관리(ALM: Asset Liability Management)에서 심도 있게 다룬다.

6 2016년 정부의 성과연봉제 실시 계획이 특히 금융권에서 강력한 저항에 부딪힌 것은 이와 같은 금융산업 특성도 중요한 이유가 되었다.

3. 금융회사 경영전략의 선택

금융회사는 크게 (상업)은행, 증권회사(및 투자은행), 그리고 보험회사의 세 권역으로 대별된다. 따라서 금융회사는 이들 권역별 업무를 섞어서 운영(겸업화: 兼業化)할 것인지, 특정 권역의 업무에만 집중(전문화: 專門化)할 것인지를 정해야 한다. 또한, 고객으로서 기업이나 기관투자자, 정부를 주 대상(도매 중심)으로 할 것인지, 가계 부문의 일반 금융소비자들을 주 대상(소매 중심)으로 할 것인지도 판단해야 한다.

1) 금융회사 업무영역의 통합과 분산[7]

통합과 분산은 효율성과 안정성 간 대립으로 볼 수 있다. 2000년대 들어 최근까지는 통합이 대세였다. 통합은 규모의 경제, 범위의 경제 및 시너지 효과 창출 등의 긍정적 측면이 있는 반면, 분산은 비체계적 리스크의 감소를 통해 안정성을 높이는 효과가 있다.[8]

통합과 분산 논쟁의 대표적 사례가 미국 FRB와 국가경제회복자문위원회(ERAB) 전(前) 의장인 폴 볼커가 제시한 이른바 '볼커 룰'이다. 이는 상업은행과 투자은행 업무를 엄격하게 구분하고, (상업)은행들이 자기자본을 통해 주식이나 파생상품 등 투기적 거래를 하지 못하도록 규제한 것이다. 이는 금융서비스현대화법(Gramm-Leach-Bliley Act)을 되돌려서, 과거의 글래스-스티걸 법안 시절로 되돌아가 금융회사들을 권역별로 다시 '분산'시키고자 하는 것이다. 최근 급격히 이루어진 '통합'에 대한 분명한 반동(反動)이다.[9] 이제 금융회사 업무영역의 통합과 분산 이슈를 다양

---

7 『금융위기와 리스크관리』(김진호 저, 박영사, 2012) 참조.

8 우리가 과거 '분산의 시절'에서 현재 '통합의 시절'로 이동하면서, 그에 따른 장단점들을 제대로 연구하고 충분한 대비를 했는가에 대해서는 의문의 여지가 있다. 2008년 글로벌위기를 겪는 과정에서 시대적 화두(話頭)로서 '통합과 분산'이 등장한 것은 우연이 아니다.

9 볼커 룰에 대한 찬반론은 결국 금융회사 업무영역의 통합과 분산을 바라보는 각자의 시각에 따라 결정된다. 미국과 유럽 간 입장이 다르며, 한국의 입장은 더욱 다르다. 아직 투자은행을 제대로 갖추지 못한 우리나라 입장에서는 볼

한 각도에서 살펴보도록 하자.

(1) 권역 통합

상업은행은 예금과 대출을 통해 간접금융업무를 수행하는 반면, 증권회사 및 투자은행은 주식과 채권 관련 업무를 위시하여 주로 직접금융업무를 다룬다. 1930년대 대공황을 경험한 미국이 상업은행과 투자은행의 겸업이 대공황의 한 원인이 되었다고 판단하여, 글래스-스티걸 법안(Glass Steagall Act)을 통해 상업은행과 투자은행 간 엄격한 장벽을 친다. 이후 금융회사들은 서로 다른 권역에서 활동하며 타 권역을 함부로 침범하지 않았다. 유럽의 경우에는 머천트 뱅킹 중심으로 기본적으로는 겸업 중심의 금융제도를 예전부터 유지하고 있었지만, 지주회사 등의 방법을 통해 상업은행, 증권 및 투자은행, 보험의 각 권역은 나름대로 분리 운영되고 있었다.

그러나 금융산업에 대한 지나친 규제와 감독이 가져오는 자원배분상 효율성 저하의 폐해가 부각되면서, 1980년대 이후 전 세계적으로 '탈규제화(deregulation)' 열풍이 인다. 영국의 빅뱅(Big Bang)과 미국의 금융서비스현대화법(Gramm-Leach-Bliley Act) 등이 대표적 예로서, 자유화의 물결 속에 금융권역 간 통합이 본격적으로 이루어졌다. 이후 금융권역을 넘나드는 상품들이 쏟아지고 겸업화가 가속화되면서, 사실상 권역 간 경계선은 크게 무너진 형국이다. 금융회사들은 통합에 따른 시너지 효과를 긍정적 측면에서 강조하지만, 이로 인해 리스크 측면에서 어떤 부작용이 발생할 것인가에 대해서는 면밀한 검토 없이 진행된 것이다. 2008년 글로벌위기를 경험하면서 이에 대한 반성과 비판이 쏟아졌다.

커 룰과 같은 시스템이 새로운 국제질서로 자리 잡을 경우, 투자은행을 제대로 꽃피워보지도 못한 채 영원한 금융 2류에 머무를 수도 있다는 일부 우려가 있다. 하지만 그렇다고 하여 볼커 룰에 대해 무조건 반대하기에는 우리나라 금융회사들의 리스크관리 시스템이 아직 불안하다.

(2) 지역 통합

신자유주의 철학은 국경을 넘나드는 자본의 흐름을 당연한 것으로 받아들인다. 오늘날 수많은 다국적 금융회사들은 각국의 금융 주권(主權)을 무색하게 할 만큼 큰 힘을 갖고, 전 세계를 사실상 단일 시장으로 관리하고 있다. 뉴욕, 런던, 홍콩/싱가폴, 동경으로 이어지는 금융시장은 24시간 잠들지 않으며, 특정 국가에서 발생한 충격은 곧 바로 다른 지역으로 전염되기에 이르렀다. IT 발전은 이를 가속시켰으며, 따라서 오늘날 각국의 금융당국은 전대미문(前代未聞)으로 세계화된 환경하에서 전통적 통제력의 상실에 종종 당황하고 있다.

(3) 리스크 통합

2008년 글로벌위기의 출발점이 된 미국의 서브프라임 위기는 처음에는 부동산 담보대출이라고 하는 신용리스크에서 출발했으나, CDO 등의 자산유동화 과정을 거쳐 시장리스크로 전환되었다. 여기에 신용평가회사들의 도덕적 해이에 따른 평가등급 왜곡 등 운영리스크 문제가 더해지고, 최종적으로는 전 세계 시장이 급격히 얼어붙으면서 결국 유동성 리스크로 종결되었다. 이후 금융시장은 서로 다른 리스크를 별도로 관리하는 이른바 '사일로(silo) 접근법'을 더 이상 받아들이지 않는다.

서로 다른 리스크들 간 통합의 복잡한 효과를 분석하는 것은 고사하고 통합리스크 측정조차 제대로 못하고 허덕이는 사이에, 금융회사들이 지나치게 앞서 나가 충분히 검증되지 않은 금융상품들을 쏟아냈던 것이다. 우리는 서로 다른 리스크들이 마구 섞이면 어떤 일이 발생할까에 대한 충분한 논의와 준비 없이 새로운 시대로 던져진 것이다.

(4) 금융그룹 계열사 간 통합

금융지주회사 제도가 등장하게 된 배경은 국가마다 차이가 있다. 미국의 경우 서로 다른 권역 간, 지역 간 칸막이 차단장치가 있던 시절에 이를 우회하는 방법으로 지주회사 제도가 도입되었다면, 우리나라의 경우에는 분명하게 밝혀진 바는 없으나 아마도 기업 지배구조 문제를 우회하기 위한 수단으로 채택된 것이 아닌가 싶다.

지난 기간 동안 금융그룹화 또는 지주회사 제도가 새로운 시대적 조류로 인식되면서 각국은 지주회사 중심의 금융그룹을 만들기에 급급했다. 각 권역별로 리스크 측정 시스템과 규제감독 체제가 다르기 때문에, 단순하게 계열 금융회사들을 묶어낼 경우 금융그룹의 통합리스크를 측정하고 관리하는 것은 어렵다. 이와 같은 일부 우려에도 불구하고 금융그룹화는 거스를 수 없는 대세로 자리 잡았다. 금융그룹화가 효율성 증진 및 계열사 간 시너지 효과 증대라는 소기의 목적을 달성했는지 여부는 차차 연구가 이루어지겠지만, 특정 권역에서 발생한 리스크 충격이 그룹 내 다른 계열사로 전염됨에 따른 부작용은 2008년 글로벌위기에서 경험한 바 있다.

2) 금융회사 업무 다각화와 집중화(전문화)[10]

금융회사들은 여러 가지 다양한 업무를 취급하는 것이 좋을까, 아니면 경쟁력 있는 특정 분야에 물적, 인적 자원을 집중하는 것이 좋을까? 은행, 증권, 보험 각 권역의 공통 당면과제는 금융시장이 생산자 중심에서 수요자 중심으로 급속하게 변화하는 데에 적절하게 대응하는 것이다. 수요자 중심의 시장 재편(再編)은 수요자인 투자자들 입장에서 효율적 투자곡선(efficient frontier)의 확장, 즉 주어진 리스크 대비 기대이익의 증가라는 긍정적 효과를 창출하지만, 반면에 금융회사들 입장에서는 무한경쟁으로 내몰리는 셈이 된다. 이때 금융회사들은 다양한 업무를 겸업 또는 겸영하는 유니버설(universal) 뱅킹을 지향할 것인가, 아니면 가장 경쟁력을 갖는 특화된 업무만 하는 전업주의(專業主義)를 택할 것인가의 갈림길에서 고민하게 된다.[11]

---

10 『참여정부 시기의 금융이야기』(김진호 저, 이화여자대학교출판부, 2007) 참조.

11 이러한 고민은 유통업계의 백화점과 전문점의 차이에 비견할 수 있다. 최근 유통업의 특징 중 하나는 동네 구멍가게 및 재래시장이 어려움에 처한 반면, 백화점들은 상대적 호황을 누린다는 것이다. 소비자 입장에서는 보다 쾌적한 환경에서 다양한 상품들을 한번에 구입할 수 있다는 백화점의 장점이 와닿기 때문이다. 그러나 이때 눈여겨볼

〈표 6-1〉 업무 다각화 및 집중화의 장단점

	장점	단점
다각화	• 비용시너지 효과와 고객정보 확대 등에 따른 범위의 경제 실현 • 기존시장에서의 점유율 제고 • 단기간 내 대규모 신규고객 제고 • 금융수렴화를 통한 고객의 transaction cost 감소 • 시장의 불확실성이 큰 시기에 은행 수입 안정화	• 은행부문 및 타 금융서비스 간 이해상충 가능 • M&A는 경영자의 대리인비용을 합리화할 소지 • 주식시장에서 Diversification discount 발생 • 고객측면에서 위험분산 동기 존재 • 수수료수입은 은행수입의 변동성 증가 가능성 • 고객의 니즈와 리스크를 이해할 수 없을 때 문제발생
집중화	• core business에 자본과 경영을 집중하여 효율성 극대화 • 고객에 대한 이해를 높이고 고객의 니즈에 보다 효과적으로 대응 가능 • 투명성이 보장되어 은행의 가치평가가 용이	• 위험분산이 취약 • 고객에 지나친 집중화는 과열경쟁 발생 소지 • 시너지효과나 범위의 경제성 희생 • 고객의 니즈를 모두 만족시킬 수 있는 해결방안 제시에 어려움

자료: 김우진, 2006년 은행의 주요경영과제, 주간 금융브리프, 한국금융연구원

금융시장에서도 재래시장이나 동네 구멍가게에 비견되는 회사들은 앞으로 생존하기 어려울 것이다. 갖은 이유를 들어 이들을 지원해야 한다고 주장하는 목소리가 많지만, 커다란 시장의 흐름은 이를 무시하고 결국 백화점과 전문점의 양대 산맥을 구축해갈 것이다. 따라서 금융회사들은 백화점이냐, 전문점이냐의 양자 갈림길에서 선택을 피할 수 없다. 이 과정에서 금융상품의 유통, 마케팅, 고객충성도 확보에 강점을 갖는 회사들은 판매, 겸업, 겸영 중심의 백화점식 체제를, 그리고 금융공학을 통한 신상품개발, 자산운용, 파생상품 및 리스크관리에 강점을 갖고 있거나 보험회사처럼 독자적 영역을 이미 확보한 회사들은 전업주의로 전문화를 택할 가능성이 크다.

이제 상업은행, 증권회사 및 보험회사, 각각의 권역에서 다각화와 집중화(전문화) 이슈를 구분하여 살펴보자.

(1) 상업은행의 대응

탈중개화(dis-intermediation)와 증권화(securitization)는 간접금융 과잉상태에서

것은 백화점과 재래시장 간 치열한 싸움 속에서도 다양한 전문점들이 나름대로 독자적 영역을 확보하면서 꾸준히 성장하고 있다는 사실이다.

〈표 6-2〉 은행업과 증권업의 겸영으로 발생 가능한 이익상충 가능성

1. 투자자문업무와 증권인수업무 간 이익상충	은행이 주식투자를 원하는 고객에게 투자종목을 추천할 때 가장 유망한 종목 대신 은행이 인수한 주식을 추천할 경우 발생한다.
2. 신탁업무와 증권인수업무 간 이익상충	은행이 인수한 유가증권 중 매각되지 않은 부분을 은행이 관리하는 신탁계정에 편입함으로써 신탁계정 가입자에 손해를 입히는 경우이다.
3. 대출업무와 증권인수업무 간 이익상충	은행이 대출연장 거부나 대출금리 인상을 위협함으로써 대출고객에게 자신이 인수한 유가증권의 매입을 강요하는 경우이다.
4. 금융기관의 이익과 외부투자자의 이익 간 상충	대출기업의 경영이 부실한 것을 알고 있음에도 불구하고 유가증권을 발행하도록 한 후 동 자금으로 은행대출을 갚도록 하는 경우로서 정보의 비대칭성을 악용하여 부도위험을 외부투자자에게 전가하는 행위이다.
5. 고객이익 간 상충	증권인수업무 과정에서 취득한 기업 관련 정보를 직간접적으로 경쟁기업에 유출하는 행위이다.

자료: 한국은행, 한국의 금융제도, 2011.

벗어나 직접금융의 역할을 강화시키고자 하는 대표적 단어들로서, 한때 금융권의 화두(話頭)였다. 장기적으로 상업은행의 입지를 크게 위협할 것이라 생각되었던 두 가지 추세에도 불구하고, 국내 (상업)은행들이 오늘날 증권, 보험 등 타 금융권역이 감히 넘볼 수 없을 만큼 굳건한 경쟁우위를 갖게 된 것은 1997년 외환위기 이후 과감하고 적극적인 구조조정을 추진했기 때문이다.[12]

그러나 금리의 하락세가 장기간 지속되면서 전통적 업무영역인 예금과 대출 부분의 이익이 정체 내지는 감소하자, 이를 우려한 상업은행들이 타개책으로 여타 금융권 업무의 겸업(兼業) 또는 겸영(兼營)을 통해 새로운 이익원을 찾기 시작했다. 이는 만만한 것이 아니다. 방카슈랑스를 통한 보험업무, 신탁 및 자산운용업 확장 진출, 파생금융상품 및 관련 금융상품의 판매 등으로 은행들이 외연을 확대하고 있지만, 과연 이들이 장기적으로 은행 예대업무의 부진을 상쇄할 만큼 충분한 수익을 창출해줄 것인가는 확신할 수 없다.

(상업)은행 입장에서 겸업 또는 겸영이란 한때 인기를 끌다 사라져간 '비디오가

12 은행들은 뼈를 깎는 아픔으로 수많은 임직원들을 내보냈으며 인수합병을 통해 규모와 범위의 효과를 추진했다. 증권회사 또는 외국계 회사에서 CEO를 영입하는가 하면, 아예 은행을 외국자본에 매각하기까지 했다. 아프락사스의 알을 깬 국내은행은 더 이상 철밥통이 아니다. 은행이 경쟁력을 가질 수 있었던 또 다른 배경은 1997년 외환위기 이후 시장에 지속된 안정희구성향(flight to quality)이다.

함께 붙은 텔레비전 세트'에 비유할 수 있다.[13] 은행의 겸업 또는 겸영도 그러하다. 전통적으로 예대업무에 강한 상업은행들이 보험, 신탁, 자산운용, 파생상품 분야에서도 잘할 것이라는 확신이 없다. 또한, 이들 중 한 가지만 잘못되어도 은행 전체의 명성을 떨어뜨리는, 이른바 '전염효과'에 대한 우려도 무시할 수 없다.

(2) 증권회사 및 투자은행의 대응

상업은행의 예대업무는 '지는 해(sun)'는 분명 아니다. 금융업이 존재하는 한 시장의 분명한 한 축을 담당할 것이며, 만족할 만큼은 아닐지라도 최소 이윤을 확보해 나갈 수 있을 것이다. 그런데 우리 입장에서 블루오션(blue ocean)은 투자은행일 가능성이 더 크다.

중개업무(brokerage) 중심의 우리나라 증권회사들은 인수합병 및 대폭적 구조조정을 통해, 투자은행과 순수 중개전문 증권회사로 양분되어 재탄생하는 것이 바람직하다.[14] 정부가 '자본시장통합법'을 제정하여 투자은행 활성화를 위한 '멍석'을 깔아주었음에도, 곧바로 닥친 글로벌위기로 인해 직접금융시장이 기대만큼 활성화되지 못한 것은 참으로 아쉬운 일이다. 하지만 투자은행이 갖는 다양한 미래 가능성들을 고려한다면, 지금의 어려움을 극복하고 꾸준하게 노력할 필요가 분명히 있다.

(3) 보험회사의 대응

방카슈랑스를 통해 은행과 증권회사가 보험의 영역을 침범해온 데 대해, 보험회사는 걸맞는 보상으로 은행과 증권의 일부 업무를 할 수 있기를 내심 원할 것이다.[15] 그러나 이러한 보험회사들의 목소리는 산업자본의 은행 지배를 허용할 수 없

---

13 세상 사람들이 함께 가지려고 하는 텔레비전과 비디오를 묶어서 출시된 상품은 그럴듯해 보였지만, 막상 시장에서는 큰 인기를 끌지 못했다. 텔레비전과 비디오, 각각의 부문에서 경쟁력을 갖는 회사가 서로 다르다는 것, 그리고 한 가지만 고장이 나도 물건을 통째로 갖고 가서 고쳐야만 하는 부담 등이 판매부진의 원인으로 생각된다.

14 투자은행과 증권회사의 구분에 대해서는 뒤에 상술한다. 여기서는 증권회사가 확대발전한 것이 투자은행이라는 정도로만 이해해두자.

15 특히, 여신업무에 따른 신용리스크를 부담하지 않는 내로우뱅크(narrow bank)는 대형 보험회사들이 은행에 맞서

다는 은산분리(銀産分離)의 지배적 논리에 압도되어, 적어도 당분간은 실현 가능성이 낮아 보인다.

그렇다고 하여 보험업이 다른 권역으로부터 당장에 크게 위협받을 것으로는 보이지 않는다. 보험수리(actuarial science) 영역은 다른 금융권역에서 쉽게, 단시간 내에 정복하기에는 나름대로 만만치 않은 영역이기 때문이다. 따라서 보험업은 스스로 다른 권역으로 쉽게 쳐들어가지도 못하지만, 그렇다고 해서 쉽게 침범 당하지도 않는 '섬(island)'과 비슷한 입지를 당분간 유지할 가능성이 크다.

4. 금융회사의 소유와 지배구조

금융자본과 산업자본을 분리해야 한다는 금산분리(金産分離)는 결국 재벌의 상업은행 소유 및 지배적 경영을 허용할 것인가의 문제로 귀착된다. 일부 재벌들은 이미 증권회사와 보험회사를 계열사로 포함시키고 있으며 단지 상업은행만 없기 때문이다. 따라서 엄밀한 용어로는 은행자본과 산업자본을 분리한다는 의미에서 은산분리(銀産分離)가 더 적합하다.

1) 은산분리 지지 입장

오늘날 우리나라에서 재벌과 일부 대기업의 경제력 집중은 이미 심각한 문제로 등장했다. 이런 상황에서 재벌들에게 상업은행의 소유와 지배까지 허용하는 것은 경제력의 추가적 집중을 낳을 우려가 있다. 산업자본이 은행을 지배할 경우 은행 경영의 독립성을 저해하고, 관계인 대출이나 내부거래가 증가하여 금융시스템이 불

견줄 만한 경쟁력을 확보하는 데에 도움을 줄 수 있을 것이다.

안정해질 가능성도 크다. 또한, 대주주인 산업자본 요구에 따라 은행이 행동하는 과정에서 대주주들의 경쟁사에 대한 대출을 제한하는 등 비경쟁적 거래가 발생하거나, 산업자본이 계열 금융회사에 과도한 배당을 요구하는 등의 이해상충 우려도 제기된다. 우리나라 다수의 금융학자들은 은산분리를 지지하는 입장이다.

2) 은산분리 철폐 입장

은산분리 완화 내지 철폐를 원하는 쪽은 다양한 산업이 함께 어우러져 선단(船團)식 경영을 할 때, 기대되는 '규모와 범위의 경제' 시현을 큰 이유로 든다. 산업자본이 은행에 신규 유입되고 선단(船團) 효과가 본격적으로 나타나면, 은행 경영권이 안정되고 건전성도 개선될 여지가 있다고 본다. 또한, 산업자본과 은행 간 이해정도가 증진되면서, 정보 비대칭의 부작용도 완화될 것으로 기대된다.

5. 금융회사 경영과 리스크관리[16]

금융회사는 영업을 영위하는 과정에서 손실 발생이 불가피하다. 예를 들어 상업은행이 최선을 다해 신용분석을 한 후 대출을 하여도, 어느 정도의 대손(貸損)이 발생하는 것은 자연스러운 현상이다. 따라서 금융회사들은 과거의 경험과 미래에 대한 통찰력을 바탕으로 예상손실을 측정하고, 이를 비용으로 처리함과 동시에 실제 손실이 발생할 시점까지 충당금의 형태로 적립해둔다. 하지만 최선을 다해 측정한 예상손실 또한 오차가 발생하기 마련이라서, 실제 대손의 크기는 충당금보다 크거나 작아질 수 있다. 이러한 예상치 못한 손실에 대비하는 것이 리스크자본이다.[17]

16 『금융위기와 리스크관리』(김진호 저, 박영사, 2012) 참조
17 은행의 BIS 비율, 증권회사의 영업용 순자본비율(NCR), 보험회사의 RBC 비율 등은 리스크자본의 질과 양의 적

2008 글로벌위기 전까지만 해도 금융회사들의 책임은 적정 충당금 설정과 리스크자본의 보유에 국한되었다. 예상손실에 대비한 충당금 설정과 예상치 못한 추가 손실에 대비한 리스크자본의 합을 넘어서 재난적 상황의 대규모 손실이 발생하면, 정부의 공적자금 투입 등을 통해 시장 전체가 비용을 공유하거나 해당 회사를 정리하는 수밖에 없다는 것에 대체적 합의가 이루어져 있었다.

그런데 2008년 글로벌위기 이후 시스템리스크와 이를 관리하는 거시건전성 개념이 새롭게 부각되었다. 시스템리스크란 한 금융회사의 실패가 단독으로 마감되는 것이 아니라, 위기를 전염시키면서 금융시장, 그리고 나아가 실물경제 전체에 심각한 외부불경제 파급효과를 유발하는 것이다. 이때는 개별회사 차원의 충당금과 리스크자본만으로는 위기를 극복하기에 충분하지 않으며 별도의 부담이 필요하다.

6. 금융회사의 자금운용: 경험의 전파[18]

1) 금융회사의 자금운용

금융회사들의 자금운용에서 분산투자와 고(高)위험(리스크)-고(高)수익은 기본 원칙이다. 다양한 투자대상들로 구성된 투자기회집합들로부터 분산투자를 통해 비체계적 리스크를 제거하여 '효율적' 투자곡선을 도출한 다음,[19] 이 선상에서 주주 및 경영진의 리스크성향에 합당한 리스크-수익 구조의 최적 포트폴리오를 선택하는 것이 자금운용의 핵심이다. 재테크에서 다양한 내, 외부 정보들은 이러한 판단을 돕는 역할을 한다.

정성을 평가하는 기준들이다.

18 『신용경제』 저자 칼럼(2005년 4월) 참조.

19 여기서 '효율적'이라 함은 주어진 리스크 대비 기대수익이 가장 높음을 의미한다.

효율적 투자곡선상에서 목표 포트폴리오를 찾으면, 다음 단계로서 현재 보유 중인 포트폴리오를 효과적이면서도 효율적으로 목표에 부합하게 변화시키는 절차를 밟게 된다. 새로운 금융상품을 선택하고 기존 보유상품을 매각하는 매일매일의 투자판단에서, 목표 포트폴리오는 길을 잃지 않게 지켜주는 나침반의 역할을 한다.

효율적 투자곡선이 주어졌다 하더라도 저(低)위험(리스크)-저수익에서 고위험(리스크)-고수익으로 이어지는 다양한 기회들 중 최적 목표 포트폴리오를 선택하는 것은 쉬운 일이 아니다. 금융이론에서는 효용함수의 무차별곡선과 효율적 투자곡선의 접점에서 목표 포트폴리오를 선택하면 된다고 가르친다. 하지만 현실적으로 효용함수는 사람의 마음속에 존재하는 심리적 개념일 뿐 눈으로 관측되지 않기에 자금운용 담당자(들)의 주관적 결단을 요구하는 목표 포트폴리오 선택은 여간 어려운 일이 아니다. 또한, 금융회사들은 규제 때문이든, 능력 때문이든 선택 가능한 투자기회집합에 제약을 받는 탓에, 현실적으로 선택 가능한 투자집합이 가장 효율적이라는 확신도 없다.

따라서 금융회사들은 자금운용 담당자들의 능력을 최대한 끌어내기 위한 목적으로, 사전적 목표 포트폴리오 선택 및 사후적 투자 성과를 담당자에 대한 보상과 연결시킨다. 저위험(리스크)-저수익을 택한 경우 큰 무리가 없지만, 담당자는 그저 그만한 보상을 받을 뿐이다. 반면에 고위험(리스크)-고수익을 택하여 다행히 큰 수익을 낼 경우 담당자는 큰 보상을 받게 되지만, 반대로 손실을 내면 불이익을 받는다. 금융회사와 담당직원의 리스크 및 유인(incentive) 구조를 일치시킴으로써, 금융회사들은 혹시나 있을 수 있는 도덕적 해이(moral hazard)나 대리인 문제(agency problem)를 제거한다.

2) 금융회사 경험의 사회적 전파

금융회사들이 오랜 기간 축적한 경험과 교훈을 각종 연기금과 학교, 병원 등 비영리단체들도 배울 필요가 있다. 무엇보다도 우선적으로 저위험(리스크)－저수익과 고위험(리스크)－고수익 간에서 목표 포트폴리오를 선택하는 역할이 자산운용 및 리스크관리 위원회에 실질적으로 주어져야 한다.[20] 외압(外壓)이나 유혹에도 불구하고, 연기금이나 비영리기관 설립 목적에 비추어 바람직한 목표 포트폴리오를 선택하는 역할은 어렵지만 보람 있는 일이다.

금융회사들의 경험은 자산운용 및 리스크관리 위원들에게 부여되는 권한, 책임 및 보상의 설계가 중요함을 알려준다. 막상 중요한 결정은 어딘가 다른 곳에서 이루어지고 자신들은 허수아비 노릇만 하고 있다는 허탈감에 사로잡힌다면, 유능한 인재들은 사명감을 버리고 실망하고 떠날 것이다. 이를 위해서는 해당 위원회에 의사 결정 권한이 실질적으로 주어져야 한다.

권한에는 책임이 따른다. 연기금의 자산운용 및 리스크관리 위원회에서 정부가 원하는 방향에 부합하여 주식투자를 확대했는데 불행하게도 주가가 폭락했다고 하자. 그렇다면 이때 주식투자 확대를 결정한 위원들의 책임 한계는 어디까지인가? 투자 실패에 따른 금전적 손실 배상 책임을 지지 않더라도, 전문성이나 명예에 상처를 입게 될 수도 있다. 반대로 리스크 투자를 확대하여 성공함으로써 예상치 못한 추가 이익을 얻게 될 때, 이를 결정한 위원들에게 어떤 추가적 보상을 할 수 있는가?

이렇듯 권한, 책임 및 보상 간에 균형 잡힌 체계를 명확하게 설계해두지 못하면, 외부 민간전문가들의 도움을 받아 기금운용의 효율성을 높여보고자 하는 연기금 및 비영리단체의 노력은 무위(無爲)로 돌아갈 가능성이 크다. 자산운용의 핵심이라고 할 수 있는 목표 포트폴리오의 선정 자체부터 비효율적으로 이루어질 것이기 때문이다.

20 따라서 주식 등 리스크 자산의 투자확대 여부를 결정하는 것도 이들 위원회의 역할이다.

7. 금융회사의 경영통제제도

1) 내부통제

오늘날 자본주의 제도 아래 기업의 주인은 주주(株主)이며, 이들은 주주총회를 통해 권한을 행사한다. 주주총회가 상시적으로 열리기 어렵고 주주 숫자가 많아 신속한 의사결정이 어렵기에, 주주총회는 이사회를 구성하고 주요 권한과 책임을 위임한다. 이사회는 금융회사 집행부를 구성하여 경영을 맡기고 적절한 감독 및 통제활동을 한다. 주주총회는 감사 또는 감사위원회를 구성하고, 집행부의 영업 및 회계활동에 대한 감사 역할을 위임한다.

집행부(경영진)는 기업의 내부조직을 구성하고 책임자를 임명하여, 권한과 책임(R&R: role and responsibility)을 배분한다. 또한, 경영진은 준법감시인(compliance officer)을 선발하여 조직구성원들이 법률 및 내규에 어긋난 행동을 하지 못하도록 통제하는 역할을 맡기며, 적절한 유인(incentive) 제도를 설계하여 전체 구성원이 최선을 다하여 기업의 성과를 향상시키도록 유도한다. 이러한 일련의 구조를 '기업의 지배구조'라고 부른다. 금융회사도 이와 같은 지배구조를 통해 주주의 이익에 부합하여 경영이 이루어지도록 내부통제를 한다.

2) 외부통제

내부통제에 의해서 금융회사 경영이 충분히 제대로 이루어지지 않을 경우 외부통제가 필요할 수 있다. 부실하게 운영된 금융회사가 우량 금융회사에게 인수 또는 합병(M&A) 당하거나, 좋은 실적을 낸 금융회사 경영자가 인력시장을 통해 더 좋은 조건으로 다른 회사에 스카웃되어가는 것 등은 대표적 외부통제 제도라고 할 수 있다. 기관투자가, 소액주주 및 채권자 등 금융회사 이해관계자들의 압력도

적절한 외부통제기능을 수행한다.

한편, 소송제도도 외부통제 역할을 담당한다. (증권)집단소송은 증권투자자들이 불법행위 등으로 인해 재산권을 침해 받았을 때 중복소송으로 소송 불경제가 야기되므로, 피해자들의 대표당사자가 소송을 수행하고 판결 효력이 피해자 집단 전체에 미치도록 하는 것이다. (주주)대표소송은 회사에 손해를 끼친 경영진의 책임을 추궁하기 위해 소수 주주가 제기하는 소송으로서, 대위소송 또는 파생소송이라고도 한다. 이외에도 위법행위에 대한 다양한 법적 제재장치가 외부통제기능을 수행한다.

8. 금융환경 변화와 금융회사의 대응

1) 환경변화에 따른 금융회사 대응전략

(1) 글로벌위기 이전

2008 글로벌위기가 발생하기 이전까지 세계 금융시장 환경은 규제 완화(deregulation), 정보화, 증권화(securitization), 국제화, 대형화, 전문화/겸업화 등의 핵심단어들로 요약될 수 있다. 이러한 환경은 금융회사 경영에 다양한 영향을 미쳤다. 첫째, 경쟁이 심화되었다. 시장점유율, 신종금융상품 개발, 가격 책정 등 여러 분야에 걸쳐 동일 금융권역 간, 서로 다른 권역 간, 더 나아가서는 금융권과 비금융권까지도 넘나드는 경쟁이 치열하게 전개되었다. 이 과정에서 국내 금융회사들 간 인수/합병이 활발하게 이루어졌으며, 외국금융회사들의 진출이 확대되었다. 둘째, 금융회사 수익성이 다소 악화되었다. 저금리/저성장 추세가 지속되면서, 우량 대기업들이 자금조달비용 절약을 위해 직접금융시장과 국제금융시장을 이용함에 따라 (상업)은행들이 타격을 받았다.

이러한 환경변화에 대응하여 금융회사들은 금융상품 및 서비스의 다양화, 전문화, 시장 세분화 등 시장전략의 변화를 추구했으며, 효율적 리스크관리, 국제 경쟁력 증진 및 우수 인적자원 개발에 힘써왔다.

(2) 글로벌위기 이후

2008 글로벌위기 이후에는 신자유주의 철학과 이에 기초한 탈규제화 정책에 대한 전반적 반성 분위기 속에, 바젤III, 볼커 룰, 도드-프랭크 법안 등 일련의 규제감독 강화 분위기가 조성되었다. 그러던 중 2017년 미국에서 새 대통령으로 도널드 트럼프가 취임하면서 금융규제 완화 움직임이 다시 이는 등, 이 책을 쓰고 있는 현재 시점까지도 대내외 금융환경은 짙은 안개 속에 놓여 있다.[21]

2) 우리나라 금융회사의 성장통[22]

우리나라 은행들은 과거 '한강의 기적'을 일으키는 과정에서 '국가경제발전'이라고 하는 공공의 목적을 달성하기 위해 지대한 역할을 담당했다. 그러다 보니 금융회사경영의 양대 축인 '공공성'과 '기업성' 중에서 기업성이 무시되었다. 이는 안타깝게도 자원배분의 비효율성을 유발했고, 따라서 금융회사들의 경쟁력이 많이 훼손되었다.

이에 대한 반성과 더불어 전 세계적으로 불어 닥친 신자유주의 철학의 '탈규제화(DeRegulation)' 바람으로, 특히 1997년 외환위기 이후 우리나라 금융회사들의 경영환경은 '기업성'을 강조하는 방향으로 다소 바뀌었다. 공공성의 추구에 밀려 팽개쳐진 기업성을 되살려보자는 의미에서, 과거에는 '금융기관'으로 불리던 이름조차 '금융회사'로 바꾸어 부르게 된 것이 불과 얼마 전이다.

---

21 이에 대해서는 '금융역사' 부분에서 상세하게 다루기로 한다.

22 『참여정부 시기의 금융이야기』(김진호 저, 이화여자대학교출판부, 2007) 참조.

공공성이 강조되던 과거 시절에 금융회사와 정책당국 간의 관계는 좋을 수밖에 없었다. 국가적 목표 아래 정책당국은 금융회사들에 대해 거침없는 협조를 요청했고 이는 큰 무리 없이 받아들여졌다. 그러나 기업성이 강조되는 지금은 사정이 다르다. 이제 금융회사들은 '리스크를 최소화하는 범위 내에서 이윤극대화'를 목표로 추구한다. 물론 이 과정에서 범법행위를 하거나 비윤리적 거래를 해서는 안 되겠지만, 과거와 같이 공공의 이익을 위해 정부가 금융회사의 일방적 희생을 강요하는 것은 더 이상 쉽게 받아들여지지 않는다.

금융회사들의 기업성이 상대적으로 강조되더라도, 공공성의 중요성 또한 결코 무시되지 않을 것이다. 다만, 공공성을 확보하는 방법은 더 이상 과거와 같이 정부의 일방적 협조 요청이 아니라 시장친화적 방법이 되어야 할 것이다. 공공성을 무시하고 이기적(利己的)으로 행동하는 금융회사들은 시장에서 자율규제를 할 수 있어야 한다. 그때까지는 시간이 걸리더라도 정부가 기다려주어야 한다.

9. 우량 금융회사 판단기준

금융이 복잡하게 발전하면서 금융소비자들이 우량, 비우량 회사를 구분하여 가려내는 것은 점점 더 어려워지고 있다. 섣부른 판단으로 한평생 모은 전 재산을 비우량회사에 넣어두었다가 파산에 이르는 안타까운 상황에 처한 사람들이 종종 나타난다. 경쟁사회에서 금융에 대한 지식도 능력이므로 금융소비자들이 당하는 피해를 어쩔 수 없다고 쉽게 치부하는 것은 금융의 공공성에 어긋난다.

이에 대해 금융감독원에서는 금융권역별로 다양한 방식으로 금융회사 경영실태를 평가하고 해당 정보를 공개한다. 약간의 노력만 기울여서 해당 기관의 홈페이지를 방문해서 살펴보기만 해도 큰 재앙은 대부분 막을 수 있다. 일반인들이 각자의 생업에서 돈을 벌기 위해 기울이는 노력의 작은 일부만이라도 금융공부에 투자하

〈표 6-3〉 금융권역별 경영실태평가 기준

금융기관		기준
은행	일반은행 본점 및 해외현지법인	CAMELS 방식 ① 자본적정성 ② 자산건전성 ③ 경영관리 적정성 ④ 수익성 ⑤ 유동성 ⑥ 시장위험에 대한 민감도
	외국은행 국내지점 및 일반은행 국외지점	ROCA 방식 ① 위험관리 ② 경영관리 및 내부통제 ③ 법규준수 ④ 자산건전성
	특수은행(본점, 국외지점 및 현지법인)	① 자본적정성 ② 자산건전성 ③ 법규준수 ④ 위험관리 ⑤ 수익성 ⑥ 유동성
금융투자업자	투자매매 · 중개업자	① 자본적정성 ② 수익성 ③ 내부통제 ④ 유동성 ⑤ 안정성
	집합투자업자	① 자본적정성 ② 수익성 ③ 내부통제 ④ 유동성 ⑤ 집합투자재산운용 적정성
	신탁업자	① 자본적정성 ② 수익성 ③ 내부통제 ④ 유동성 ⑤ 자산건전성
보험회사, 상호저축은행, 여신전문금융회사, 신용협동조합		CAMELS 방식 ① 자본적정성 ② 자산건전성 ③ 경영관리 적정성 ④ 수익성 ⑤ 유동성
금융지주회사		① 리스크관리 ② 재무상태 ③ 잠재적 충격

자료: 금융감독원
자료 재인용: 한국은행, 한국의 금융제도, 2011

〈표 6-4〉 우량 금융회사 판단지표

구분	주요 경영지표	공통사항
은행, 종합금융회사	• BIS 기준 자기자본비율 • 부실여신비율	– 경영공시 내용 – 감독당국의 경영평가 결과 – 국제신용평가 기관의 신용등급 – 최근의 주가수준 등
증권회사	• 영업용 순자본비율	
자산운용회사	• 위험대비 자기자본비율	
보험회사	• 지급여력비율	

자료: 한국은행, 금융생활 길라잡이, 2011

기를 진심으로 바란다.

경영실태평가 결과 해석이 어렵다면 비교적 간단한 '우량 금융회사 판단지표'를 익혀두는 것도 도움이 된다.[23] 이들 경영지표들은 예기치 않은 위기상황에서 금융회사들이 망하지 않고 금융소비자의 재산을 얼마나 잘 보호해줄 수 있는가를 보여준다. 은행의 BIS비율, 증권회사의 영업용순자본비율(NCR), 보험회사의 지급여력비율(RBC)들은 대개의 경우 큰 값을 가질수록 해당 회사가 건전함을 나타낸다. 그러나 이 값들이 무조건 크기만 한 것이 바람직한 것은 아니며, 적정 범위 내에서 큰 편이 좋다는 사실을 염두에 둘 필요가 있다. 해당 비율들이 크면 클수록 금융회사가 건전하다는 것일 뿐, 수익성이 높다는 것은 아니기 때문이다. 해당 비율이 지나치게 큰 회사는 건전성만 추구하다가 장기적 수익 잠재력을 악화시킬 수도 있다.

23 이들 경영지표가 어떤 논리적 근거에서 산정되는가를 상술하는 것은 이 책의 의도된 수준과 범위를 다소 벗어나기에 길게 설명하지 않겠다.

chapter 7

금융회사의 종류

세상에는 많은 종류의 금융회사들이 있다. 이름만 들어도 무엇을 하는 회사인지 짐작이 가는 것도 있는 반면, 업무 성격을 이해하기 어려운 금융회사들도 제법 있다. 그런데 이들 수많은 금융회사들은 사실상 세 개의 기본권역 성격이 나름대로 혼합되어 만들어졌다. 즉 상업은행, 증권회사 및 투자은행, 그리고 보험회사이다.[1] 따라서 이 책에서는 많은 금융회사들을 일일이 살피기보다는 기본 3대 권역에 대해 집중하여 다루기로 한다.

3대 권역의 첫 번째는 상업은행(commercial bank)이다. 이는 예금을 받고 대출을 해주는 것을 기본 업무로 수행한다. 신한, 우리, KB국민, KEB하나들이 이에 해당한다. 흔히 줄여서 '은행'이라고 할 때는 '상업은행'을 지칭하는 것이 일반적이며, 이 책에서도 역시 그러하다. 다만, 우리나라 상업은행들은 예대업무 외에도 신탁업무 및 일부 투자은행 업무를 함께 수행한다.

1 이 세상 색(色)의 종류가 무한하지만, 이들 모두가 빨강, 노랑, 파랑의 3원색 간 다양한 조합으로 구성되는 것과 비슷하다.

〈표 7-1〉 우리나라 금융회사 종류(2011년 기준)

중앙은행	한국은행	
은행	일반은행	시중은행
		지방은행
		외국은행 국내지점
	특수은행	한국산업은행
		한국수출입은행
		중소기업은행
		농업협동조합중앙회
		수산업협동조합중앙회
	은행신탁	
비은행 예금취급기관	종합금융회사	
	상호저축은행	
	신용협동기구	신용협동조합
		새마을금고
		상호금융
	우체국예금	
금융투자업자	투자매매중개업자	증권회사, 선물회사
	집합투자업자	자산운용회사
	투자자문일임업자	투자자문사
	신탁업자	신탁회사
보험회사	생명보험회사	
	손해보험회사	손해보험회사
		재보험회사
		보증보험회사
	우체국보험	
	공제기관*	
	한국수출보험공사	
기타 금융기관	여신전문금융회사	리스회사
		신용카드회사
		할부금융회사
		신기술사업금융회사
	벤처캐피탈회사	중소기업창업투자회사
		기업구조조정전문회사
	증권금융회사	
금융보조기관	금융감독원	
	예금보험공사	
	금융결제원	
	신용보증기관	신용보증기금
		기술신용보증기금

금융보조기관	신용평가회사	
	한국자산관리공사	
	한국주택금융공사	
	한국정책금융공사	
	한국증권선물거래소	
	자금중개회사	

* 농업협동조합공제, 수산업협동조합공제, 신용협동조합공제, 새마을금고공제
자료: 한국은행, 금융생활 길라잡이, 2011

두 번째는 증권회사 및 투자은행(investment bank)이다. 양자 간 구분에 대해서는 뒤에 상술할 것이므로, 여기서는 투자은행이 증권회사를 포괄하는 크고 발달된 개념이라고만 정리하고 넘어간다. 우리나라에는 그동안 증권회사는 다수 존재했지만 제대로 된 투자은행은 없었기에, '은행'이라는 단어를 사용할 때 '투자은행'을 지칭하는 경우는 없다. 그리고 우리나라에서는 '투자은행'을 지칭할 때 공식적으로 '금융투자회사'라고 부른다.

세 번째는 보험회사이다. 과거에 보험회사를 금융회사의 일종으로 간주할 수 있는가에 대해 역사적 논쟁이 있었지만, 오늘날 대부분 국가는 보험회사를 금융권역의 한 축으로 간주한다. 보험회사는 다른 경제주체들의 리스크를 대신 떠안아주고, 그에 따른 보상을 취하는 조직이다.

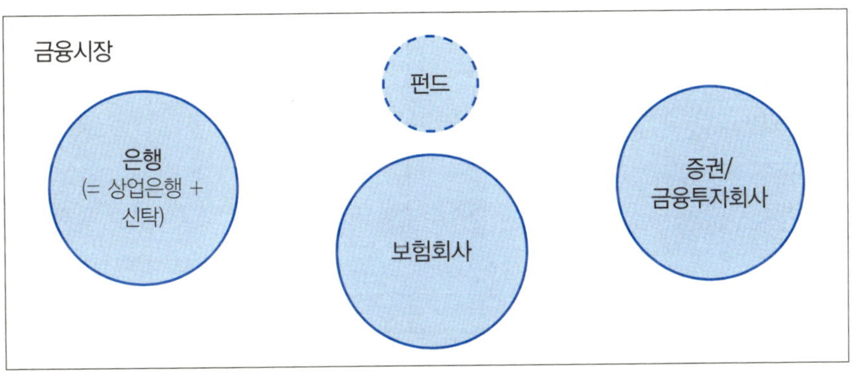

〈그림 7-1〉 3대 금융권역과 펀드

한편, 금융소비자들이 많이 가입하고 있는 펀드(mutual fund)도 법적 형태로는 하나의 '금융회사'이다. 금융지식과 경험이 일천한 일반인들이 전문가에게 자신의 재테크를 위임하고(이를 '간접투자'라고 한다), 이에 대해 수수료를 지급한다는 점에서는 '신탁'과 유사하지만, 신탁이 '계약형'임에 반해 펀드는 '회사형'이라는 차이가 존재한다.

1. 상업은행[2]

일반적으로 '은행'으로 줄여 부르는 '상업은행'의 주요 업무는 예금을 받고 대출

〈표 7-2〉 일반은행의 자금조달(기말 기준)

(단위: 10억원, %)

	1990		2000		2010	
	금액	구성비	금액	구성비	금액	구성비
국내부채	90,710	82.2	508,863	89.8	1,122,756	83.4
예금	51,374	46.6	327,966	57.8	715,840	53.2
양도성예금증서	5,711	5.2	13,502	2.4	29,728	2.2
한은차입금	9,156	8.3	6,245	1.1	5,132	0.4
수입보증금	981	0.9	859	0.2	1,568	0.1
외화예금	8,470	7.7	21,882	3.9	24,211	1.8
금융채[1)]	..	..	16,599	2.9	90,041	6.7
기타[2)]	15,018	13.6	121,810	21.5	256,236	19.0
해외부채	7,257	6.6	31,383	5.5	126,885	9.4
외화차입금	2,794	2.5	10,004	1.8	29,371	2.2
외화예금	108	0.1	1,739	0.3	2,893	0.2
본지점	3,775	3.4	11,620	2.0	56,282	4.2
기타	580	0.5	8,021	1.4	38,339	2.8
자기자본	12,339	11.2	26,722	4.7	96,122	7.1
자본금	6,521	5.9	19,375	3.4	29,228	2.2
잉여금	5,818	5.3	7,347	1.3	66,893	5.0
합계	110,306	100.0	566,968	100.0	1,345,763	100.0
(지급보증)	25,214		31,355		55,131	

주: 1) 예금은행 금융채에서 특수은행 금융채를 차감하여 산출
2) 산업합리화자금 차입금, 콜머니, 국내본지점차, 미결제환차, 충당금, 가수금 등
자료 : 한국은행 조사통계월보

<표 7-3> 일반은행의 자금운용(기말 기준) (단위: 10억원, %)

	1990		2000		2010	
	금액	구성비	금액	구성비	금액	구성비
국내자산	103,745	94.1	524,909	92.6	1,295,837	96.3
현금	20,100	18.2	14,114	2.5	10,944	0.8
예치금	5,231	3.9	21,283	3.6	36,429	2.7
유가증권	11,361	10.3	145,814	25.7	254,381	18.9
대출금	44,844	40.7	237,395	41.9	698,737	51.9
외화대출금	7,878	7.1	14,107	2.5	55,759	4.1
고정자산	3,510	3.2	19,318	3.4	20,872	1.6
기타[1]	10,821	8.0	72,878	12.2	218,715	16.3
해외자산	6,560	5.9	42,059	7.4	49,925	3.7
외국환	4,890	4.4	22,273	3.9	28,624	2.1
외화예치금	670	0.6	3,735	0.7	798	0.1
본지점	186	0.2	7,718	1.4	4,628	0.3
합계	110,306	100.0	566,968	100.0	1,345,763	100.0

주: 1) 콜론, 국내본지점대, 미결제환대, 이연자산, 가지급금, 대지급금 등
자료: 한국은행 조사통계월보

을 해주는 것이다. 줄여서 '예대업무(預貸業務)'라고 한다. 은행은 대출금 미상환의 신용리스크, 자금조달에 따른 유동성리스크 등을 짊어지는 대가로서 예대마진을 설정하고,[3] 이로부터 순이자마진(NIM: net interest margin)을 이익으로 취한다. 2000년대 들어 꾸준히 금리가 하락하면서, 현재 은행들의 NIM은 점차 줄어들어 은행 경영압박 요인으로 작동하고 있다.

우리나라 은행들의 해외활동은 그다지 두드러진 정도가 아니어서, 대부분의 업무는 국내에서 이루어진다. 은행의 가장 큰 자금조달원은 국내예금이며, 가장 큰 자금운용처는 국내대출이다. 예대업무 외에도 은행은 전통적으로 신탁업무를 수행해왔다. 이는 '간접투자'의 한 방법으로서 다른 경제주체의 재테크를 대신 해주

2 『한국의 금융제도』(한국은행, 2011) 참조.
3 예대마진은 예금금리와 대출금리의 차이를 의미한다.

〈표 7-4〉 특수은행 개요

은행명	설립일	자본금(억원)[1]	설립목적	설립근거법
한국산업은행	1954.4	92,519(9.74)[2]	개발금융	한국산업은행법
한국수출입은행	1976.7[3]	51,588(74.4)	수출입금융	한국수출입은행법
중소기업은행	1961.8	32,199(65.1)	중소기업금융	중소기업은행법
농업협동조합	1961.8	73,211[4](–)	농업금융	농업협동조합법
수산업협동조합	1962.4	11,581[4](100.0)	수산업금융	수산업협동조합법

주: 1) 자본금은 2010년말 현재 납입자본금 또는 출자금, ( )내는 2010년말 현재 정부 지분율(%)
2) 산은금융지주가 100% 지분을 보유하고 있으며 산은금융지주에 대한 지분율은 정부가 9.74%, 한국정책금융공사가 90.26% 보유
3) 설립근거법인 한국수출은행법은 1969년 7월에 제정
4) 농업협동조합중앙회는 중앙회 전체 출자금, 수산업협동중앙회는 신용사업 부문 자본금

자료: 한국은행, 한국의 금융제도, 2011

고 수수료를 받는 것인데, 펀드가 '회사형'임에 반해 신탁은 '계약형'이라는 차이가 있다. 우리나라 은행들은 투자은행업무도 부분적으로 취급하고 있다.

은행의 업무는 고유업무, 부수업무 및 겸영업무로 구분된다. 고유업무는 예금과 적금 수입, 유가증권 또는 채무증서 발행 등으로 조달한 자금을 대출하는 업무와 내외국환업무로 구성된다. 부수업무는 지급보증, 어음인수, 상호부금, 팩토링, 보호예수, 수납 및 지급대행 등을 포함한다. 겸영업무로는 유가증권의 인수, 매출 및 모집, 매출 주선, 환매조건부채권 매매, 집합투자업, 투자자문업, 투자매매업, 투자중개업, 신탁업, 방카슈랑스, 신용카드업 등이 있으며, 기타업무로는 기업 인수합병의 중개, 주선 또는 대리업무, 증권의 투자 및 대체거래업무, 상업어음 및 무역어음의 매출 업무 등이 있다.

한편, 보통 금융소비자들을 대상으로 하는 일반은행들 외에 특수목적을 가지고 출범한 특수은행들도 있다. 한국산업은행, 한국수출입은행, 중소기업은행, 농업협동조합(NH은행), 수산업협동조합이 그들이다.

1) 대출금리의 책정: 은행과 비은행 대출기관 간 비교[4]

(1) 대출금리 책정 원리

대출금리는 금융회사가 판매하는 상품가격에 해당한다. 상품의 판매가격은 원가에다가 적정이윤을 더한 값이다. 대출상품 원가는 크게 자금원가와 업무원가로 나뉜다. 자금원가는 대출재원을 마련하기 위해 조달한 자금(주로 예금)의 비용에다가, 조달과 운용의 기간불일치 리스크 및 차주의 신용리스크를 감안한 가산금리를 더하여 결정된다. 저축은행, 캐피탈사 등 비은행 대출기관은 은행처럼 일반예금을 통한 낮은 원가의 자금조달이 원천적으로 불가능하므로, 고금리예금이나 채권발행 등을 통해 자금을 조달함에 따라 은행에 비해 조달비용이 높은 편이다.

대출을 희망하는 사람들은 우선 은행에 대출신청을 해본 뒤, 거절당했거나 또는 은행 대출한도가 소진된 경우 비은행 대출기관으로 옮겨가기 마련이다. 따라서 신용등급이 높은 차주들의 대출은 대개 은행에서 소화되며, 비은행 대출기관에 넘겨진 차주들의 평균 신용등급은 은행 대비 낮은 편이다. 따라서 이들의 예상 부도확률이 상대적으로 높다는 점을 고려하면, 비은행 대출기관들이 은행보다 높은 가산금리를 책정하는 것이 타당하다.[5] 결론적으로 금융회사의 대출금리 적정선은 자금조달 비용과 대출고객들의 신용등급 분포에 대한 분석에서 출발하여야 한다.[6]

(2) 정부 개입의 부작용

높은 대출금리 부담에 신음하는 서민들을 위해 정부가 무리하게 개입하여 금융

---

4 『금융위기와 리스크관리』(김진호 저, 박영사, 2012) 참조.

5 자금원가에 영향을 미치는 또 다른 변수로 자금조달과 운용의 기간불일치에 따른 리스크가 있는데, 이 부분에서 은행과 비은행 대출기관 간 특별한 차이가 존재한다고 판단할 근거는 없다.

6 금융회사 임직원 연봉 등 근무여건 등이 개선되었고 금융회사 순이익이 괄목할 만한 증가세를 보이고 있다면, 대출고객들의 고통을 대가로 금융회사가 배를 불리고 있다는 일부의 주장을 전혀 무시하기는 어렵다. 특히, 일부 재벌계열 금융회사들의 경우 독과점 지대(地代: rent) 이익을 누리는 부분이 없는지에 대해서도 면밀히 검토할 필요가 있다.

회사 대출금리를 낮춰줄 경우, 당장 표면적으로는 서민들의 부담이 줄어드는 것처럼 보일 수 있다. 그러나 금융회사는 엄연히 이윤을 추구하는 자본주의 사회의 이익집단이므로, 정부의 개입이 부당하다고 판단하면 적정이윤을 확보하기 위해 나름대로 대책을 강구할 것이다. 정부가 (묵시적으로) 제시한 대출금리가 금융회사 입장에서 과도하게 낮다고 판단할 경우, 금융회사들은 어떤 대응조치를 취할 수 있을까?

경쟁적 시장상황을 고려할 때 금융회사들이 자금 조달금리를 낮추기는 쉽지 않다. 우선 고려할 수 있는 조치는 대출이 허용되는 신용등급 하한선을 높이는 것이다. 그렇게 되면 예상 부도확률이 줄어들어 신용리스크가 낮아지므로, 자금원가를 낮출 수 있게 된다. 상품 판매가격에 해당하는 대출금리가 하락했더라도 자금원가를 낮추었으니, 금융회사는 원하는 이윤을 유지 또는 증대시킬 수 있다.

그러나 대출 가능한 신용등급 하한선을 높인다는 것은 곧 신용이 좋지 않은 상당수 대출고객들이 은행이나 비은행 대출기관으로부터 대출신청을 거절당할 수 있음을 뜻한다. 그렇다면 다음 선택은 대부업체 또는 사채(私債)뿐이다. 이들이 불가피하게 사금융(私金融) 시장으로 쫓겨갈 경우, 원래 은행이나 비은행 대출기관 등 공금융(公金融)에게 지불하던 것보다 훨씬 높은 수준의 금리를 지불해야 한다.[7] 따라서 금융시장의 대표적 가격변수인 대출금리에 대한 정부의 인위적 개입은 이와 같이 오히려 서민들에게 피해를 주는 무리수로 이어질 가능성이 크다.[8]

---

7 서민들의 외식비 부담을 낮추고 물가를 안정시키고자 짜장면 값을 통제했더니 맛이 없어지고, 따라서 원래 짜장면의 맛을 찾기 위해 '옛날 짜장면'을 찾으니 과거 짜장면 값보다 훨씬 비싸게 지불해야 하는 것과 같다.

8 서민들의 금융 부담을 낮추기 위해 정부가 내놓은 다른 대책들로 미소금융, 햇살론 등이 있다. 이곳에 가면 시장금리보다 낮은 비용을 지불하고 돈을 빌릴 수 있다. 정부는 공금융에서 불가피하게 밀려난 낮은 신용등급의 서민들이 이러한 제도를 통해 싼 금리에 편하게 돈을 빌릴 수 있을 것으로 기대하는 듯하다. 그러나 이러한 제도들이 진정으로 서민들을 위하는 것일까? 이에 대해서는 나중에 '금융과 사회' 편에서 좀 더 자세히 살펴보도록 하자.

2) 은행에 대한 아쉬움[9]

(1) 가계 발(發) 금융위기 가능성

1997 외환위기 이후 상업은행들은 위험한 기업대출보다 안전한 가계대출 및 부동산 담보대출에 치중하여, 가계신용불안과 부동산 거품이라는 병폐를 우리 경제에 남겼다. 1997 외환위기는 기업 발(發) 금융위기였기 때문에 경제적 고통이 기업 및 금융회사 구조조정과 이에 따른 실업증가로 나타났지만, 향후 걱정되는 가계 발(發) 금융위기는 부동산거품의 붕괴와 더불어 우리 사회의 기초적 구성단위인 '가계의 해체'라는 더 민감하고 고통스러운 상황을 초래할 가능성이 크다. 외환위기 이후 경제주체들의 안정희구성향(flight to quality)이 은행의 자금운용을 리스크 회피적으로 유도했고, 기업들이 거액의 내부유보를 쌓으면서도 투자를 하지 않아 결국 간접금융 부문에서 이 같은 병폐가 유도된 것이다. 그러나 은행이 외부환경만을 탓하기에는 외환위기 극복과정에서 공적자금을 통해 국민들이 퍼부은 애정(!)의 무게가 무겁게 느껴진다.

(2) 지연된 우리은행 민영화

1997 외환위기 이후 급속하게 진행된 금융회사 구조조정 과정에서, 은행권역은 과거의 '조상제한서' 체제에서 '국신우하' 체제로 개편되었다.[10] 은행 구조조정의 마무리는 우리은행의 '주인 찾아주기'였다. 그동안 우리가 선택할 수 있었던 네 가지 방법은 각각 뚜렷한 장단점을 갖고 있었다. 첫째, 산업자본에 우리은행을 매각하는 것은 경영효율화를 추구할 수 있는 반면, 경제력 집중이 우려되고 금산분리(金産分離) 원칙에 위배되었다. 둘째, 금융전업그룹에게 매각하는 것은 금융산업 경쟁

---

9 『참여정부 시기의 금융이야기』(김진호 저, 이화여자대학교출판부, 2007) 참조.

10 '조상제한서'는 조흥, 상업, 제일, 한일, 서울신탁은행의 첫 글자, '국신우하'는 KB국민, 신한, 우리, 하나은행의 첫 글자를 각각 따서 부른 것이다. 이때 은행들의 순서는 외형이나 우량 정도와는 무관하게, 단지 발음 편의를 위해 임의로 나열되었다.

력 향상을 위해 중장기적으로 바람직하다고 평가받았지만, 우리나라에는 현실적으로 은행을 인수할 만한 마땅한 금융그룹이 없었다. 세 번째로 검토된 은행의 국민기업화는 국민정서에 부합한다는 평가를 받았지만, 주인 없는 회사는 결국 정부가 주인노릇 하게 마련이라서 관료들의 낙하산 인사 등 정부의 도덕적 해이가 우려되었다. 마지막 대안이 외국인에게 매각하는 것이었다. 국부유출에 대한 부정적 정서가 있었음에도 불구하고, 선진금융기법 전수라는 명목하에 우리나라 은행들 상당수가 외국계에 이미 매각되었다. 우리은행마저 외국에 매각하기에는 부담스러웠다.

결국 네 가지 선택대안 모두 뚜렷한 단점들로 인해, 지난 십수 년 간 우리은행 민영화는 계속 연기되었다. 그러던 중 2016년 말에 이르러 뚜렷한 지배주주 없이 중소주주들에게 분할 매각하는 방식으로 매각작업이 진행 중이다. 우리은행 매각 지연은 우리나라 금융권의 문제해결 능력의 한계를 분명하게 보여주었을 뿐 아니라, 사실상 국영화된 은행이 금융시장 내에 존재함으로써 타 은행들과의 공정경쟁 여건을 지속적으로 침해해왔다. 늦게나마 해결책을 찾아 민영화가 진행되기 시작한 것을 만시지탄(晩時之歎)이지만 다행으로 생각한다.

3) 비은행 예금 취급 기관[11]

비은행 예금 취급 기관은 은행과 유사한 여수신업무를 취급하지만, 제한적 목적으로 설립되어 자금조달과 운용에서 은행과 다른 규제를 받는다. 이들은 은행과 달리 자금조달에서 요구불예금이 차지하는 비중이 거의 없어서 '신용창조' 기능이 크지 않고, 지급결제 기능 또한 제한적으로만 제공할 수 있다. 비은행예금취급기관에는 상호저축은행, 신용협동조합/새마을금고/상호금융 등의 신용협동기구, 우체국

11 『한국의 금융제도』(한국은행, 2011) 참조.

〈표 7-5〉 신용협동기구 비교

	신협	새마을금고	농수협 상호금융
근거법률	신용협동조합법	새마을금고법	농 · 수협법, 산림조합법, 신협법
예금보장	신협 중앙회내 예금자보호기금	새마을금고 중앙회내 예금자보호기금	각 중앙회내 예금자보호기금
유대관계	지역 · 직장 · 단체	행정구역 · 경제권 · 생활권	지역 · 품목[1] 등
감독기관	금융위원회	행정안전부	농림수산식품부

주: 1) 농협 단위조합 기준
자료: 한국은행, 한국의 금융제도, 2011

예금이 있다.

상호저축은행은 일정 행정구역 내에 소재하는 서민 및 소규모 기업에게 금융편의를 제공하도록 설립된 것이며, 신용협동기구는 조합원에 대한 저축 편의 제공과 대출을 통한 상호 공동이익 추구를 목적으로 한다. 상호저축은행과 신용협동기구는 서민과 영세상공인들의 저축성예금으로 자금을 조달해서, 이들에 대한 대출로 운영하므로 서민전문금융회사로 분류된다. 우체국예금은 민간금융이 취약한 농어촌 지역에 저축수단을 제공하기 위해, 전국에 분포되어 있는 우체국을 금융창구로 활용한다.

4) 상업은행의 독주, 바람직한가?[12]

(1) 상업은행 중심의 간접금융시장이 강했던 배경

한동안 금융전문가들 사이에서 예기된 금융시장 변화 중 하나가 탈중개화(dis-intermediation) 현상이다. 금융시장이 발달할수록 상업은행보다 주식이나 채권 등 직접금융시장에 더 많은 정보가 효율적으로 전달되며, 소수의 상업은행들은 감당

12 『신용경제』 저자 칼럼(2004년 11월) 참조.

하기 어려운 커다란 리스크도 직접금융시장에서는 다수의 투자자들에 의한 분산 투자로 인해 소화가 가능해진다. 이에 따라 우량 대기업들은 자체 경쟁력을 통해 대출 등 간접금융보다는 주식, 채권 발행 등 직접금융을 통해 값싸게 자금을 조달할 수 있게 되어 상업은행으로부터 떠나간다. 따라서 금융시장의 중심은 상업은행에서 증권회사나 투자은행으로 이동하고, 상업은행은 우량 대기업 고객이 떠나고 남은 시장에서 개인이나 중소기업 고객들을 주 고객층으로 삼아야 한다. 탈중개화 현상은 대략 이러한 시나리오를 뜻한다. 그러나 우리나라 금융시장에서는 아직까지도 상업은행 중심의 간접금융시장이 직접금융 대비 상대적 우위를 유지하고 있어 흥미롭다.[13]

다수 학자들의 탈중개화 예측에도 불구하고 우리나라에서 은행권 쏠림 현상이 유지되는 이유는 대략 세 가지로 나누어볼 수 있다. 첫째, 1997년 외환위기 이후 은행은 적극적 구조조정을 통해 나름대로 경쟁력을 개선시켰다. 은행의 숫자는 거의 절반으로 줄었으며, 인력 면에서도 뼈를 깎는 구조조정을 지속적으로 해왔다. 이에 반해 증권업에서는 오히려 회사 수가 늘어났다. 둘째, 구조조정과 외국자본의 은행 지분 참여가 맞물려, 다른 금융권역에 비해 은행업에 대한 정부규제가 더 빠르게 풀어진 측면이 있다. 셋째, 1997년 외환위기 극복과정에서 공적자금 수혈과 구조조정으로 은행의 안정성이 신장되고, 특히 금융소비자들의 안정희구성향이 강화되면서 은행 쪽으로 시중자금이 몰려들었다.

그러나 은행권 쏠림 현상이 국내 금융시장의 추세로 굳어져서는 곤란하다. 상업은행은 예금을 받아 대출을 하는 과정에서, 차주의 신용리스크와 금리변동에 따른 시장리스크를 부담한다. 오랜 관치금융에 젖어온 국내 은행들의 신용리스크관리능력이 아직 취약한 상태에서, 종종 발생하는 신용경색 국면에서 은행들의 몸

13 이에 대해 증권회사와 보험회사들은 금융산업 내 은행업의 비중이 지나치게 커지고 있다며 우려해왔다. 은행은 증권회사나 보험회사를 인수할 수 있지만, 반대로 증권, 보험사의 은행인수는 불가능한 것도 은행권 쏠림의 배경으로 지적된다.

사림은 금융시장에 충격요인으로 작용한다. 은행들이 정부와 시장의 요구에도 불구하고 중소기업에 대한 적극적 대출을 주저하는 것은 이러한 배경에서 이해하여야 한다. 즉 은행들의 몸집이 커지고 경쟁력도 강화되었다고 하지만, 현재의 금융환경과 상업은행의 본질을 생각해보면 은행은 주변의 기대만큼 적극적으로 리스크를 부담할 여력도, 의지도 부족하다.

(2) 투자은행 중심의 직접금융시장에 거는 기대

상업은행의 부족한 부분을 보완해야 하는 곳은 주식과 채권 등이 거래되는 직접금융시장이며, 이곳의 주체는 증권회사 또는 투자은행이다.[14] 상업은행이 여러 가지 제약하에서 적극적으로 리스크를 수용하지 못한다면, 직접금융이 이를 맡아야 하고 또 이는 가능한 일이다. 정보화 발전에 힘입어 직접금융시장의 '정보 비대칭성'은 과거 대비 많이 해소되었고, 투자자들의 신용리스크 분석능력도 개선되었다. 따라서 커다란 리스크라 할지라도 이를 잘게 나누어, 투자자들 간 분산수용할 경우 직접금융시장에서 소화가 가능하다. 문제는 이를 담당할 증권회사와 투자은행들이다.

엄밀하게 말해 아직 우리나라에는 투자은행은 없고 증권회사만 있다. 증권회사의 업무는 인수공모(underwriting), 증권중개(brokerage) 및 자기매매(dealing)의 세 가지로 구분된다. 최근에는 이에 더하여 자산관리가 추가되었다. 이 중에서 현재 우리 금융시장에 아쉬운 것은 인수공모와 자산관리이다. 능력과 자질은 갖추었으되 잠재적 리스크로 인해 쉽게 간접금융시장에서 자금을 조달하지 못하는 기업의 대출, 그리고 상업은행이 담당하기에 너무 큰 대형 프로젝트의 경우는 직접금융시장이 감당해주어야 한다. 첨단 금융공학기법을 동원하여 효율적으로 자금조달을

---

14 직접금융은 발행시장과 유통시장으로 나뉜다. 발행시장에서는 기업의 자금수요에 맞추어 적합한 주식/채권 조합을 통해 효율적 자본조달을 지원하는 인수공모(underwriting)가 이루어지며, 유통시장에서는 이렇게 발행된 증권이 투자자들 사이에서 2차적으로 거래된다.

지원하고(인수공모), 이렇게 만들어낸 금융상품들을 투자자들의 입맛에 맞추어 재구성하여 판매(자산관리)하는 기능이 필요한 것이다. 현재 국내 금융시장에서 가계로부터 기업으로 이어지는 자금흐름이 원활치 않아 효율적인 자금조달이 갈급(渴急)한 상황이다.

그럼에도 불구하고 국내 증권회사의 주 업무는 아직까지도 증권중개이며, 그러다 보니 아직도 주식시장의 부침(浮沈)에 따라 영업이익이 춤을 추는 이른바 '천수답(天水畓)' 경영을 하고 있다. 증권회사 사람들도 증권중개 비중을 줄이고, 인수공모, 자산관리를 포함하는 이른바 고부가가치의 투자은행업무로 넘어가야 한다는 점에 대부분 동의를 한다. 하지만 당장에 돈이 되는 증권중개를 과감하게 버리기가 힘든 것이다. 그렇게 목전(目前)의 이익만 계속 찾다가, 아직까지도 국내 증권회사들의 경쟁력이 낙후된 상태에 머물게 된 것이다. 따라서 과감한 구조조정과 더불어 인수합병을 통한 대형화, 전문화를 지속적으로 추진할 필요가 있다.

특히, 대형 증권회사 구조조정은 투자은행으로의 변신을 지향해야 한다. 이를 위해서는 구조조정 비용을 감내할 만큼의 덩치를 키우기 위한 인수합병이 필수적이다. 인력구조 또한 단순한 고객 상대의 영업직은 줄이고 자금의 효율적 조달과 운용, 신금융상품 개발 등 고(高) 부가가치 부문 고급인력을 적극 유치, 양성하여야 한다. 그렇지 않는 한 지금의 증권회사 영업구조를 갖고는 국내 은행과의 경쟁에서 살아남기도 어렵겠지만, 해외 투자은행들의 진출에 대해서는 속수무책(束手無策)일 것이다.

국내 상업은행들의 구조조정은 1997 외환위기라는 큰 사건을 통해 외생적으로 강요된 측면이 강하다. 그러다 보니 지금에 와서 볼 때 다소 아쉬운 점들이 발견된다. 이제 증권회사들의 구조조정이 성공적으로 추진되면, 국내 금융시장은 더욱 경쟁력을 갖춘 새로운 모습으로 탈바꿈할 수 있다. 그러한 변화를 또다시 외부의 강압에 맡겨둘 것인가, 아니면 업계가 자발적으로 이룰 것인가의 갈림길이 지금 우리 앞에 놓여 있다.

〈표 7-6〉 직접금융과 간접금융의 장단점 비교

구분		은행 중심 간접금융제도	자본시장 중심 직접금융제도
금융시장 형태		간접금융 중심의 부채관리형	자본시장 중심의 자산관리형
대출위험		은행 부담	투자자 간 분산
차입자 정보		은행 생산(비객관화 정보 포함)	전문기관 생산(객관화된 정보)
심사기능	사전적 심사기능	은행(1차적 심사)	시장조성자(2차적 심사)
	중간적 감시기능	은행	신용평가기관
	사후적 감시기능	은행	신용평가기관, 증권인수투자자
감시효율성		- 은행과 기업간 장기거래관계 · 정보생산의 효율성 - 유동성 없는 대출자산 보유 · 감시유인이 크고 무임승차 완화 - 사전심사, 중간 · 사후감시 기능의 효율적 수행	- 정보 공공성에 의한 무임승차 - 각종형태의 경영권 보호정치 - 감시기능 분리 - 경영자 근시성(대리인 문제) - 사후적 감시
기업지불능력 감시빈도		지급결제서비스의 제공으로 기업의 현금흐름을 추정함으로써 지속적으로 감시	일정기간마다 발표되는 재무제표를 위주로 함으로써 감시빈도와 정보범위 제한
투자성과		장기	단기
기업구조조정 지원		신축적 지원 가능	경직적
기업정보		1차 정보 (비은행이나 직접금융시장 생산불가 정보 생산)	2차 정보 (기업이 발표한 정보를 토대로 정보 생산)
금융기관 총자산대비 은행 보유자산 비율		높음	낮음
전반적 자본규모	내부자금조달정도	낮음	높음
	부채/자본비율	높음	낮음
주식 소유구조	은행의 기업주식보유	상당	미미
	기업간 상호주식보유	광범위	제한적

자료: 한국은행, 한국의 금융제도, 2011

2. 증권회사 및 투자은행[15]

1) 업무 범위

투자은행은 직접금융시장에서 증권회사를 포함하는 보다 광범위한 업무를 취급한다. 우리나라에서는 영어 표현의 직역에 해당하는 '투자은행'이라는 단어 대신 '금융투자회사'라는 단어를 공식적으로 사용한다. 금융투자회사는 금융투자상품의 거래와 관련한 업무를 취급하는데, 여기서 '금융투자상품'이란 이익 추구나 손실 회피를 목적으로 특정 시점에 금전 등을 지급 또는 지급하기로 약정함으로써 취득하는 투자성 있는 권리를 말한다.

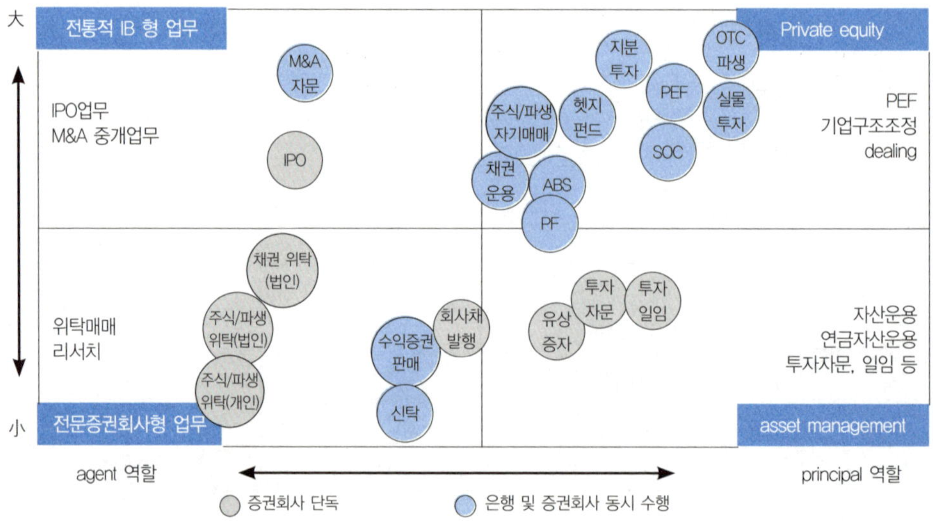

〈그림 7-2〉 증권회사/IB의 업무범위

자료: 연강흠, 이준행(2006), KorEI 재인용(2008)

---

15 『한국의 금융제도』(한국은행, 2011) 참조.

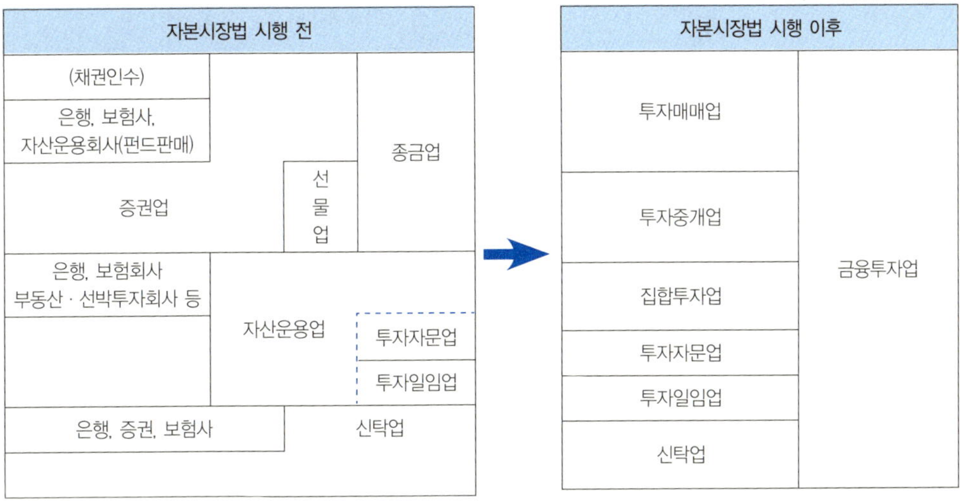

〈그림 7-3〉 투자은행(또는 금융투자회사)업무의 기능별 분류

자료: 기획재정부(舊 재정경제부)

자료 재인용: 한국은행, 한국의 금융제도, 2011

투자은행업무 범위를 구체적으로 적시하는 것은 쉽지 않다. 인수공모, M&A, 자산관리 등은 일부일 뿐이며, 혹자는 투자은행(IB: Investment Bank)이 하는 모든 업무를 투자은행업무로 통칭하기도 할 정도로 대상 업무범위가 넓다. 〈그림 7-2〉에서 횡축은 대리인(agent)에서 주인(principal) 역할, 종축은 저위험(리스크)에서 고위험(리스크) 스팩트럼으로 투자은행업무를 구분한다.

먼저 3사분면은 위탁매매 등 전통적 증권회사가 수행하는 고유업무 영역에 해당하며, 금융소비자를 대신하여 심부름꾼 역할을 하는 저위험(리스크)-저수익 특성을 갖는다. 같은 심부름꾼 역할이라 하더라도, 2사분면의 IPO, M&A 중개업무는 높은 리스크 부담이 따르지만 고부가가치라는 매력이 있다. 4사분면의 자산운용, 투자자문 및 일임업무는 투자은행이 고객 및 자신의 자금을 주도적으로 운용하여 수수료 또는 자본이득을 창출하고자 하는 것이다. 마지막으로 1사분면의 PEF, 기업구조조정 등의 업무는 투자은행이 자기 주도적으로 높은 리스크를 수용하면서 큰 이익을 겨냥하는 궁극적 투자은행업무에 해당한다. 이는 현재 우리나라 투자은행 업계 전반적으로 가장 취약한 영역에 해당한다.

한편, '자본시장통합법'에서는 법 제정 이전에 여러 권역에 걸쳐 복잡하게 수행되어 온 직접금융시장업무를 투자매매, 투자중개, 집합투자, 투자자문, 투자일임, 신탁업의 6개 분야로 정리하고, 이들을 투자은행업무 또는 금융투자업무라고 부른다.[16]

(1) 투자매매, 중개업

투자매매업자는 누구의 명의로 하든지 자기의 계산으로 금융투자상품의 매도, 매수, 증권의 발행, 인수, 또는 그 청약의 권유, 청약, 청약의 승낙을 영업으로 한다. 투자중개업자란 타인의 계산에 의해 영업이 이루어진다는 점에서 투자매매업자와 구분된다. 종래의 증권회사, 선물회사가 투자매매중개업자에 해당한다.

이 중에서 증권회사는 주식 및 채권과 관련된 위탁매매(brokerage), 발행 및 인수(underwriting), 그리고 자기매매(dealing) 등을 영위하며, 이외에도 신종증권 판매, 자산관리 서비스 등을 함께 제공한다. 선물(先物)회사는 국내외 선물거래의 자기거래, 위탁거래, 위탁의 중개, 주선, 대리 업무를 담당한다.

(2) 집합투자업자

집합투자업자는 투자권유를 통해 2인 이상으로부터 모은 금전 등을 투자자의 일상적 운용지시 없이 투자대상자산에 운용하고, 그 결과를 투자자에게 배분 및 귀속시키는 업무를 수행한다. 종래의 투자신탁회사와 자산운용회사가 이에 해당한다. 집합투자기구의 투자대상은 증권, 부동산, 특별자산, 단기금융, 혼합자산 등으로 다양하다.

---

16 '자본시장통합법'은 대형 투자은행 육성 및 자본시장 활성화를 위해 만들어 졌으며, 정식 명칭은 '자본시장과 금융투자업에 관한 법률'이다. 2007년 8월 제정되어 2009년 2월부터 시행 중이다.

집합투자기구는 설립형태에 따라 계약형(contractual type)과 회사형(corporate type)으로 구분된다. 투자신탁은 계약형이며, 위탁자인 집합투자업자가 수탁회사와의 신탁계약에 의거하여 발행하는 수익증권을 수익자인 투자자가 취득하는 신탁제도이다. 반면, 회사형은 투자전문가가 투자전문회사를 설립하고, 투자자는 이 회사의 주식 또는 지분증권을 매입한다. (뮤추얼)펀드가 대표적이고, 투자회사, 투자유한회사, 투자합자회사 등이 이에 해당한다.

(3) 투자자문, 일임업자

투자자문업자는 금융투자상품의 가치 또는 금융투자상품 투자에 관해 구술, 문서 및 기타의 방법으로 조언을 한다. 투자일임업자는 투자자로부터 금융투자상품 가치 등의 분석에 기초한 투자판단의 전부 또는 일부를 일임받아, 투자자별로 금융투자상품을 구분하고 고객을 위하여 투자를 행한다.

(4) 신탁업자

신탁이란 위탁자가 특정 재산권을 수탁자에게 이전하거나 기타 처분을 하고, 수탁자로 하여금 수익자의 이익 또는 특정의 목적을 위해 그 재산권을 관리, 처분하게 하는 법률관계를 뜻한다. 이에 따라 신탁업자는 금전 또는 재산을 위탁자로부터 수탁 받아, 수익자의 이익을 위해 운영, 관리, 처분하는 기능을 수행한다. 신탁업자로는 은행, 금융투자업자(증권회사), 보험회사 등에 의한 신탁겸업사와 부동산신탁회사가 있다.

2) 우리나라 증권회사의 반성과 미래 도약의 발판[17]

(1) 상대적으로 낙후된 직접금융시장

우리나라 증권회사는 외형 면에서는 그동안 성장했을지 모르지만 실질적 경쟁력의 개선에 대해서는 의문시된다. 1997년 외환위기 이후 은행이 뼈를 깎는 구조조정을 통해 대형화를 이루고, 금융업계의 맏형으로서 위치를 굳건히 하고 있다. 반면, 증권업계는 아직도 위탁매매 수수료가 수익의 대부분을 차지하는 이른바 '천수답(天水畓)' 경영에서 벗어나지 못하고 있다. 많은 금융전문가가 금융시장 추세로서 '은행 중심의 간접금융'에서 '자본시장 중심의 직접금융'으로의 이전, 이른바 '탈중개화(脫仲介化)'를 예견했던 것에 비하면 어긋난 것이다.

자본시장은 금융의 증권화를 통해 다수의 투자자에게 리스크를 분산할 수 있으므로 리스크가 큰 프로젝트의 자금조달에 효과적이며, 투자자들의 욕구에 맞추어 다양한 금융상품을 제공할 수 있다는 장점이 있다. 자본시장의 주인공은 투자은행으로서, 선진국 금융시장에서 투자은행업무는 금융산업에서 수익성이 높은 분야 중 하나로 손꼽힌다. 그럼에도 불구하고 우리나라 증권회사들이 투자은행으로 발전하지 못하고, 아직까지도 수익구조가 위탁매매 수수료 중심의 저(低) 마진 구조를 벗어나지 못하고 있음은 안타까운 일이다.

우리나라 금융시장에서 간접금융 대비 직접금융이 상대적으로 낙후되어왔음은 앞에서도 이미 지적한 바 있다. 은행의 간접금융이 가계 여유자금을 생산적 기업에게로 연결하는 선순환 역할고리를 제대로 못해왔다는 비판을 받지만, 증권회사들의 직접금융 또한 자금의 생산적 중개기능을 못하기는 마찬가지이다. 채권시장은 규모가 커졌으나 국공채와 은행채가 대부분 자리를 차지했고, 막상 기업금융의 핵심인 회사채 시장은 침체되었다. 경제가 활력을 잃고 기업들이 투자를 기피하면

---

17 『참여정부 시기의 금융이야기』(김진호 저, 이화여자대학교출판부, 2007) 참조.

서 회사채 발행도 줄었지만, 막상 이를 사고자 하는 수요도 과거에 비해 줄어든 것이 현실이다.

한편, 주가는 오랜 기간 저항선과 지지선 사이의 이른바 '박스권'에서 벗어나지 못하고 지지부진한 상태를 보이고 있으며, 전체 주식의 상당수를 외국인들과 대주주들이 갖고 있는 상황에서 일반 국민들은 주가상승의 혜택에서 소외되고 있다. 또한, 발행시장을 통한 자금조달 규모가 유의미한 증가세를 보이지 않으니, 누구를 위한 주식시장이냐는 비난도 나올 만하다.

(2) 미래 도약의 발판: 자본시장통합법

2007년 '자본시장통합법' 제정은 종래부터 존재해온 증권회사, 선물회사, 자산운용회사 등을 묶어서, 투자은행(IB: investment bank, 이하 IB)을 국내에 제대로 도입하고자 함이었다. 투자은행은 이제까지 국내에 전례(前例)가 없던 조직이며, 따라서 자본시장통합법 제정과 시행은 우리 금융산업 발전에 획을 긋는 계기로 기록될 것이다. 상업은행(CB: commercial bank, 이하 CB)이 저위험(리스크)-저수익을 추구하는 농경민족에 비유된다면, IB는 고위험(리스크)-고수익을 추구하는 유목민족에 비유된다. 조직문화 또한 서로 많이 달라서 CB가 다소 온정적이고 비경쟁적이라면, IB는 냉엄한 생존경쟁의 한 복판에 던져진 투사(鬪士)들이라고 할 수 있다. 그렇다면 왜 지금 우리는 IB를 필요로 하는가?

이에 대한 답은 스펜서 존슨이 쓴 '누가 내 치즈를 옮겼을까?'라는 책에 나타나 있다. 국내 CB들이 그동안 편안하게 파먹은 '예금/대출시장'이라는 치즈는 이제 고갈되고 있다. CB의 마진을 결정하는 예대금리차가 지속적으로 하락해온 것이다. 물론 아직까지는 파먹을 치즈가 일부 남아 있다. 그러나 이에 집착하다 보면 국내외 경쟁자들이 대부분 새로운 치즈를 찾아 떠나고, 홀로 빈 치즈광산에 남겨진 자신을 발견하게 될 가능성이 크다. 이때 우리 입장에서 새로운 치즈광산이 바로 IB이다.

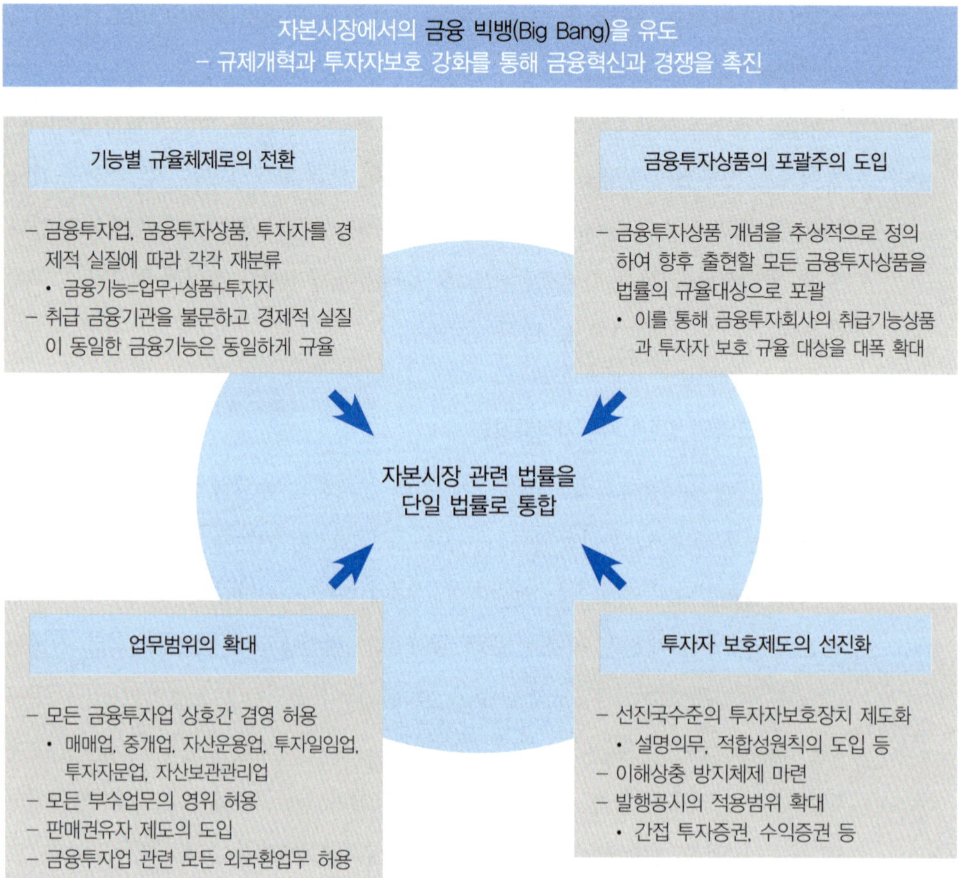

〈그림 7–4〉 자본시장통합법의 의의

자료: (구)재정경제부

자본시장통합법의 주요 내용을 살펴보면 첫째, 자본시장 관련 규제를 기관별 규제(institution regulation)에서 기능별 규제(functional regulation)로 전환하며, 둘째, 증권, 선물, 자산운용 등의 개별업종이 '금융투자업'이라는 단일 업종으로 통합/전환하여, 향후 금융시장 내 전업(專業)의 기본단위를 은행, 증권, 보험으로 3축으로 정리한다. 셋째, 기존의 열거주의(positive 규율체제) 금융투자상품의 범위를 포괄주

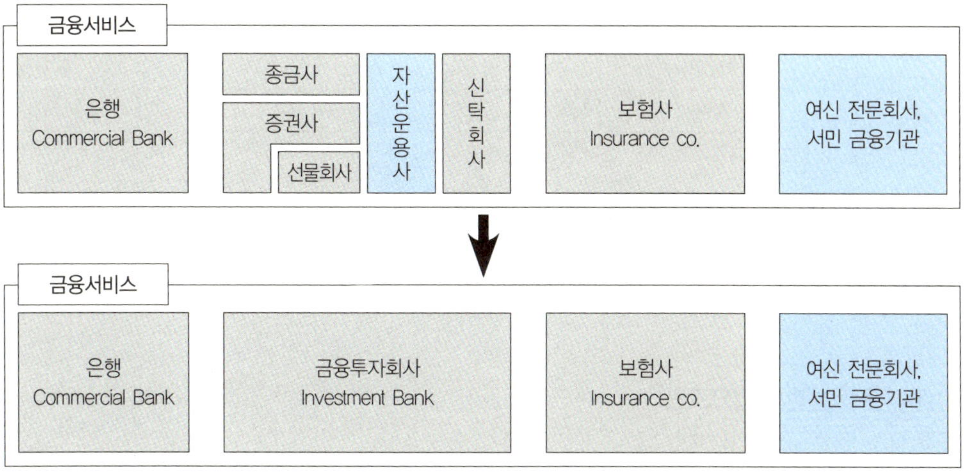

〈그림 7-5〉 통합법 제정에 따른 금융업의 체제 변화

자료: (구)재정경제부

〈표 7-7〉 자본시장통합법 주요 내용

구분		기존	자본시장법
기능별 규제도입	금융투자업 분류	경제적 실질을 고려하지 않고 별도 법률에서 기관별로 규정	경제적 실질에 따라 6개 업무로 분류
	투자자 분류	없음	전문 · 일반투자자로 구분
	진입, 건전성, 영업행위 규제	기관별 규제	기능별 규제
	집합투자업 규제	개별 법률에 따라 상이	규제 통일
포괄주의 규제도입	금융투자상품 정의	없음	추상적 정의
	증권 · 파생상품 정의	증권: 열거주의 파생상품: 기초자산 열거	추상적 정의(열거주의 가미)
업무영역 확대	금융투자업간 겸영	원칙적 금지	허용
	부수업무	영위 가능 부수업무를 열거 (positive 방식)	원칙적으로 모두 허용(negative 방식)
	지급결제업무	제한적 취급(은행 매개)	허용
	투자권유대행인	없음	도입
	집합투자기구 설립방식	제한(투자신탁, 주식회사, 합자회사)	제한 철폐
	집합투자 대상자산	열거	재산적 가치 있는 모든 재산

투자자 보호 강화	투자자 보호 적용 영역	미적용 영역 방치	모두 적용
	투자권유 규제	없음(설명의무는 일부 존재)	도입
	투자광고 규제	없음	도입

자료: 한국은행, 한국의 금융제도, 2011

의(negative 규율체제)로 전환하고, 넷째, 투자자보호를 위해 증권회사의 영업행위에 대한 규제를 강화하는 것이 핵심이다.

3) 투자은행 발전의 필요조건[18]

자본시장통합법은 직접금융시장에서 한국판 '빅뱅(Big Bang)'을 가능케 하는 계기가 될 수 있을 것이라는 시장의 기대를 모았으나, 안타깝게도 2008 글로벌위기를 맞아 전 세계 투자은행 업계가 큰 혼란에 빠지면서 우리나라 투자은행들도 발전의 동력을 상실한 느낌이다. 하지만 머지않은 장래에 세계 금융시장이 안정을 되찾으면, 우리나라 투자은행 업계는 상업은행 대비 블루오션이 될 것이라고 저자는 나름 예상한다.

현재의 증권회사들이 자본시장통합법을 계기로 국제적 경쟁력을 갖는 IB로 발전하기 위해서는 지금부터 많은 노력이 필요할 것이다. 대형 IB로 성장하기 위한 제반 조건들을 이 책에서 상세하게 다루기에는 한계가 있다. 여기서는 발전의 필요조건 중 중요하지만, 아직까지 소홀히 다루어지고 있는 '금융전문인력 양성'과 '리스크관리'에 국한하여 살펴보고자 한다.

(1) 전문인력 양성

투자은행업의 핵심역량은 전문인력 확보에 있으며, 이는 고급 인적자원을 필요

18 『금융위기와 리스크관리』(김진호 저, 박영사, 2012) 참조.

로 하는 고부가가치(高附加價值) 산업이다.[19] 상업은행의 경쟁력이 규모(Size)와 네트워크에 기초한다고 하면, 투자은행의 경쟁력은 인력과 평판(評判)에 있다. 그러나 IB를 IB답게 만드는 것은 그중에서도 역시 뛰어난 전문인력이다.[20]

현재 대형은행과 증권회사들은 IB 부서를 설치하고 신규업무 창출에 열을 올리고 있으나, 안타깝게도 큰 이익이 발생하는 주요 IB 분야는 외국계 IB가 거의 점령하고 있는 것이 국내현실이다. 따라서 빠른 시간 내에 일정한 진척을 보이기 위해서는 외국계와의 공동 회사 설립 또는 외국계 IB 인력의 스카우트 등을 적극적으로 추진하는 것이 불가피하다. 그러나 언제까지나 이처럼 외국계로부터 우리 IB 발전의 원동력을 공급받을 수는 없으며, 자체적 인력양성방안이 당연히 함께 추진되어야 한다.

(2) 리스크관리

국내 IB 발전의 필요조건으로서 '리스크관리'의 중요성은 아무리 강조해도 지나침이 없다.[21] 선진금융회사들을 보면 이른바 '리스크 예산과정(risk budgeting process)'가 체계화되어 있음을 보게 된다. 12월 결산법인들의 경우 대개 9월이면 시작되는 이 프로세스는 다음 해의 업무계획을 짜는 것이다. 각 부서와 개인별로 내년에 벌어들일 총수익과 총비용을 예상하여 순이익을 추정 산출하고, 이를 상위부서에 보고한다. 이와 같이 개인 및 하위부서들의 예산계획(budgeting plan)은 조

---

19 국제적 대형 IB들의 비용구조를 살펴보면 직원들에 대한 성과보수가 큰 비중을 갖고 있다. IB들이 이합집산(離合集散)을 통해 끊임없이 대형화를 추구하는 이유 중 하나도 전문인력에 대한 고액(高額) 보상을 제공하기 위해 자금력이 필요하기 때문이다.

20 일본이 규모면에서 전 세계 상위권 은행들을 갖고 있음에도 불구하고, 국제금융계에서 미국과 영국에 비해 처진다는 평가를 받는 것은 금융전문인력을 제대로 양성해내지 못한 것이 한 원인이다. 실제로 미국의 투자은행을 비롯한 외국계 금융회사들이 일본에서 IB 업무, 특히 M&A 거래중개를 거의 독점하고 있는 데에 반해, 일본 증권회사는 한국과 비슷하게 위탁매매 중심의 단순 영업전략에 치중하여 상대적으로 다양한 서비스를 제공하는 외국증권사에 비해 경쟁력을 갖추지 못하고 있다.

21 오늘날 리스크관리는 금융회사 경영의 거의 전부라고 해도 과언이 아닌데, 아직까지도 일부 국내회사에서는 이를 특정 부서가 담당하는 전문영역으로 애써 외면하려는 현실이 안타깝다.

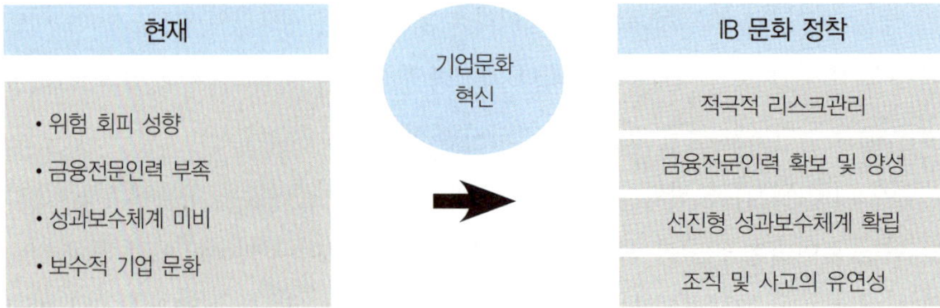

〈그림 7-6〉 국내 금융회사의 IB 업무 강화를 위한 과제

자료: 임병철 외, 2008

직구조에 따라 상위부서별로 통합되고, 최종적으로 회사 전체의 예산(budget)이 결정된다.

이때 중요한 것은 총수익, 총비용 및 순이익의 산출만이 아니라, 이를 추진하는 과정에서 감당해야 할 리스크에 대해서도 집계한다는 것이다. 경영진은 각 부서와 개인별로 내년도 목표 수익과 리스크를 대비하여 살펴본다. 아무리 욕심나는 목표 수익을 제시하더라도 이를 추진하는 과정에서 감당해야 할 리스크가 지나치게 크다면 과감하게 포기하고, 반대로 목표이익은 기대에 못 미치더라도 리스크가 거의 없는 경우라면 채택될 수 있다. 이른바 RAROC(risk adjusted return on capital) 중심의 경영이다.

RAROC 중심 경영은 금융회사의 사전적(事前的) 자원배분의 효율성을 증진시켜 줄 뿐 아니라, 미래에 발생할 수 있는 대형사고를 미연(未然)에 방지하는 장점을 갖는다. 이를 제대로 추진하기 위해서는 각 부서, 각 업무별로 리스크를 측정하고 관리하는 제반 절차가 완비되어 있어야 한다. 상업은행에서는 신용리스크가 크고 중요했지만, 그나마도 담보 및 보증 중심의 여신관행으로 인해 사실상 국내은행의 리스크관리는 잘 갖춰진 정보시스템에도 불구하고 지지부진했다. 하지만 투자은행(IB) 업무는 신용리스크뿐 아니라, 시장, 유동성 및 운영리스크 각 부분에서 철저한

리스크관리를 필요로 한다.[22]

리스크관리는 금융회사의 원가산출과 불가분의 관계에 있다. 금융회사는 업무에 수반된 리스크를 분석하여, 예상손실은 충당금의 형태로, 미예상손실은 경제적 자본으로 산정하고 각각 해당하는 비용을 상품가격 또는 수수료에 부과한다. 국내 금융회사들이 이 내용을 이미 숙지한 지 오래임에도 불구하고, 아직까지 리스크관리가 선진국 대비 낙후되어 있다고 평가받는 것은 안타깝다. 이는 기술적인 면을 도입하는 데에만 급급한 나머지, 리스크관리를 금융회사의 문화로서 체득하는 데에 아직 이르지 못했기 때문이다.

리스크관리는 금융회사의 특정 부서가 담당하는 전문업무가 아니라, 최고경영진부터 말단직원까지 매일 당면하는 조직문화로 정착되어야 한다. 모든 부서와 직원들이 맡은 영역의 리스크와 기대이익을 늘 비교하며 업무를 진행하고, 이 과정에서 리스크가 목표 대비 커지거나 작아질 경우 이를 원활하게 조정하는 작업이 필요하다. 물론 성과에 대한 정확한 평가와 이에 따른 공정한 보상이 리스크 기반으로 이루어져야 함은 두말할 필요가 없다.[23]

금융회사는 이익을 추구하는 영리기업이다. 치열한 경쟁에서 승리하려다 보니 눈앞에 이익이 보인다 싶으면 몇 배의 레버리지도 불사하는 것이 업계 관행이다. 이때 무모하게 이익만을 추구하는 과정에서 맞닥뜨릴 수 있는 최악의 경우를 대비하도록 만든 것이 바로 리스크관리 제도이다. 따라서 리스크관리는 컴퓨터시스템 속이나 감독규제상의 제도로만 살아 있어서는 안 된다. 바젤협약안도 결국 리스크관리를 제도가 아닌 기업문화로서 정착시킬 것을 강조한다.[24]

---

22 이에 대한 철저한 준비 없이 IB 업무에 뛰어든다면, 이는 제대로 수영도 배우지 않고 바다에 뛰어드는 무모함과 다를 바 없다.

23 리스크관리가 기업문화로서 정착한다면, 리스크관리자, 준법감시인, 감사, 내부통제부서들 간 겪고 있는 업무혼란도 사라질 수 있을 것이다.

24 리스크 관련 조직문화의 차이가 극명하게 드러난 예가 2008년 글로벌위기 당시 미국 금융회사들의 실적이다. 메릴린치나 씨티은행은 적어도 기술적으로나 제도적으로는 정교한 리스크관리 시스템을 구축하고 있었지만 결국 큰 손실을 보았다. 눈앞의 이익에만 눈이 멀어 리스크관리를 의도적으로 무시한 결과이다. 반면에 골드만삭스는 비우량

4) 집합투자기구

집합투자기구는 투자은행 업무 중에서도 비교적 일반인들이 널리 접하는 것이다. 이는 경제주체들이 부족한 능력이나 여건 등으로 인해 스스로 금융투자를 하기 어려울 때 이를 대신 전문가에게 맡기고, 결과적 수익을 취득하며 그에 대한 대가로 수수료를 지급하는 일종의 '간접투자' 기구이다.

(1) 계약형과 회사형

집합투자기구는 계약형(투자신탁)과 회사형(투자회사)으로 구분된다. 전자는 종래부터 '신탁업' 명칭으로 수행되어왔으며, 후자는 2000년대 들어 '펀드'라는 명칭으로 알려진 것이다.[25] 계약형(투자신탁)은 은행이나 신탁회사 등이 자신의 이름 아래 별도 계정을 열어, 투자자를 모집하고 수익증권을 발급하며 투자성과에 따라 수익금을 지급한다. 반면, 회사형(투자회사), 즉 펀드는 그 자체가 법적으로 별도의 '회사'가 된다. 따라서 투자자는 통장이나 수익증권이 아니라 회사의 '주식'을 사게 되며, 투자성과에 따라 배당금을 받는다.[26]

(2) 펀드의 종류

펀드에는 뮤추얼펀드(mutual fund)와 헤지펀드(hedge fund)의 두 종류가 있다.

담보대출업무가 한창 인기를 끌고 있을 무렵, 잠재 리스크를 파악하고 과감하게 포지션 축소를 감행했다. 동사는 2006년 12월 이후 과감한 선물매도로 오히려 이익을 보았다. 한두 명의 이익에 눈먼 스타 플레이어보다 리스크관리 문화에 익숙한 팀워크 중심의 업무가 효과를 발휘한 것이다. 물론 이후의 전개과정에서 골드만삭스조차도 리스크관리에 실패하는 안타까운 모습을 보였던 것은 아이러니가 아닐 수 없다.

25 일반 투자자들이 양자를 구분하는 것이 쉽지만은 않다. 간접투자 기구라는 면에서 사실상 거의 동일한 기능을 수행하며, 자금흐름 면에서도 큰 차이를 보이지 않기 때문이다. 하지만 계약형과 회사형은 조직구조 및 법적으로는 분명히 다른 것이다.

26 1997 외환위기 이전까지 국내 금융시장에 신탁은 크게 활성화되어 있었던 반면, 펀드는 존재하지 않았다. 그런데 외환위기 진행과정에서 종래의 신탁업에서 불법 편출입 등 크고 작은 비리들이 발견되면서, 소비자들의 신뢰를 크게 상실하게 되었다. 따라서 이후 금융시장 내 간접투자 수요는 당시 새롭게 도입된 펀드로 몰려가게 되었다.

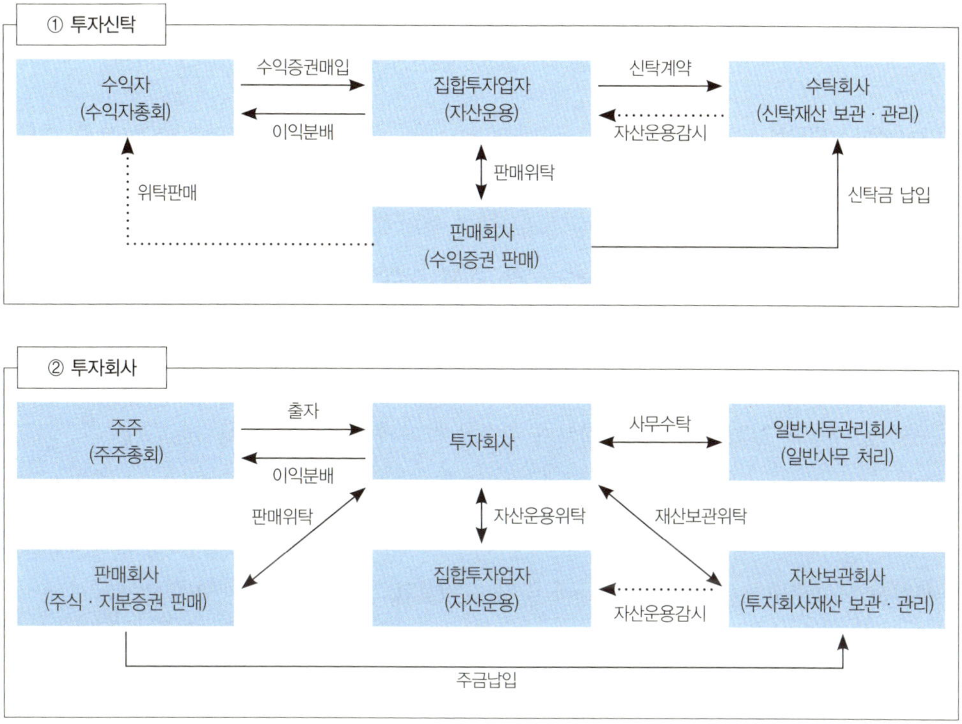

〈그림 7-7〉 집합투자기구의 운용구조

자료: 한국은행, 한국의 금융제도, 2011

전자가 일반 투자자들을 대상으로 판매되어 선량한 금융소비자 보호 차원에서 강한 규제와 감독을 받는 반면, 후자는 제한된 소수의 거액자산가 및 기관투자자들을 대상으로 판매되어 규제와 감독이 상대적으로 느슨하다는 차이가 있다. 헤지펀드도 최근에는 소액 개인투자자들에게 문호를 넓혀가는 추세이다.

3. 보험회사

1) 보험업의 개요[27]

보험회사는 개인이나 기업 등 다른 경제주체의 생명 및 손해 관련 리스크를 대신 떠안아주는 역할을 담당하며(보험의 인수), 이에 대한 대가로서 '보험료'를 수취하고 보험사고 발생 시 '보험금'을 지급한다. 이때 보험회사가 기본적으로 부담하는 리스크는 다른 경제주체의 생명 및 손해 관련 리스크, 즉 보험리스크이다. 이외에도 보험료 수취와 보험금 지급 간 시차가 존재함에 따라 보험회사는 보험료로 조달한 자금을 일정 기간 운용하는 과정에서 은행이나 증권회사들과 비슷하게 시장, 신용, 유동성리스크 등을 부담한다.

보험은 보장해주는 리스크의 종류에 따라 생명보험, 손해보험 및 제3보험으로 구분된다. 생명보험업은 사람의 생존, 사망과 관련된 보험금을, 손해보험업은 우연한 사건으로 발생하는 손해에 관한 보험금을, 제3보험업은 질병, 상해 및 간병에 관한 보험금을 지급한다.[28] 또한, 생명보험은 미리 약정한 금액을 보험금으로 지급하는 정액보상인 반면, 손해보험은 피보험자가 사고로 입은 손해를 보험금으로 지급하는 실손보상이다.

(1) 생명보험

생명보험은 피보험자를 기준으로 단체보험과 개인보험으로 구분된다. 단체보험은 단체 구성원 일부 또는 전부를 피보험자로 하여 단체의 대표자가 가입한다. 이

27 『한국의 금융제도』(한국은행, 2011) 참조.

28 보험회사 외에도 보험기능을 하는 기관으로 공제기관이 있다. 공제란 공통적 유대를 가진 특정 회원을 상대로 상호부조 차원에서 다수의 조합원이 일정금액을 갹출하여 보험과 저축기능을 하는 데에서 출발했다. 따라서 공제는 다수 일반인을 대상으로 하는 민영보험과 차이가 있으나, 일부 공제기관들은 점차 업무범위를 넓혀 일반인을 대상으로 한 공제업무도 취급하게 되었다. 농협공제, 수협공제, 신용협동조합공제, 새마을금고공제가 대표적이다.

는 고용주가 피고용자의 사망, 질병, 퇴직과 같은 예기치 않은 손해발생 리스크를 보험회사에 전가하는 것이다.

개인보험은 보험금 지급조건에 따라 사망보험, 생존보험 및 생사보험으로 나눠진다. 사망보험은 피보험자가 보험기간 중 장해 또는 사망 시 보험금이 지급되는 보장성보험으로서, 일정 기간만을 보장하는 정기보험과 일생을 보장하는 종신보험이 있다. 생존보험은 피보험자가 보험 만기일까지 생존하는 경우에만 보험금이 지급되므로 저축성기능이 강하다. 생사혼합보험은 생존보험의 저축기능과 사망보험의 보장기능을 겸비한 절충형이다.

(2) 손해보험

손해보험이 취급하는 종목은 화재, 해상, 자동차, 보증, 특종, 연금, 장기저축성 및 해외원보험이 있다. 이중 장기저축성 보험은 계약기간 중 보험사고가 없더라도 만기 시 보험금을 지급하며, 연금보험으로는 개인연금보험 및 퇴직보험이 있다.

손해보험은 사고발생에 따른 재산상의 손실 리스크에 공동 대처하기 위한 상호보장적 성격의 제도로서, 장기저축 기능과 상호보장 기능이 혼합된 생명보험과는 성격이 구분된다.

2) 보험계약의 원가 구조

(1) 사차, 이차, 비차

보험회사는 미래 발생할 보험사고의 확률(생명보험은 '사망율' , 손해보험은 '손해율')과 그 시점에서 지급할 것으로 예상되는 '보험금' 규모를 근거로 예상 보험금 액수를 산정한다. 예상 보험금은 미래가치이므로 보험계약 시점에서 현재가치로 환산하여 준비해야 하는 금액을 '지급준비금'이라고 한다. 이때 미래가치를 현재가치로 전환시켜 주는 할인율을 '예정이율'이라고 한다. 지급준비금 마련에 소요되는 재원에 보험 인수, 유지, 관리에 소요되는 '예정사업비'를 추가하여 '보험료'가 산출된다. 따라서 보험료 산정의 3 요소는 사망률(또는 손해율), 예정이율, 예정사업비가 된다.

보험계약자 입장에서는 다른 상황에 변화가 없을 경우 사망률(또는 손해율)이 높아질수록, 예정이율이 낮아질수록, 예정사업비가 커질수록 보험료가 증가하게 된다. 한편, 보험회사는 3 요소에 대한 예상값을 기준으로 보험료를 책정하고 이를 이미 수령했으므로, 사후적으로 실제 사망률(손해율)이 낮아질수록, 자산의 실제 투자이익률이 예정이율 대비 높아질수록, 실제 사업비가 작아질수록 보험회사 이익이 증가한다. 이를 각각 사차(死差), 이차(利差), 비차(費差) 이익이라고 부른다. 유배당 보험상품 계약자라면 해당 이익들을 분배받지만, 무배당 상품 계약자는 해당 이익들과 무관하다.

(2) 다양한 이율 개념과 보험회사 이익[29]

많은 사람들이 보험에 가입하면서도 계약내용을 제대로 이해하는 데 큰 어려움을 느끼는 이유 중 하나가 보험과 관련된 다양한 이율 개념들이다. 이들에 대해 자세히 살펴본다.

'예정이율'은 앞에서 이미 설명한 바와 같이 미래가치에 해당하는 예상보험금을 현재가치에 해당하는 지급준비금으로 전환하는 데에 사용되는 할인율이다. 보험회사는 보험계약 시점부터 보험사고 발생 후 보험금 지급시점까지 예상되는 금융환경을 나름대로 예상하여 이를 책정한다. 예정이율은 할인율이기 때문에 이 값이 상승(하락)하면 보험료는 줄어든다(늘어난다).

'공시이율'은 미래 보험금 지급에 대비하여 적립한 지급준비금이 시간 경과에 따

29 이 절의 내용은 실제 상당히 복잡하다. 이 책은 금융 비전공자 및 초보자들의 기본적 이해를 돕기 위한 목적하에 의도적으로 해당 내용을 단순하게 정리했다. 따라서 이 분야에 대해 보다 정확한 지식을 얻고자 하는 금융전문가 또는 해당 분야 종사자들은 보험 전문서적을 필히 참고할 것을 권고한다. 특히, IFRS4 phase II(또는 IFRS17)과 관련해서 보험부채의 장부가 평가와 시가평가의 구분을 상세하게 살펴볼 필요가 있다. 이 절에서는 현행 제도와 달리 곧 시행될 시가평가의 개념으로 정리했다.

라 실제 불어나는 증가율이다. 이는 은행예금 원금에 대한 예금이자율 개념에 해당하므로, 이 값이 커질수록(작아질수록) 타 금융상품 대비 해당 보험상품의 수익률 매력이 증가(감소)한다. 공시이율은 매 시점 금융시장 상황에 따라 변동한다. 예전에는 확정금리부 보험상품이 판매되었으나, 2000년대 들어 사상 최저금리로 인한 보험회사 역마진 문제가 심각해짐에 따라 현재는 대부분 신규판매가 중단되었다. 한편, 보험회사들이 상품 경쟁력을 높이는 차원에서 공시이율이 일정 수준 이하로 하락할 경우에도 해당 수준을 보장해주는데, 이를 '최저보장이율'이라고 한다.

따라서 보험회사의 지급준비금 부담이 증가하는 정도는 공시이율, 확정금리(기판매분에 한함) 및 최저보장이율(공시이율이 이 수준 이하로 하락한 경우에 한함)의 가중평균에 따른다. 지급준비금은 보험회사의 부채 계정에 해당하므로, 이 가중평균값이 부채의 증가 속도를 결정한다. 한편, 보험회사는 보험료 수령을 통해 조달한 자금으로 대출, 주식 및 채권 운용 등 자산배분을 통해 수익을 추구하는데, 이들이 보험회사 대차대조표(또는 재무상태표)의 자산 항목을 구성한다.

보험회사 자산의 투자이익률이 부채의 적립이율보다 클 경우 순자산이 증가한다. 최근 일부 생명보험회사들의 경우 자산의 투자이익률이 부채의 적립이율보다 낮았음에도 불구하고 흑자를 시현한 경우가 있는데, 이는 자산 규모가 부채 규모보다 커서(즉 자본금의 규모가 커서) 가능했다.

3) 보험회사의 리스크와 이익

금융업은 리스크를 부담하는 대가로 이익을 향유한다. 리스크를 전혀 짊어지지 않겠다는 보험회사는 무위험(리스크)금리 수준의 이익 달성에 그쳐 주주 및 채권자를 만족시키기 어려울 것이다. 그런데 은행, 투자은행(및 증권회사)이 부담하는 리스크가 거의 대부분 자산 측면에 국한되는 데에 반해, 보험회사의 리스크는 자산과 부채, 양 측면에 존재한다는 점에서 차이를 보인다.

(1) 부채 측면

앞서 설명한 바와 같이 보험회사는 예정이율, 예상 손해율(또는 사망률), 예정 사업비를 기초로 보험료를 산정한다. 하지만 보험계약 이후 실제 이율, 손해율(또는 사망률), 사업비는 예정값과 달라질 리스크가 존재한다. 예상 대비 실제 이율이 상승하고 손해율(또는 사망률)과 사업비가 하락한다면, 보험회사는 이차, 사차, 비차 이익을 각각 향유할 수 있지만 반대의 경우라면 손해를 피할 수 없다. 이를 부채 측면의 리스크라고 하며, 이를 부담하는 대가로 얻는 이익을 '언더라이팅(underwriting) 이익'이라고 한다.

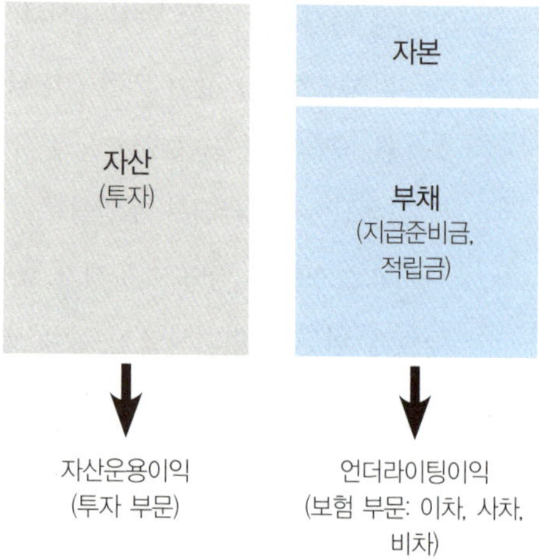

〈그림 7-8〉 보험업의 이익 원천

자료: 김해식, 한국금융학회 · 보험연구원 · 자본시장연구원 공동정책심포지엄 발표자료, 2015

(2) 자산 측면

보험회사는 보험료로 받은 돈에서 사업비와 위험보험료 등 일부를 제하고 나머지 대부분을 지급준비금으로 적립한다. 그리고 지급준비금을 재원으로 대출을 하거나, 주식과 채권 등 유가증권 투자에 나선다. 보험회사는 이때 은행과 투자은행(및 증권회사)들과 마찬가지로 각각의 투자자산이 갖는 리스크와 기대수익률, 그리고 포트폴리오 효과까지 고려하여 자산구성 전략을 짠다. 그러나 사후적 투자성과는 예상과 달라지게 마련이라서, 예상치 않은 추가 수익이 발생하는 경우가 있는가 하면 원치 않는 손실을 경험하기도 한다. 이를 자산 측면의 리스크라고 하며, 이를 부담하는 대가로 얻는 이익을 '자산운용이익'이라고 한다.

4) 보험업의 기회와 위기 요인

(1) 기회 요인

보험회사 입장에서 기회는 보험상품에 대해 기대되는 수요 증가로 요약된다. 판단 근거의 첫째는 향후 복지 수요 증가에 따른 재원 마련 차원에서 전반적으로 세수 증가가 불가피한 상황에서, 금융상품에 대한 과세 또한 강화될 것으로 예상되면서 상대적으로 장기보험의 비과세 강점이 부각되리라는 것이다.[30] 다만, 기존에 존재해왔던 금융상품에 대한 각종 비과세 및 세금우대 혜택이 줄어가는 상황에서, 장기보험상품에 대한 비과세 혜택 역시 점차 축소될 가능성이 있다.

두 번째는 베이비붐 세대 은퇴와 노령화 추세에 따른 장수리스크 헤징수단으로서 보험의 매력도가 증가할 것이라는 점이다. 의료기술 개선에 힘입은 평균수명의 급속한 증가는 1955~1963년 사이에 출생한 베이비붐 세대의 은퇴 시기 도래와 맞물려, 우리 사회에 질병 치료와 생활비 마련의 노후대비 중요성을 크게 부각시키고 있다. 현재 제도에서 은행과 투자은행(및 증권회사)은 확정기간 형 상품만 판매 가능한 데 비해, 보험회사만이 사실상 종신보장 상품을 팔 수 있어 노후 대비 상품 매력도가 증가할 가능성이 크다.

셋째, 디플레이션 시기의 재테크 수단으로서 보험회사 연금 지급상품의 매력도가 증가할 것이라는 점이다.[31] 디플레이션 시기에 돈의 실질가치는 증가하게 되므로, 채권이나 연금과 같이 고정수익을 지급하는 금융상품의 매력도는 증가한다.

넷째, 재테크 중점이 자산가치 극대화에서 현금흐름 안정화로 이동하는 시점에서, 보험회사 종신형 연금지급 상품의 경쟁력이 개선될 가능성이 크다.[32] 나이가 들

---

30 복지비용은 하방 경직성이 있어서 증가시키기는 쉽지만 줄이기는 어렵다. 급격한 노령화와 양극화로 인해 향후 복지비용의 증가는 불가피하며, 따라서 정부로서는 재원 마련을 위한 증세를 불가피하게 추진해야 할 상황에 놓여 있다.

31 향후 디플레이션 가능성에 대해서는 쉽게 예단하기 어렵다. 다만, 우리나라가 일본과 비슷한 경제구조와 역사를 갖고서 일본의 발전단계를 뒤따라가고 있다는 일부 연구결과들을 고려할 때, 향후 우리나라의 디플레이션 가능성은 적지 않다고 판단된다.

32 노벨상 수상자인 머튼 교수는 노령화 진전에 따라 기존의 자산가치 극대화 중심의 재테크 전략이 현금흐름 안정화

면 리스크를 부담하면서 고도로 정교한 자산증식 전략을 구사하기가 점점 어려워지며 또한 이런 식의 재테크 전략이 바람직하지도 않다. 오히려 매달 일정한 현금흐름이 안정적으로 발생하도록 시스템을 갖추는 것이 노후생활의 행복을 증진시키는 데 더 바람직하다. 보험회사 연금은 이에 적합한 상품 중 하나이다.

(2) 위기 요인

보험회사의 미래가 앞에서 설명한 것처럼 마냥 밝기만 한 것은 아니다. 보험회사 위기 요인의 첫째는 장수 리스크 헤징이 '양날의 칼'이 될 수 있다는 것이다. 보험계약자 입장에서 '예상치 않은 장수(長壽)'에 대비하여 보험에 가입하므로, 보험회사 입장에서 이는 일단 긍정적 기회요인이 된다. 보험회사는 평균수명을 추산하고 연령대별 사망률에 대한 확률분포를 기반으로 보험상품을 설계하지만, 보험계약자가 평균 수명을 넘어 예상 외로 장수(長壽)할 경우 보험금 지급이 증가하여 손해를 볼 가능성이 있다.[33]

두 번째로 우려되는 점은 저금리 역마진의 문제이다. 생명보험회사의 경우 2000년대 초반에 사상 최저 금리 추세를 예측하지 못하고 고금리 확정부 보험상품을 많이 팔았던 것이 지금에 와서 부담이 되고 있다. 보험계약자에게 약속한 확정수익률이 6~7%로 상당히 높은 반면, 지급준비금을 재원으로 하는 자산의 투자수익률은 이에 못 미침에 따라 역마진이 발생하고 있는 것이다. 아직까지는 자본금에 여유가 있어 자산 규모가 부채 규모보다 크므로 실제 회계상 손실로 이어지지는 않고 있지만, 역마진은 생명보험회사 입장에서는 상당한 부담이다.

로 방향을 바꿀 거라고 주장한다.

33 특히, 3D 프린터 발달로 신체 장기(臟器) 교체가 용이해지는 등, 의학기술 발전에 따른 인간 수명 연장은 보험회사 입장에서 반갑기만 한 것은 아니다.

(3) IFRS4 phase II (IFRS17)[34]

저금리 역마진에도 불구하고 당장 회계적 손실이 발생하는 것은 아니므로, 보험회사들은 시간을 끌면서 조금씩 부담을 소화해오고 있었다. 그러나 새로운 국제회계기준, IFRS(International Financial Reporting Standards)의 보험권역 제도인 IFRS4의 2단계(phase II)가 2020년부터 시행되게 됨에 따라, 보험회사들의 시간 끌기 전략은 어려워졌다. IFRS4 phase II의 자세한 내용에 대한 설명은 이 책의 범위를 넘어서는 것이라서, 간단하게만 요약하면 다음과 같다.

IFRS4 phase II 이전 제도에서 지급준비금은 미래 예상 보험금을 보험 계약 당시의 확정 고금리로 할인하는 '역사적 원가주의'에 따라 계산되었다. 그런데 이후 시장금리의 급격한 하락에 따라 실제 할인율 또한 크게 하락하여, 역사적 원가주의에 따라 계산한 지급준비금은 적정 수준 대비 크게 과소평가된 것으로 판명된다. IFRS4 phase II는 지급준비금 계산에 사용되는 할인율을 계약 당시 확정 고금리가 아니라 시장금리 수준을 적용하도록 '시가(時價) 주의'로 변경했다.

시가주의에 따르면 현재의 지급준비금은 미래 보험금 지급에 대비하기에는 크게 부족하며, 따라서 자본금의 일부를 헐어서 지급준비금을 추가로 쌓는 데에 동원해야만 한다. 이렇게 되면 '예상치 않은 미래 손실'에 대비한 보험회사 자본금의 규모가 크게 줄어 건전성에 문제가 발생한다. 따라서 새로운 회계제도 도입에 대응하여 적정 수준의 건전성을 유지하려면 보험회사의 대규모 증자가 불가피하다. 그러나 최근의 시장상황을 고려할 때 이는 쉽지 않아서, 노후보장을 보험회사에 의존하는 많은 개인 보험계약자들을 불안하게 하고 있다.

---

34 IFRS4 phase II의 공식명칭은 2016년 12월에 IFRS17으로 바뀌었다.

4. 기타 금융기관[35]

1) 금융지주회사

금융지주회사는 주식 또는 지분 소유를 통해 금융회사 또는 금융 관련 회사를 지배한다. 금융업과 관련 없는 회사 지배를 목적으로 하는 일반지주회사와는 구분되며, 은행을 자회사로 두는지 여부에 따라 은행지주와 비은행지주회사로 나뉜다.

2) 기타 민간 금융기관

(1) 여신전문금융회사

여신(與信)전문금융회사는 수신(受信)기능 없이 여신업무만을 취급한다. 주로 채권 발행과 금융회사 차입금으로 자금을 조달해서, 다른 금융회사들이 잘 취급하지 않는 소비자금융, 리스, 벤처금융 등에 운용한다. 리스, 신용카드, 할부금융이 대표적이다. 리스회사는 시설대여 방식으로 기업 설비자금을 공급하며, 신용카드회사는 신용카드 이용과 관련된 대금 결제, 신용카드 발행과 관리, 가맹점 모집과 관리 등 소비자금융을 담당한다. 할부금융은 이용자에게 재화와 용역의 구매자금을 공여하는 소비자금융을 취급한다.

(2) 벤처캐피탈회사

벤처캐피탈회사는 고위험(리스크)-고수익 사업을 시작하는 기업의 지분을 인수하는 대가로 투자자금을 공급하며, 기업의 인수, 합병, 구조조정 등을 통해 수익을 추구한다. 이들은 단순히 자금을 지원하는 것을 넘어서서, 대상 기업의 사업계획

35 『한국의 금융제도』(한국은행, 2011) 참조.

수립, 마케팅, 경영관리 등을 통해 기업가치를 제고시켜 수익을 창출한다. 벤처캐피탈회사로는 신기술사업금융회사와 중소기업창업투자회사가 있다.

(3) 대부업자

대부(貸付)업자는 주로 소액자금을 신용도가 낮은 소비자에게 빌려 주거나 해당 업무를 중개한다. 1997년 외환위기 이후 저금리 및 가계의 자금수요 증가에 힘입어 성장했으나, 불법 채권추심, 고금리 등 사회문제가 부각됨에 따라 2002년부터 양성화가 추진되었다.

(4) 증권금융회사

증권금융회사는 증권의 취득, 인수, 보유 및 매매와 관련하여 증권회사와 일반투자자에게 자금을 공급하거나, 증권을 대여하는 증권금융업무를 취급한다. 구체적으로는 증권 인수자금 대출, 증권유통금융, 증권담보대출, 금전신탁, 집합투자재산의 수탁업무 등이 있다.

3) 공적 금융기관

(1) 한국무역보험공사

한국무역보험공사는 무역거래의 불안을 해소하는 수출보험과 수입보험을 다룬다. 수출보험은 국내 수출자가 물품을 수출하고 대금을 지급받지 못할 경우 입게 되는 손실을 보상하며, 수입보험은 국내 수입자가 해외 수출자의 계약 불이행으로 적기에 화물을 인도받지 못하거나 선불금을 회수하지 못하는 경우 발생하는 손실을 보상한다. 무역보험공사는 이외에도 수출신용보증, 수입자 및 수입국에 대한 신용조사업무 등 관련된 업무를 수행한다.

(2) 한국주택금융공사

한국주택금융공사는 장기 안정적 주택금융 공급을 촉진하기 위해 설립되었다. 이는 금융회사로부터 주택저당채권을 양도받아 이를 담보로 주택저당채권담보부채권 또는 주택저당증권(MBS)을 발행하고, 양도받은 주택저당채권의 관리, 운용, 처분으로부터 발생한 수익으로 채권 원리금 또는 증권 배당을 지급한다. 이외에도 주택금융 신용보증, 주택담보노후연금 보증 등 다양한 부수업무를 수행한다.

(3) 한국자산관리공사

한국자산관리공사는 금융회사의 부실자산 정리 및 부실징후 기업의 경영정상화를 지원한다. 구체적으로는 부실자산 인수, 정리를 위한 기금 운용, 부실징후기업 정상화 지원, 국유재산 관리, 개인신용지원 등의 업무를 수행한다.

(4) 한국투자공사

한국투자공사는 정부, 한국은행 및 각종 기금으로부터 위탁받은 외환보유액 및 공공기금을 효율적으로 운용할 책임을 맡고 있다.

(5) 한국정책금융공사

한국정책금융공사는 한국산업은행의 정책금융기능을 전담하기 위해 산업은행으로부터 분리 독립했다가 최근 다시 합병되었다. 정책금융공사는 간접대출(on-lending) 방식을 이용하여 기업에 자금을 공급하는데, 이는 금융회사에 대출자금을 제공하고 금융회사가 대상기업을 선별하여 자금을 지원하는 방식이다.

4) 금융보조기관

(1) 예금보험공사

예금보험공사는 금융회사가 경영부실 등으로 예금 원금이나 이자를 지급할 수 없을 때, 해당 회사를 대신하여 예금주에게 원리금의 전부 또는 일부를 지급한다. 예금보험공사는 이를 위해 예금보험기금과 예금보험기금채권상환기금의 관리·운용, 보험료 수납 및 보험금 지급, 부실금융회사 정리 및 자금지원, 부보금융회사에 대한 조사 및 검사, 부실책임자에 대한 손해배상청구 및 조사 업무를 수행한다.

명칭으로만 보면 은행만이 대상인 것처럼 여겨질 수 있으나, 적용대상 기관은 투자매매, 중개업자, 보험회사, 상호저축은행 및 외국은행 국내지점, 농·수협중앙회

〈표 7-8〉 예금보험 보호대상 금융상품 현황(2011년 6월 기준)

구분	보호대상 상품	보호대상 제외상품[1]
은행	요구불예금, 저축성예금, 적립식예금, 원금보전형 금전신탁, 외화예금, 퇴직연금 및 개인퇴직계좌 적립금[2] 등	양도성예금증서(CD), 환매조건부채권(RP), 은행발행채권, 실적배당형 신탁, 금융투자상품[3], 농업 · 수산업협동조합중앙회 공제상품 등
투자매매 · 중개업자	증권 등의 매수에 사용되지 않고 고객계좌에 현금으로 남아 있는 금액, 자기신용대주담보금 · 신용거래계좌 설정보증금 등의 현금 잔액, 원금보전형 금전신탁, 퇴직연금 및 개인퇴직계좌 적립금[2] 등	금융투자상품[3], 청약자예수금, 제세금예수금, 선물 · 옵션거래예수금, 유통금융대주담보금, 환매조건부채권(RP), 증권사 발행채권, CMA, 랩어카운트, 주가지수연계증권(ELS), 주식워런트증권(ELW) 등
보험회사	개인이 가입한 보험계약, 퇴직연금 및 개인퇴직계좌 적립금[2], 원금보전형 금전신탁 등	보험계약자 및 보험료 납부자가 법인인 보험계약, 보증보험계약, 변액보험계약 주계약, 재보험계약 등
종합금융회사	발행어음, 표지어음, CMA 등	금융투자상품[3], 양도성예금증서(CD), 환매조건부채권(RP), 종합금융회사 발행채권, 기업어음(CP) 등
상호저축은행	보통예금, 저축예금, 정기예금, 정기적금, 신용부금, 표지어음, 상호저축은행 중앙회 발행 자기앞 수표 등	저축은행 발행채권 등

주: 1) 정부 · 지방자치단체(국 · 공립학교 포함), 한국은행, 금융감독원, 예금보험공사, 부보금융기관이 가입한 금융상품은 2001년 1월 1일부터 보호대상에서 제외

2) 예금보호 대상 금융상품으로 운용되는 확정기여형 퇴직연금 및 개인퇴직계좌 적립금만 해당

3) 수익증권, 뮤추얼펀드, MMF 등

자료: 한국은행, 한국의 금융제도, 2011

등을 망라한다. 보호대상 금융상품은 예금, 보험계약, 예탁금 등의 원금과 이자이며, 양도성예금증서(CD), 금융투자상품, 금융채 등은 보호대상에서 제외된다(〈표 7-8〉 참조). 예금보험공사가 지급하는 보험금의 한도는 동일 금융회사 내 원금과 이자를 합쳐 예금자 1인당 5천만원이다. 한도금액은 그동안 여러 번 변경되어 온 것이며, 향후에도 금융시장 상황에 따라 변경 가능성이 있다.

(2) 한국거래소

한국거래소는 증권 및 장내파생상품의 공정한 가격형성과 매매 등 거래 안정성 및 효율성을 도모하며, 이를 위해 유가증권시장 및 코스닥시장 개설 및 운영, 파생상품시장 개설 및 운영, 그리고 시장 감시업무를 수행한다.

5) 기타 금융보조기관

(1) 신용보증기관

신용보증기관으로는 신용보증기금과 기술신용보증기금이 있다. 신용보증기금은 담보능력이 미약한 기업의 채무를 보증하여, 자금융통을 원활히 하고 신용정보의 효율적 관리, 운용을 통해 건전한 신용질서를 확립하는 것을 목적으로 한다. 신용보증기금의 주요 업무는 신용보증, 대위변제와 구상권 행사 및 신용보험이다.

기술신용보증기금은 중소기업의 기술개발을 촉진하고 담보력이 미약한 기업의 자금조달을 지원하기 위해 설립되었으며, 주요 업무는 기술신용보증과 기술평가이다. 이는 담보능력이 부족한 기업의 채무를 보증한다는 점에서는 신용보증기금과 유사하지만, 보증의 중점 대상을 신기술사업자로 한다는 점에서 차이가 있다.

(2) 신용정보회사

신용정보회사는 금융거래 등 상거래 시 상대방의 신용도, 신용거래능력 등을 판단하며, 신용평가, 신용조회, 신용조사, 채권추심업무를 수행한다.

(3) 자금중개회사

자금중개회사는 금융회사 간 자금거래 중개를 전문으로 한다. 해당되는 자금거래의 종류는 90일 이내 콜거래, 양도성예금증서 매매, 환매조건부채권 매매, 어음매매, 외국환 매매 등이다.

part 4

금융상품에 대한 이해

chapter 8

금융상품 투자의 기초

이 세상에는 다양한 종류의 금융상품이 존재한다. 이들 중에 잘 선택하여 바람직한 투자결과를 얻고자 노력하는 일련의 행위를 금융투자, 또는 금융상품투자라고 한다. 일반인들에게는 '재테크'라는 이름으로 더 널리 알려져 있다. 이는 '재(財)+technic'이라는 일본식 단어로서, 탐탁하지는 않지만 이미 세상에 널리 알려졌으므로 이 책에서는 그대로 사용하기로 한다.[1]

다양한 금융상품들 중에서 선택을 할 때는 여러 가지 요인들을 고려해야 한다. 개인이라면 생활설계를 바탕으로 장단기 재테크 목표를 설정해야 하며, 저축하려는 의지 배양과 더불어 금융교육에도 힘써야 한다. 이를 바탕으로 재테크 목적, 기간, 세금, 금리 등을 종합적으로 고려하고, 금융상품별 안전성, 수익성, 환금성을 계산하여 최적의 투자의사결정을 내리게 된다.

1 엄밀하게 구분하면 '금융투자'는 대학 금융 전공에서 가르치며 학문적이며 다소 추상적 이론 부분까지를 포함하는 데에 반해, '재테크'에서는 제도 및 금융상품 소개 등 실무적인 내용들이 중점적으로 다루어진다. 이 책에서는 양자 간 특별한 구분을 하지 않는다.

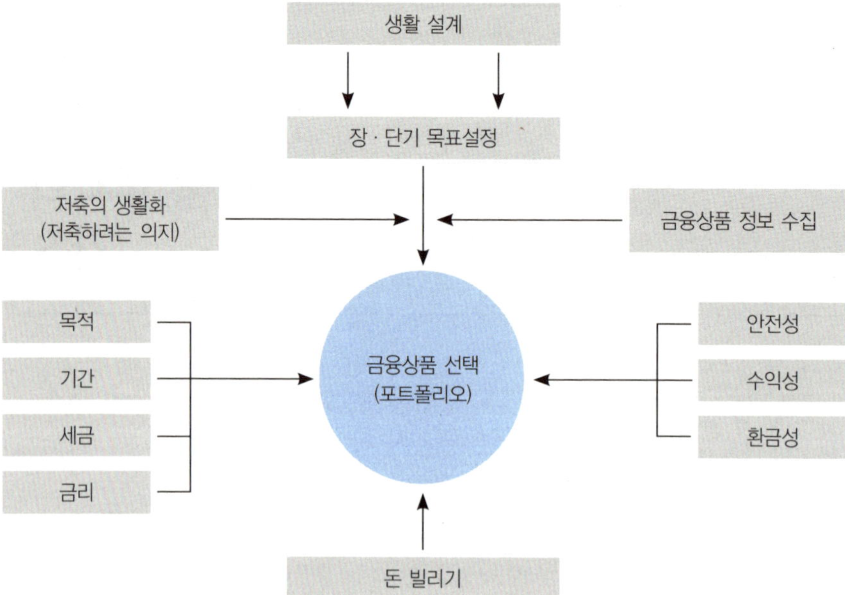

〈그림 8-1〉 금융상품 선택 시 고려사항

자료: 한국은행, 금융생활 길라잡이, 2011

1. 재테크의 원칙[2]

재테크 전략은 top-down 방식과 bottom-up 방식으로 양분된다. top-down 방식은 전체 자금을 예금, 채권, 주식, 부동산 등으로 크게 배분한 뒤, 각 자산별로 구체적 상품을 선택하는 전략이다. 이에 반해 bottom-up 방식은 유망해 보이는 상품 중심으로 포트폴리오를 구성하고, 이에 따른 자산배분은 사후적으로 이루어진다. 금융학에서는 top-down 방식을 권장한다.

2 『신용경제』 저자 칼럼(2002년 7월) 참조.

1) 최적자산배분의 3단계

(1) 효율적 투자곡선 산출

최적자산배분은 세 단계에 걸쳐 이루어진다. 첫 단계에서는 재테크 전문가들의 도움을 받아서 시중에 나와 있는 각종 투자상품을 대상으로 '효율적 투자곡선'을 산출한다. 효율적 투자곡선이라 함은 각 리스크 수준에서 최대 기대수익률을 달성할 수 있는 투자기회집합들을 연결한 선을 뜻한다. 이를 구하기 위해서는 각 금융상품별 기대수익률과 리스크, 그리고 각 수익률 간 상호관계 파악이 필요한데, 이 작업이 일반인에게는 다소 어려워서 전문가의 도움이 필요하다. 투자상품 각각에 대한 정확한 이해를 갖기에는 대상 상품의 수가 많고, 특히 수익률 간 상호관계를 분석하는 것은 고도의 직관과 더불어 복잡한 컴퓨터 분석을 요구하기 때문이다. 이 단계를 거치면 '저위험(리스크)-저수익, 고위험(리스크)-고수익'으로 이어지는 효율적 투자곡선이 도출된다.

(2) 투자자 성향 파악

두 번째 단계는 투자자의 성향을 파악하는 것이다. 리스크 기피성향이 강한지 아니면 공격적 투자성향을 가졌는지, 직업은 안정적인지, 연령대는 청년, 중년, 노년의 어디에 해당하는지, 집은 마련해두었는지, 자녀교육비 부담은 어떤 정도인지 등에 관한 파악이 필요하다.[3] 그리고 나면 효율적 투자곡선 상에서 투자자 성향에 적합한 투자전략을 도출할 수 있다.

(3) 필요한 조정

마지막 단계는 현재 상태의 투자자 재테크 현황을 파악하고 앞에서 얻은 '최적

---

3 예를 들어 벤처사업을 운영하는 40대와 정년퇴임 이후 노년을 준비하는 보수적 투자자의 재테크 전략은 달라질 수밖에 없다.

투자전략'과 비교하여 필요한 조정을 하는 것이다. 투자성향 분석결과에서 '저위험(리스크)-저수익'의 안정적 전략이 바람직하다고 나온 투자자가 현재 주식 또는 파생금융상품에 지나치게 많은 투자 비중을 보유하고 있다든가, 반대로 충분한 금융지식과 리스크 선호성향을 갖고 있는 공격적 성향의 투자자가 안정 위주의 예금 보유비중이 크게 높은 경우 이를 조정해주어야 한다. 일견 간단해 보이는 이와 같은 조정은 때때로 쉽지 않다. 만기에 도달하지 않은 상품을 중간에 옮기려면 중도해지 수수료가 있으며, 주식 매매에는 시점 선택의 어려움이 있을 수 있다. 이상의 세 단계를 거치면 이제 재테크 전략 수립 및 시행이 이루어졌다고 본다.

2) 재테크 전략의 최근 변화

과거와 같이 금융상품 구조가 단순했던 때는 앞서 했던 분석이 그다지 어렵지 않게 느껴졌을 수 있다. 또한 개인의 금융자산 축적이 많지 않던 시절에는 복잡한 재테크 전략의 구사를 통해 얻는 추가적 이익이 크지 않았다. 그러나 작금의 현실은 과거와 다르다. 파생금융상품 활성화에 따라 금융상품들의 리스크가 눈에 띄게 증대되었고, 저금리 추세가 장기간 유지됨에 따라 일부 투자자들의 리스크 프리미엄 취득 욕구 또한 증가 추세에 있다. 한편에서는 대조적으로 일부 투자자들의 안정회구성향이 오히려 더욱 강화된 것으로 보이기도 한다. 즉 투자자들의 리스크성향이 크게 다변화되었다고 볼 수 있다.

(1) 파생금융상품의 등장

이러한 추세 속에서 각 금융회사들은 투자자의 구미에 맞을 만한 각종 신상품들을 계속 개발하여 시장에 내놓고 있다. 최근의 뚜렷한 현상은 선물, 스왑, 옵션의 파생금융상품을 가미하여 '기대수익-리스크' 구조를 변화시킨 상품들이 시장에 많이 등장한다는 것이다. 이와 같이 투자자들의 리스크 성향이 크게 다변화되고 복잡한 금융상품들이 시장에 쏟아져 나오는 상황에서, 투자자들의 재테크 전략 수립은 과거 어느 때보다 어려워졌다.

(2) PB 서비스의 중요성 부각

변화하는 추세 속에서 갈팡질팡하는 투자자들을 잡기 위해 금융회사들은 이른바 Financial Planner(FP) 또는 PB(Private Banking) 서비스를 경쟁적으로 제공하고 있다. 이들은 개인이나 기관투자자에게 재테크 전략 수립에 관한 종합 서비스를 제공한다. 금융회사들은 투자자들이 아쉬워하는 서비스의 제공을 통해 영업기반을 확보하고, 자체 상품의 판매를 늘리려는 목적에 따라 이에 적극적이다. 금융시장 발전에 따라 과거와 같이 단순한 금융서비스의 제공만을 통해서는 고급화된 투자자의 입맛을 만족시킬 수 없다. 따라서 향후 금융회사 경쟁력의 핵심요소로서 질 높은 PB 서비스 제공이 필요하다.

2. 재테크의 사회적 역할[4]

금융의 역할은 비생산적인 부문의 여유 자금을 생산적인 곳으로 유인하여, 투자를 통해 더 큰 경제적 가치를 생산하도록 지원하는 것이다. 금융회사들이 투자자들 입맛에만 맞추어 자금을 해외로 보내고, 집안의 금고로 현금을 퇴장(退藏)시키는 데에 급급하다면 금융은 바람직한 사회적 역할을 다한다고 할 수 없다. 금융회사 점포 한편에서 일부 부자(富者)들이 세금 회피 목적의 해외 자금 도피 조언을 받는 가운데, 다른 곳에서는 신용불량자들이 계속 고통을 받고 중소기업 사장들이 빠듯한 자금압박에 진땀을 흘리게 해서는 안 된다. 자본주의는 다 그러한 것

4 『신용경제』 저자 칼럼(2004년 7월) 참조.

이라고 탁상공론(卓上空論)을 하기에는 지금 우리 사회의 양극화(兩極化)의 골이 깊어 보인다.

따라서 금융회사들은 시중의 부동(浮動) 자금이 산업 현장에 효율적으로 투자될 수 있도록 하는 금융상품의 설계에 노력을 기울일 필요가 있다. 정부와 학계 또한 금융회사들과 함께 머리를 맞대고 진지하게 고민을 함께 하면서, 이에 필요한 지원을 해주어야 한다.

3. 재테크와 리스크관리[5]

투자에 있어 중요한 원칙 중 하나가 '고위험(리스크)-고수익'이다. 누구나 높은 수익을 얻기를 원하지만 세상은 냉정한 곳이어서 그에 대한 대가로 높은 리스크를 부담해야 한다. 하지만 많은 투자자들에게 리스크는 그다지 환영받지 못한다.

언론에 등장하는 주식 관련 기사들을 살펴볼 때 흥미로운 것은 주가가 상승하는 시기에는 수익관리를 강조하다가도, 하락 국면에서는 리스크관리의 중요성을 강조한다. 수익과 리스크가 동전의 양면(兩面)으로서 결코 분리될 수 없음을 고려할 때 이는 옳지 않다. 리스크는 항상 신경 써야 한다.

1) 리스크의 정의와 속성

(1) risk와 danger의 구분

리스크에 대한 부정적 사고의 근원에는 용어 자체가 갖는 오해의 여지도 한몫을 한다. 우리 말 '위험(危險)'에 해당하는 영어단어는 'risk'와 'danger'의 두 가지가

5 『신용경제』 저자 칼럼(2002년 8월) 참조.

있는데, 이들은 조금 다른 의미를 지니고 있다. danger란 예를 들면 인도를 걷다 건물에서 떨어진 벽돌에 맞아 사고를 당하는 경우와 같이 예상치 못한 불상사를 당하게 되는 경우를 의미한다. 반면, risk란 미래에 대해 예상을 하고 사후적 결과가 예상보다 좋아지거나 나빠질 '변동 가능성'을 말한다. 즉 자신의 기대보다 더 잘되거나 더 나쁘게 될 일련의 가능성을 risk라 한다. 따라서 불확실하다는 면에서 danger와 risk는 공통점을 지니고 있으나, danger는 발생하면 무조건 나쁜 결과를 초래하게 되는 반면 risk는 그 결과가 좋을 수도 있고 나쁠 수도 있다. 우리말에서는 이 둘을 모두 '위험'이라 번역하기 때문에, '위험'이라고 할 때 우리는 대부분 danger를 떠올리며 '위험'이 나쁜 것이라고 생각하는 경향이 있다.

(2) 리스크의 존재가치

금융에서 언급되는 위험은 danger가 아닌 risk이기 때문에, 위험(risk)이 꼭 나쁜 것만이 아니다. 금융시장에서 '대박'이란 좋은 결과를 얻게 되는 것은 위험(risk)이 존재하기 때문이다. 리스크란 예상과 달리 변화할 모든 가능성을 말한다. 이때 예상이란 미래에 발생 가능한 모든 결과와 각각의 가능성을 과학적으로 분석하여 나름대로 내린 결론이다. 미래에 어떠한 일이 발생하는가에 대해 누구도 확실하게 알 수 없으므로, 리스크는 어느 시기, 어느 장소에나 항상 존재한다.

예를 들어 사람들은 자신의 미래에 대한 어떠한 희망을 가질 수 있다. 5년 후에는 일정한 지위에서 연봉 얼마를 받고 싶다거나, 주식에 투자하여 5년 후에는 1억 원을 벌었으면 좋겠다 등등… 미래에 대한 이와 같은 희망에는 과학적 분석의 과정이 포함되지 않으나, 재테크의 기대 혹은 예상에는 미래의 결과에 대한 과학적 분석이 필요하다. 그런데 아무리 최선을 다해서 정확한 예측을 한다 하더라도, 미래의 사후적 결과는 예상보다 좋아지거나 나빠질 가능성, 즉 리스크가 항상 존재한다. 사람들은 리스크가 나쁜 것이라고 쉽게 간주하지만, 리스크로 인해 미래의 결과가 예상보다 좋아질 가능성도 동시에 존재하므로 리스크는 나쁘기만 한 것이 아니다.

리스크를 나쁜 것으로만 간주하다 보니까, 리스크를 일방적으로 줄이는 것을 리스크관리라고 생각하는 오류에 빠지게 된다. 리스크를 회피하기 위해 안정적인 투자만을 선호하여 모든 투자금액을 은행 정기예금으로 운용한다고 가정하자. 그러면 향후 경기가 좋아진다고 해도 2017년 1월 기준으로 연 2% 미만의 수익만을 기대할 수 있다. 그러나 주식 등 다소 위험한(risky) 투자를 선택할 경우 높은 수익을 기대할 수 있게 된다.

안정적인 것은 좋고 위험(리스크)한 것은 나쁘다는 사고는 올바른 것이라 할 수 없다. 리스크란 옳고 그르다는 가치판단의 문제이기보다는 싫고 좋다는 선호(選好)의 문제이다. 사람에 따라 리스크를 얼마나 싫어하는가에 대한 선호의 차이만 존재할 뿐이다.

2) 리스크 프리미엄

다음과 같은 동전던지기 게임을 생각해보자. A 테이블에서는 8만원의 게임비를 지불하고 게임에 참가해서 동전의 앞면이 나오면 5만원을 받고 뒷면이 나오면 15만원을 얻는다. B 테이블에서는 같은 참가비로 앞면일 경우 9만원, 뒷면일 경우 11만원을 받는다. 참가자는 의무적으로 둘 중 하나의 게임을 선택해야 한다. 이때 다수의 사람들은 B 테이블을 선택하는 경향을 보인다. 대개 사람들은 기대수익이 같을 경우 리스크가 큰 것을 싫어하기 때문이다. 즉 두 게임의 기댓값은 10만원으로 같으나, A 게임의 리스크가 B 게임보다 크기 때문에 B 게임을 선호하는 것이다.

이렇듯 많은 사람들이 같은 조건 하에서는 리스크가 큰 것을 싫어하므로, 리스크에 상응하는 별도의 보상이 따라야, 즉 기대수익이 더 높아야만 이 리스크를 부담하려 할 것이다. 이때 리스크에 대한 추가적 보상을 리스크 프리미엄(risk premium)이라 한다. (일반적으로) 리스크가 큰 투자 안은 높은 수익을 기대할 수

있으며, 리스크가 작은 투자 안은 낮은 수익에 만족해야 한다.[6]

3) 리스크관리

(1) 리스크관리의 개념

앞에서 살펴본 바와 같이 리스크와 기대수익은 불가분의 관계에 있다. '리스크관리'란 자신이 선호하는 리스크 크기보다 현재 투자 안의 리스크가 더 크면 기대수익의 일부를 포기하면서 리스크의 크기를 줄이고, 반면에 현재 리스크가 너무 작으면 기대수익을 증대시키기 위해 리스크를 늘리는 것이다.[7]

재테크의 리스크관리를 보자. 지금 1억원의 여유자금을 가지고 적절한 투자대상을 찾고 있다. 모든 금액을 은행 정기예금에 넣을 것인가, 주식에 투자할 것인가, 혹은 반반씩 투자할 것인가를 결정해야 한다. 은행에 예금할 경우 리스크는 상당히 낮아지는 반면, 세금과 인플레이션을 차감한 예금의 실질수익률은 0%에 가까워진다. 반면, 주식에 투자할 경우 고수익을 기대할 수 있으나, 원금까지 잃을 리스크도 존재한다. 결국 어떤 비율로 나누어 투자하는 것이 적정한가의 의사결정은 각 자산에 투자했을 때 리스크와 기대수익, 그리고 투자자의 리스크성향을 종합적으로 고려하여 이루어지며, 이것이 바로 리스크관리의 한 과정이다.

---

6 이때 수익은 기대수익의 개념임에 유의해야 한다. 큰 리스크의 금융상품에서 기대수익은 높지만, 사후적 실현수익은 낮게 나타날 수도 있다.

7 다음의 예를 통해서 리스크관리에 대해 살펴보자. 김 대리는 오늘 저녁 친구들과 포커 게임이 약속되어 있다. 게임장소로 향하기 전에 현금인출기 앞에 선 김 대리는 고민 끝에 15만원을 인출하여 게임장소로 향한다. 잠깐의 고민을 통해 김대리의 머릿속에선 어떤 생각이 오고 갔을까? 과거 게임경험을 통해볼 때 1/3의 확률로 가져간 돈의 두 배 수익을 올렸으며, 1/3의 확률로 원금 그대로를, 1/3의 확률로 원금을 모두 잃었다. 따라서 오늘도 2배의 수익을 올리거나 최악의 경우 원금을 모두 잃을지도 모른다. 제대로 게임을 좀 해보려면 30만원 정도의 게임비용 정도는 가지고 가야 하겠지 생각하면서도, 그러나 30만원의 원금을 모두 잃었을 경우 감당할 곤란들을 생각하면 이는 너무 과하다 싶다. 그렇다고 주머니 사정을 생각해서 원금을 고스란히 날려도 그리 문제가 안 될 3만원 정도만 달랑 들고 간다면 친구들에게 체면이 안 선다. 결국 그는 원금을 모두 잃게 될 경우의 곤란과 자신의 체면을 고려해 적정선이라고 판단된 15만원의 금액을 인출한다(물론 이 금액은 개인상황에 따라 다를 수 있다). 이와 같은 계산이 바로 리스크관리의 핵심과정이라고 할 수 있다.

(2) 리스크관리의 비유

리스크관리의 이해를 위해 다른 예를 살펴본다. 영화 '타이타닉'의 한 장면을 떠올려보자. 타이타닉의 출항 후 선장실에서 선장과 선주가 말다툼을 하고 있다. 이들은 목적지까지 가는 항해 중간에 위험한 빙산이 존재한다는 것을 인지하지만 대처방안이 각기 다르다. 선주는 빙산이 존재하는 직선 항해로를 선택함으로써 혹 발생할 수도 있는 사고에 따른 높은 리스크를 감수하더라도, 지름길을 택하는 비용 절감을 통해 높은 수익을 달성하려 한다. 반면, 선장은 빙산을 우회함으로써 항해기간의 연장으로 인해 비용이 증가하더라도, 발생할 수 있는 사고의 확률을 낮춰 리스크를 줄이려 한다. 즉 선장은 저위험(리스크)-저수익을 선호하고, 선주는 고위험(리스크)-고수익을 선호하고 있다. 결국 빙산을 뚫고 갈 것인가 혹은 우회해서 갈 것인가의 의사결정이 리스크관리의 영역인 것이다.

우리가 살아가는 삶에 정답이 있을 수 없으며, 각자가 살고 싶은 삶을 선택하고 그에 따른 과실을 향유하고 결과에 책임을 질 뿐이다. 재테크도 이와 같다. 투자자들은 각자의 '몸에 맞는' 재테크 전략을 수립하고, 끊임없이 현재의 포트폴리오를 목표치와 비교하면서 조정하는 작업이 중요하다. 이렇게 본다면 리스크관리란 재테크의 일부가 아니며 사실상 그 자체이다.

4) 리스크 헤지[8]

미래 불확실성에 대비하여 마음을 편안하게 해주는 도구로서 파생금융상품이 있다. 그중 한 가지가 선물환이다. 조선업 등 수출업체의 경우 계약 체결 이후 달러금액이 입금되기까지 시일을 요한다. 이 동안 발생할 수 있는 달러가치의 하락 우려에 대비하여, 달러 선물환을 매도하여 헤지(hedge)를 하게 된다. 우려대로 달

---

8 『금융위기와 리스크관리』(김진호 저, 박영사, 2012) 참조.

러 값이 하락하면 원래 포지션에서는 손실이 나지만, 헤지 포지션에서 이익을 보아 사실상 환율 리스크로부터 벗어날 수 있다. 물론 예상 외로 달러 값이 상승할 경우에는 환헤지를 한 결과로 오히려 환차익의 기회를 상실할 수도 있겠지만, 헤지로 인해 마음의 평안을 얻고 본연의 업무에 보다 집중할 수 있도록 대개는 헤지를 권유한다.

(1) 리스크 헤지 반대 입장

기업이 리스크 헤지를 하는 것이 타당한가에 대해서는 학계에서 오랜 연구가 이루어져왔다. 헤지를 반대하는 편에서는 헤지가 제로섬 게임이며 수익이나 현금흐름을 증가시킬 수 없어서, 완전자본시장 가정 하에서 헤지를 통한 리스크관리가 기업가치를 증대시킬 수 없다고 주장한다. 또한, 기업이 리스크관리에 신경을 쓸 경우 핵심 사업 부문에 대한 관심을 분산시켜 오히려 해가 될 수도 있다고도 한다. 헤지에 따른 정보공개와 회계처리 부담, 그리고 이로 인한 준법감시비용(compliance cost)의 증가에 따른 유무형의 비용 증가가 우려되기도 한다. 완전헤지가 되지 않는 경우 헤지 수단으로서 파생금융상품의 사용이 오히려 손익계산서상의 수익 변동성을 증가시킨다는 주장도 있다.

(2) 리스크 헤지 지지 입장

다수의 학자들은 헤지를 통한 리스크관리를 권장하는 편이다. 제조업체의 경우 헤지를 통해 생산원자재의 가격을 안정시킬 수 있고, 따라서 제품가격을 안정시켜 영업에 도움을 줄 수 있다. 또한, 리스크관리를 통해 채무 불이행 또는 재정적 곤란의 비용을 줄일 수 있고, 현금흐름 변동폭을 줄임으로써 자기자본비용을 감소시킬 수도 있어 채무부담능력이 증대되는 효과도 기대할 수 있다.

한편, 대리인 이론(agency theory)에 따르면 주주 등 외부투자자와 달리 경영자들은 회사 내에 쌓은 자신들의 재산을 달리 다각화 투자하기 어려우므로, 변동성을 줄이고자 하는 목적에서 리스크관리 유인을 갖게 된다. 이때 중요한 것은 리스크관리를 통해 하방(downside) 리스크를 통제하면서, 회사가 비교우위를 갖는 분야에서 고유의 정보를 활용하여 이익을 창출할 수 있는 상방(upside) 리스크를 향유할 기회를 갖게 된다는 것이다.

5) 금융회사 리스크관리에 대한 오해[9]

리스크관리는 자동차에 있어 브레이크와 역할이 같다. 금융회사는 정보 비대칭성 해소와 건전성 유지라는 독특한 과제로 인해 제조업이나 비금융 서비스업과 구별되지만, 여러 가지 제약조건하에서 이윤을 극대화한다는 경영목표는 일치한다. 이윤극대화는 자동차로 보면 주어진 시간에 많은 거리를 빨리 달려가는 것이다. 자동차가 좋은 브레이크를 믿고 고속으로 달릴 수 있듯, 금융회사들이 최대 이윤을 추구하고 경쟁회사들과 자신있게 시장점유율 증대 경쟁을 추구하기 위해서는 튼튼한 리스크관리가 필요하다.

금융회사 리스크관리는 좋은 브레이크를 만들자는 것이지, 브레이크를 늘상 밟아서 속도를 떨어뜨리고자 함이 아니다. 이에 대해 적지 않은 사람들이 혼동하고 있다. 그러다 보니 경기호황 국면에서는 리스크관리에 대해 언급이 없다가, 불황기에 들어서야 리스크관리의 중요성을 강조하는 회사들이 있다. 고속에서든 저속에서든 자동차의 브레이크가 필요한 것처럼, 금융회사의 리스크관리는 항상 필요한 것이다. 문제는 그때그때 상황에 맞춰 적절하게 필요한 만큼 브레이크를 밟아주는 것이다.

2008년 글로벌위기에서 상당수의 금융회사 리스크관리는 실패했고, 그래서 금융시장은 또다시 혼란을 경험했다. 실패한 것은 리스크측정의 통계적 기법이나 이

9 『금융위기와 리스크관리』(김진호 저, 박영사, 2012) 참조.

를 구현한 전산시스템 같은 것들이 아니다. 뛰어난 전산시스템을 구축했음에도 불구하고, 이를 사용하는 인간의 무모한 탐욕을 제어하는 데에 실패한 것이다. 최고 수준의 브레이크를 자동차에 장착했고 목표 속도와 현재 속도를 비교하는 훌륭한 계기판을 갖고 있었지만, 무모하게 과속을 즐기려는 운전자의 탐욕을 제어하지 못했던 것이다.

4. 투자와 투기의 구분[10]

1) 투자

(1) 투자의 정의

재테크에서 투자(investment)와 투기(speculation)를 구분하는 것은 생각만큼 간단하지 않다. 투자(投資)는 '미래의 보다 나은 결과를 기대하고 현재 갖고 있는, 가치 있는 무엇인가를 포기하는 행위'를 뜻한다.[11]

금융학에서는 투자의 범주를 실물투자와 금융투자로 구분한다. 실물투자는 공장 건설과 같이 현재 투자비용을 지불하고 대가로서 미래에 생산될 제품이나 서비스로부터 이익을 기대하는 행위이다. 한편, 금융투자라 함은 현재 보유 중인 유동성을 포기하는 대가로서, 주식이나 채권 등으로부터 미래현금흐름을 기대하는 행위이다. 이때 투자 의사결정의 핵심은 리스크와 이에 따른 기대수익(또는 리스크 프리미엄)에 대한 비교 판단이라고 할 수 있다. 즉 투자자들은 리스크 대비 기대수익이 충분히 크다고 판단하는 경우에 한해 투자를 해야 한다.

---

10 『신용경제』 저자 칼럼(2005년 1월) 참조.

11 이에 따르면 등록금을 지불하고 대학교에 다니는 것도 투자의 한 예가 될 수 있다. 다른 목적에 써도 좋을 가치 있는 돈을 등록금으로 '포기'하고, 이에 대한 대가로서 미래의 바람직한 교육효과를 기대하는 행위이기 때문이다.

(2) 투자와 도박[12]

도박은 인류 탄생과 더불어 시작된 오랜 역사를 갖는다. 확률 및 통계이론과 금융 리스크관리가 도박에서부터 비롯된 것은 널리 알려진 사실이다.[13] 르네상스 시대 카르다노(Cardano)가 『운에 맡기고 하는 승부에 관한 책』을 서술한 이래, 파스칼(Pascal), 페르마(Fermat), 드메르(De Mere) 등이 확률론을 완성한 것은 도박에서 발생하는 궁금증을 풀고자 한 노력의 결과이다. 이후 베르누이(Daniel Bernoulli)는 '크건 작건 간에 부(富)의 증가로부터 비롯되는 만족감은 이전에 소유하고 있던 재화의 양에 반비례한다'는 단언(斷言)을 통해 보통사람들이 리스크를 회피하는 이유를 최초로 설명해냈다. 오늘날 금융상품들이 '저위험(리스크)-저수익, 고위험(리스크)-고수익'의 구조를 갖게 된 배경이다.

한편, 케인즈(J.M. Keynes)는 『확률론(*A Treatise on Probability*)』(1921)에서 확률이론과 실생활의 괴리를 주장하면서, 주관적 판단의 중요성을 강조했다. 그는 객관적 확률이란 존재하지만 파악되지 않으며, 다만 추정에 의해서 주관적 확률을 구할 수밖에 없다고 보았다. 도박중독에 빠진 사람들이 자신에게 '대박'이 터질 주관적 확률을 객관적 확률보다 훨씬 높게 계산한다는 것은 이미 알려진 사실이다. 그렇다면 비합리적인 사람들만 도박에 빠지게 되는 것일까?

심리학자인 카네만(Daniel Kahneman)과 트베르스키(Amos Tversky)는 인간의 감정과 인지장애(cognitive difficulties)가 종종 합리적 의사결정을 방해한다고 보았다. 따라서 기대이익 관점에서는 리스크 회피인 반면, 기대손실에서는 리스크를 추구하는 모순현상을 종종 보인다는 것이다.[14] 또한, 탈러(Richard H. Thaler)는 근시안적(myopic)이며 결정에 대한 뒤늦은 후회 등 인간적 결함이 합리성을 저해하며, 불확

---

12 『참여정부 시기의 금융이야기』(김진호 저, 이화여자대학교출판부, 2007), 『리스크』(번스타인 저, 한국경제신문, 2006) 참조.

13 도박에 대한 연구들이 투자이론 발전에 기여했다는 것이 도박의 존재 당위성(當爲性)을 인정해주지는 못한다. 도박은 일확천금(一攫千金)의 망상(妄想)을 심어주어, 건전한 근로의욕과 근검절약(勤儉節約) 정신에 치명적 해를 끼치기 때문이다.

14 이는 도박에서 따고 있을 때는 몸을 사리지만, 잃고 있을 때는 집을 팔아서라도 크게 베팅하는 비상식적 행동들을 설명해준다.

실성은 비합리성의 결과라고 주장하여 오늘날 행태재무학(behavioral finance)을 발전시키기도 했다.

2) 투기

(1) 투기의 정의

투기(投機)는 대상 자산의 가격흐름을 예측하여, 상승할 것으로 보면 매입하고 반대의 경우라면 매도하는 전략을 뜻한다. 따라서 용어 자체로 보면 크게 부도덕하다 할 것이 없지만, 역사적으로 투기행위 자체가 말썽을 일으킨 경우가 많았던 탓인지 대개의 경우 부정적 이미지를 갖고 사용되어왔다. 따라서 최근에는 영어권에서도 '투기'를 나타낼 경우 'speculation'이라는 원래 단어보다는, 비슷한 뜻을 갖는 'directional trading'이라는 표현으로 대치하기도 한다.

(2) 투기의 역사[15]

역사상 최초의 투기로 기록된 것은 네덜란드 튤립사건이다. 17세기 중반 네덜란드는 직물산업을 중심으로 호황을 맞이하여, 풍요의 과시대상으로 튤립이 선택된다. 좋은 튤립은 암스테르담의 집 한 채 값에 달할 정도였으며, 뿌리 값이 한 달 만에 50배가 넘게 오르기도 하여 많은 국민들이 전 재산을 팔아 무모한 투기에 뛰어들었다. 모든 거품이 필연적으로 붕괴되듯 네덜란드 튤립광풍은 1637년 붕괴되면서 튤립 가격은 1/100 이하로 폭락했다.

1720년 영국 South Sea Company 거품 또한 역사에 기록된 유명한 투기 사건이다. 스페인령 아메리카와의 노예무역을 목적으로 설립된 이 회사는 초기에는 다소 고전했으나, 영국 왕 조지 1세가 회사 관리자가 되면서 대외신인도가 개선되고 국

15 『금융위기와 리스크관리』(김진호 저, 박영사, 2012) 참조.

채인수를 제의하면서 주가가 폭등했다. 그러나 무분별한 투기는 같은 해 9월 시장 붕괴로 이어져 많은 투자가들이 파산하기에 이른다. 킨들버거(C. P. Kindleberger)와 알리버(R. Z. Aliber)는 『광기, 패닉, 붕괴: 금융위기의 역사(*Manias, Panics and Crashes: A History of Financial Crises*)』에서 이들 이외에도 지난 400년 동안의 금융위기들을 다루었는데, 이 중에는 1920년대 말 대공황 직전 미국 주식시장거품, 1970년대 멕시코 등 개발도상국에 대한 은행여신 급증에 따른 금융위기, 1980년대 말 일본 부동산 및 주식시장거품, 1990년대 동남아 국가들에 형성된 거품과 금융위기, 그리고 미국 나스닥시장 중심의 IT거품 등이 손꼽힌다.

우리가 2008 글로벌위기를 맞아 허탈해한 것은 지난 400년의 경험들로부터 얻은 교훈들이 허무하게도 효과가 없었다는 것이다. 하이먼 민스키(Hyman Minsky)는 신용공급이 경기변동에 따라 과도하게 증폭됐다가 경색되는 과정에서, 금융시장이 취약해지고 금융위기가 촉발될 수 있다고 지적한다. 앞서 찰스 킨들버거가 정리한 유명한 금융위기들은 대부분 공통적으로 민스키가 지적한 것처럼, 과도한 신용팽창이 자산가격거품을 유발하고 어느 순간 폭락으로 반전하는 공통점을 갖는다.

그렇다면 왜 우리는 공통점이 명백한 과거의 경험들로부터 얻은 교훈을 바탕으로 새로운 금융위기를 제대로 방지하지 못하는가? 왜 금융거품의 생성과 붕괴는 끊임없이 반복되는 것인가? 이에 대한 원론적 답변은 금융위기의 속성이 바이러스와 같아서 끊임없이 진화하기 때문이다. 이미 일어난 사건에 기초하여 이의 재현(再現)을 막을 수 있는 새로운 정책을 개발하지만, 시장참여자들은 이를 우회할 수 있는 새로운 전략을 혁신이라는 미명(美名) 하에 끊임없이 구상해낸다. 따라서 인간의 무모한 탐욕에 기초한 투기적 광기와 정책당국의 무책임한 신용팽창을 억제하기는 쉽지 않다. 즉 금융위기는 바이러스와 같아서 치료하더라도 새로운 변종이 나타나 또다시 우리를 괴롭힐 것이다. 그럼에도 불구하고 우리는 적어도 같은 종류의 바이러스는 다시 창궐(猖獗)하지 못하도록 치료법을 개발해야만 한다.

3) 투자와 투기의 비교

사실상 투자와 투기는 서로 배타적으로 구별되는 개념이라기보다는, 〈그림 8-2〉에서와 같이 부분적으로 겹치는 개념이라고 보아야 맞는 것 같다.

흔히 투기의 대명사처럼 알려진 부동산의 경우를 들어 이들 관계를 살펴보자. 특정 지역이 개발될 것이라는 사전 정보를 입수하고 지가(地價) 상승을 예측하여, 부동산 매입에 들어간다면 이는 투기라고 할 수 있다. 일부 투기꾼에 의한 초기 단계 매입과 이로 인한 지가 상승은 시장에 가격상승 기대를 촉발시킬 수 있으며, 이는 또다시 새로운 투기꾼을 유인하는 미끼가 될 수 있다. 투기가 부정적 이미지를 갖는 것은 이와 같은 연쇄반응의 결과로서 가격에 거품(bubble)이 생성되며, 이로 인한 자원의 비효율적 배분과 낭비가 나타날 가능성이 큰 탓이다.

그러나 부동산도 '투자'의 대상이 될 수 있다. 부동산은 예금, 주식, 채권 등과 더불어 일반인들의 주요 자산배분 대상이다. 포트폴리오 이론에 의하면 개별 자산의 기대수익률과 리스크 및 이들 간 상관관계를 고려하여 효율적 투자곡선을 산출하고, 이중에서 투자자의 리스크 선호 성향에 따라 최적 자산배분전략을 선택할 것을 권장한다. 따라서 부동산도 이러한 범주 내에서 고려된다면, 이는 '투기'라기보다 '투자'라고 함이 옳다. 간혹 보면 사회명망가들 중에서도 이런 저런 이유로 부동산을 투자 목적으로 장기보유하고 있는데, 아직까지 사회에서 이들에 대한 시선이 곱지 않은 것은 투자와 투기를 명확히 구분하지 못한 탓도 있다고 생각한다.

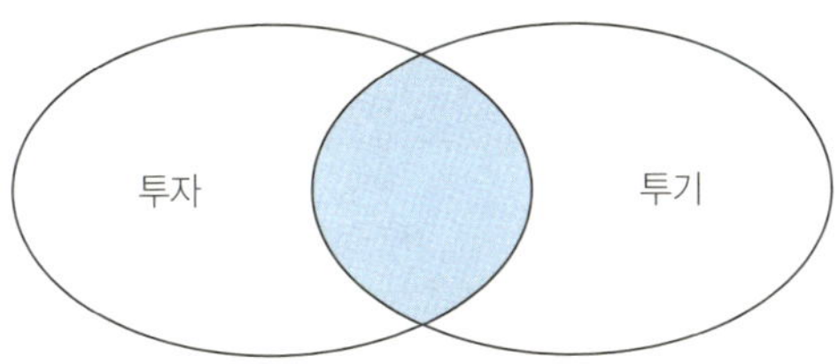

〈그림 8-2〉 투자와 투기

5. 금융상품 가격결정[16]

1) 자산가격 결정이론

주식이나 부동산의 가격은 어떤 원리에 따라 정해지는 것일까? 이에 대해 잘 알 수 있다면, 가격상승 예상 시점에 매입하고 하락 예상 시점에 매도하여 쉽게 돈을 벌 수 있지 않을까? 중세 유럽에서 연금술(鍊金術)이 인기를 끈 것만큼이나, 금융에서는 자산가격 결정이론에 대해 많은 연구가 이루어져왔다. 이에 대한 상세한 논의는 이 책에서 의도한 수준을 크게 넘어서므로, 기본적인 원리에 대해서만 간략하게 소개하기로 한다.

(1) 시간가치와 리스크 프리미엄

시간가치

지금 손에 쥐고 있는 100만원과 1년 후에 받게 될 100만원은 절대적 크기에서 100만원으로 같아 보이지만, 사람이 느끼는 만족감은 차이를 보인다. 1년 후에 혹시 못 받게 될 가능성(이를 신용리스크라고 한다)이 '전혀' 없다고 가정하더라도, 거의 모든 사람들은 같은 100만원이라면 1년 후보다는 지금 당장 손에 쥐는 것을 선호한다. 이를 '시간가치(time value)'라고 한다.

따라서 1년 후의 100만원과 같은 만족감을 주는 현재 시점의 돈의 액수를 계산해보면, 100만원보다 작은 값(예를 들어 90만원)이 된다. 즉 지금 당장 90만원을 손에 쥐는 것과 1년 후에 100만원을 받는 것을 무차별(無差別: indifferent)하게 여긴다는 것이다. 이때 1년 후에 받게 될 100만원을 '미래가치(future value)' , 그리고 이와 동일한 만족감을 주며 당장 손에 쥘 수 있는 90만원을 미래가치에 상응하는 '현재

16 『신용경제』 저자 칼럼(2003년 6월) 참조.

가치(present value)'라고 한다.

미래가치와 현재가치를 연결하는 개념이 할인율(discount rate)이다. 앞의 예에서 미래가치 100만원을 대략 1.11로 나누면(할인하면) 90만원이 된다. 이때 1.11–1.0 = 0.11, 즉 11%가 할인율이 된다. 이를 정리해보면 다음 식과 같다. 앞서 예에서 신용리스크가 전혀 없다고 가정했으므로, 이때 할인율은 무위험(리스크) 할인율이 된다.

현재가치 = 미래가치 / (1 + 할인율)

미래가치 = 현재가치 × (1 + 할인율)

리스크 프리미엄

만일 1년 후에 돈을 받지 못할 가능성이 있다면 앞의 예는 어떻게 달라질까? 1년 후에 100만원을 받기로 했지만, 약속이 이행되지 않을 가능성이 있다고 하자. 앞의 예에서는 불이행 가능성(즉 신용리스크)이 전혀 없다고 해서 현재가치를 90만원으로 산정했다. 하지만 이제 신용리스크가 생겼으니 미래가치 100만원에 상응하는 현재가치는 앞서 90만원보다 줄어들 것이다(예를 들어 80만원). 즉 1년 후에 받을 돈 100만원의 현재가치는 신용리스크가 전혀 없는 경우는 90만원이지만, 신용리스크가 있다면 80만원으로 줄어든다.

따라서 신용리스크가 존재하는 경우 할인율을 계산해보면 다음 식에 따라 25%가 된다.

80(현재가치) = 100(미래가치) / 1.25(= 1 + 할인율)

신용리스크가 전혀 없는 경우의 무위험(리스크) 할인율이 11%인데, 신용리스크가 존재할 경우에는 25%로 증가한 것이다. 이때 25% – 11% = 14%를 '신용리스크 프리미엄'이라고 한다. 즉 동일한 미래가치를 받더라도 리스크가 있는 경우에는 할인율이 커지고 현재가치는 작아진다.

앞서 예에서 1년 후에 받을 돈 액수를 동전던지기로 정한다고 해보자. 앞면이 나오면 150만원, 뒷면이 나오면 50만원을 받는다. 따라서 기댓값은 100만원이다. 그리고 이에 대한 약속은 분명히 지킨다(즉 신용리스크는 없다)고 가정한다. 그렇다면 이때 할인율과 현재가치는 어떻게 될까?

대개의 사람들은 동전던지기 결과에 따라 150 또는 50만원 중 하나를 받는 것보다는 확실하게 100만원을 받는 것을 선호한다. 기댓값은 둘 다 100만원으로 같지만, 전자(前者)는 리스크가 있지만 후자(後者)는 없다. 따라서 후자(後者)의 현재가치가 90만원이라면, 전자(前者)는 이보다 작은 값(예를 들어 85만원)이 된다. 그리고 이때 동전던지기 경우 할인율은 100/85 − 1 = 1.1764, 즉 17.64%가 된다. 이 값과 무위험(리스크) 할인율과의 차이, 즉 17.64% − 11% = 6.64%가 '시장리스크 프리미엄'이다.

(2) 내재적 가치와 시장가격

앞서 논의를 요약하면 다음과 같다. 현재가치는 미래가치를 적정 할인율로 할인한 값으로 결정된다. 이때 할인율은 미래가치가 갖고 있는 리스크 특성에 따라 '무위험(리스크) 할인율 + 리스크 프리미엄'으로 결정된다. 이는 금융자산의 가격을 결정하는 기본 이론이다. 즉 자산가격이란 해당 자산을 보유함으로써 얻게 되는 미래가치들을 적정 할인율로 할인한 현재가치(이를 내재적[內在的: intrinsic] 가치라고 한다)에 따른다.[17]

그런데 자산의 시장가격(market price)은 시장의 수요와 공급에 따라 결정된다. 공급이 많아지면 값이 떨어지고 수요가 많아지면 반대로 올라간다. 이때 내재적 가치가 시장가격보다 크면 과소평가(過小評價), 반대라면 과대평가(過大評價)되었다

17 주식이라면 미래 배당금 및 주식 매도가격, 채권이라면 미래 지급이자 및 채권 매도가격이 미래가치에 해당한다. 이에 대한 보다 정확한 내용을 알고자 하는 독자들은 재무관리 또는 투자관리 서적을 참고 바란다.

고 한다. 대개의 경우 내재적 가치와 시장가격 간 괴리는 시간이 지나면서 해소되지만, 거대한 투기로 인해 형성된 거품의 경우에는 몇 년씩 괴리가 유지되기도 한다.[18]

2) 금융상품의 리스크: 고위험(리스크)-고수익 원칙[19]

최근 등장하는 금융상품들의 특징을 살펴보면 평범해 보이는 예금이나 펀드에 각종 레버리지 및 파생상품 첨가를 통해 수익성을 제고시키려는 의도가 보인다.[20] 이와 같은 새로운 금융상품의 개발은 중장기적으로 바람직한 것이다. 선택범위가 좁았던 국내 금융시장에서 다양한 투자자의 입맛에 맞춘 각종 신상품이 등장하는 것을 반기지 않을 이유가 없다.

다만 신경 써야 할 것은 투자자들의 준비 자세이다. 이들 금융신상품들은 고수익을 겨냥하여 만들어진 것이다. 문제는 고수익 추구에 당연히 수반되는 고위험(리스크)의 관리이다. 투자자들의 예상대로 시장가격이 움직여서 고수익 실현으로 끝나면 바람직하겠으나, 반대의 경우에도 늘 대비를 해야 한다. 아름다운 장미에는 가시가 숨어 있다. 복잡한 금융상품에 투자하려면 잘 될 경우의 장밋빛 결과만을 볼 것이 아니라, 정기예금 금리보다 수익률이 더 작게 나올 확률은 얼마나 되는지, 최악의 경우 손실 규모는 투자자가 감내할 수 있는 정도인지에 대한 리스크 판단이 필히 수반되어야 한다. 장미 덩쿨에는 아름다운 꽃만 있는 것이 아니라, 날카로운 가시도 있음을 결코 간과해서는 안 된다.

---

18 우리 삶에 필수 불가결하여 미래 효용가치가 엄청나게 큰 공기나 물은 내재적 가치가 크지만, 반대로 그다지 쓸모가 없는(?) 다이아몬드는 그렇지 못하다. 그런데 공기나 물의 값이 싼 것은 상대적으로 공급이 풍부하기 때문이며, 다이아몬드가 비싼 것은 수요에 비해 공급이 턱없이 부족하기 때문이다. 공기, 물, 다이아몬드 등의 특이한 예를 제외하고는, 중장기적으로 내재적 가치와 시장가격은 대개 서로 수렴한다.

19 『신용경제』 저자 칼럼(2002년 12월) 참조.

20 예를 들면 주가지수에 연동하여 정기예금 수익률이 정해진다든가, 예금금리의 일부로 주가지수 옵션을 매입하는 방식이 등장한다. 채권형 펀드에서 옵션, 스왑, 선물(先物) 등 파생금융상품이 내장(embedded)되어 출시되기도 한다.

chapter 9

다양한 금융상품

1. 금융상품의 분류

1) 만기별 분류

금융상품은 만기 1년을 기준으로 장기와 단기상품으로 구분한다. 통상적으로 투자자들은 유동성 관리 목적으로 단기상품, 수익성 추구 목적으로 장기상품을 보유한다. 1년 미만의 만기를 갖는 단기금융상품, 또는 자금시장 금융상품으로는 CD, CP, RP, MMF, MMDA, CMA, call이 있다.[1] 반면, 1년 이상의 만기를 갖는 자본시장 상품으로는 주식, 채권, 중장기 예금, (대부분) 펀드와 신탁, 파생금융상품 등이 있다.

1 각각에 대한 설명은 '금융시장' 편을 참조 바란다.

〈표 9-1〉 만기별 금융상품

구분	은행	자산운용회사*	증권회사	보험회사	종합금융회사	우체국	상호저축은행 신용협동기구
1개월 이내	저축예금, MMDA	MMF	RP, CMA		CP, CMA	저축예금	예탁금, 보통예금
1~3개월 이내	표지어음, RP, CD, 정기예금	MMF, 단기수익증권 (채권형)	RP, 단기수익증권 (채권형), CMA		표지어음, CP, CMA		예탁금, 표지어음 (상호저축은행)
3~6개월 이내	표지어음, RP, CD, 정기예금, 맞춤형 특정신탁	단기수익증권 (채권형)	RP, 단기수익증권 (채권형), CMA		발행어음, 표지어음, CP, CMA	RP	예탁금, 표지어음 (상호저축은행)
6개월~ 1년 이내	표지어음, 정기예금, 맞춤형 특정신탁	중기수익증권 (채권형/ 주식형)	중기수익증권 (채권형/ 주식형)		발행어음		정기예금, 예탁금
1년 이상	정기예금, 금융채, 연금신탁, 맞춤형 특정신탁, 주택 관련 저축	장기수익증권 (채권형/ 주식형), 연금투자신탁, 뮤추얼펀드	증권저축, 회사채, 국공채, 장기수익증권 (채권형/ 주식형)	장기저축성보험, 연금보험, 변액보험		정기예금, 연금보험	정기예금, 예탁금, 연금보험(공제)

*자산운용회사의 수익증권은 은행이나 증권회사, 보험회사 등 판매회사에서 가입할 수 있음
자료: 한국은행, 금융생활 길라잡이, 2011

〈표 9-2〉 환금성 수준별 금융상품

구분	주요 금융상품
환금성이 높은 단기 금융상품	– 은행의 MMDA, RP, CD – 입출금이 자유로운 상품 : 보통예금, 저축예금, 가계당좌예금 등 – 만기 1년 이내의 상품 : 종합금융회사나 증권회사의 CMA, 증권회사 · 자산운용회사의 MMF, 단기수익증권, 개방형 뮤추얼펀드 등
환급성이 낮은 장기 금융상품	– 은행의 만기 1년 이상 상품 : 저축성예금, 신탁상품 및 금융채 – 증권회사 · 자산운용회사의 장기 수익증권, 폐쇄형 뮤추얼펀드 등 – 보험회사의 저축성 보험상품 등

자료: 한국은행, 금융생활 길라잡이, 2011

2) 손실 가능성에 따른 분류

투자 원본의 일부라도 손실 가능성이 있으면 금융투자상품, 원본이 보장되면 비금융투자상품으로 분류된다. 은행예금은 대표적 비금융투자상품이다. 그리고 금융투자상품은 원본 초과손실 가능성이 없으면 증권, 있으면 파생금융상품으로 다시 세분된다. 주식과 채권은 대표적인 증권의 종류이다.

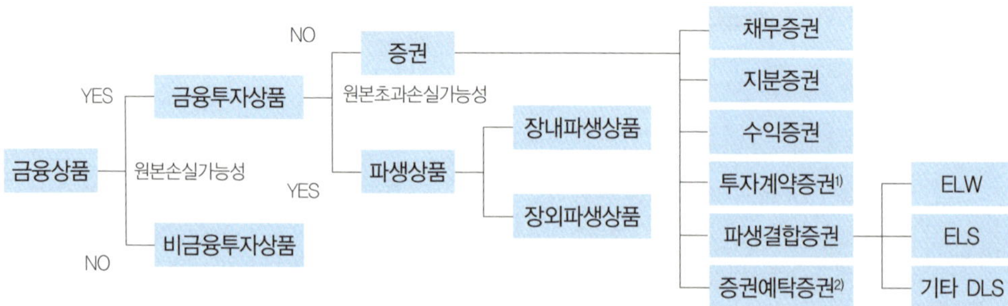

〈그림 9-1〉 손실 가능성에 따른 금융상품 분류

자료: 한국은행, 한국의 금융시장, 2012

〈표 9-3〉 자본시장법상의 증권 분류

<table>
<tr><th colspan="3">전통적 증권</th><th colspan="3">신규 증권</th></tr>
<tr><th>분류</th><th>포괄적 정의</th><th>예</th><th>분류</th><th>포괄적 정의</th><th>예</th></tr>
<tr><td>채무증권</td><td>지급청구권 표시증권</td><td>국채, 사채 등</td><td rowspan="2">투자계약 증권</td><td rowspan="2">타인의 노력에 의하여 수익이 결정되는 증권</td><td rowspan="2">민법상 조합 · 상법상 익명조합을 활용한 간접투자기구에 대한 지분 등</td></tr>
<tr><td>지분증권</td><td>출자지분 표시증권</td><td>주식, 신주인수권 등</td></tr>
<tr><td>수익증권</td><td>신탁 수익권 표시증권</td><td>신탁 수익증권 등</td><td rowspan="2">파생결합 증권</td><td rowspan="2">외생적 지표에 의하여 수익이 결정되는 증권</td><td rowspan="2">주가연계증권(ELS), 신용연계증권(CLN) 등</td></tr>
<tr><td>증권예탁 증권</td><td>증권을 예탁받은 자가 그 증권의 발행국가 밖에서 발행하는 증권</td><td>국내 증권예탁증권(KDR)</td></tr>
</table>

자료: 한국은행, 한국의 금융제도, 2011

3) 판매처별 분류

금융상품 판매처별 분류는 〈표 9-4〉와 같다.

〈표 9-4〉 금융회사별 주요 금융상품

구분	취급 상품	장점	단점
은행 (농 · 수협 중앙회 포함)	(주요상품) 요구불예금, 저축성예금, 신탁상품, CD · RP 등 시장성상품 저축예금, 가계당좌예금, 시장금리부 수시입출금식예금(MMDA), 정기적금, 상호부금, 정기예금, 실세금리연동형정기예금, 양도성예금증서(CD), 환매조건부채권(RP), 표지어음, 금융채, 청약저축, 주택청약예금, 주택청약부금, 장기주택마련저축, 연금신탁, (신)노후생활연금신탁, 특정금전신탁, 퇴직신탁, 생계형저축	- 다양한 부대 서비스 - 광범위한 점포망 및 이용 편리성 - 대출가능	- 비교적 낮은 예금금리 - 중도해지시 낮은 금리 적용
종합금융회사	(주요상품) CMA, CP, 발행어음 기업어음(CP), 발행어음, 표지어음, 어음관리계좌(CMA), 생계형저축	- 단기고수익 - 거액고객에 다양한 서비스 제공	- 개인대출 불가능 - 점포수 적음 - 최소 가입 금액 큼
상호저축은행	(주요상품) 예금, 적금, 신용부금, 표지어음 보통예금, 기업자유예금, 정기예금, 정기적금, 자유적립예금, 장기주택마련저축, 신용부금, 표지어음, 생계형저축	- 고수익 - 대출절차 간단	- 기관신용도 낮음 - 점포수 적음
상호금융 (지역농 · 축협, 지구별수협, 지역산림조합)	(주요상품) 출자금, 예탁금, 적금 출자금, 보통예탁금, 자립예탁금, 정기예탁금, 정기적금, 농어가목돈마련저축, 부금공제, 생계형저축	- 고수익	- 기관신용도 낮음
신용협동조합	(주요상품) 출자금, 예탁금, 적금 출자금, 보통예탁금, 자립예탁금, 자유저축예탁금, 정기예탁금, 정기적금, 자유적립적금, 생계형저축	- 고수익	- 기관신용도 낮음
새마을금고	(주요상품) 출자금, 예탁금, 적금 출자금, 보통예탁금, 자립예탁금, 정기예탁금, 정기적금, 자유적립적금, 생계형저축	- 고수익	- 기관신용도 낮음
자산운용회사	(주요상품) 수익증권, 뮤추얼펀드 단기금융상품펀드(MMF), 수익증권, 뮤추얼펀드, 엄브렐러펀드, 생계형펀드	- 고수익	- 일부상품은 위험도 높음 - 개인대출 불가능
우체국	(주요상품) 우체국 예금 · 보험 보통예금, 가계우대정기적금, 자유저축예금, 근로자우대저축, 저축예금, 환매조건부채권, 정기예금, 복리정기예금, 정기적금, 장학보험, 개인연금보험, 어린이보험, 종합건강보험, 생계형저축	- 원리금 100% 보장 - 광범위한 점포망	- 대출 불가

생명보험회사	(주요상품) 보장성보험, 저축성보험 보장성보험(상해보험, 질병보험, 간병보험, 어린이보험, 교육보험, 암보험, 종신보험 등), 저축성보험(변액보험, 교육보험, 연금보험, 양로보험)	- 보험 혜택 - 저축성보험도 기본적인 보장 기능을 겸함	- 만기 전 해약시 환급액이 이미 납입한 보험료보다 적을 수 있음 - 일반저축상품보다 수익률 낮음
손해보험회사	(주요상품) 재물보험, 배상책임보험, 제3보험, 특종보험, 근재보험, 보증보험, 재보험, 퇴직연금, 장기보험 재물보험(화재보험, 해상보험 등), 배상책임보험(자동차보험, 생산물배상책임보험 등), 제3보험(상해, 질병, 장기간병보험), 특종보험(여행자보험 등), 근재보험, 보증보험, 퇴직연금, 장기보험(재물, 상해, 질병, 운전자, 저축성 등)	- 보험 혜택 - 저축성보험도 대체로 보장 기능을 겸함	- 만기 전 해약시 환급액이 이미 납입한 보험료보다 적을 수 있음 - 일반저축상품보다 수익률 낮음
증권회사	(주요상품) 증권저축, 채권저축, 수익증권, 뮤추얼펀드 단기금융상품펀드(MMF), 수익증권, 뮤추얼펀드, 증권저축, 생계형저축	- 고수익	- 주가 하락시 손실 발생 - 점포수 적음 - 상품이 다양하지 않음
증권금융회사	실권주 청약예수금, 환매조건부채권(RP)	- 고수익	- 점포수 적음 - 상품이 다양하지 않음

자료: 한국은행, 금융생활 길라잡이, 2011

4) 저축목적별 분류

다양한 저축목적별로 적합한 상품 분류는 〈표 9-5〉와 같다.

〈표 9-5〉 저축목적별 금융상품 분류

저축목적	주요 금융상품
주택자금 마련	주택청약예금, 주택청약부금, 주택청약저축, 주택청약종합저축, 장기주택마련저축, 장기주택마련펀드 등
노후생활자금 마련*	노후생활연금신탁, (개인)연금신탁, 연금보험, 역모기지론 등
목돈 늘리기	정기예금, 금전신탁, 수익증권, 뮤추얼펀드, 변액보험 등
자녀교육비 마련	장학적금, 교육보험 등
생활안정성 확보	생명보험, 상해보험, 질병보험(암보험), 손해보험 등
대출을 받기 위한 저축	상호부금, 신용부금 등

* 노후생활연금신탁, (개인)연금신탁은 신규가입이 중단되어 있음.

자료: 한국은행, 금융생활 길라잡이, 2011

〈표 9-6〉 절세 목적 금융상품[1] (2011년 기준)

저축 종목		주요 상품명
비과세	장기주택마련저축	장기주택마련저축, 장기주택마련신탁(펀드 · 보험)
	농어가목돈마련저축	농어가목돈마련저축
	신용협동기구 출자금	출자금
	신용협동기구 예탁금	예탁금
	장기저축성보험	만기 10년 이상의 보험
	생계형저축	저축예금, 정기예적금, 신탁, 보험, 공제, 증권저축, 채권저축 등
	장기주식형펀드	불입금액의 일정비율 소득공제 및 배당소득 비과세
	장기회사채형펀드	거치식으로 가입한 경우 배당소득 비과세
세금우대	세금우대종합저축	정기예적금, 노후생활연금신탁, 은행 금전신탁, 수익증권, 채권저축, 보험저축 등
소득공제	주택마련저축공제	주택청약저축, 근로자주택마련저축, 장기주택마련저축
	연금저축	개인연금저축, 연금저축
	장기주식형펀드	장기주식형펀드
	보장성보험	

주: 1) 계속된 세법개정에 따른 최근 현황은 각 기관별 홈페이지를 참조.
자료: 한국은행, 금융생활 길라잡이, 2011

2. 은행예금과 채권

1) 은행예금과 적금

(1) 상품 성격

은행예금과 적금은 우리나라 국민의 재산 중 부동산 다음으로 큰 비중을 차지한다. 광범위하게 분포된 은행지점들을 통해 쉽게 접근 가능할 뿐 아니라 특별한 리스크가 존재하지 않기 때문에, 대부분 금융소비자들이 부담 없이 택하는 대표적 금융상품이다. 예금은 목돈을 일정 기간 거치한 후 만기 시점에 원리금을 인출하는 반면, 적금은 계약 기간 중 매월 일정 금액을 적립하다가 만기 시점에 원리금을 수령한다는 차이가 있다.

(2) 예금 만기의 선택[2]

적지 않은 금융소비자들이 예금만기 선택 문제를 착각하고 있다. 즉 시장금리가 상승하는 국면에서는 만기가 짧은 예금을 들고, 반대로 하락 국면에서는 중장기 예금을 들어야 한다고 믿는 것이다. 그러나 금융이론 측면에서 보면 이러한 전략이 꼭 옳다고만 할 수 없다. 이를 예를 들어 설명해보자.

현재 정기예금 금리가 6개월 만기 4.00%, 1년 만기 5.06%이며, 투자자는 두 가지 예금 중에서 선택하여 가입해야 한다고 가정하자. 또한, 향후 6개월 시점에서 6개월 만기 금리가 2% 포인트 가량 상승할 것으로 예측한다고 가정하자. 이런 상황에서 보통 투자자들은 6개월 만기 정기예금에 가입하려고 할 것이다. 1년 예금에 가입할 경우 지금부터 6개월 이후 시장금리가 상승했을 때 금리 상승의 혜택을 볼 수 없는 반면, 6개월 예금에 가입한다면 6개월 후 금리 상승 시점에서 높아진 금리혜택을 보고 재예치하면 될 것이라는 판단 때문이다.

이제 '갑'과 '을'이 각각 1억원을 예금하되 '갑'은 6개월 만기 예금에 가입하고, '을'은 1년 만기 예금에 가입한다고 하자. 예측대로 6개월 이후 금리가 2% 포인트 상승했다. '갑'은 6개월 동안의 원리금을 이제 6%(= 4% + 2%)로 6개월 만기 예금에 재예치했다. 물론 '을'은 1년 동안에는 기다리는 것 말고는 일이 없다. 이제 1년이 경과하여 각각의 투자수익률을 계산한 결과가 아래 식에 나타나 있다.

$$\text{'갑'의 총원리금} = (1 + \frac{0.04}{2}) \times (1 + \frac{0.06}{2}) \times 1\text{억원} = 1\text{억 }506\text{만원}$$

---

2 『신용경제』 저자 칼럼(2002년 2월) 참조.

'을'의 총원리금 = (1 + 0.0506) × 1억원 = 1억 506만원

결과는 어떠한가? 시장금리 상승을 예측하고 발 빠르게 움직였다고 생각한 '갑'과 묵묵하게 1년을 묻어둔 '을'의 투자수익은 같다. 이 단계에서 일부 독자들은 저자가 임의로 숫자를 조작하여 이상의 결과가 나오게끔 유도한 것이 아닐까 궁금할 것이다. 답은 '아니다'이다. 저자가 숫자를 조작하는 것이 아니라 시장이 그렇게 하는 것이다. 이제 이를 살펴보자.

만일 1년 정기예금의 금리가 5.06%가 아니라 5.00%라고 하자. 그렇다면 투자자들이 미래금리 상승에 대한 예측을 고려하여, 6개월과 1년 만기 예금의 예상원리금을 계산해보면 6개월 예금이 유리하다는 것을 알게 될 것이다. 따라서 모든 투자자들이 6개월 예금에만 가입하려고 할 것이고, 1년 예금에는 아무도 오지 않을 것이다.

이렇게 되면 예금을 판매하는 은행 쪽에 문제가 생긴다. 다양한 만기의 자금을 조달할 필요가 있기 때문이다. 장사꾼이 안 팔리는 물건의 값을 내리듯이 이 경우에는 은행이 1년 만기 정기예금의 금리를 올리게 될 것이다. 얼마만큼? 당연히 6개월 예금을 거푸 두 번 들거나 1년 예금에 한 번 들거나 결과적 수익률이 꼭 같게 되는 만큼 예금금리를 조정할 것이다. 따라서 금융이론에 따르면 6개월과 1년 만기 예금금리는 다음과 같은 수식적 관계를 갖는다.[3]

$$\left(1 + \frac{\text{현재 6개월 예금금리}}{2}\right) \times \left(1 + \frac{\text{6개월 후 예상되는 6개월 예금금리}}{2}\right)$$
$$= (1 + \text{현재 1년 예금금리})$$

이 식이 금융소비자들에게 주는 시사점은 향후 금리의 움직임에 연연하지 말고,

3 이에 관한 보다 정교한 논의는 '금리의 기간별 구조(term structure of interest rate)'라는 전문 영역에 속하며, 이 책의 범위를 넘어서므로 이 정도로만 해두자.

6개월이든 1년이든 자신이 원하는 만기의 예금을 하라는 것이다. 어느 쪽을 택하든 수익률은 비슷하게 나오게끔 되어 있기 때문이다.

따라서 시장금리 상승국면에서는 만기가 짧은 예금을 들고, 반대로 하락국면에서는 장기예금을 들어야 한다는 일반의 믿음은 잘못된 것이다. 다만, 이러한 믿음이 옳은 것으로 판명되는 경우도 있다. 대표적인 경우는 정확한 시장금리 변화 예상이 다양한 만기의 예금금리에 아직 채 반영되어 있지 않은 경우이다. 일부 전문가들은 이러한 기회를 포착하여 유리한 만기의 예금을 택함으로써 이익을 볼 수도 있지만, 보통사람들이 이러한 고도의 투자전략을 추구하는 것은 사실상 어렵다.

2) 채권

(1) 상품 성격[4]

채권은 채권 발행자 혹은 채무자(대개 기업, 정부 및 지방자치단체)의 의무를 명시한 증권, 즉 일종의 차용증서이다. 채권과 은행예금은 목돈을 맡겨둔 후 만기 시점에서 일정 금액의 약정된 원리금을 지급받는다는 점에서 비슷하다. 다만, 채권은 일반적으로 중도에 정해진 기간 단위로 이표(利票: coupon)를 만기까지 정기적으로 받는다. 채권과 은행예금의 중요한 차이점은 은행예금이 간접금융상품인 데 반해, 채권이 직접금융상품이라는 것이다. 따라서 대부분 예금은 투자자 간 거래가 불가능한 데 비해, 채권은 유통시장에서 투자자들 간 자유로운 손바뀜이 가능하다.

따라서 채권의 특성은 (대개의 경우) 고정적 '(표면)금리(coupon rate)'를 지급한다는 점, 만기가 있다는 점, 만기 이전에 매매가 가능하다는 점 등으로 요약할 수 있다. 추가로 언급할 중요한 특징은 발행자가 부도를 내고 청산절차에 들어갈 경우, 채권이 주식에 앞서 선순위(先順位) 청구권을 갖는다는 것이다. 이 때문에 채권은

---

4 채권은 이해하고 접근하기 어려운 상품이다. 보통 투자자들도 주식은 쉽게 거래하지만 채권은 어려워한다. 하지만 어려울수록 기본에 충실하여 접근하면 이해가 쉬워진다.

주식에 비해 리스크가 작으며, 따라서 기대수익도 상대적으로 낮다.

채권이 보통사람들이 이해하고 접근하기 까다로움에도 불구하고, 재테크에서 중요한 위치를 차지하는 이유를 살펴보자. 채권가격은 채권을 보유함으로서 얻게 되는 미래가치 또는 현금흐름을 적정한 리스크 조정 할인율로 할인하여 구한다. 이때 할인율을 '만기유통수익률(yield to maturity)'이라고 하는데,[5] 이는 대표적 시장금리로서 금융시장 내 다른 자산들의 가격을 결정하는 기준이 된다. 즉 다른 금융상품들의 기대수익률은 채권 대비 해당 상품의 리스크를 상대적으로 비교하여, 고위험(리스크)-고수익의 원칙하에 결정된다. 또한, 만기유통수익률의 움직임은 금융시장의 완화와 경색 정도를 나타내는 대표적 지표로서, 각 경제주체들의 투자의사결정에 큰 영향을 준다. 따라서 채권의 이해는 재테크의 첫 출발점이라고 할 수 있다.

---

5 채권을 이해하는 데에 어려움을 주는 원인 중 하나는 다양한 수익률 관련 용어들 때문이다. 이 책에서는 표면금리와 만기유통수익률만 소개하고, 나머지는 원하는 독자들에 한하여 심화학습에 맡긴다. 표면금리는 채권 발행시점에서 약속한 것으로서, 액면가에 표면금리를 곱하면 연간 지급이자가 산출된다. 만기유통수익률은 채권 보유로부터 나오는 미래 현금흐름을 할인하는 특정한 할인율로서, 할인된 현재가치들의 합을 채권시장 수급에서 결정된 시장가격과 일치시키는 할인율을 뜻한다.

〈채권에 등장하는 수익률의 종류〉

종류	주요 내용	비고
명목금리	돈의 가치 변동, 즉 물가 변동을 고려하지 않은 금리	돈의 가치 즉 물가 변동 고려 여부
실질금리	명목금리에서 물가상승률을 뺀 금리	
총수익률	만기까지 받는 총수익의 투자원금에 대한 비율	–
연평균 수익률	만기가 1년 이상인 상품에 있어서 만기까지의 총수익률을 계약 년수로 나누어 산출한 수익률	–
표면금리	예금증서, 채권 등의 표면에 기재된 이자율을 말하며, 단순히 연간 이자수입만을 나타내는 금리	–
실효수익률(연수익률)	원금, 이자 및 그 이자의 재투자수익 등을 모두 더한 총수입금액의 원금에 대한 1년 단위 증가율	실효수익률에서 세금까지를 고려한 세후 실효수익률이 금융상품 선택 기준이 됨

자료: 한국은행, 금융생활 길라잡이, 2011

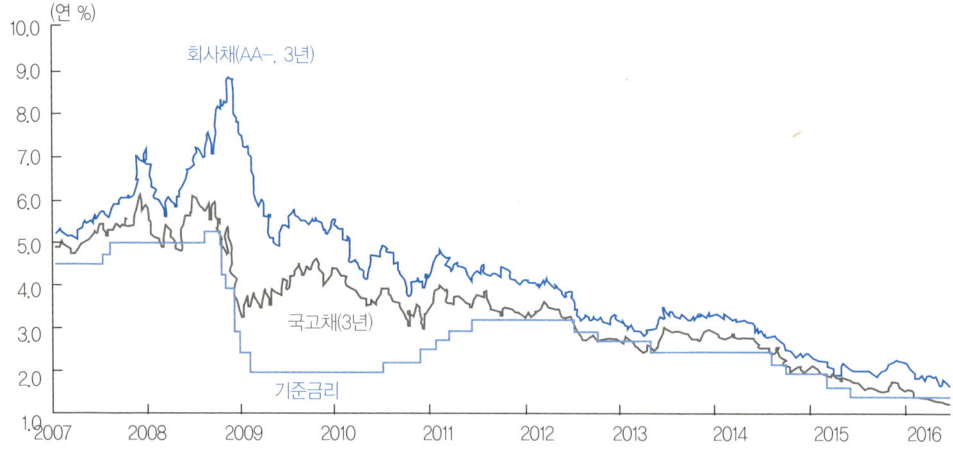

〈그림 9-2〉 채권유통수익률 및 기준금리

자료: 한국은행, 금융투자협회

자료 재인용: 한국은행, 한국의 금융시장, 2016

(2) 채권가격과 시장금리의 관계[6]

'갑'이 오늘 100원을 주고 (표면)금리 10%짜리 채권을 매입했다. (다른 변화가 없으면) 채권을 만기까지 보유할 경우 6개월 후 105원, 1년 후에는 110원이 된다. 그런데 '갑'이 사정이 있어서 매입 후 바로 다음날 채권을 매도하고자 하는데, 그때 시장금리가 20%로 상승했다고 하자. '갑'은 바로 어제 100원 주고 샀다고 해서 채권을 같은 값에 매도할 수 있을까? 그렇지 않다.

이때 시장에 채권을 새롭게 매입하고자 하는 '을'이 있다. '을'은 (표면)금리 20%에 새롭게 발행되는 채권을 매입할 수도 있고, '갑'이 이미 갖고 있는 (표면)금리 10%짜리를 살 수도 있다. 두 채권의 값이 같다면 '을'은 당연히 '갑'의 채권을 사지 않고, 새롭게 발행되는 20% 금리 채권을 매입할 것이다. 따라서 '갑'이 채권을 팔기

6 '파이낸셜 뉴스' 저자 칼럼(2001년 3월 14일) 참조.

위해서는 100원보다 싼값에 내놓아야 할 것이다. 물론 반대의 경우도 가능하다. '갑'이 채권을 매입한 시점의 금리보다 시장금리가 하락한 시점에서 매도하고자 하면, 시장에서 채권을 원래 매입가보다 비싼 값에 팔 수도 있다. 따라서 채권가격은 시장금리와 반대 방향으로 움직인다. 이때 시장금리는 정확하게는 만기유통수익률을 의미하며, 만기유통수익률이 하락(상승)할 경우 채권가격이 상승(하락)하여 채권시장은 강세(약세)를 보인다고 한다.

(3) 다양한 채권의 종류

채권의 종류는 일반적으로 주식의 종류보다 많다. 이는 채권이 다양한 조건에 맞춰 발행 가능하기 때문이다. 우선 이자 지급조건을 보면 만기까지 정기적으로 이자를 지급하거나(이표채: 利票債), 중도에 이자를 지급하지는 않지만 대신 액면가보다 싸게 매입할 수 있도록 하거나(할인채: 割引債), 만기 시점에 원리금을 한꺼번에 지급할 수도 있다(복리채: 複利債).

또한, 채권 발행자가 부도를 낼 경우 제3자가 대신 갚아주는 보증채(secured)와 아무 보장 없는 무보증채(unsecured)가 있으며, 만기 이전이라도 발행자가 원리금을 강제 상환하거나 투자자가 조기상환을 요구할 수 있는 채권들도 있다.[7] 전환사채(convertible bond)는 발행 시점에서는 채권이지만 일정 조건을 충족할 경우 주식으로 전환 가능한 채권이며, 변동금리채권(floating rate bonds)는 지급이자가 채권 발행시점에서 고정된 것이 아니라 시장금리를 반영하여 변동하는 것이다. 그 외에 우선주(preferred stock)는 만기가 없다는 점에서 주식의 성격을 갖지만, 고정수익을 지급한다는 점에서 채권의 성격을 갖기도 한다.

한편, 채권은 발행주체에 따라 비금융기업들이 발행하는 회사채, 금융회사가 발행하는 금융채와 더불어 국가, 지방자치단체, 공기업들이 발행하는 국공채와 특수

7 이를 각각 Call 또는 Put provision이라고 한다.

〈표 9-7〉 채권의 종류

채권명	발행기관	발행근거법	발행한도
국고채권	정부	국채법	국회동의를 받은 한도 이내
국민주택채권	〃	주택법	〃
재정증권	〃	국고금관리법	〃
통화안정증권	한국은행	한국은행 통화안정증권법	금융통화위원회가 설정하는 한도 이내
은행채	은행	은행법	자기자본의 3배 이내
회사채	주식회사	상법	없음[1]
산업금융채권	한국산업은행	한국산업은행법	자본금 및 적립금의 30배 이내
한국전력채권	한국전력공사	한국전력공사법	자본금 및 적립금의 2배 이내
예금보험기금채권 상환기금채권	예금보험공사	예금자보호법	국회동의[2]를 받은 한도 이내
부실채권정리기금채권	한국자산관리공사	한국자산관리공사법[3]	〃

주: 1) 2012년 4월부터 발행한도가 폐지되었음

2) 통상적으로 정부보증에 의해 발행되며 이 경우 국회동의가 필요함

3) 정식명칭은 '금융회사부실자산 등의 효율적 처리 및 한국자산관리공사의 설립에 관한 법률'임

자료: 한국은행, 한국의 금융시장, 2012

채 등이 다양하게 존재한다.

(4) 채권 투자전략[8]

채권 투자방법은 직접투자, 펀드를 통한 간접투자, ETF를 통한 투자의 세 가지가 있다. 각각에 대한 자세한 설명은 〈표 9-8〉로 갈음하고, 여기서는 직접투자의 사례만 살펴보자.

채권을 직접 매입하는 목적은 시장금리 등락에 따른 시세차익을 겨냥하는 것과 만기보유로 양분된다. 금리가 높을 때(즉 채권가격이 쌀 때) 채권을 사서 하락할 때(즉 채권가격이 상승할 때) 파는 목적이라면, 시장리스크에 노출되어 불안하므로 금

8 『참여정부 시기의 금융이야기』(김진호 저, 이화여자대학교출판부, 2007) 참조.

〈표 9-8〉 채권 투자방법들

구분	직접투자	일반펀드	ETF
환금성	높은 편(통상 T+2일)	상대적으로 낮은 편 (투자대상에 따라 상이)	높은 편(통상 T+2일)
적용가격	매매체결시 가격(T일)	미래가격 (통상 환매금 지급일 전일 기준가)	매매체결시 가격(T일)
거래비용	낮은 편(증거금, 거래수수료)	상대적으로 높은 편 (운용보수, 판매수수료 등)	중간(운용보수, 거래수수료)
투자위험	대체로 높음	낮음	낮음
거래단위	통상 100억원	중간	소액 거래(10만원)
거래투명성	낮음	중간	높음
상품의 다양성	높음	높음	낮음
증거금 및 마진콜	있음	없음	없음

자료: 한국은행, 한국의 금융시장, 2012

리상승이 예견되는 시점에서는 바람직하지 않다. 여기서는 만기보유 목적의 투자 사례를 통해 채권투자의 매력을 살펴보고자 한다.

매입 대상 채권은 3년 만기 복리채로서 표면금리가 3.9%이다. 액면금액을 1억원이라고 하면 만기시점에서 수령하게 되는 원리금은 다음과 같다.

$$100{,}000{,}000 \times 1.039^3 = 112{,}162{,}232$$

채권 발행은 2006년 1월 1일, 매입 시점은 2006년 1월 12일이고, 매입 시점의 만기유통수익률(yield-to-maturity)이 5.26%라고 하자. 그렇다면 채권매입을 위해 지불한 돈 계산은 다음과 같다.

$$\frac{112{,}162{,}232}{1.0526^2 \times \left(1 + 0.0526 \times \frac{353}{365}\right)} = 96{,}332{,}013$$

따라서 만기시점까지 보유할 경우 채권투자로부터 얻게 될 (확정) 수익은 다음과 같다.

$$112,162,232 - 96,332,013 = 15,830,232$$

이자소득세가 15.4%라고 할 때 지불해야 할 세금을 계산하면[9]

$$0.154 \times (112,162,232 - 100,000,000) = 1,872,983$$

이 되고, 따라서 세후수익금과 세후 총수익률은 각각 다음과 같이 계산된다.

$$15,830,232 - 1,872,983 = 13,957,235$$

$$13,957,235 / 96,332,013 = 14.49\%$$

이제 채권투자와 은행정기예금 간 수익성 비교를 해보자. 안전성면에서는 둘 다 비슷하다고 가정한다. 수익성 비교를 위해서는 우선 다음과 같이 채권의 세후연평균수익률과 은행환산 세전수익률을 구해야만 한다.

$$\text{세후연평균수익률} = \frac{14.49\%}{1083\text{일}} \times 365 = 4.88\%$$

$$\text{은행환산 세전수익률} = \frac{4.88}{(1 - 0.154)} = 5.77\%$$

이때 은행환산 세전수익률은 이 채권의 만기와 같은 '3년 만기' 은행정기예금의 금리와 직접 비교되는 것이라고 생각하면 된다.

9 이 책을 쓰는 시점에서 채권은 액면가를 넘어서는 차익에 대해서만 과세한다.

은행환산 세전수익률 5.77%는 복리효과를 고려할 경우 은행에 1년 만기 정기예금을 연 5.46% 금리에 3년 동안 재예치한 것과 비슷한 성과라고 할 수 있다.[10] 채권이 발행된 2006년 당시 1년 만기 정기예금금리가 4.50% 전후였음을 고려한다면, 이번 사례의 채권투자는 상당히 만족스러운 결과를 보였다고 할 수 있다.

여기서 일부 독자들은 다음과 같이 반박하고 싶을 수도 있다. 채권 매입시점에서는 1년 만기 정기예금 금리가 4.50%에 불과하지만 이후 시장금리가 상승할 경우 복리효과까지 고려했을 때, 실제로 이 채권을 매입한 것보다 정기예금에서 더 높은 누적수익률을 실현할 수도 있다고 말이다. 이에 대한 정밀한 분석은 이 책의 수준을 넘어서는 어려운 '수학(數學)'을 사용해야 하므로, 자세한 증명은 생략하고 직관적으로 간단하게 설명해보자.

앞서 든 사례에서 향후 3년 동안 1년 만기 정기예금 금리 평균이 5.46%라면 채권을 매입하든, 아니면 1년 만기 정기예금으로 복리(複利) 투자를 하든 대략 비슷한 투자성과를 얻을 것이다. 하지만 채권 발행시점인 2006년 예금금리가 4.50%인데 향후 3년 동안 평균이 5.46%가 되려면, 이후 매년 1%씩 상승하여 2년 후에는 1년 만기 정기예금금리가 6.50% 정도는 되어야 한다는 계산이 나온다. 시장금리를 정확하게 예측한다는 것은 늘 어려운 일이지만, 2006년 시점에서 금융시장의 전반적 판단은 향후 2년간 2%p 금리 상승은 어렵다고 판단하고 있었다. 그러므로 매년 1년 만기 정기예금에 원리금을 복리(複利) 재예치하는 것보다는 채권을 매입하는 것이 상대적으로 유리하다고 판단할 수 있었다.

여기까지 읽고 따라온 독자들은 이렇게 복잡한 분석을 하느니 아예 적게 먹고 가늘게 살겠다는 생각을 할 수도 있다. 이미 언급한 바와 같이 채권은 일반인들이 분석하기에 용이한 대상이 결코 아니다. 그래서 주식과 채권 중 어느 것이 더 투자하기가 어려운가에 대한 질문을 받는다면, 저자는 망설임 없이 채권이 더 어렵

10 이에 대한 상세한 증명은 생략한다.

다고 얘기한다. 사실상 주식에 대해서는 아직도 그 움직임을 이해하기 어려운 이례현상들(anomalies)이 많이 나타날 뿐 아니라, 심리적 요인이나 비합리적 의사결정에 따라 움직이는 부분이 많아서 이제까지 밝혀진 이론들만으로는 그 움직임을 제대로 분석하기가 참으로 어렵다. 저명한 경제학자, 금융학자들도 주식투자에서 대패(大敗)하곤 하는 것은 이 때문이다. 많이 배운 사람이나, 그렇지 못한 사람이나 투자성과가 큰 차이가 없을 수 있다는 점에서, 오히려 주식투자에서 공부가 그다지 중요하지 않다고 역설적으로 말하기도 한다.

하지만 채권의 경우는 다르다. 채권을 공부하여 이를 엄밀하게 분석할 수 있는 사람과 그렇지 못한 사람 간에 투자성과는 큰 차이를 보이는 것이 당연하다. 좀 더 강하게 말하자면 채권을 공부하지 않고 이에 투자한다는 것은 제정신이 아니라고 말해야 할 정도이다. 그렇다고 하여 앞서 사례에서 살펴본 바와 같이 종종 정기예금보다 유리할 수 있는 채권에 대한 투자를 단지 공부가 부족하다 하여 배제(排除) 당한다는 것은 억울할 수 있다. 투자자들을 돕기 위한 전문 투자상담사 또는 PB(private banker)들의 역할이 여기에 있는 것이다.

(5) 채권 투자에 따른 리스크

채권 투자에는 금리리스크, 유동성리스크, 신용리스크 등이 존재한다. 만기보유 목적이 아니라 중도매각을 겨냥하고 채권을 매입한 경우, 시장금리가 예상외로 상승하게 되면 투자손실이 발생하는데 이러한 가능성을 금리리스크라고 한다. 한편, 중도매각을 하고자 했으나 금융시장 상황이 여의치 않아서, 원하는 때 채권을 쉽게 매각하지 못할 가능성을 유동성리스크라고 한다.

채권 발행자가 약속한 이자를 제때 지급하지 못하거나 만기 시점에서 원금상환에 실패할 가능성을 신용리스크라고 한다. 신용리스크 판단은 일반인에게는 어렵기 때문에 신용평가회사의 도움을 받아야 한다. 신용평가사별로 다양한 방식의 평가를 하지만 대개 투자등급(Investment grade)은 안전하다고 보고, 투기등급

(Speculative grade)은 각별한 주의가 필요하여 아마추어 투자자에게는 적합하지 않다고 보면 된다.

3. 주식

1) 상품 성격[11]

(1) 주식과 채권의 비교

채권이 발행주체의 타인자본 조달수단이라면 주식은 자기자본 조달수단이며, 채권 보유자는 채권자, 주식 보유자는 주주가 된다. 채권을 소유할 경우 (대개의 경우) 고정수익을 수령하고 만기 시점에서 원금상환 권리를 갖는 반면, 주식을 소유할 경우 배당가능 이익이 있을 때 배당을 수령할 수 있다. 채권은 (대개의 경우) 만기가 존재하는 기한부 증권으로서 소유자는 회사 청산 시 주주에 우선하여 변제권을 갖는 반면, 주식은 만기가 없는 영구증권으로서 회사 청산 시 채권자 대비 후순위로 잔여재산을 배분받는다.

(2) 주가 상승의 기대

일반투자자 입장에서 재테크 수단으로 부동산보다는 주식에 대한 이해의 정도가 높고, 환금성도 용이하다고 판단된다. 따라서 최근의 저금리를 극복할 수 있는 대안으로 주식에 대한 투자자들의 기대가 높은 편이다. 기업의 입장에서 주식은 어떠한가? 주가가 상승하면 기업들이 유상증자를 통한 자금조달이 쉬워져 부채비율을 낮출 수 있으며, 이는 기업의 부도 가능성을 낮춰 안정적 경영을 가능하게 해

11 『신용경제』 저자 칼럼(2001년 11월) 참조.

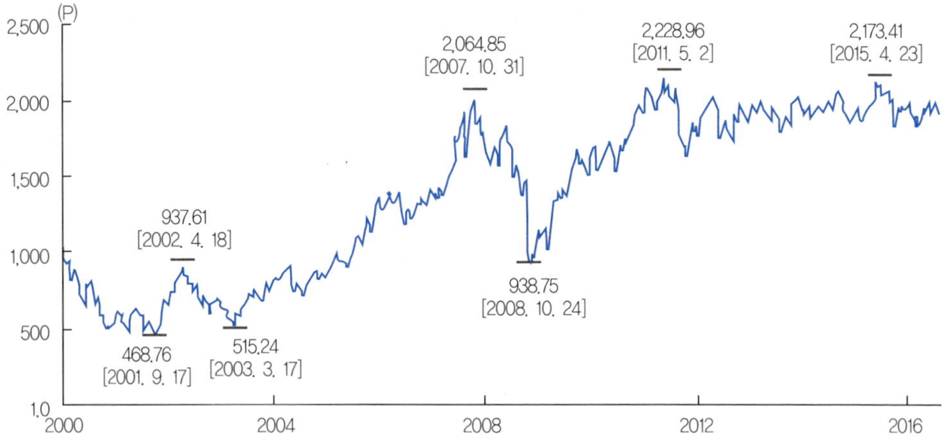

〈그림 9-3〉 코스피 지수

자료: 한국은행, 한국의 금융시장, 2016

준다. 주가 상승은 금융회사, 특히 은행에게도 도움을 줄 수 있다. BIS 비율을 맞추기 위한 무리한 고금리 후순위채 발행을 하지 않아도 되며, 정부 보유지분의 시장매각을 원활하게 하여 '은행주인 찾아주기'를 통한 독립경영을 가능하게 할 것이다. 한편, 정부의 입장에서도 주식시장의 회복은 그간 투여된 공적자금 회수를 가속화시켜, 향후 공적자금이 추가로 필요한 부실 부문의 구조조정을 원활하게 해줄 수 있다.

이처럼 주가 상승은 대부분 경제주체들에게 바람직한 영향을 미칠 것으로 보이지만, 안타깝게도 우리나라 주식시장은 최근까지도 이러한 기대를 충족시키지 못했다. 경제주체들은 기대는 크지만, 그간 주식시장이 준 실망감과 안타까움만 가슴에 접어두고 있을 뿐이다.

2) 주가의 결정요인

흔히들 주가는 재료(材料)와 수급(需給)에 따라 결정된다고 하는데, 이때 재료에 따라 결정되는 것을 앞서 살펴본 내재적 가치, 수급에 따라 결정되는 것을 시장가격이라고 할 수 있다. 그런데 시장 격언은 수급이 재료를 우선한다고 한다. 즉 주가를 결정하는 3대 재료인 기업의 기대수익, 시장금리 및 리스크에 큰 변화가 없어도, 당장의 주식의 수요와 공급 변화를 통해서 주가가 변화한다는 것이다. 이 말은 '단기적' 관점에서만 타당하다.[12] 중장기적으로는 재료와 수급은 수렴한다. 즉 주식의 내재적 가치와 시장가격은 수렴한다.

(1) 주가의 내재적 가치 결정요인(재료)

주가의 방향을 잡는 근원은 세 가지로 요약할 수 있다.[13] 기업의 미래수익, 시장금리 그리고 리스크이다. 이를 하나씩 살펴보자.

기업의 미래수익

주가는 말 그대로 주식의 가치이다. 우리가 빵을 먹으면 배고픔을 잊고 옷을 입으면 따스함을 얻는다. 이들이 곧 빵과 옷의 가치이다. 그렇다면 주식의 가치는 무엇인가? 주식을 갖게 되면 먹거나 입을 수는 없지만, 기업이 벌어들이는 미래 수익을 배당이라는 형태로 나누어 갖게 된다. 이것이 주식이라는 자산의 미래가치이다. 따라서 기업의 미래수익이 주식 가치의 원천이며, 주가를 결정하는 첫 변수이다.

기업의 미래수익을 정확하게 예측하기 위해서는 해당 기업에 대한 심도 있는 이해가 당연히 필요하지만, 이외에도 기업경영성과에 영향을 미치는 외부환경 변수들, 즉 GDP, 실업률, 소비자심리(Consumer sentiment) 및 국제경제 환경 등에 대한 해박한 지식도 필요로 한다.

---

12 『신용경제』 저자 칼럼(2001년 11월) 참조.

13 『신용경제』 저자 칼럼(2000년 9월) 참조.

시장금리

기업수익에서 창출되는 배당은 현재가 아니라 미래가치이다.[14] 기업의 예상 배당액(즉 미래가치)를 시장금리로 할인한 값(즉 현재가치)이 현재 시점의 주가가 되므로, 시장금리는 주가를 결정하는 두 번째 변수가 된다.

리스크

기업의 미래수익과 배당액은 현재 시점에서 확실하게 알 수 없고 다만 예측만 할 뿐이다.[15] 예측은 실제치와 달라질 리스크를 갖고 있으며, 이때 적정 할인율은 이를 반영하여 리스크 프리미엄만큼 커져야 한다. 따라서 기업 미래 수익의 리스크는 주가를 결정하는 세 번째 변수가 된다. 이상의 논의를 요약하면 주가의 내재적 가치는 기업의 미래수익이 클수록, 시장금리가 낮을수록, 그리고 리스크가 작을수록 커진다.

(2) 주가 예측[16]

대공황 당시 뛰어난 통찰력으로 획기적 이론을 제시하여 난국 돌파의 일등 공신이었던 경제학자 케인즈조차도 주식투자에 실패하여 곤란을 겪은 적이 있다.[17] 금융학자들은 예측 불가능한 주가움직임을 'Random Walk'이라 부른다.[18] 한때는 금

---

14 서양 속담에 '손 안의 새 한 마리가 숲 속의 새들보다 낫다'는 말이 있다. 1년 후의 1,000만원과 현재의 1,000만원은 가치가 다르다. 현재의 1,000만원이 더 낫다. 그렇다면 현재의 1,000만원과 동일한 가치를 갖는 1년 후 돈, 즉 미래가치는 얼마가 되어야 하는가? 1,100만원? 또는 1,200만원? 이를 결정해주는 것이 시장금리이다. 금리가 10%라고 하는 것은 현재가치 1,000만원과 1년 후 미래가치 1,100만원의 가치가 같다는 뜻이다. 이를 바꾸어 말하면 1년 후 미래가치 1,100만원을 시장금리 10%로 할인하면 현재 시점에서 현재가치 1,000만원의 가치를 갖게 된다는 것이다.

15 예를 들어 1년 후 수익이 1/2의 확률로 1,000만원이 되거나, 나머지 확률로 1,200만원이 된다고 가정하자. 이 경우 기댓값은 1,100만원이지만, 투자자들은 이는 1년 후에 확실하게 1,100만원이 되는 것보다 못하다고 느낀다. 따라서 후자의 경우 시장금리로 할인한 현재가치가 1,000만원이라면, 전자의 경우는 당연히 1,000만원에 미달한다. 그리고 이 차이는 미래에 대한 불확실성, 즉 1,100만원을 중심값으로 하여 예상변동폭이 클수록 커진다.

16 『신용경제』 저자 칼럼(2002년 1월) 참조.

17 금융 전공 교수들이라고 하여 주식 투자에서 시장평균을 능가하는 뛰어난 성과를 보이는 경우는 많지 않다.

18 이를 직역 또는 의역(意譯)한 여러 단어가 있으나, 저자는 '술 취한 사람의 갈 지(之)자 걸음'이 본래 의미에 잘 맞는

융학계에서 이러한 주가움직임을 근거로 주식시장이 비합리적으로 움직인다고 주장한 사람들도 있었다.[19] 그러나 이후 학자들의 연구결과 주가의 어지러운 움직임은 합리적인 투자자의 판단과 그에 따른 행동에 기초함이 밝혀졌다.

예를 들어 설명해보자. 어떤 기업이 경제성 높은 해외 유전을 개발하는 데에 성공했다. 이 기업이 사실을 공식적으로 확인하여 언론에 공표하기 전까지, 이 소식은 사전에 많은 사람의 입과 귀를 거칠 것이다. 회사 내 관련 임직원들, 그들의 가족과 친구들, 협력회사 임직원들… 아무리 기밀을 유지한다 하더라도 주가에 영향을 미치는 정보는 새어나오기 십상이다. 이에 따라 주가는 새로운 정보를 반영하여 적정한 수준만큼 상승한다. 이러한 조정은 빠른 속도로 이루어지는 것이 보통이다. 그래서 때가 되어 언론에 공식적으로 발표되고 모든 사람들이 알게 되었을 때는 이 정보를 활용해서는 이미 주식투자하기에 늦은 시점이 된다.

결국 일반투자자들이 '누구나 공개적으로 얻을 수 있는' 정보를 갖고서 정확한 주가예측을 하는 것은 어렵다.[20] 주가는 새로운 정보의 도착에 따라서만 움직이며, 새로운 정보의 내용과 도착시점은 'random'하게 움직인다. 따라서 주가는 합리적 시장에서도 'random walk'을 한다. 따라서 정확한 주가예측은 현실적으로 어렵다. 이를 전문 용어로 '효율적 시장 가설'(Efficient Market Hypothesis)이라고 한다.

그렇다면 많은 투자자들이 원하는 주가예측은 원천적으로 불가능한 것인가? 꼭 그렇지만은 않다. 미래에 대한 예측은 정확하고 충분한 정보와 이에 대한 합리적 판단에 기초한다. 효율적 시장 가설은 누구나 쉽게 공개적으로 얻을 수 있는 정보를 갖고서는 남들을 능가하는 높은 수익을 달성할 수 없다는 것뿐이다. 따라서 일반인들에 앞서 새로운 정보를 탐색할 수 있는 전문성을 갖춘다면, 적어도 이론적

다고 본다. 많이 취한 사람이 걷는 모습을 보면 정해진 행로가 없이 왔다갔다 정신없게 만든다. 도저히 가는 방향을 종잡을 수 없는 그 모습이 곧 주가움직임과 같다는 것이다.

19 술 취한 사람이 합리적이지 않을 것이기 때문이다.

20 널리 사용되는 주가예측 방법으로 기본적 분석(fundamental analysis)과 기술적 분석(technical analysis)이 있다. 이에 대한 자세한 설명은 이 책에서 생략한다.

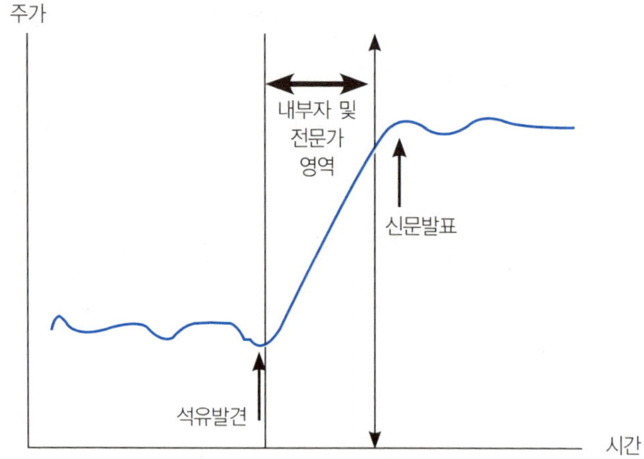

〈그림 9-4〉 효율적 시장에서의 주가 움직임

으로 남들보다 빠르고 정확한 주가예측이 가능하다. 우리 주변에는 사실 누구나 보고 있지만 귀중한 가치를 인정받지 못하고 떠도는 정보가 많이 있다. 새로운 정보에 대한 발 빠른 접근과 이의 가치를 파악하여 주가예측에 연결할 수 있는 뛰어난 분석능력이 주식투자의 중요한 관건이다.[21]

3) 성공적 주식투자[22]

(1) 준비과정

실패하는 아마추어의 주식투자 패턴은 비슷하다. 주가 상승 초기에는 별반 관심이 없다가 이미 주가가 충분히 상승하여 조정이 예상되는 시점에서 주변의 열기에 밀려 주식시장에 첫발을 담근다. 그러다가 주가 조정이 시작되면 당황하면서 최고

---

21 이러한 관점에서 기업의 회계부정이 주가에 미치는 악영향은 크다. 왜곡된 정보를 시장에 제공하기 때문이다. 재무제표는 기업의 성적표이다. 성적표의 조작 가능성은 리스크 프리미엄의 증대, 즉 미래 기업수익을 현재가치로 평가하는 할인율의 상승으로 나타나 주가하락 요인이 된다.

22 『신용경제』 저자 칼럼(2003년 7월) 참조.

점에 대한 환상에서 벗어나지 못하고, 주가가 언젠가는 다시 회복되리라는 자기최면에 빠진다. 결국에 주가가 상당 폭 하락하면 실망과 자괴감 속에 주식을 처분하고 시장을 떠난다. 다시는 주식거래를 하지 않겠다는 다짐과 함께… 그러나 시장이 회복되어 주가가 다시 상승세를 보이기 시작하면 아마추어는 이러한 패턴을 다시 반복한다. 결국 충분한 준비 없는 아마추어가 주식시장에서 돈을 버는 것은 어렵다.

성공적 주식투자에 관해서는 많은 논문과 서적들이 산더미처럼 쌓여 있어, 이들을 한마디로 요약한다는 것은 거의 불가능하다. 줄이고 줄여 요점만 모아 강의를 한다고 해도 최소 한 학기 이상이 필요할 것이다. 그런데 다양한 주식투자 방법들 중에서도 사람마다 믿고 애용하는 투자기법이 따로 있게 마련이다. 저자의 지인들이 저자가 금융을 전공했다는 이유, 하나 더하자면 교수가 되기 전에 증권회사에 근무했었다는 경험을 인정하여 종종 주식투자에 대해 자문을 구하는데 그때마다 저자의 대답은 다음과 같다. 첫째, 금융 전공 교수나 증권회사 임직원의 투자수익률이 일반인들보다 높다는 구체적 증거가 없다(물론 더 낮다는 증거도 없지만!). 둘째,

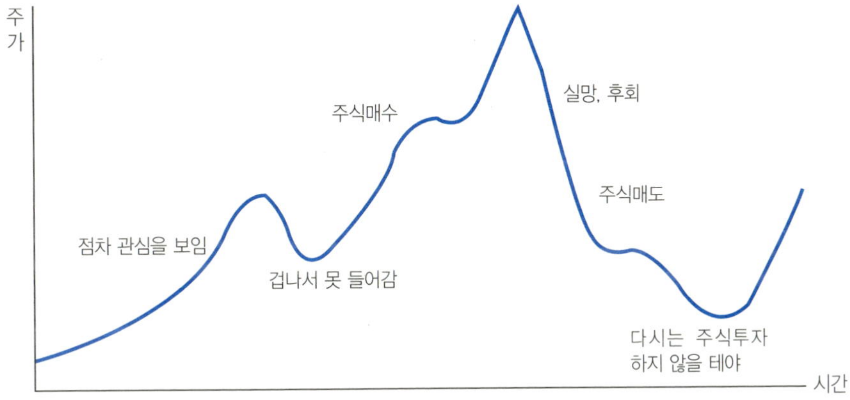

〈그림 9-5〉 개인의 주식투자

자료: 삼성증권

그럼에도 불구하고 굳이 조언을 구한다면 '바보 온달과 평강공주' 이론을 추천한다.

고구려의 평강공주는 남들이 바보라 칭하는 온달의 장래 가능성을 알아보고, 공주라는 신분을 버려가면서까지 그를 남편으로 택하여 후일 나라를 지키는 훌륭한 인물로 키워낸 지혜와 용기를 갖춘 인물이다. 주식투자도 이와 다를 바 없다. 지금은 인기가 없어 버려진 것처럼 보이지만 향후 발전 가능성이 있다고 판단되는 회사의 주식을 사서 참고 묻어두면, 시간이 지나 큰 수익으로 보답을 하게 마련이다. 일견 쉬워 보이는 이 방법을 왜 많은 사람들이 놓치고 있는 것일까?

대개 사람들이 이를 놓치는 이유는 두 가지다. 첫째는 미래를 내다보는 지혜가 부족한 경우이다. 평강공주의 주변에는 고구려와 주변 여러 나라의 훌륭한 가문에서 태어나 좋은 교육을 받은 멋진 청년들이 많았지만, 공주는 온달이라는 아직 닦이지 않은 보석을 발견할 수 있는 지혜가 있었다. 재테크에서도 남들이 모두 좋다고 하는 곳에서 큰돈을 벌기는 쉽지 않으며, 남들이 쳐다보지 않는 곳에서 일찍 미래를 발견하는 지혜를 깨쳐가야 한다.

두 번째로 필요한 것은 용기이다. 평강공주가 온달과 결혼하고자 했을 때 아버지인 고구려왕을 포함한 가족들의 반대가 어떠했을지 미루어 짐작하고도 남음이 있다. 평강공주는 이들 모두의 반대를 무릅쓰고 온달을 훌륭하게 만든 다음에 떳떳하게 이들 앞에 다시 나섰던 것이다. 주변 사람들 모두가 반대하는 가운데 남편을 훌륭한 사람으로 만들기 위해, 오랜 기간 마음고생을 이겨낸 평강공주의 용기야말로 칭찬을 아끼지 않아야 할 덕목이다. 주식투자에는 '남들이 다니지 않는 뒷길에 예쁜 꽃이 피어 있다'는 격언이 있다. 예쁜 꽃이 필 것이라는 믿음을 갖고 씨앗을 심었으면 매번 쳐다보면서 왜 빨리 안 자랄까하고 초조해할 것이 아니라, 꽃이 피는 미래를 끈기 있게 기다리는 용기를 가져야 한다.

주식투자를 하면 많은 이론과 현실적 조언을 주변에서 듣게 된다. 하지만 결국 주식투자란 남들보다 앞서 유망한 주식을 선정할 수 있는 '지혜'와 더불어 남들이 뭐라 하든 이를 추진할 수 있는 '용기' , 두 가지가 중요한 투자덕목임을 잊지 말아야 한다. 지혜란 충분한 학습과 사유(思惟)로부터 나오며, 용기란 깊은 자기성찰과 결단으로부터 나온다.[23]

(2) 성공적 주식투자 기법[24]

주식에서 돈을 버는 방법에는 상, 중, 하책의 세 가지가 있다. 상책(上策)은 남들과 거꾸로 하는 것이다. 종합주가지수가 폭락하고 다수의 전문가들이 비관적 예측을 쏟아내며 모두가 주식투매에 나설 때 과감하게 매입했다가, 대부분 언론들과 주변의 지인들이 한 목소리로 주식시장을 낙관적으로 예측할 때 팔고 나오는 것이다.

중책(中策)은 투자자 각자의 상황에 맞추어 전체 운용자산의 일정비율만큼을 주식에 투자하겠다고 스스로 규칙을 정해두는 것이다. 예를 들면 시장이 아무리 암울해보여도 전체 자금 중 주식 투자 비중을 20% 이상 유지하고, 반대로 극단적으로 낙관적 시장상황에서도 40% 이하로 유지하겠다고 정해두는 것이다. 이렇게 하면 적어도 꼭지점에서 막차로 매입하고, 바닥에서 울면서 매도하는 절망적인 상황은 면할 수 있다.

하책(下策)은 적립식으로 투자하는 것이다. 시장상황이 좋다고 투자금액을 늘리거나, 반대로 침체기에 금액을 줄이는 일은 없어야 한다. 일정금액을 꾸준히 나누어 투자하면 의외로 양호한 투자결과를 누릴 수 있다. 적립식투자에서의 고민은 투자기간을 어느 정도로 유지할 것인가 하는 점이다. 즉 매입시점이 분산되어 고민이 없지만 매도시점의 판단이 어렵다.

주식투자에서 가장 피해야 할 것은 미래의 주가를 예측할 수 있을 것이라는 착각으로 매매시점 포착전략을 스스로 구현하는 것이다. 정보의 양과 질, 급등락 장

---

23 이런 점에서 저자는 우리나라 대학생들이 너무 일찍 주식투자를 시작하는 것을 반대한다. 주식투자는 대학을 졸업한 후 수십 년을 할 수 있지만, 청년시절에 키워야 하는 지혜와 용기는 뒤로 미룰 수 없는 중요한 과제이기 때문이다.

24 『나라경제』 저자 칼럼(2009년 9월, 10월) 참조.

세에서 리스크관리 능력과 침착성 유지 측면에서 아마추어는 시장과 전문가를 상대할 능력이 부족하다. 이런 이유로 인해 대개의 아마추어는 비쌀 때 사서 쌀 때 파는 과정을 반복하다가, 결국 시장을 떠나는 안타까운 상황이 반복된다.[25]

(3) 간접투자

앞에서 살펴본 바와 같이 주식투자에서 돈을 벌기는 생각만큼 쉽지 않다. 특히 국제화·정보화가 확산되면서 엄청나게 많은 정보들이 주식시장에 넘쳐나는 현실에서, 의미있고 중요한 정보들만을 분별하여 주식투자에 활용하는 것은 점점 어려워지고 있다. 따라서 금융시장에는 전문가들이 도움을 줄 수 있는 다양한 '간접투자' 방법들이 마련되어 있다. 대표적인 것이 펀드 또는 신탁이다.[26] 한편, ETF는 펀드이기는 하되, 시장에서 실시간으로 매입, 매도가 가능하다는 점에서 일반펀드나 신탁과 구분된다.

또한, 주식에 직접, 또는 간접투자하지 않더라도, 주가 등락에 따라 수익률이 변

〈표 9-9〉 주가연계상품 비교

	주가연계증권(ELS)	주가연계펀드(ELF)	주가연계신탁(ELT)	주가연계예금(ELD)
발행기관	투자매매업자(증권사)	집합투자업자(자산운용사)	신탁업자(증권사, 은행)	은행
근거법률	「자본시장법」	「자본시장법」	「자본시장법」	「은행법」
법적 형태	파생결합증권	증권집합투자기구	특정금전신탁	예금
예금보호	없음	없음	없음	있음
손익구조	사전에 약정한 수익률	운용성과에 따른 실적배당	운용성과에 따른 실적배당	사전에 약정한 수익률 (원금보장)

자료: 한국은행, 한국의 금융시장, 2016

25 주식시장 격언 중에 '무릎에서 사서 어깨에서 팔라'는 것이 있다. 또 다른 표현으로는 '생선을 먹을 때 머리와 꼬리는 남겨두어라'고도 한다. 주식을 가장 싼 가격에 매입해서 가장 비싼 가격에 매도하려는 무모한 욕심을 경계한 말이다.

26 일반 투자자들이 적절한 수수료를 지불하고 전문가에게 주식 운용을 맡기는 이 제도에 대해서는 앞서 '금융회사'편에서 설명한 바 있다.

화하는 주가연동형 상품들도 있다. 이들은 기본적으로는 수익의 일부가 주가에 연동되도록 설계된 예금, 채권, 보험 상품이다. 〈표 9-9〉는 이들 중 일부를 소개하고 있다.

4. 금[27]

금(金, gold)은 이제 더 이상 화폐가 아니지만 역사상 오랜 기간 동안 지급수단과 가치보존 기능을 수행하면서 화폐의 역할을 수행해왔다. 이 때문에 현재도 기존 통화를 보완할 수 있는 중요한 예비자산으로서의 가치를 여러 나라에서 인정받고 있다.[28] 금은 비교적 가치 안정적 투자수단으로서 국내외 정세가 불안하고 인플레이션이 우려되는 시점에서 특히 인기가 좋은 편이며, 기축통화인 미국 달러의 국제적 위상이 흔들리는 시점에서는 달러 가치의 하락을 헤징할 수 있는 대표적 수단으로 인정받는다. 따라서 국제 금값은 미국의 경기 또는 달러 가치와 반대로 움직이는 속성을 보여, 글로벌 포트폴리오의 효율성을 제고(提高)하는 데에 도움을 준다.

1990년대 하반기까지 하락하던 금값은 2000년대 들어 상승 추세로 전환했다. 특히, 2008 글로벌위기 국면에서는 미국 달러가 국제 기축통화로서의 신뢰를 상실하면서 금값이 폭등하기도 했다. 달러의 안전자산으로서 기능이 약해지면서, 대체 투자대상으로서 금의 인기가 높아진 것이다. 국제 금값의 상승 추세 전환과 함께 국내외 정정(政情) 불안 요소가 더해지면서 국내 금 투자도 본격화됐다.

그런데 이후 최근 몇 년간 금값은 추세적 하락세를 보여왔다. 이는 미국이 2008

27 『신용경제』 저자 칼럼(2004년 7월) 참조.

28 1997년 외환위기 때는 전 국민적인 '금 모으기' 운동을 통해, 우리 국민의 애국심을 세계만방에 알리고 위기 극복에도 일조(一助)했다.

글로벌위기를 어느 정도 극복했다는 자신감의 회복으로, 양적완화를 축소하고 정책금리를 올리기 시작한 때문으로 해석된다. 향후 금값의 향방은 세계 경기회복, 각국의 금리 향방, 그리고 글로벌 불확실성의 크기에 따라서 결정될 것으로 판단된다.

5. 부동산[29]

1) 부동산가격[30]

(1) 부동산의 내재적(內在的) 가치와 시장가격[31]

우리나라 부동산가격이 2000년대 들어 전반적 상승세를 보인 중심에는 서울 강남 지역의 아파트가 있다. 따라서 내재적 가치 측면에 따라 설명하려면 강남 지역 아파트의 미래가치가 크게 상승했거나, 미래가치를 현재가치로 할인하는 시장금리가 하락했어야 한다. 적지 않은 사람들이 주거 환경의 편리함과 양호한 교육 여건을 들어 서울 강남 지역 부동산의 미래가치를 긍정적으로 평가한다. 그러나 굳이 2000년대 들어 이 지역 삶의 질이 크게 더 나아진 것이 있는가? 그렇지 않다면 부동산가격의 상승은 할인율, 즉 전대미문(前代未聞)의 저금리 추세와 연관되어 있다고 보는 것이 합리적이지 않을까?

시장가격 이론으로 설명해보자. 2000년대 중반, 정책당국은 몇 가지 정책적 실

---

29 부동산은 엄밀하게 따지면 금융의 영역에 속하지 않는다. 다만, 우리나라 국민들 재테크 1순위가 자기 집 마련을 포함한 부동산 투자이며, 최근 시장 흐름에서 부동산과 금융이 불가분(不可分)의 연관성을 보이고 있다는 점에서 이 책에서는 부동산 주제를 포함시켰다.

30 『신용경제』 저자 칼럼(2003년 6월) 참조.

31 자산가격 이론에 대해서는 이미 앞에서 설명한 바 있다. 내재적 가치는 상품이 갖는 미래가치를 현재가치로 할인한 가치이다. 공기, 물, 다이아몬드 등의 특이한 예를 제외하고는 내재적 가치와 시장가격은 중장기적으로 수렴하는 속성을 갖는다.

수를 저지른 것으로 보인다. 하나는 서울 강남권에 버금가는 고급 주거단지 수요를 충족시킨다는 명분으로 신도시 건립 계획을 발표한 것이며, 또 다른 하나는 한국은행이 정책금리를 인하한 것이다. 많은 사람들은 당시 신도시 후보로 선정된 지역들이 적어도 당분간은 서울 강남을 대체할 만큼 매력적이지 않다고 판단했다. 이는 정부가 더 이상 서울 강남 지역만큼 매력 있는(?) 주거 단지를 공급할 능력 또는 의사가 없음을 공개한 꼴이 되어버렸다. 고급 주거의 공급이 제한된다고 시장이 판단하면서 서울 강남의 아파트 값은 상승했으며, 이는 전국적으로 상승 파급 효과를 일으킨 것으로 판단된다.[32]

또한, 당시 정부는 아파트 재건축이 투기 수요를 촉발시켜 부동산 투기의 진원지가 된다는 판단 하에 재건축을 억제했다. 그러나 이는 재건축이 단기적으로는 투기적 수요를 촉발시켜 부동산가격 상승효과를 낳지만, 중장기적으로는 양질의 주택 공급을 증대함으로써 가격 안정 효과를 가져 온다는 사실을 간과한 것이었다.

수요관리 측면에서 아쉬움으로 정책금리 인하를 지적하지 않을 수 없다. 작금의 부동산 시장 과열이 인위적으로 낮은 시장금리와 직결되어 있음을 여러 전문가들이 지적해왔다. 사상 최저의 금리 수준에 따라 은행예금 등의 경쟁력이 하락한 상황에서 미래 불확실성으로 주식 등 위험자산의 매력도 줄어들자, 시중의 부동자금(浮動資金)들이 부동산 시장으로 대거 진입했던 것으로 판단한 것이다.

이와 같이 부동산 공급은 제한하고 수요는 늘려놓은 상황에서 부동산 가격의 안정을 바라는 것은 연목구어(緣木求魚)와 다름없다. 종합하면 2000년대 중반 부동산가격 급등의 원인은 1997년 외환위기 및 2008년 글로벌위기 극복과정에서 엄청나게 풀린 과잉유동성과 이에 따른 저금리, 그리고 불확실성으로 인한 소비 및 투자 부진을 인위적(人爲的) 저금리로 해결하고자 하는 정책당국의 헛된 노력 때문이다. 여기에 부동산에 대한 중장기적 비전의 결여도 크게 한몫을 했다. 그러다가

32 이미 행정중심 복합도시(세종시) 건설, 서울 뉴타운 건설, 청계천 복원 등 다수의 잠재적 뇌관을 갖고 있는 부동산 시장이 반응하지 않을 까닭이 없었다.

2010년대 중반에 이르러서는 경기회복을 위한 수단으로 부동산 정책이 다시 왜곡되면서 또다시 크나큰 상처를 남기게 된다.

(2) 부동산가격과 시장금리의 관계[33]

재테크에서 부동산은 다소 곤혹스러운 존재이다.[34] 사상 최저의 금리가 오늘날 부동산거품을 불러온 것이 사실이지만, 이제 와서 정책금리를 인상하기도 어렵다. 대내외적 경제 환경이 크게 악화되면서 2017년 초 시점에서 금리 인상이 가져올 파괴적 영향이 우려되기 때문이다.[35]

정책금리 인상은 시장금리의 상승으로 이어져서, 이미 대출을 받아 부동산을 매입한 중산층과 서민의 이자 부담이 증가할 것이다. 이는 부동산매물 증가로 이어지고 이에 따른 부동산가격 급락은 부동산 담보가치 하락으로 이어져, 결국에는 부동산 담보대출을 해온 금융권의 부실로 이어질 가능성이 있다.[36] 또한, 금리 인상은 경기를 지탱하는 소비를 줄이고 기업들의 투자의욕을 꺾을 가능성도 있다.

그러나 이는 부동산거품이 형성되기 전에 선제적으로 차단하지 못하고, 이미 부풀어오른 다음 이를 제거하는 과정에서 발생하는 불가피한 아픔이다. 금리 인상

---

33 『신용경제』 저자 칼럼(2002년 10월) 참조.

34 좁은 땅에 많은 사람들이 몰려 살다 보니 부동산에 대한 우리나라 사람들의 집착은 대단해서, 많은 사람들의 재테크 수단으로서 각광(?)을 받아왔다. 그러다 보니 1997년 외환위기를 포함하여 금융위기 때 부동산가격 폭락이 주는 심리적 여파가 컸고, 그럴 때마다 정부는 부동산 경기 '회복' 대책을 내놓았다. 2000년대 들어 저금리 추세와 더불어 금융권의 적극적인 주택담보대출 확대는 부동산 시장을 폭발시키기에 필요조건을 제공했다. 우리 경제에 형성된 고비용, 저효율의 거품 때문에 1997년 외환위기를 맞았었고 이를 극복하기 위해 뼈를 깎는 구조조정을 했건만, 우리는 고질적이고 전통적인 부동산거품을 막지는 못했다. 부동산거품은 국내 물가에 미치는 악영향은 둘째 치고라도, 가진 자와 못 가진 자 간의 사회적 위화감을 증폭시킴으로써 장기적 성장 잠재력을 훼손시킨다는 점에서 우려하지 않을 수 없다.

35 부동산거품은 국내에만 국한된 현상은 아니다. 투자자들의 안정희구성향이 커짐에 따라 국채와 부동산에 대한 수요가 폭증하고, 따라서 전 세계적으로 저금리와 부동산거품이라는 현상이 공통적으로 나타났다. 이에 따른 '부(富)의 효과(wealth effect)'가 수요를 지탱해주었기에 세계경제가 완만한 회복세를 견지할 수 있었다. 하지만 2008년 글로벌위기의 진원지인 미국에서부터 부동산거품은 붕괴되기 시작했고, 중국을 포함한 여러 나라에서 부동산거품 붕괴의 우려가 심각한 수준에 달하고 있다.

36 이미 일본은 1980년대 말 이와 비슷한 상황에서 부동산거품을 금리 인상으로 잡아보려고 했다가, 이후 '자산 디플레이션'이라는 고통 속에 '잃어버린 20년'을 경험해오고 있다.

은 향후 닥쳐올 더 큰 아픔을 미리 막고자 하는 고육지책(苦肉之策)으로서, 부동산거품이 일시에 꺼질 때 겪게 될 고통을 사전에 예방하고자 함이다. 안타깝지만 정책당국은 금리 인상 시점 선택에서 이미 실기(失機)했을 가능성이 크다. 경기회복과 부동산거품 제거라는 두 가지 놓칠 수 없는 정책목표를 두고 정책금리를 둘러싼 당국의 고민은 계속되고 있다.

한편, 부동산 시장을 안정시키기 위해 금리 인상이 불가피하다는 주장은 크게 지지를 받아오지 못한 바, 반론들은 세 가지로 나누어볼 수 있다. 첫째는 금리 인상이 소비와 투자를 위축시켜 경기하락을 가속화할 수 있다는 우려이다. 그러나 가계의 소비위축은 비정규직 증가, 경제성장 과정에서 가계소득 비율의 하락 등에 기인한 바가 더 크다는 것이 저자의 판단이다. 또한, 기업 투자가 살아나지 않는 것도 미래 불확실성의 증폭과 새로운 성장 동력의 부재(不在)가 큰 원인이지, 금리 수준은 절대적 원인이 될 수 없다.

두 번째 반론은 통화신용당국의 금리정책은 일차적으로 물가안정, 다음으로는 경기조절을 목적으로 할 뿐, 부동산 등 자산가격의 안정과는 무관해야 한다는 주장이다. 저자는 이러한 교과서적 주장에 반대하지 않는다. 다만 여기서 우리가 짚어보아야 할 것은 과연 '물가'라고 하는 것이 진정 무엇인가 하는 점이다.

물가는 '돈의 가치'의 역수(逆數)이다. 돈의 가치는 삶을 살아가는 데에 필요한 재화와 서비스를 충분히 구입할 수 있는가 여부로 판단된다. 콩나물값과 교통비, 그리고 자장면값이 안정되어 있다고 해서 현재 돈의 가치가 크다고 생각하면 곤란하다. 주거(住居)는 삶에서 필수불가결한 요소이며 특히 우리나라에서 이에 대한 사람들의 욕구는 크다. 전국 각지의 주택가격과 땅값이 폭등한 상황에서 돈의 가치는 이미 상당히 떨어졌다. 부동산가격 상승을 제대로 반영한 '진짜 물가'는 이미 상당히 올랐다고 볼 수 있으며, 부동산을 제외한 '가짜 물가' 안정에만 매달려온 정책당국은 이에 대한 책임을 져야 한다.

세 번째 반론은 부동산가격 폭등이 서울 강남 등 일부 지역에 국한된 것인 데에 반해, 금리정책은 전국에 걸쳐 영향을 주기 때문에 이를 사용해서는 안 된다는 것이다. 저자는 부동산가격 폭등이 일부 지역에 국한된 것이라는 주장에 동의하지 않지만, 설령 그것이 사실이라면 왜 많은 사람이 부동산에 대해 걱정해야 하는지 이해하기 어렵다.[37] 결국 많은 사람들이 부동산거품을 망국병(亡國病)으로 걱정하는 것은, 이미 부동산 시장 불안이 일부 지역의 문제를 벗어나 전국으로 확대되었음을 증명하는 것이다.

(3) 부동산 시장, 최악의 시나리오[38]

향후 우리 경제에서 발생 가능한 두려운 시나리오는 부동산거품이 붕괴하면서 장기 불황으로 이어지는 것이다. 부동산이 가계 자산에서 압도적 비중을 차지하는 우리 현실을 고려할 때, 부동산거품의 붕괴는 필연적으로 소비 위축을 유발하며 이는 기업의 투자 축소로 이어질 수밖에 없다. 시장상황이 악화되어 부동산가격 하락이 임계점을 하향돌파하면, 과도한 가계부채의 원리금 상환부담을 감당하지 못한 매물이 폭증하여 2차, 3차의 부동산가격 폭락을 유발할 것이다. 더불어 이로 인한 불황이 실업 증가로 이어질 때, 최악의 경우 가계 부문을 피폐(疲弊)화할 수 있다.

2) 시장균형의 이동[39]

(1) 우려되는 부동산거품

최근까지 금융시장은 지속적 저금리 상태를 유지하고 있다. 이를 통해 가계 소비를 활성화시키고 기업의 투자의욕을 북돋우려는 정책당국의 의도와는 달리, 저

---

37 서울 강남을 포함한 일부 지역의 폭등은 그 지역에 부동산을 보유했거나 갖고 싶어 하는 사람들만 걱정하면 그만인 것이다.

38 『금융위기와 리스크관리』(김진호 저, 박영사, 2012) 참조.

39 『신용경제』 저자 칼럼(2003년 2월) 참조.

금리와 풍부한 시중유동성은 부동산가격을 치솟게 한 주범으로 주목받고 있다.[40] 지금 당면한 문제는 부동산가격 급등의 후유증을 예방하는 것이다.

부동산가격이 지나치게 올랐다는 시장의 자율적 판단, 금융권의 가계대출 억제 등이 작동하면 부동산 시장이 자연스러운 조정을 보일 가능성도 있다. 문제는 그 속도이다. 산을 오를 때보다 내려올 때 더욱 조심하듯이, 시장의 거품은 형성될 때보다 꺼질 때 더욱 조심스럽다. 거품이 일시에 터지게 되면 정책을 통해 치유하기 어려운 지경에 이를 수도 있기 때문이다.[41]

부동산가격 하락이 일시적 조정이 아니라 대세 하락으로 판단되어 급매물이 쏟아지기 시작하면, 가격 하락의 폭은 커지고 속도는 빨라질 것이다. 부동산가격이 계속 하락할 경우, 담보대출을 통해 집을 구입한 중산층과 서민 실수요자들에게 불똥이 튄다. 담보 부족 상태에 직면한 은행들이 추가 담보 제공, 또는 대출 상환을 요구할 수 있기 때문이다. 이에 응할 능력이 없는 사람들이 불가피하게 집을 매물로 내놓기 시작하면 2차 하락이 시작된다. 이에 따라 담보 가치에 비해 적은 대출을 받고 다소 여유 있게 집을 매입했던 사람들에게도 악영향이 미친다. 부동산 가격의 2차 하락은 이들의 경우에도 담보 부족 사태를 유발할 수 있기 때문이다. 마지막으로, 그러나 커다란 영향은 부동산 담보대출을 주도한 금융권에 미친다. 1997년 외환위기가 기업들에 대한 부실대출에서 유발되었다면, 제2의 위기는 가계부문에 대한 부동산 담보대출 및 신용대출 부실에서 촉발될 수 있다.[42]

---

40 이에 따른 경제적 원가상승 및 무주택자의 허탈함은 당분간 우리에게 부담으로 작용할 것이 분명하다.

41 최근까지의 부동산가격 급등을 투기꾼들 탓만으로 돌릴 수 없다. 사상 최저 금리로 대출 부담이 경감된 데다가, 지속적으로 집값이 오르자 불안해진 실수요자들의 매입도 역할을 한 것이 분명하다. 불투명한 경영환경에서 기업들이 투자를 망설이자, 마땅한 자금 운용처를 찾지 못한 은행들이 경쟁적으로 부동산 담보대출에 나서면서 가계의 부동산 투자를 부추긴 것 또한 사실이다.

42 더군다나 이러한 상황에서 정치권과 정부가 시장 불확실성을 제거하는 것이 아니라 오히려 증폭시킨다면, 거품은 빠지는 것이 아니라 일시에 터져버릴 가능성이 있다. 우리는 부동산이 너무 높은 산에 오르는 것을 막는 데에는 실패했지만, 이제 내리막길에서 실족(失足)하지 않게끔 해주어야 한다. 산은 오를 때보다 내려갈 때 더욱 조심해야 한다.

(2) 부동산과 금융시장: 균형의 이동[43]

부동산 문제를 '시장균형' 측면에서 살펴보자. 1997년 외환위기 전까지 우리는 12~15%의 시장금리에 오랫동안 적응되어왔다. 사람들은 그 수준의 금리를 기준으로 소비와 투자를 했고 부동산과 주식을 매입했다. 그러다가 정부는 외환위기를 맞아 이를 극복하고자 하는 정책으로서 금리를 대폭 낮추었다.[44] 사람들은 사상 최저 수준의 금리에 맞추어 포트폴리오를 재조정했고, 이에 따라 시장의 균형점이 이동했다.

금리 하락은 소비와 투자를 증가시켜 경기를 활성화시키며, 할인율의 하락을 통해 자산가격의 상승을 불러온다. 적극적 금리 인하가 없었다면 더 악화되었을지 모르는 경기침체를 금리 인하를 통해 어느 정도 억제한 것은 사실일 수 있다. 그러나 안타깝게도 당국이 원하는 수준만큼 소비와 투자가 증가하지 않자, 정부는 경기부양을 위한 인위적 금리안정을 금과옥조(金科玉條)처럼 고집해왔다. 더 나아가 경기를 더 살리고자 하는 욕심에 금리를 더욱 낮추려는 노력을 기울여왔다.

지금 소비와 투자가 살아나지 않는 것은 우리 경제가 과거 고도성장을 누리다가 외환위기의 충격으로 주저앉는 과정에서 사회갈등과 더불어 경제 불확실성이 증폭된 데다가, 차세대 신성장 동력을 찾지 못한 데에 기인한 바가 크다. 그런데 금리 정책만으로 성장 잠재력을 회복하려고 무리한 노력을 하다 보니, 시장이 다른 방향으로 균형을 찾고자 했다. 그중 하나가 자산가격의 거품이다.[45] 대표적 금융자산인 채권 가격이 크게 상승했다. 이는 할인율의 대폭 하락에 따른 것이다.

결국 금리 하향 추세가 계속 이어지면서 부동산과 금융의 시장 균형점이 이동

---

43 『참여정부 시기의 금융이야기』(김진호 저, 박영사, 2012) 참조.

44 이는 우리나라에만 국한된 것은 아니며 많은 나라에서 공통적으로 나타난 현상이다.

45 금융자산가격의 급등은 금리정책의 대상이 될 수 없다. 그러나 부동산가격의 폭등은 다르다. 이는 부동산을 가진 자와 갖지 못한 자 간의 양극화를 증폭시킬 뿐 아니라, 생산원가 상승을 통해 우리나라 제품의 경쟁력을 악화시킬 수 있다. 또한, 부동산가격 폭등이 불로소득(不勞所得)을 창출함으로써, 성실하게 일하는 보통사람들의 근로의욕을 훼손시킬 수도 있다.

하는 과정에서 부동산가격이 폭등했다.[46] 사상 초유(初有)의 저금리 상황에서 시장균형점의 이동이 부동산 시장에 어떻게 영향을 주었는지 정리해보자. 예금 중심의 재테크에 만족해오던 사람들이 크게 하락한 금리로 인해, 자신이 사는 집 외에 추가로 부동산을 (가격상승을 기대하고) 재테크 차원에서 구입했을 수 있다. 또한, 과거에는 월세와 전세로부터 출발했던 신혼부부들이 싼 금리 덕분에 상대적으로 부담없이 주택을 구입하기 시작한 것도 부동산 수요 증가에 영향을 주었다. 1997년 외환위기 이후 강화된 안정희구성향으로 인해 시중자금이 은행으로 몰려든 반면, 기업신용 악화에 크게 고생한 은행들이 기업대출을 기피하는 대신 가계 부문을 대상으로 한 부동산 담보대출에 전념한 것도 불붙는 부동산 시장에 기름을 끼얹었다. 시장균형점의 이동은 여기서 멈추지 않는다. 거대한 규모의 부동(浮動)자금이 시중에 떠돌아다니는 것을 본 사람들은 '돈의 가치' 하락을 체감하기 시작했다.[47]

부동산가격 안정을 위한 금리 인상 필요성을 논할 때 사람들이 착각하기 쉬운 사실이 있다. 만일 금리 급락이 없었던 상황에서 부동산가격이 폭등했다면, 금리 인상을 통해 이의 안정을 추구하는 것은 논란의 여지가 있을 수 있다. 그러나 최근의 상황은 이와 다른 것이다. 수십 년 동안 10% 이상의 금리 수준에 익숙해진 시장에 충격을 준 것은 다름이 아니라, 외환위기 극복을 위한 수단으로서의 '인위적'

---

46 부동산을 보유함으로써 얻게 되는 미래효용이 2000년대 들어 급증했을 것이라고 볼 증거는 없다. 인구가 그 사이 폭증하여 추가 수요가 등장한 것도 아니며, 천재지변(天災地變)으로 인해 부동산 공급이 격감한 것도 아니다. 즉 저금리와 풍부한 유동성이 부동산가격 상승의 주원인이다. 당시 정부는 부동산 투기꾼들과 이른바 '가진 자들'의 투기수요, 그리고 이에 영합한 일부 언론들이 부동산가격의 폭등을 불러왔다고 주장했지만, 그렇다면 비슷한 시기에 다른 나라들의 부동산가격 급등은 어떻게 해석할 것인지 궁금하다. 이들 나라들과 우리나라 간 공통점은 해당 시기에 금리를 대폭 낮추었다는 것이다. 결국은 지나치게 낮은 금리가 부동산거품의 주범(主犯)일 수밖에 없다.

47 공식적으로는 안정된 물가통계에도 불구하고 이미 '돈의 가치'는 크게 하락한 것이다. 어제까지 100원에 살 수 있었던 사과 한 알이 오늘 200원이 된 것만이 물가상승이 아니다. 이보다는 오히려 작년까지 1억원 하던 아파트 값이 올해 들어 2~3억원이 되었을 때 사람들은 더욱 물가상승을 체감한다. 보통사람들이 진정으로 바라는 물가안정은 자장면 값이 10배로 오르더라도 집값이 안정되는 것이다. 그럼에도 불구하고 통화신용당국이 집값 폭등은 나 몰라라 한 채 자장면값과 콩나물값의 안정을 추구하다가 여기까지 온 것이다. 주택은 주식이나 채권처럼 선택에 따라 살 수도 있고 안 살 수도 있는 것이 아니라, 누구나 사야 하는 필수재인 것이다.

금리 인하였다. 따라서 부동산가격 안정을 위해 금리를 인상하자는 주장은 이처럼 시장균형점을 이동시킨 원인을 제거하자는 것이다.

시장은 (어떤 상황에서도) 나름대로의 균형을 찾아가려고 하는 속성을 갖는다. 1997 외환위기를 극복하기 위해 금리 인하가 어느 정도 불가피했음을 부인하지 않는다. 그러나 급한 위기가 지나간 다음에는 새로운 균형점을 모색하는 과정에서 나타날 수 있는 부작용에 대한 정책당국의 치밀한 검토가 있어야 했다. 당시 정부는 스스로 균형을 파괴하여 시장에 큰 충격을 주고 나서 시장이 새로운 균형점으로 이동하는 것을 일부 불순한 투기꾼들의 농간으로 질책하고, 이에 더하여 부동산을 가진 자와 그렇지 못한 자들 간 갈등을 촉발시켰다는 점에서 책임을 면하기 어렵다.

이제 정리해보자. 저자는 2000년대 들어 부동산거품 형성의 주요 원인을 '인위적이고 급격한' 정책금리 인하에 따른 시장균형의 이동으로 본다. 당시 선택은 '적정금리 + 부동산가격의 안정'인가, 아니면 '인위적으로 낮은 금리 + 부동산가격 폭등'인가의 양자(兩者)였으며, 정책당국은 후자(後者)를 택한 것이다. 물론 정부는 '인위적으로 낮은 금리 + 부동산가격의 안정 + 소비 및 투자증진'을 목표로 했겠지만 이는 달성 불가능한 것이었다. 부동산가격 안정을 위해 금리 인상을 무조건적 수단으로 삼자고 주장하는 것이 아니다. 인위적으로 무리하게 낮춘 금리로 인해 문제가 악화되었으니, 금리를 어느 정도 정상 수준으로 돌려놓자고 주장할 따름이다. 2017년 초 현재, 미국이 정책금리를 인상하기 시작하면서 전 세계 시장은 '새로운 환경'에서 '새로운 균형'을 찾기 위해 또다시 이동할 것이다. 새로운 균형이 어디일지 짐작하기는 어렵다.

chapter 10

금융신상품

1. 실물펀드[1]

1) 실물펀드의 상품 구조

저금리에 불만인 투자자들의 입맛을 맞추기 위한 금융신상품들이 속속 등장하고 있다. 그중에서 선박이나 항공기 등에 투자하는 실물펀드를 예를 들어 살펴보고자한다. 이들 상품을 잘못 이해하는 사람들은 실물에 투자하므로 최악의 경우에도 실물은 남기 때문에 큰 손해는 보지 않을 것이라고 한다. 과연 그럴까? 저금리에 지쳐 다양한 투자 상품을 찾는 것은 좋지만, 금융상품의 리스크와 예상수익을 가능한 정확하게 살펴보는 것은 재테크의 기본이다.

실물펀드는 (상품에 따라 다소 다르기는 하지만) 기본구조가 다수의 투자자로부터

1 『신용경제』 저자 칼럼(2004년 10월) 참조.

자금을 모집하여 선박이나 항공기를 취득하고, 이를 운송회사 등에 임대하여 발생하는 임대료 수입을 투자자에게 배당하는 것으로 되어 있다. 예를 들어 투자자들이 선박/항공기 구입에 필요한 자금의 20%를 실물펀드에 투자한다. 펀드는 이 자금을 자회사에 자본금 또는 후순위대출의 형태로 투자한다. 자회사는 선박/항공기 매입에 필요한 자금 중 70%를 담보대출의 형태로 은행으로부터 차입한다. 부족한 나머지 자금 10%는 운송회사의 선급(先給) 임대료에서 충당할 수 있다.

이렇게 자금조달이 끝나면 선박/항공기 판매사로부터 실물을 매입하고 계약에 따라 운송회사에 임대한다. 이때 선박/항공기의 소유권은 펀드의 자회사가 갖게 되며, 이는 은행에 담보로 제공된다. 임대료가 들어오면 일차적으로 담보대출 원리금부터 은행에 갚고, 나머지를 자본금에 대한 배당 또는 후순위대출에 대한 이자로서 펀드에 지급하면 펀드는 이를 다시 투자자에게 배분함으로써 거래가 완결된다. 따라서 운송회사의 안정적인 영업 및 임대료 지급이 선박/항공기 펀드의 수익원천임을 알 수 있다.

2) 실물펀드의 리스크

앞서 든 사례의 경우 계약에 따라 청산 시점에서 변제 선순위는 은행의 담보대출이며, 펀드의 자본금 출자 또는 후순위대출은 후순위가 된다. 선급임대료를 지불한 운송회사는 최후순위가 된다. 따라서 선박/항공기 펀드에 가입한 투자자 입장에서 보면 운송회사의 선급임대료만큼이 투자액에 대한 신용 보강(補强) 장치인 셈이다. 즉 상황이 좋지 않아서 선박/항공기를 매각할 경우에도 시가가 10% 이하로 하락하는 경우에는 펀드 투자자 입장에서 손해를 보지 않는다. 그러나 10%~30% 범위로 시가가 하락할 경우 펀드 투자자는 투자원금 대비 0%~100%까지 손해를 볼 수 있다. 따라서 "실물에 투자하므로 최악의 경우에도 실물은 남기 때문에 큰 손해는 보지 않을 것"이라는 일부의 주장은 틀린 것이다. 대출은행 입장에서 보면 선박/항공사를 담보로 잡았을 뿐 아니라 운송회사와 펀드 투자자가 최고 30%까지의 손해를 앞서 감당해주므로, 30%를 넘는 시가 하락이 발생하지 않는 한 안전한 셈이다. 물론 자회사는 이러한 낮은 리스크를 주장하여 대출 금리를 저렴하게 책정 받았을 것이다.

3) 자산유동화와 실물펀드

앞서 예를 든 상품구조는 금융에서 새로운 것이 아니다. 기업의 자본구조는 자기자본과 타인자본으로 구성된다. 대출이나 채권 등의 타인자본은 기업의 영업성과와 무관하게 일정한 원리금을 받아가지만, 주식으로 대표되는 자기자본은 전체 이익에서 타인자본에 대한 귀속분을 제외한 나머지에서 지급받게 된다. 따라서 자기자본 출자자는 기업의 영업성과가 나쁠 때 한 푼도 받지 못할 수도 있지만, 반대의 경우 큰 이익을 챙길 수도 있다.

자산담보부증권(ABS: Asset Backed Securities)도 비슷한 구조를 갖는다. 선순위와 후순위로 나뉘어 발행된 채권으로부터 조달된 자금은 채권, 대출, 신용카드 외상매출금 등 미래 현금흐름에 청구권을 갖는 다양한 자산에 투자된다. 이들로부터 부도 등 신용사건이 발생하면 일차적으로 후순위채를 매입한 투자자들이 손해를 부담한다. 만일 후순위채 매입자들의 투자원금을 모두 날리고도 모자란다면, 그때서야 선순위채 매입자들이 부분적으로 손해를 보기 시작한다. 그렇기 때문에 후순위채 매입자는 고위험(리스크)-고수익, 선순위채 매입자는 저위험(리스크)-저수익의 위치에 놓이는 것이다.

실물펀드는 기업에서의 주식, 그리고 ABS에 있어서 후순위채의 위치에 해당하는 상품이라고 볼 수 있다. 그렇다면 실물펀드 투자판단의 핵심은 운송회사의 신용리스크와 선박/항공기 가격 리스크를 고려하여, 제시된 (예상) 투자수익률의 적절성 여부에 달려 있다. 특히, 이들 리스크가 동시에 실현될 경우 원금손실 가능성이 크므로, 리스크 간 상관관계 파악은 중요한 과제이다.

리스크 대비 수익률을 평가하고 이에 따라 투자하는 것은 중요한 금융원칙임에도 불구하고 현실적으로 쉽지 않다. 일반인들로서는 리스크를 근사적(近似的)으로라도 측정하는 것이 어렵기 때문이다. 하물며 선박/항공기 펀드의 경우처럼 운송회사의 신용리스크나 선박/항공기의 가격 리스크를 추정하는 것은 더더욱 어렵다. 그럼에도 불구하고 최선을 다한 분석은 항상 필요하다. '실물에 투자하므로 최악의 경우에도 실물은 남기 때문에 큰 손해는 보지 않을 것'이라고 단순하게 믿거나, 역사적 저금리에 실망하여 단순히 고수익만을 추구하는 무모한 투기는 자칫 큰 손해로 이어질 수 있다.

다양한 금융신상품들의 등장은 환영할 만한 것이다. 포트폴리오 편입대상이 되는 기초자산군이 넓어질수록, 분산투자효과에 따른 리스크 감소로 인해 리스크 대비 기대수익률이 증가할 수 있기 때문이다. 그럴수록 신상품이 갖는 산뜻한 매력 뒤에 숨은 리스크의 속성을 정확하게 파악하고 투자에 나선다면 금융투자자들의 재테크 능력도 개선되어갈 것이다.

2. 파생금융상품

2000년대 들어서 파생금융상품 또는 파생상품이 내장(內藏: embedded)된 '비정형(非定型: non-standard) 상품'들이 본격적으로 등장한다. 1992년 원금보장형 주식형 수익증권, 2001년 손실보전형 증권저축, 전환사채(CB: convertible bond), 신주인수권부사채(BW: bond with warrant), 주택청약예금, ELD(주가지수연동예금)/ELS(주가지수연동증권) 등이 대표적 파생상품 내장형 상품들이다. 이들을 이해하기 위해서는 우선 파생금융상품에 대한 이해가 필요하다.

1) 파생금융상품의 정의와 종류

파생금융상품이란 자신의 가치가 다른 기초자산(들)이나 변수(들)의 가치에 의하여 정해지는 금융수단이다. 선도/선물, 스왑 및 옵션계약이 이에 해당한다. 선도(先導: forward) 계약은 특정자산을 미래 특정일에 미리 정한 가격으로 매입 또는 매도할 수 있는 의무와 권리를 계약과 동시에 취득한다. 매입자와 매도자 간 계약조건을 자유롭게 결정할 수 있다는 점에서 선물거래와 구별된다. 선물(先物: futures) 계약은 기본 성격이 선도계약과 동일하나, 특정 거래소에서 표준화된 계약만 거래된다는 차이가 있다. 포지션에 대해 일일정산하며 증거금이 존재하는 것도 다르다. 선물거래는 특정 거래소에서 거래가 이루어짐에 따라 거래 상대방을 찾는 비용이 경감되며, 거래 단위가 표준화되어 거래비용 역시 경감되는 효과가 있다. 또한, 선물거래에서 증거금 납입제도는 거래 상대방의 계약 불이행에 따른 신용 리스크를 제거해주는 효과가 있다.

스왑(swap)은 특정한 현금흐름을 다른 특성을 지닌 현금흐름과 일정한 규칙에 의하여 교환하는 계약이다. 주로 장기계약이며 기간 내 여러 번의 현금흐름 교환이 이루어진다. 다양한 자산 간 또는 부채 간 교환도 가능하며, 이자율과 통화스왑이 대표적이다. 옵션(option)은 미래 특정 시점 또는 그 시점까지 특정자산을 미리 정한 가격으로 매입 또는 매도할 수 있는 권리를 부여하는 계약이다. 처음부터 가격(premium)을 지불하고 계약을 구입한다는 점에서 선도 및 선물계약과 구별된다. 이때 콜(Call) 옵션은 매입할 수 있는 권리, 풋(Put) 옵션은 매도할 수 있는 권리를 각각 의미한다.

선도/선물, 스왑 및 옵션의 파생상품은 기초자산에 따라 통화 관련, 금리 관련, 주식 관련, 신용 관련 파생상품으로 분화되며, 거래되는 장소에 따라 장내와 장외 파생상품으로 구분된다. 〈표 10-1〉은 이에 대해 간략하게 소개하고 있다.

〈표 10-1〉 파생금융상품의 종류

	장내거래	장외거래
통화 관련	통화선물(currency futures) 통화선물옵션(currency futures options)	선물환(forward exchange) 통화스왑(currency swaps) 통화옵션(currency options)
금리 관련	금리선물(interest rate futures) 금리선물옵션(interest rate futures options)	선도금리계약(forward rate agreements) 금리스왑(interest rate swaps) 금리옵션(interest rate options) 스왑션(swaptions)
주식 관련	주식옵션(equity options) 주가지수선물(index futures) 주가지수옵션(index options) 주가지수선물옵션(index futures options)	주식옵션(equity options) 주식스왑(equity swaps)
신용 관련	–	신용파산스왑(credit default swaps) 총수익스왑(total return swaps) 신용연계증권(credit linked notes) 합성부채담보부증권(synthetic collateral debt obligation)

자료: 한국은행, 한국의 금융시장, 2016

2) 금융공학

(1) 금융공학의 정의와 등장 배경

파생금융상품은 오늘날 보통사람들의 재테크에 광범위하게 사용됨에도 불구하고, 이를 제대로 이해하는 것은 쉽지 않다. 그런데 파생금융상품 자체(naked라고 한다)를 이해하는 것보다 더 어려운 것은 파생금융상품이 내장된 상품(embedded라고 한다)을 이해하는 것이다. 보통사람들이 거래하는 파생상품은 사실상 대부분 파생상품 자체보다는 파생상품이 내장된 상품들이다.

기존의 금융상품을 분해하고 파생금융상품을 섞어 재조합을 통해 새로운 금융상품을 개발하는 것을 '금융공학(金融工學: financial engineering)'이라고 한다. 대표적 상품으로 전환사채(Convertible Bond)가 있다. 이는 일반 채권에다가 이를 보통주로 전환할 수 있는 call option을 추가하여 만든 파생금융상품 내장 상품이다.

신주인수권부 사채(Bond with Warrant) 역시 채권에다가 신주(新株) 인수 콜 옵션을 추가한 것이며, 1992년 판매되었고 2001년 판매 검토되었던 원금보장형 주식형 수익증권은 주식형 수익증권에다가 put option을 추가한 파생상품 내장형이다. 주택청약예금 및 부금은 일반 예, 적금에다가 아파트 매입 콜 옵션을 추가한 것이다. 최근 인기를 끌었던 주가지수 연동증권과 예금(ELS, ELD)도 금융공학에 의해 만들어진 파생상품 내장형 금융상품이다.

2000년대 들어서 금융공학과 파생금융상품 내장형 상품들이 크게 발전한 것은 사상 초유(初有)의 저금리에 만족하지 못하는 투자자들이 리스크를 감수하고 고수익을 겨냥하고자 하는 의지가 강해졌기 때문이다. 그러나 금융의 고위험(리스크)-고수익 원칙은 한결같다. 고수익 뒤에 숨은 고위험(high risk)을 각별히 조심해야 한다는 것이다. 특히, 파생상품 내장형 금융상품들은 복잡한 상품구조로 인해 리스크를 정확히 파악하기 어렵기 때문에 더 큰 주의를 요한다. 대표적 사례로서 2008 글로벌위기를 촉발시킨 주범으로 알려진 CDO(collateralized debt obligation)에 대해 살펴보자.

(2) CDO[2]

시장에서 판매할 채권 포트폴리오의 액수가 100억원이라고 하자. 이중에는 우량채권 70억원과 불량채권 30억원이 섞여 있다. 채권 전부가 문제없이 상환될 경우 100억원 상당의 원리금을 받게 되겠지만, 일부라도 부도가 발생하면, 채권 포트폴리오의 가치는 100억원 이하로 떨어지게 된다. 단, 우량채권의 채무 불이행 가능성이 없다고 가정하면, 채권 포트폴리오의 최소가치는 70억원이 된다. 이제 전체 채권 포트폴리오를 담보로 하는 A, B, C의 세 종류의 새로운 채권들을 발행한다. 이를 CDO(collateralized debt obligation)라고 한다.

---

2 「신용경제」 저자 칼럼(2004년 2월) 참조.

'A 채권'은 담보 채권 포트폴리오 원리금 상환 재원으로 가장 우선적으로 상환해 주는 대신 낮은 이자를 지급하기로 한다. 이는 가장 안정적 성격을 가져서 주로 기관투자자들에게 판매되는 저위험(리스크)-저수익 상품이 된다. 앞서 든 예의 경우에 60~70억원 규모로 발행할 수 있을 것이다. 반대로 'C 채권'은 전체 채권 포트폴리오 중 어디서라도 부도가 발생하면 그에 따른 피해를 우선적으로 감수하는 채권이다. 가장 위험한 대신 이를 감내할 만큼 높은 금리를 제시하는 고위험(리스크)-고수익 채권이다. 우리 예에서는 5~10억원 규모로 발행할 수 있을 것이다.

그런데 만일 담보 채권 포트폴리오 중 부도금액이 'C 채권'의 발행액(5~10억원)을 넘어서는 경우는 어떻게 하는가? 'C 채권'의 발행액을 넘어서는 부도 손실은 중간 성격의 'B 채권'을 산 투자자들이 진다. 'B 채권'은 초기 손해의 상당분(5~10억원)을 'C 채권'이 처리해주므로 리스크는 많이 줄어들지만, 그래도 리스크가 어느 정도 남아 있는 중(中) 위험(리스크)-중수익 상품이 된다. 따라서 발행 금리 수준도 A와 C의 중간 수준에서 결정될 것이다.

원래 채권 포트폴리오를 통으로 팔지 않고, 이렇게 다소 복잡해 보이는 금융공학 구조를 설계하여 나누어 파는 이유는 리스크성향이 다른 다양한 투자자들에게 각자가 원하는 것을 선택할 수 있게 해주기 때문이다. 채권 포트폴리오 100억원 어치를 통으로 시장에 매각하려면 (우량채권 70억원+불량채권 30억원)을 딱히 선호하는 투자자를 어렵게 찾아야만 한다. 하지만, 이제 A, B, C 세 종류의 다양한 리스크를 갖는 새로운 채권들, 즉 CDO를 파는 것은 쉽다. 저위험(리스크)-저수익, 중(中)위험(리스크)-중수익, 고위험(리스크)-고수익을 선호하는 투자자를 나누어 찾으면 되기 때문이다.

CDO는 2008 글로벌위기의 촉발 원인으로 유명해졌지만, 사실 국내 시장에서 새로운 것이 아니다. 1997년 외환위기 당시 금융회사들의 불량채권을 시장에서 소화시키기 위해 도입된 CBO(collateralized bond obligation)이 CDO의 한 종류이다. CDO가 갖는 장점은 '다양성'이다. 앞서 예는 단순한 경우이지만 시장상황에 맞추어 이를 얼마든지 다양한 방법으로 변형할 수 있다. A, B, C 채권의 종류를 여러 개로 늘릴 수도 있고, 가장 안전한 채권 A가 그래도 불안하다면 A에 대해서 신용 리스크 보증을 추가해줄 수도 있다. 또한, 막상 금융시장 불확실성이 너무 큰 상황이 되어 A, B를 제외하고 C가 전혀 판매되지 않을 경우에는 CDO 발행회사가 자체적으로 이를 떠안을 수도 있다.

투자자가 무엇을 상상하든 금융공학은 원하는 금융상품을 설계하여 시장에 제공할 수 있다. 다만, 투자자의 요구가 복잡해질수록 금융상품은 이를 반영하여 점점 더 이해하기 어려워질 가능성이 크며, 이때 리스크와 기대수익 간 관계가 명확하지 않을 수 있다. 그럴 때 일부 아마추어 투자자들이 겉으로 드러나 보이는 높은 기대수익에 유혹되어, 숨어 있는 커다란 리스크를 간파하지 못하고 쉽게 덤벼들었다가 큰코다칠 가능성이 커진다. 그래서 꼭 기억해야 한다. 아름다운 장미에는 항상 날카로운 가시가 숨어 있다는 사실을 말이다. 가시 때문에 장미를 피할 필요는 없지만, 장미의 아름다움에만 취해서 가시를 무시해서도 안 된다.

chapter 11

포트폴리오

1. 포트폴리오 효과

1) 포트폴리오의 정의

> 나는 어떤 하나가 투자가치가 있다고 해서,
> 그 하나에 내 모든 재산을 쏟아붓지는 않지.
> 올해 제법 운 좋게 흐르고 있다 해도 말이야.
> 그렇기 때문에 나는 슬픔을 모르고 장사를 하지.

셰익스피어의 『베니스의 상인』에 나오는 구절이다. 포트폴리오란 '다양한 자산들의 묶음'을 뜻한다. 재테크에서 포트폴리오를 강조하는 이유는 포트폴리오 효과, 또는 분산투자 효과 때문이다. 금융상품의 매력을 결정하는 것은 수익성, 안전성, 유동성이다. 기대수익이 높을수록, 부도 가능성이 낮을수록, 그리고 원하는 시점에서 현금화 가능성이 높을수록 금융상품은 인기가 높다. 그런데 이 중에서 수익성과 유동성은 포트폴리오를 구성한다고 해서 특별히 개선되는 효과가 없지만 안전성은 다르다.

개별 금융자산의 리스크의 단순 합보다 금융자산들의 묶음인 포트폴리오의 리스크가 적어도 같거나 더 작아진다.[1] 따라서 개별 금융자산들 묶음, 즉 포트폴리오의 시장가격은 개별 자산 시장가격의 총합보다 커질 가능성이 크다. 포트폴리오로 묶었다 하더라도 수익성과 유동성에는 차이가 없으되, 리스크가 줄어들어 인기가 높아졌기 때문이다. 그래서 '저위험(리스크)-저수익, 고위험(리스크)-고수익' 원칙만큼이나 유명하면서도 중요한 금융원칙이 '포트폴리오 효과'이다.

2) 포트폴리오와 세계화

성경의 창세기 11장에는 다음과 같은 내용이 있다. "…온 땅의 언어가 하나요, 말이 하나였더라… 우리가 내려가서 그들의 언어를 혼잡하게 하여 그들이 서로 알아듣지 못하게 하자… 그 이름을 바벨이라 하니 이는 여호와께서 거기서 온 땅의 언어를 혼잡하게 하셨음이라" 바벨탑의 붕괴에 따라 이 세상에 다양성이 등장하고 따라서 포트폴리오 효과가 나타나게 된 것으로 볼 수 있다.[2]

한편, 새뮤얼 헌팅턴(Samuel Huntington)이 쓴 『문명의 충돌』을 보면 2차 세계대전 이후 세계는 자본주의 대 공산주의의 양극(兩極) 체제였으나, 이후 구소련의 붕괴에 따라 다극적(多極的), 다문명(多文明) 체제로 전환했다고 본다. 이후 신자유주의의 등장과 더불어 미국 중심의 글로벌 표준(Global Standard)이 전 세계적으로 추구되면서 1극 체제로 옮겨 갔다가, 중국의 부각으로 전 세계는 다시 2극 체제로 전환하는 중이다.

---

1 이를 전문적 용어로 '비체계적 리스크'가 제거되기 때문이라고 한다.

2 물론 교회에서 해당 성경 구절에 대한 신학적 해석은 이와 다르다.

이와 같은 문명의 흐름은 획일성과 다양성이라는 측면에서 볼 때, 포트폴리오 효과, 즉 분산투자 효과에 시사하는 바가 크다. 전 세계가 획일적 흐름을 탈 때는 국제 분산투자의 효익이 없으나, 다양성 흐름으로 전환될 때는 포트폴리오 효과가 증폭되어 국제 분산투자의 의미가 부각될 수 있다. 따라서 세계화의 추진은 금융 관점에서만 보면 분산투자에 역행하는 것이며, 시스템 리스크를 증대시킬 가능성이 크다.[3]

2. 포트폴리오의 예[4]

우리나라 옛 민담에 다음과 같은 이야기가 있다. 한 할머니가 아들 둘을 두었는데 장남은 짚신 장사를 했고, 막내는 나막신 장사를 했다. 할머니는 날마다 우울했다. 이유인즉 비가 오면 짚신을 못 파는 장남 걱정에 울고, 반대로 날이 맑으면 나막신을 못 파는 막내 생각에 걱정이 그칠 때가 없었던 것이다. 이를 본 이웃 사람이 충고하기를 비가 오면 막내가 나막신을 잘 파니 좋고, 맑으면 장남이 짚신을 잘 팔 것이니 좋지 않으냐고 했더니 비로소 할머니가 행복해하더라는 것이다. 이 이야기는 세상만사 행복이 생각하기에 달렸다는 교훈을 주기 위함일 것이나, 원래 의도와 함께 금융이론의 중요한 원칙이 한 가지 숨어 있어 흥미를 돋운다. 그것은 바로 분산투자를 통한 포트폴리오 전략이다.

금융시장에는 다양한 상품이 존재하며, 이들 상품의 수익률들은 때로는 비슷한 방향으로 또는 반대 방향으로 움직인다. 투자자들은 이들 간의 선택을 통해 리스크 대비 기대수익을 극대화하는 투자전략을 도출하고자 한다. 이때 올바른 전략은 서로 다른 움직임을 갖는 다양한 상품들을 적절히 섞어 포트폴리오를 구성하는

3 이는 반세계화 운동의 이론적 근거를 제공할 수 있다.

4 『신용경제』 저자 칼럼(2001년 9월) 참조.

것이다.[5] 이는 종종 사람들의 상식에 배치되기도 한다. 어떻게 보면 유망 상품 한 가지를 잘 선택하여 집중 투자하는 것이 더 유리할 것처럼 보이지만, 불확실한 미래 환경에서는 분산투자가 집중투자에 비해 리스크 대비 기대이익을 극대화한다는 사실은 이론적으로나, 경험적으로 이미 밝혀져 있다.[6]

3. 포트폴리오와 자산배분전략[7]

은행예금, 주식, 채권 등 다양한 자산 간 배분비율을 정하는 '자산배분전략'은 투자의사결정 중에서 가장 중요하다고 알려져 있다. 흔히들 생각하기에 따라서는 시장가격의 상승, 하락을 예측하고 이에 따라 매매하는 '매매시점 포착(market timing) 전략'이나, 저평가된 증권을 찾아 매입하고 고평가된 것을 매도하는 '증권선택(securities selection) 전략'이 중요할 것으로 보이지만, 기존 연구결과들은 이보다 '자산배분전략'의 중요성을 더 강조한다. 따라서 재테크 전략에서 자산배분이 갖는 중요성은 아무리 강조해도 지나치지 않다.[8]

자산배분전략은 두 단계로 나누어 수행된다. 첫 번째는 각 자산별 기대수익률과 리스크 및 수익률 간 상관관계를 파악하여 이른바 '효율적(efficient) 투자곡선'을 도출하는 것이다.[9] 개별 자산의 리스크는 체계적(systematic) 리스크와 비체계적(non-

---

5 이는 마치 맛있는 음식 한 가지만을 골라 편식하는 것보다는, 모든 음식을 골고루 먹는 것이 건강에 좋은 것에 비유할 수 있을 것이다.

6 이러한 관점에서 앞서 민담에서 등장하는 할머니는 아들들을 적절히 분산투자하여(?) 최적의 포트폴리오를 구성했다고 볼 수 있겠다. 만일 아들 둘 모두 짚신 장사를 했다면 이들 가족은 맑은 날에는 배부르게 먹을 것이나 비 오는 날은 모두 굶어야 하는 리스크를 감수해야 한다. 그러나 아들 둘이 각각 다른 장사를 함으로써, 이 가족은 맑으나 비가 오나 적당한 양식을 확보할 수 있다. 물론 형제가 화목하다는 것을 전제로 한 이야기겠지만…

7 『신용경제』 저자 칼럼(2001년 6월) 참조.

8 이때 '자산(asset)'이라 함은 주식, 채권, 파생상품 등 큰 분류를 뜻하며, '증권(securities)'이라 함은 각 자산군에 속한 개별 종목, 즉 주식의 경우 삼성전자 주식, 채권의 경우 국고채 3년물 등을 뜻한다. 이에 대한 자세한 내용은 '투자관리' 전문서적을 참조 바란다.

9 이때 '효율적'이라는 의미는 리스크 대비 기대수익이 가장 크다는 것이다.

systematic) 리스크로 구분되는데, 제대로 된 포트폴리오를 구성하면 비체계적 리스크는 소멸되고 마지막으로 체계적 리스크만 남는다. 체계적 리스크와 이에 대한 보상으로 주어지는 리스크 프리미엄으로 나타내어지는 투자자의 선택영역이 '효율적 투자곡선'이 된다. 이때 곡선은 리스크-기대수익 평면에서 우상향하는 형태를 갖게 되는데, 이는 고위험(리스크)-고수익의 원칙을 반영하는 것이다.

두 번째 단계는 투자자의 리스크 선호도를 반영하여 '효율적 투자곡선'상의 한 점을 선택하는 과정이다. 저위험(리스크)-저수익과 고위험(리스크)-고수익 포트폴리오 간의 선택은 간단한 문제가 아니다. 다만, 일반적으로 은퇴 이후 연금소득으로 생활하는 노년층의 경우에는 저위험(리스크)-저수익의 포트폴리오를 권유하며, 금융지식이 비교적 풍부하고 실패 후에도 다시 복구의 기회가 있는 청장년층에게는 다소 고위험(리스크)-고수익의 포트폴리오를 권유할 수 있다.[10]

10 투자가 실패로 돌아가 큰 손실을 보더라도 정해진 급여나 기타 소득이 있어 먹고사는 데에 치명적 타격을 주지 않는 경우라면, 주식과 같은 고위험(리스크) 상품의 부담이 상대적으로 작게 느껴질 수 있다.

part 5

사회생활 속의 금융

chapter 12

개인 신용관리와 금융교육

오늘날 금융은 모든 사람들에게 필요한 공기(空氣)와 같은 존재가 되었다. 모두가 금융전문가 수준의 고도의 금융지식을 갖추기는 어렵겠으나, 삶에 필요한 최소한의 지식을 준비하지 않으면 살아가면서 곤란을 겪을 가능성이 크다. 그중에서 특히 중요한 개인 신용관리에 실패할 경우, 자본주의 사회에서 살아가는 데에 어려움이 따를 수도 있다.

1. 개인 신용관리

1) 개인 신용관리의 중요성

신용은 자본주의 사회에서 우리가 숨 쉬는 공기만큼이나 중요하며, 따라서 개인 신용관리의 중요성은 아무리 강조해도 지나치지 않다. 1997 외환위기가 기업 신용의 위기라면 2004~2005 카드대란은 개인 신용의 위기였다. 이 책을 쓰고 있는 2017년 초 현재 추세는 부동산거품과 가계부채 위기 우려가 점증하고 있어, 그 어느 때보다 개인 신용관리의 중요성이 부각되고 있다. 우리는 과거의 경험들에서 교훈을 찾아서, 가계 부문 신용위기가 파국으로 이어지지 않도록 각별히 관리할 필요가 있다.

개인 신용관리의 핵심은 부채관리이다. 개인이 빚을 내는 것은 제한적으로만 이루어져야만 한다. 주택을 구입하기 위해 모자라는 일부 부족분을 부채로 조달하는 경우에도 미래 상환능력을 엄밀히 계산하여 보수적으로 책정해야 한다. 미래소득을 미리 당겨써서 현재 소비로 사용해도 좋은 경우는 거의 없다. 이를 위해서는 현재 소비의 효용이 자금조달 비용과 미래 소비의 효용보다 확실하게 커야 하며, 미래 소득이 확실하게 차입을 변제할 가능성이 있어야 한다. 그러나 개인의 경우 이러한 경우는 거의 찾기 어렵다.

> 부채를 귀찮고 불편한 일로 받아들이지 마라. 그것은 일종의 재난이다. 가난은 선행을 쌓을 수 있는 많은 수단을 빼앗아가고, 현실적으로나 도덕적으로 악(惡)에 저항하지 못하는 무능력한 상태를 만들기 때문에 모든 고매한 수단들을 사용해 반드시 피해야 한다. …빚지지 않는 것을 첫 번째 관심사로 삼아라. 지출은 어떻게든 줄여서 가난하게 살지 않겠다고 작정하라. 가난은 행복을 가로막는 큰 적으로서, 자유를 파괴하고 인간의 미덕을 불가능한 것으로 만들어버린다. 알뜰함은 평화뿐만 아니라 자선의 근간이다. 그 누구도 자신이 어려운 형편이면서 남을 도울 수는 없다. 남에게 베풀기 위해서는 먼저 자신이 충분히 가져야 하는 것이다.[1]

1 새뮤얼 스마일즈의 『자조론』에서 인용.

2) 저자의 개인 신용관리 경험[2]

저자는 2003년 미국에서 1년간 교환교수로서 생활했다. 미국에서 생활을 하려면 개인 신용기록이 중요하다. 물론 한국에서도 신용불량 기록을 갖고 있는 사람들이 생활하기 쉽지 않다. 각종 금융거래에서 불편을 느끼기는 미국이나 한국이나 비슷하다. 그러나 당시 몇 가지 점에서 두 나라 간 차이를 발견할 수 있었다. 첫째는 미국에서 개인 신용이 나쁠 경우 금융거래뿐만 아니라 일상생활 자체가 많이 불편해진다는 것이다. 집을 얻고 전화를 가설하고 자동차를 사고 보험을 드는 등 모든 생활의 측면에서 신용불량으로 인한 불편함은 이루 말할 수 없을 정도였다.

둘째, 당시 미국에서는 사회보장번호(SSN)라는 일원화된 코드(code) 체계를 통해 개인의 신용정보들을 집대성하여, 금융회사를 포함하여 이 정보가 필요한 각종 기관과 회사들이 광범위하게 정보에 접속하고 이를 업무에 활용하도록 하고 있었다. 개인 신용정보가 금융 권역별로 흩어져 있고, 가끔씩은 신용경색 해소라는 미명(美名) 아래 일괄적 기록 삭제를 요구하던 당시 한국과는 분위기가 달랐다. 미국과 같은 분위기에서라면 개인들이 신용관리에 보다 철저할 수밖에 없어 보였다.

2003년 미국에서 저자가 느낀 또 다른 차이점은 당시 한국에서는 신용불량 기록을 중심으로 개인 신용을 관리하는 데에 비해, 미국에서는 불량기록과 더불어 우량기록도 중요시한다는 것이다. 오래 전 미국에 이민 왔던 분들 중 일부는 한국에서의 습관대로 현금으로 집값을 내고 신용카드 대신 현찰로만 물건을 구입하곤 했다고 한다. 그러던 중 어떤 필요에 의해 은행 대출이라도 받을까 알아보았더니 일체의 신용기록이 없다는 이유로 거절되었다. 이들은 집을 살 때 현금 여유가 있어도 은행 대출을 받아 장기간에 걸쳐 연체 없이 갚아나가고, 신용카드도 꾸준히 불량기록 없이 사용했다면 우량 금융기록으로 남아 대출 승인에 도움이 되었을 것

2 『신용경제』 저자 칼럼(2003년 3월) 참조.

임을 뒤늦게 안타까워했다. 미국에서는 신용불량자들에게 불이익만 주는 것이 아니라, 우량한 신용보유자들에게 혜택을 주는 제도를 이미 택하고 있었던 것이다.

그로부터 10여 년이 훌쩍 넘은 현재 시점에서 우리나라 개인 신용관리 제도와 관행도 많이 발전했다. 금융제도와 관행에서 어느 나라가 절대적으로 낫다고 할 수 없는 이유는 금융제도가 그 사회의 전통과 문화, 역사를 반영하여 발전해왔기 때문이다. 겉으로 보아 좋은 제도라 하여 다른 나라의 것을 무비판적으로 도입했다가 낭패를 본 사례들은 헤아릴 수 없을 만큼 많다. 따라서 저자는 무조건적으로 선진국의 개인 신용관리 제도의 도입을 주장하지 않는다. 다만, 개인 신용관리의 중요성에 대해 일반인들의 보다 큰 자각을 원할 뿐이다.

2. 재무상태표와 개인 예산관리

매일 일기를 쓰는 것은 하루의 삶을 정리하고 객관적으로 관조할 수 있는 여유를 준다. 금융생활에서 재무상태표와 개인 예산 책정 및 관리는 일기와 같은 역할을 한다. 이들을 작성하고 관리하는 것이 개인 신용관리의 출발점이 된다.

1) 재무상태표

재무상태표(財務狀態表: statement of financial position)는 특정 시점 현재 개인의 자산, 부채 및 순자산 현황을 보여준다.[3] 표의 왼편(차변)에는 보유한 자산 현황, 오른편(대변)에는 부채 및 순자산을 기록한다.[4] 겉으로 드러나 보이는 화려함이 '자산'이라면, 실속을 나타내는 것이 '순자산'이다. 특히, 개인 금융생활에서는 '부채'에 대

3 재무상태표를 이전 회계제도에서는 대차대조표(貸借對照表)라고 불렀다.

4 경우에 따라서는 이를 위, 아래로 배치하기도 한다.

〈표 12-1〉 재무상태표(예) (단위: 원)

자산	금액
예금	10,000,000
주식, 채권 및 기타자산	5,000,000
개인연금저축액	5,000,000
주택(시가 기준)	300,000,000
자산 합계	320,000,000

부채	금액
주택담보대출	50,000,000
신용카드 할부금	1,000,000
자동차 할부금	10,000,000
기타 부채	6,000,000
부채 합계	67,000,000

순자산(자산-부채)	253,000,000

자료: 한국은행, 금융생활 길라잡이, 2011

해 기업보다도 각별히 조심해야 한다.

재무상태표는 모든 자산과 부채를 포함하는데, 이때 금융자산과 부채에 대해서는 별도로 상세한 내역을 정리해두는 것이 바람직하다. 월 납입 현황, 잔액, 기대수익률과 실제수익률, 만기 현황들에 대한 상세한 정리는 체계적 재테크 및 신용관리에 큰 도움이 된다.

〈표 12-2〉 금융자산 현황(예) (단위: 원)

	월 저축액	잔액/투자금액	이자율/수익률	만기/예상금액
예금				
1. 정기예금	300,000	1,000,000	5.0%	3년(○○원)
2. 정기적금	400,000	2,000,000	5.5%	10년(○○원)
간접투자자산				
1. 수익증권		5,000,000	6.0%	1년(○○원)
2. 뮤추얼펀드				
3. 금전신탁				
4. 적립식 상품	400,000	8,000,000	6.5%	5년(○○원)
채권				
1. 회사채				
2. 국공채				
주식				
1. AAA				
2. BBB				
기타 금융상품				
1.				
2.				
노후 대비 자금				
1. 개인연금	100,000	6,000,000	5.0%	20년(○○원)
2. 회사 퇴직금				
합계	1,200,000	22,000,000		

자료: 한국은행, 금융생활 길라잡이, 2011

2) 개인 예산관리

재무상태표가 '특정 시점'의 자산, 부채 및 순자산 현황을 보여준다면, 기업의 손익계산서나 개인들의 예결산(豫決算) 자료는 '일정 기간'에 걸친 수입과 지출, 그리고 이에 따른 흑자, 적자 여부를 보여준다. 예상 흑자를 계산하여 재테크 계획을 세우며, 예상 적자에 따라 차입 여부와 시기를 결정할 수 있다.

〈표 12-3〉 월별 예산(예) (단위: 원)

	현재수입	변경수입	새로운 수입계획
급여	3,000,000		3,000,000
투자수익			
이자수익			
수입합계	3,000,000		3,000,000

	현재지출	변경지출	새로운 지출계획
아파트 관리비	300,000		300,000
주택담보대출 이자	500,000		500,000
전화료(통신료)	200,000	△100,000	100,000
기타	1,500,000	△400,000	1,100,000
지출합계	2,500,000	△500,000	2,000,000

월별수지	500,000		1,000,000

저축 가능 금액	500,000		1,000,000

자료: 한국은행, 금융생활 길라잡이, 2011

3. 신용카드[5]

1) 개인에게 신용카드의 의미

신용카드란 미래의 소득을 담보로 하여 현재 소비를 가능하게 해주는 도구이다. 쉽게 말하면 빚내어 소비하게끔 해주는 것이다. 건전한 소비자라면 현재의 소득에서 일부를 소비하고, 남은 돈을 미래의 불확실성에 대비하여 저축하는 것이 바람직하다. 따라서 현재의 소득으로도 부족하여 미래의 소득까지 끌어다가 현재의 소비에 충당하는 것은 바람직한 소비 행태라고 볼 수 없다. 이러한 예외가 인정받기 위해서는 최소한 다음 두 가지의 조건이 필요하다. 첫째는 미래로부터 차용된 현재의 소비로부터 느끼는 효용이 이를 위해 지불되는 각종 비용보다 커야 한다. 문제는 소비의 효용이라는 것이 주관적이어서 이를 객관화하기 어렵다는 것이다. 요즘처럼 사회가 물질지상주의로 흐르는 상황에서 사람들이 소비에서 느끼는 말초적 효용은 커지게 마련이다. 둘째는 미래의 소득이 차입의 변제를 확실하게 감당할 수 있어야 한다. 오늘날 신용카드로 인한 개인 신용불량의 증가는 이에 대한 고려가 부족했던 것이 이유 중 하나로 보인다.

빚이 무서운 이유는 365일, 24시간 우리가 일하든, 놀고먹든, 잠자든 상관없이 부담해야 할 이자를 확실하게(!) 계속 늘려간다는 데에 있다. 우리의 미래 삶은 불확실하여 큰돈을 벌 수도 있지만 불행하게 실업(失業) 상태에 놓일 수도 있다. 빚은 이러한 불확실성을 고려해주지 않은 채 무자비하게 그 규모를 키워나간다. 확실하게 미래 소득에서 빚을 변제할 자신이 있다 해도 살다보면 불안해지는 것이 빚의 변제(辨濟)인데, 하물며 내일이면 어찌어찌 상황이 좋아져서 혹시(!) 빚을 갚게 될지도 모른다는 허망한 기대에 덥석 빚을 얻었다가는 두고두고 고생하기 쉽다. 따라

5 『신용경제』 저자 칼럼(2003년 9월) 참조.

서 전문가들은 전체 소득에서 빚 관련 부담 비용을 일정 비율 이하로 통제할 것을 강력히 경고한다. 결국 빚이란 우리 미래 삶의 불확실성을 증폭시키는 악영향을 미치기 때문이다.

부채는 확실한 반면 우리의 미래는 불확실하다는 사실만 염두(念頭)에 둔다면 신용불량의 많은 경우들은 발생하지 않을 것이다. 부담스러운 규모의 빚을 지고 살아가는 경우에는 우리가 계획하는 미래의 모습에 약간의 불행만 생겨도 이 불행이 즉각적 증폭효과를 가져올 수 있다. 즉 예기치 않은 미래 소득의 감소는 확실한(!) 부채 상환 요구에 맞물려 새로운 부채 조달의 필요성을 유발할 것이며, 이는 새로운 악순환(惡循環)의 출발이 된다.

따라서 현재의 소득으로 감당하기 어려운 문제라면 '대개의 경우' 이에 따른 아쉬움과 고통을 현재의 시점에서 감내하고 끝내는 것이 낫다. 지금 당장의 고통을 회피하기 위해, 남의 눈이 무서워서, 미래에는 좋은 일이 있겠지 하는 막연한 희망으로 끌어다 쓴 부채는 오늘뿐만 아니라 내일의 행복마저 앗아가는 경우가 더 많다.[6] 건전한 소비문화와 금융에 관한 체계적 교육이 자리 잡지 않은 우리나라 상황에서, 신용카드 사용의 폭발적 확대는 개인들에게 손쉽게 신용을 공급해줌으로 인해 신용불량자로의 길을 열어준 셈이 되었다.

2) 2003 카드대란

당시 정부는 지하경제를 양성화(陽性化)하여 투명한 세원을 확보하고 동시에 내수를 증진시킨다는 두 마리 토끼를 잡기 위해 신용카드 활성화 정책을 적극적으

6 사실 이 부분에 대해서는 조심스럽다. 이 세상에는 이러한 내용을 충분히 알고 있음에도 불구하고, 정말 불가피한 상황 때문에 빚을 내어 고통을 받는 사람들도 많다. 따라서 이 책에서는 비현실적이며 도덕주의에 치우칠 수 있는 주장을 강하게 내세우고 싶지 않다. 즉 위의 주장은 다양한 각 개인의 상황에 대해 모두 적용되는 것은 아니며, 교과서적 주장으로 한정시켜 해석할 필요가 있다.

로 펼쳤다.[7] 신용카드 거래의 일반적 구조는 다음과 같다. 카드 소유자가 신용카드로 물건을 구입하면, 카드회사는 구입자금을 판매처에 먼저 지불해준다. 그리고 한 달여쯤 지나서 카드 소유자가 카드대금을 카드회사에 납부하면 거래과정이 종결된다. 문제는 카드회사들 입장에서 먼저 판매처에 돈을 지급하고 나중에 카드 소유자로부터 돈을 받기 때문에 일시적 자금부족이 발생한다는 것이다. 그래서 신용카드 회사들은 신용판매 및 현금서비스 재원조달을 위해 '카드채'를 발행한다. 카드채 상환재원은 카드 소유자들이 미래에 납부할 카드대금이다.

문제는 2000년대 초반 무분별하게 신용카드를 발급받은 상당수가 카드 대금을 체납하면서 시작된다. 카드 사용자들의 대금 체납은 곧바로 금융시장의 카드채 부도 위기로 이어진다. 당시 카드채를 매입했던 주요 투자자들 중에 금융회사들이 다수 포진해 있었는데, 카드채 부도 가능성으로 인해 이들 금융회사들이 자금압박 위기에 놓이면서 금융시장의 불안이 증폭되었다. 결국 카드사 대주주들의 증자, 모기업과의 합병, 카드사 간 M&A, 채권 금융회사 채무조정 등의 고통스러운 과정을 겪고 나서야 카드대란은 마무리된다.

카드 사태 당시 책임 소재를 두고서 아직 논란이 분분하다. 신용카드 정책 실패에 따른 정부의 책임, 무모한 마케팅과 신용 리스크관리 실패에 따른 카드회사들의 책임, 불확실한 미래 소득을 현재로 당겨서 사용한 신용불량자 스스로의 책임이 모두 있다. 그런데 카드대란의 결과로서 가장 큰 고통은 무분별하게 신용카드를 발급받고 이를 오용(誤用)한 카드 사용자에게 귀착된다. 정부나 금융회사 등 외부요인에도 불구하고, 결국 스스로를 보호할 책임은 각자 개인에게 있음을 보여준 전형적 사건이다.

---

7 신용카드 사용액에 대해 소득공제를 실시하고, 신용카드 복권이라는 특이한 제도도 도입했다. 여기에 신용카드 회사들의 무책임한 마케팅이 어우러지면서, 우리나라는 '신용카드 공화국'이라 불릴 만큼 신용카드가 범람하기 시작했다. 은행권에서 거부당한 중소기업과 서민들이 자금 조달 수단으로서 신용카드의 신용판매와 현금서비스를 무리하게 사용함에도 불구하고 감독기관의 감독은 이에 소홀했다.

3) 신용카드의 대안으로서 체크카드와 직불카드

오늘날 신용카드가 없는 세상은 상상하기 어렵다. 거래에서 현금 사용은 점차 줄어들고, 신용카드를 포함한 전자거래 비중은 증가하는 추세이다. 엄격한 자기통제 하에서 현명하게 사용하기만 한다면, 신용카드는 문제될 것이 없을 뿐 아니라 사회적으로 고마운 문명의 이기(利器)임에 틀림없다. 문제는 충분한 금융교육을 받지 못하고 자기 통제력이 강하지 않은 사람들에게 신용카드는 삶을 고통으로 이끄는 무서운 도구가 될 수 있다는 것이다.

따라서 신용카드의 대안으로서 체크카드와 직불카드 사용이 권장되고 있다. 신용카드가 미래 소득을 담보로 현재 소비를 하는 것임에 반해, 이들 카드는 대개 현재 보유한 예금한도 내에서만 소비가 가능하다는 점에서 무모한 카드 사용을 막을 수 있다는 장점이 있다. 이들 중에서 특정 가맹 네트워크 내에서만 사용이 가능한 직불카드보다는, 신용카드가 사용되는 곳이면 어디서나 사용이 가능한 체크카드가 상대적으로 사용이 편리하다.

〈표 12-4〉 카드별 주요 특징

	신용카드(credit card)	직불카드(debit card)	선불카드(prepaid card)
성격	여신상품	수신상품	수신상품
발급대상	자격기준 해당자	예금계좌 소지자	제한 없음
주요시장	중고액 거래 업종	소액 다거래 업종	소액 다거래 업종
가맹점이용	가맹점 공동 이용	가맹점 공동 이용	가맹점 공동 이용
연회비	있음	없음	없음
이용한도	회사 자체 기준에 의거 신용도에 따라 차등	예금 잔액 범위 내	최고 한도 50만원

자료: 한국은행, 한국의 금융제도, 2011

4. 신용회복 지원[8]

1) 자본주의 사회의 안전망: 두 번째 기회

공산주의에 비해 자본주의가 우월함은 이미 역사를 통해 증명된 사실이다. 계획경제에 비해 시장경제는 이른바 '보이지 않는 손'의 작동으로 인해 자원이 효율적으로 배분된다는 특장(特長)을 갖는다. 일부 병폐에도 불구하고 자본주의가 오늘날 글로벌 표준(global standard)으로 자리 잡게 된 이유이다. 그런데 자본주의는 불가피하게 경쟁을 유발하며, 이 과정에서 낙오된 사람들이 생길 수밖에 없다. 자본주의란 마치 달리는 열차와 같아서 한 번 떨어지면 다시 올라타기가 생각만큼 쉽지 않다. 따라서 자본주의 체제의 성공적 유지를 위해서는 한 번 낙마(落馬)한 사람들이 극단적 상황에 내몰리지 않고 두 번째 기회(second chance)를 잡을 수 있도록 도와주는 조치가 꼭 필요하다.

이것이 바로 '사회안전망'이며, 대표적인 것으로 신용회복 지원, 실업수당 지급, 사회복지정책 실시, 실업자 재교육 등을 들 수 있다. 그런데 사회안전망은 불가피하게 역선택과 도덕적 해이의 문제를 낳는다. 정부의 신용회복 지원을 예상하고 무모한 소비와 투자를 일삼거나, 국가로부터 제공되는 각종 복지정책과 실업수당 등에 기대어 제대로 된 생산활동을 하지 않고 사는 사람들이 대표적인 경우이다. 이들의 존재가 가시화되면 열심히 일하는 사람들이 근로의욕을 잃게 된다.[9]

이렇게 되면 악화(惡貨)가 양화(良貨)를 밀어내게 되고, 경제 내 생산성과 잠재성장 가능성이 떨어지게 된다. 이것이 바로 지난 수십 년 간 복지국가를 지향하며 사회안전망을 두텁게 갖춰온 일부 국가들이 오늘날 겪는 어려움이다. 사회안전망은

8 『신용경제』 저자 칼럼(2004년 4월) 참조.

9 부지런히 쉬지 않고 땀 흘려 일하여 꼬박꼬박 낸 세금으로 다른 사람들의 배를 불린다고 생각하면, 제도의 타당성에도 불구하고 가끔은 맥이 빠질 수도 있다.

자본주의 체제를 유지하는 데에 절대적으로 필요하다. 그러나 이를 지나치게 강조하다 보면 역선택과 도덕적 해이로 인해 자본주의 활력이 떨어지는 어리석음을 범할 가능성도 있다. 이들 간 조화를 추구하는 것은 보통사람들의 능력 범위 밖에 있어서, 도덕성을 갖춘 전문가의 판단이 필요하다.

2) 신용회복 지원의 문제점

(1) 도덕적 해이

건전한 금융생활에 실패하고 신용불량 상태에 빠져 고통 받는 사람들의 문제를 해결하기 위해 신용회복 지원제도가 있다. 그런데 좋은 취지로 만들어진 이 제도는 채무자들의 도덕적 해이(moral hazard)를 야기할 가능성이 있다. 어려운 와중에도 정상적으로 채무를 갚아오던 사람들조차 오히려 신용불량자로 편입되어 채무면제 혜택을 받기를 기대하는 바람직하지 않은 현상이 발생할 수 있다.

따라서 스스로 빚을 갚을 의지를 갖고 있는 신용불량자들의 신용회복을 정부가 지원하는 것은 좋지만, 정부가 주도하여 신용불량자를 무조건 구제하려 한다는 인식을 심어줄 경우 채무자들의 도덕적 해이를 부추길 우려가 있다. 금융회사들은 정부가 신용회복 지원에 개입한 결과로서 도덕적 해이가 확산되어 연체율이 높아지는 등 부작용이 심각하다고 불평을 하며, 신용회복 지원제도가 오히려 신용불량자를 늘릴 가능성을 우려하기도 한다.

버티다 보면 정부가 뭔가 대책을 마련해줄 것이라는 막연한 기대감은 개인의 자기책임 하 정상적 금융행위를 왜곡시킨다. 금융시장에서 신용이란 마시는 공기와 같다. 1997 외환위기는 금융회사들의 신용위기에서 출발했다. 엄청난 액수의 공적자금을 집어넣고 대신에 금융회사 리스크관리 강화와 자본적정성에 대한 감독 강화를 요구하여, 문제의 재발(再發)을 막을 수 있는 제어장치를 확보할 수 있었다. 그러나 개인 신용불량의 경우는 문제가 다르다.

돈을 빌리고도 버티면 갚지 않을 수 있다는 잘못된 믿음을 갖기 시작하면 시장에서 돈의 흐름은 멈춘다. 흐르지 않는 물이 고여 썩으며, 순환되지 않는 혈액이 고여 각종 질병을 유발시킨다. 마찬가지로 신뢰상실(信賴喪失)은 금융시장에 암(癌)적 병인으로 자리 잡아 갖가지 예상치 못한 부작용들을 유발시킬 수 있다. 따라서 사적(私的) 채권채무 관계에 정부가 지나치게 개입하는 것은 바람직하지 않을 수도 있다.

(2) 개인 신용불량의 책임

신용불량자의 경우 기본적 책임은 물론 본인에게 있다. 어느 시대, 어느 사회이든 신용불량자는 있어왔다. 그러나 현재 우리 사회에 수백만 명으로 추산되는 신용불량자와 주변의 잠재적 신용불량자를 생각한다면, 이는 당사자 본인만의 책임이 아닌 사회구조적 문제가 배경에 깔려 있음을 짐작하게 한다. 특히, 책임 당사자로서 정부와 금융회사들을 지적하지 않을 수 없다.

2003년 카드대란은 내수(內需) 부양을 통한 경제위기 극복과 세수 확보를 위해 추진됐던 신용카드 장려정책이 무분별한 카드시장 확대로 이어져 위기를 만들어냈던 것이다. 당시 이를 무리하게 추진했던 정책당국자들의 책임을 묻지 않을 수 없다. 금융회사들 또한 당장의 영업을 위해 신용 리스크관리에 소홀했던 책임을 통감해야 한다. 즉 카드회사들은 무분별한 고객 확대 과정에서 고객 신용평가에 소홀했으며, 이로 인한 카드채 부실은 금융시장에 큰 부담으로 작용했다.

또한, 2000년대 들어 금융회사들이 주택담보대출을 포함하여 경쟁적으로 가계대출을 확대한 바, 대출자 본인이 의도했든 아니든 대출 원리금을 제때 갚지 못하고 신용불량 상태에 빠져든 사람들에게도 비슷한 주장이 가능하다. 대출거래가 외부강압에 의해 이루어진 것이 아니라, 차주(借主) 본인 판단과 책임하에 이루어졌다면 1차적 책임은 본인이 지는 것이 맞다. 그러나 이들에게 충분하고 합리적인 금융교육을 제공하지 못한 정부와 사회, 그리고 미래 상환능력을 무시한 채 담보가치만 평

〈표 12-5〉 개인채무자 구제제도(2011년 기준)

구분	사적구제제도		법적구제제도	
	개인워크아웃	배드뱅크	개인회생	개인파산
운영주체	신용회복위원회	한마음금융	법원	법원
시행시기	2002. 10 .1	2004. 5. 20	2004. 9. 23	1962. 1. 20
대상채권자	협약가입 금융기관	협약가입 금융기관	제한없음(사채 포함)	제한없음(사채 포함)
채무범위	5억원 이하	5,000만원 이하	담보채무(10억) 무담보채무(5억)	제한없음
대상채무자	연체기간이 3개월 이상인 자	연체기간이 6개월 이상인 자	과중 채무자인 봉급생활자, 영업소득자	파산원인 (지급불능, 지급정지)
채무조정수준	변제기간 8년 이내, 이자채권 전액감면, 원금은 상각채권에 한해 최대 1/2까지 감면	변제기간 8년 이내	변제기간 5년 이내, 변제액이 청산가치보다 클 것	청산 후 면책
법적효력	사적조정	사적조정	변제완료시 면책	청산 후 면책
연체정보해제	신용회복 지원확정시 해제	신청 즉시 해제	변제계획 인가시 해제	면책결정시 해제
장점	- 절차가 상대적으로 간소, 신속하고 저비용 - 금융기관이 직접 참여하므로 홍보 및 절차안내가 잘 이루어짐 - 신용회복위원회의 경우 소비자 신용상담 및 소비자 교육기능을 함께 수행할 수 있음 - 확정효력은 보증인에게도 동일		- 신청대상 요건이 완화됨(채무액 범위가 넓고 사채도 포함) - 청산시보다 변제액이 많기만 하면 원금 감면도 가능 - 법적으로 면책되므로 강력 - 보증인에게는 개인회생 인가 또는 파산선고의 효력이 없음	
단점	- 개인연체자로 등록된 자만 신청가능 - 금융기관 외의 사채 등에 대하여는 조정이 불가능		- 신청서류 및 절차가 복잡하여 대리인의 조력 필요(비용증가) - 개인파산의 경우 파산선고에 따른 불이익이 따름 - 면책불허가사유 해당여부가 불투명 - 개인의 특별사정 반영 등에 융통성이 적음	

자료: 한국은행, 금융생활 길라잡이, 2011

가하여 무모한 대출을 집행한 금융회사들도 책임을 면하기 어렵다. 따라서 우리 사회 신용불량자의 신용회복 지원은 당사자와 더불어 정부 및 금융회사들의 공동 책임이다.

〈표 12-5〉는 신용회복 지원의 대표적 제도로서 개인채무자 구제제도를 보여준다.

5. 금융교육

1) 일반인 대상 금융교육의 중요성[10]

(1) 파생금융상품에 대한 이해 사례

다음 열거한 내용들의 공통점은 무엇일까? ① 정부가 주식시장 부양조치의 하나로서 발매했거나 검토했었던 '원금보장형 주식형 수익증권' , '손실보전형' 증권저축, ② 외환위기 당시 제일은행을 외국인에게 매각할 때 끼워준 '풋백 옵션' , ③ 전환사채(CB)와 신주인수권부 사채(BW), ④ 주택청약예금.

정답은 이들 모두 파생금융상품 중 옵션과 관련이 있다는 것이다. 옵션이라 함은 정해진 상품을 미래에 정해진 가격에 살 수 있는 권리(call option), 또는 팔 수 있는 권리(put option)를 뜻한다. 콜 옵션의 경우 매입자는 계약 이후 기초자산 시장가격이 계약가격보다 상승하면 이익을 얻는 반면, 매도자는 그에 상응한 만큼의 손실을 보게 되는 제로섬(zero-sum) 거래이다.[11]

따라서 우리는 파생금융상품으로 대표되는 복잡한 첨단금융상품들이 이미 우리 생활에 밀접하게 다가와 있는 것을 알 수 있다. 이들은 더 이상 금융전문가들만이 사용하는 첨단상품이 아니라, 어느덧 보통사람들이 일상적으로 접하는 범용(汎用) 상품이 되었다. 그런데 파생금융상품의 적정 가치를 평가하는 것은 일반인들에게 결코 쉬운 작업이 아니다.[12]

---

10 『신용경제』 저자 칼럼(2001년 12월) 참조.

11 앞에 열거한 예들이 어떻게 옵션과 관련이 있는지 간략하게 살펴보자. ①번은 금융회사 또는 정부가 주식투자자에게 풋 옵션을 제공한 경우에 해당된다. 풋 옵션은 미래에 정해진 가격에 주식을 팔 수 있는 권리를 나타내므로, 주가 하락 시 투자손실을 보전해주는 역할을 한다. 당시 풋 옵션 제공에 따른 부담은 금융회사 또는 정부가 감당했다. ②번의 경우는 정부가 제일은행을 인수한 외국인 투자자에게 풋 옵션을 제공한 셈이 된다. 외국인 투자자는 원래 자신들이 생각했던 수준보다 자산부실규모가 커서 제일은행 인수 이후 자산가치가 하락할 경우 풋 옵션을 행사하여 손실을 보전 받을 수 있었다. ③번에서 CB나 BW는 채권이면서도 동시에 정해진 가격에 주식으로 전환하거나 신주를 인수할 수 있는 권리를 갖는다. 따라서 이는 콜 옵션이 내장된 채권으로 간주된다. ④번의 주택청약예금은 주택을 매입할 수 있는 권리를 부여한다는 의미에 콜 옵션이 내장된 예금의 성격을 갖는다.

(2) 전문가와 일반인들의 판단 영역

앞에서 제기된 사례들은 분석을 위해 상당 수준의 전문성이 요구되는 것들이다. 그런데 문제는 어려운 금융상품이 이들뿐이 아니라는 것이다. 이들 외에도 자산유동화증권(ABS), CBO, ELS, ELD, 프로젝트 파이낸싱(Project Financing) 등 종종 들어보지만 정확한 내용이나 가격 산정방식에 대해 잘 알 수 없는 첨단 복합금융기법들이 계속 시장에 쏟아져나오고 있다. 그렇다면 날마다 부딪히는 이들을 잘 이해하고 활용하기 위해 일반인들이 해야 할 일은 무엇일까?

쉽게 생각하면 이에 대한 고민을 일부 금융전문가들의 영역으로 치부해버릴 수도 있을 것 같다. 이는 기본적으로 맞다. 그러나 저자는 금융전문가가 아닌 일반인들의 전반적 금융지식 수준을 현 단계보다 크게 끌어올릴 필요가 있다고 본다. 전문가들이 설계하고 가격을 책정한다고 문제가 모두 해결되는 것이 아니기 때문이다. 그러기에는 우리가 보유한 전문가의 수가 적다. 다음 예들을 살펴보자.

전통적 굴뚝산업을 대체할 차세대 주자로서 벤처기업을 양성하자는 주장이 오래 전부터 제기되어왔다. 벤처기업은 문자 그대로 모험기업으로서, 출발 시점에서 충분한 자본을 갖고 시작하는 경우가 드물다. 그렇다고 하여 대출을 쉽게 받을 수 있는 담보가 있는 것도 아니다. 따라서 이들 대개는 주식 또는 CB, BW 등을 발행하여 자금을 조달하게 된다. 이때 벤처기업 사장이 이들의 가치 산정을 전문가들에게만 전적으로 맡겨둘 수 있을까? 자신만큼 기업 내용과 전망을 잘 아는 사람이 없는데, 단지 금융지식이 짧다고 하여 금융전문가 손에 자식 같은 기업의 가치 산정을 전적으로 맡겨야만 하는가? 적정 가치산정 방법론에서 금융전문가들만큼

12 ①번의 경우 금융회사와 정부가 각각 풋 옵션을 주식투자자에게 무상으로 공급하는 것과 같은데, 이때 금융회사와 정부가 부담한 규모는 어느 정도였던 것일까? 만일 금융회사 부담이 금융회사 부실로 이어져 공적자금이라는 형태로 국민세금부담으로 귀착되었다면 이는 일반인들도 나 몰라라 할 일이 아니다. 그렇다면 당시 주식시장을 부양하기 위해 국민들은 얼마만큼의 부담을 진 것일까? 그만한 가치가 있었던 것일까? ②번에서 제일은행을 인수한 외국인 투자자에게 제공한 풋 옵션의 가치는 얼마나 되는 것일까? 은행 매각대금으로 받은 자금에서 풋 옵션가격을 제하고 남은 금액은 과연 매각자금으로 적절한 것이었을까? 그보다 궁금한 것은 매각 의사결정이 조건 안에 포함된 옵션상품에 대해 정확하게 가격을 산정한 결과를 바탕으로 이루어진 것이었을까?

이야 모른다고 하더라도, 옆에서 까막눈이 되어 그저 바라만 보는 것은 곤란하다.

또한, 향후 우리 사회는 고도 성장기를 마치고 재도약을 위한 구조조정에 적극 나서야 하며, 이때 정부의 역할이 클 것으로 예상한다. CRV, 자산유동화증권, 풋백 옵션, 프로젝트 파이낸싱 등 각종 첨단 금융기법이 등장하는 이들 분야에 정부는 충분한 수의 능력 있는 금융전문가들을 보유하고 있는가? 이들을 민간 부문에 빼앗기지 않고 붙잡아둘 유인책은 있는가?

(3) 일반인 대상 금융교육의 필요성

예를 들자면 계속 이어진다. 이들 문제 제기에 대한 저자의 제언은 금융전문가의 육성과는 별도로 일반인의 전반적 금융교육 수준을 증대시키자는 것이다. 오늘날 금융은 단순히 은행에 예금을 하고 대출을 받는 수준을 넘어서서 복잡하게 발전하여, 전문가들조차 쉽게 이해하지 못하는 어려운 기법들이 주변에서 널리 사용되기에 이르렀다. 따라서 비금융 기업들도 영업이익 못지않게 금융 관련 영업외이익 관리에 신경을 쓰고 있는 실정이다.

복잡해진 금융시장에서 금융전문가를 육성하는 것이 기본적으로 시급하지만, 이에 못지않게 일반인들에 대한 금융교육의 강화도 필요하다. 고급 전기기술자에게 전구 갈아 끼우는 단순작업을 부탁해서는 안 되는 것처럼, 첨단 보안전문가에게 안방 문 잠긴 것을 열어달라고 할 수 없는 것처럼, 우리 모두 기본적 금융지식을 강화해야 한다. 설령 금융전문가에게 부탁을 하는 상황이 오더라도, 내가 조금 아는 상태에서 부탁할 경우는 좀 더 안심이 되지 않을까?

2) 금융전문가 양성 교육[13]

(1) 국내 양성의 필요성

금융업은 전문 인력(人力)에 의존하는 곳이다. 공장과 기계 없이도 사람 머릿속에서 신상품을 만들어내며, 이를 판매하기 위해 마케팅을 하고 창구에서 고객을 상대하고 설득하는 것도 사람이다. 최근 들어 IT의 강력한 지원을 받기는 하지만, 그래도 금융업은 곧 '사람 장사'라고 해도 좋을 만큼 사람에 의존한다.[14]

따라서 국내 금융회사들이 국제 경쟁력을 갖추기 위해서는 미국 MBA 전문대학원에서 배출하는 것과 동질(同質)의 학생들을 우리 대학들이 배출할 수 있어야 한다는 결론에 도달한다. 혹자는 현재 국내 금융시장 각 분야에서 능력을 발휘하고 있는 전문가들의 적지 않은 수가 유학생 또는 교포 출신임을 들어, 과거 우리 학문의 여러 분야에서 그러했듯이 외국 유학 출신 또는 교포들로 필요한 자리를 계속 채움이 어떠하냐고 반문할 수 있겠지만 이는 중장기적으로 바람직하지도 않고 유지 가능하지도 않다. 국내 금융산업 발전에 필요한 수만큼의 인력을 꾸준히 공급받을 수도 없을 뿐더러, 국가 전체적으로 보면 비용/편익 측면에서 그다지 효율적이지 못하다. 한편에서 소수의 유학생들을 계속 받아들이면서도 그 중심에서는 우리 대학들이 주요 전문인력을 배출할 수 있어야만 국내 금융의 경쟁력을 제고시킬 수 있다.

(2) 국내 대학의 현실과 개선방안

국내 대학의 현실은 어떠한가? 금융교육의 중요한 축을 담당하는 경영대학들은 현재 학부교육과 MBA 전문대학원을 통해 금융전문가를 양성하고 있다. 학부는

---

13 『신용경제』 저자 칼럼(2003년 12월) 참조.

14 이러한 이유로 인해 미국 MBA 시장에서 가장 비싼 연봉을 주면서 최우수 학생들을 싹쓸이해 가는 곳이 컨설팅 업계와 더불어 월가(Wall Street)이다. 금융회사들이 제시하는 연봉은 다른 산업에서 쉽게 엄두를 내지 못하는 고액이다. 이들이 이렇듯 과감하게 인력을 채용하는 것은 금융업이 곧 사람장사라는 믿음에 따른 것이다.

우수한 신입생을 지속적으로 확보하는 데에 필요하며, MBA 전문대학원은 금융시장에서 요구하는 실무 전문인력을 배출하는 데에 장점이 있다. 그러나 두 시장을 모두 붙잡고 있기에 현재 국내 대학의 역량(力量)은 부족하다. 대학들이 이러한 고민을 하는 동안에도 세월은 계속 흐르고, 대학이 기업이 원하는 인력을 제대로 배출하지 못하면서 졸업생들은 취업난, 금융회사들은 필요한 인재 구인난(求人難)으로 고생하고 있다.[15]

그렇다면 국내 대학들이 금융회사에 필요한 인력을 양성할 수 있으려면 어떻게 해야 할까? 이에 답하기 위해서는 우선 우리 사회에서 대학의 역할이 무엇인가부터 짚어볼 필요가 있다. 결론부터 얘기하면 대학은 직업교육 전문기관이 아니다. 따라서 현재 학부 중심의 대학이 교육 내용이나 체재 개편을 통해 금융인력 양성에 나서라고 한다면 대학의 본질을 훼손하는 잘못이 될 것이다. 대학의 본질은 인간과 자연에 대한 무궁한 진리 탐구를 통해 지적 영역을 확대하고, 우리 삶의 올바른 방향을 모색하는 것이어야 한다. 따라서 금융교육을 포함하여 전문교육에 대한 수요는 별도의 전문교육기관이 해결해야 한다. 이것이 곧 MBA 전문대학원이 필요한 이유이다.[16]

두 번째 조건은 전문대학원 등록금의 현실화이다. 전문대학원 교육은 학부와 달리 피교육자 개인 이익이 교육의 사회 환원 효과보다 뚜렷이 큰 탓에 국가나 사회가 교육비용을 감당할 수 없다. 따라서 피교육자가 비용을 스스로 부담하는 교육

15 이에 실망한 일부 금융회사들은 아예 외국으로 취업설명회를 나가거나 사내대학(社內大學), 사내연수 프로그램 등을 통해 자체적인 인력양성에 나서기도 한다. 흥미롭고 안타까운 것은 이때 교육을 담당하는 대부분의 강사 중 상당수 역시 국내 대학에 재직하는 교수들이라는 점이다. 교수들이 대학 현장에서 직접 금융인력을 양성하지 못하고, 금융회사 사내연수에 참가하여 교육을 담당하는 것이다. 제도적으로 대학과 금융회사를 연결하는 적절한 통로가 형성되지 못한 상태에서, 금융전문인력에 대한 교육 수요(需要)가 존재하다 보니 생겨나는 이례(異例) 현상이다.

16 국내에 MBA 전문대학원이 도입된 지 이미 10여 년이 지났음에도 불구하고, 아직까지 제대로 자리 잡지 못한 원인에는 여러 가지가 있다. 첫 번째로 지적할 것은 각 대학들의 학부에 대한 집착이다. 경영학 분야는 인문계열 학생 중 우수한 인재들이 모여드는 인기 학부이다. 또한 각 대학들이 오랫동안 다루어왔기에 익숙한 영역이기도 하다. 그런데 제대로 된 금융전문인을 배출하기 위해서는 MBA 전문대학원이 본격화되어야 한다. 국내 모든 대학들이 같은 길을 갈 필요는 없다. 학부 중심으로 계속 남을 대학이 있는가 하면, 과감하게 MBA 전문대학원으로 특화하는 대학도 있어야 한다. 부족한 교수인력으로 둘 다 잡고자 하면 모두를 놓치는 어리석음을 범할 수 있다.

이 진행될 수밖에 없는데, 현재의 국내 등록금 수준으로는 국제적 경쟁력을 갖추기 어렵다. 대형 강의실에 많은 학생들을 몰아넣고 소수의 교수진들이 분필 한 자루로 강의를 해야 한다면, 우리의 몇 배에 달하는 수의 교수진을 확보하고 최첨단 교육시설에서 업계 최고의 전문가들을 비싼 돈을 주고 초빙교수로 모셔오는 외국 대학들과 경쟁하는 것은 어렵다.

마지막으로 지적할 것은 대학 교수들의 업적평가 방법의 개선 또는 다양화이다. 현재 대부분 대학에서는 연구, 교육, 봉사의 세 영역으로 나누어 교수들의 업적을 평가한다. 그러나 교육과 봉사 부문에서 교수들 간 평가 차이는 무시할 만하며, 대부분 평가점수의 차이는 연구실적으로부터 나온다. 훌륭한 연구가 좋은 교육의 바탕이라는 점에서 이를 결코 무시할 수는 없다. 그러나 대부분 연구논문들은 실무지향보다는 이론과 이에 대한 검증 중심이며, 아쉽게도 금융 분야의 많은 연구들은 국내 현실보다 해외 사례에 치우쳐 있다. 이런 상황에서 연구실적, 특히 해외논문만을 강조하다 보면 국내 금융전문인력의 양성이라는 목표는 함께할 수 없다.[17]

(3) 금융은 문과인가, 이과인가: 수학과 통계학 교육의 중요성

금융전문가로 성장하기 위해서는 경제학(미시 및 거시경제학, 화폐금융론, 재정학, 계량경제학, 국제경제학), 재무학(기업재무, 투자분석, 금융시장 및 금융회사 경영, 파생금융상품, 국제금융)과 회계학, 그리고 수학과 통계학에 대한 광범위한 지식을 필요로 한다. 이에 더하여 기본적인 전산프로그램을 다룰 수 있는 능력을 갖춘다면 금상첨화(錦上添花)일 것이다. 이들 중에서 우리가 금융전문가 양성에서 특히 당면한 어려움은 수학과 통계학 교육에 있다.

오늘날 금융은 과거 그 어느 때보다도 수학적이고 계량적인 분석을 요구한다. 컴퓨터 계산능력의 엄청난 발전은 과거 우리 선배들이 머릿속에서 상상만 하던 금

17 저자가 제시하는 대안은 연구실적에 대한 평가는 현재대로 두어 지속적으로 양질(良質)의 연구를 유도하되, 국내 현실에 적합한 금융 분야 '전문교육'에 대한 평가를 상향 조정해주어야 한다는 것이다.

융상품들의 출현을 가능하게 했고, 이와 더불어 금융소비자들의 요구사항도 크게 늘어났다. 자산배분, 파생금융상품을 활용한 금융공학, 그리고 리스크관리 분야는 이의 대표적인 분야들로 손꼽을 수 있다.

수학은 논리적 사고를 발달시킴에 있어 필수적이어서, 수학공부를 등한시하면 논리적 추론능력이 크게 떨어진다. 과거에 비해 오늘날 많은 학생들이 인터넷에 돌아다니는 단편적 지식들을 결합하여 겉보기에 그럴듯한 작품을 만들어내는 데에는 소질을 보이지만, 막상 몇 날 밤을 새고 한 문제를 붙들고 앉아 창의적인 해결 방안을 도출하는 능력은 점차 잃어가고 있다. 이는 우리 수학교육의 한계에 기인한 바 크다. 과거에 비해 복잡해진 금융시장, 금융회사 경영 및 금융상품 분석에서 이에 대한 아쉬움은 말할 수 없이 크다.

한편, 통계학은 과거와 현재로부터 미래를 추정하는 데에 필수적이다. 금융의 기본은 금융상품의 가격 또는 기대수익률의 추정과 이에 수반하는 리스크의 계산이다. 이때 이들 변수에 영향을 주는 다양한 내외부 변수들과의 관계를 분석하고, 해당 수익률 분포의 특성을 파악하는 것은 미래를 예측함에 있어 필수적이다. 이들은 기본적으로 통계학의 영역이다.[18]

금융권이 찾는 인재는 수학과 통계학으로 탄탄하게 무장되어, 다양한 금융이론들을 현실에 적용하도록 창의적 솔루션을 제공할 수 있는 사람이다. 만일 지금과 같은 추세가 계속되어 경제/경영 전공학생들의 수리적 분석능력이 떨어진다면, 대안으로서 아예 수학과 통계학 학습능력이 뛰어난 이공계 학생들에게 금융을 가르쳐서 활용하는 것을 고려해볼 수 있다.[19] 그런데 우리나라에서 이와 같은 접근이 시도되기 위해서는 학제 간 교류가 지금보다 활성화될 필요가 있다. 금융학, 수학, 통계학 전공 간에 서로의 보완가능성을 인지하고, 기본적 의사소통이 될 정도의

18 한 예로서 평균의 평균이 총평균의 분산을 감소시킨다는 중심극한정리(central limit theorem)가 오늘날 금융시장에서 인기를 끌고 있는 재간접펀드(fund of fund)의 탄생 근거가 된 것을 들 수 있다.

19 실제로 미국의 월가에서는 수학과 통계학 박사학위를 가진 전문가들이 많이 몰려들어 일하고 있다.

상호준비를 갖출 필요가 있다. 그렇지 않고 지금처럼 각자 전공에서 세부영역만 파고 있다가는, 금융시장이 원하는 고급 전문인력을 학교가 제대로 공급하지 못할 우려가 크다.

chapter 13

금융소비자 보호와 포용적 금융

1. 금융소비자 보호[1]

1) 약탈적 금융으로부터 보호

전문적 금융교육을 받지 않은 일반 소비자들이 계량화된 정보를 바탕으로 부채를 포함한 합리적 개인금융 계획을 제대로 짜기를 기대하기는 어렵다. 보다 많은 정보와 이를 분석할 수 있는 방법론을 확보하고 있는 금융회사가 소비자 보호 차원에서 적극 나서야 한다. 그래서 개인들이 부적절하게 부채에 의존하는 것을 막고, 적절한 자산배분을 통한 재산형성을 도와주는 것이 소비자보호를 강조하는 시대정신의 흐름에 합당하다. 이러한 의무를 소홀히 했거나 아니면 자신들의 눈앞의 이익에만 어두워 소비자의 등을 치는 것임을 알면서도, '얼핏 구명정처럼 보이

1 『참여정부 시기의 금융이야기』(김진호 저, 이화여자대학교출판부, 2007) 참조.

는 손쉬운 대출'을 함부로 던져준 금융회사들이라면 그에 대한 합당한 책임을 져야 한다.

이를 위한 대책 중 하나는 개인파산을 쉽게 하고 연체금리의 상한을 두는 것이다. 채무자가 생각보다 쉽게 개인파산 및 면책을 통해 채무 부담으로부터 빠져나갈 수 있음을 금융회사들이 알게 된다면 신용리스크관리에 보다 신중해질 것이다. 그러면 금융회사들이 무모하게 던진 약탈적 대출의 함정에 개인들이 빠져 허우적거리는 아픔도 줄어들 수 있다. 연체금리에 상한을 두는 것 또한 비슷한 효과를 가져올 수 있다. 이상의 방법들은 금융회사들에게 경각심(警覺心)을 주는 계기가 될 수 있다.

2) 정보의 비대칭성 해소

금융거래는 거래자 간 이해상충이 커서 '정보의 비대칭성'이 존재하므로, 이에 따른 금융소비자의 불리한 선택을 방지해줄 필요가 있다. 이를 위해서는 금융회사의 정보 공시(disclosure) 의무를 강화하거나, 이익 상충 문제를 야기한 금융회사에 대한 처벌강화를 포함한 감독당국의 규제가 필요하다. 다만, 정보 공시 강화는 정보 생산과 보급에 수반되는 비용 증가, 정보 공개에 따라 경쟁자와 경쟁상 불리하게 될 리스크 등의 부작용을 수반할 수도 있다.[2]

금융감독 당국은 금융회사들의 금융소비자 권익보호를 위한 적합성 검사 및 정보 고지 의무를 강조하는 추세이다. 특히, 장외 파생상품 및 파생 내장(derivatives embedded) 비정형 금융상품의 거래에서, 상대방이 거래를 위한 적절한 법률적 권한을 갖고 있는가를 파악하고 금융소비자의 리스크성향 및 리스크관리 능력 등에 합당한 거래를 제안하는 것이 중요하다. 이를 위해서는 금융소비자가 거래구조 및

2 『금융기관론』(강병호 저, 박영사, 2004) 참조.

리스크를 평가할 수 있도록 중요 정보를 '소비자가 알 수 있는 방법으로 충분히 고지하여야' 하며, 특히, 비정형상품 거래 시에는 내재된 개별 거래별로 각각의 가격 정보를 제공하는 것도 필요하다.

파생금융상품의 부작용에도 불구하고, 최근의 저금리 시대에 수익증대 목적으로 파생상품이 광범위하게 사용되는 현실을 무시할 수 없다. 따라서 금융상품에서 파생상품의 내장(embedding)은 앞으로도 불가피할 것이므로, 이에 수반된 '관련 정보의 비대칭성 문제'를 개선해나가는 것이 필요하다. 저자는 이에 대해 두 가지 제언을 하고자 한다.

(1) 리스크 관련 정보의 공개

거래상의 중요정보는 '금융소비자가 알 수 있는 방법으로' 충분히 고지하여야 한다. ELS/ELD 등 비정형 금융상품에 장착된 파생상품들의 리스크는 다양한 리스크 요소에 따라 결정될 뿐 아니라, 비선형(non-linear) 특성을 갖고 있어 금융전문가들조차 파악하기가 쉽지 않다. 이들 내용은 상당히 전문적인 내용을 담고 있어서, 쉽게 설명하고자 해도 '금융소비자가 알 수 있는 방법'을 찾는 것은 용이하지 않다.

저자는 금융소비자가 금융상품의 리스크를 쉽게 파악할 수 있는 두 가지 방법을 제시한다. 첫째는 금융소비자 입장에서 걱정해야 할 리스크 요소들을 상세하게 열거하는 것이다. 금융회사들은 대개의 경우 높은 기대수익을 전면에 강조하고 리스크 요소들을 가능한 한 감추려는 경향이 있으므로, 리스크 요소에 대한 설명을 적극적으로 강제화하자는 것이다.[3] 금융소비자들이 상품을 매입함에 있어 걱정해야 할 요소들을 일목요연(一目瞭然)하게 정리하여 별도의 리스크로 제시하는 것은

3 예를 들어 ELD(주가지수연동 정기예금)라면 주가가 적정한 수준에 이르지 못할 경우 원금 손실을 보거나 원금만 겨우 건질 수 있을 뿐이며, 원금 보장이 되더라도 기회비용을 고려한다면 이는 실질적으로 손해를 보는 것임을 분명히 밝히자는 것이다. 또한, 5,000만원이 넘는 금액은 예금자보호대상이 되지 않음도 명시해야 한다.

불필요한 불안감을 제거해주는 효과도 갖는다.

금융소비자가 리스크를 보다 쉽게 이해할 수 있는 또 다른 방법은 VaR(Value-at-Risk) 개념을 사용하여, 주어진 확률수준에서 예상되는 최대 손실액을 밝혀주는 것이다. 금융리스크측정을 위해 금융시장에서 주로 사용해온 표준편차, 또는 파생상품의 리스크측정을 위해 전문가들이 사용하는 이른바 'Greeks' 등으로는 일반 금융소비자들에게 리스크를 쉽게 이해시키기가 어렵다. 그러나 (예를 들어) 신뢰수준 99% VaR이라면 이는 100번에 한 번 정도 발생할 수 있는 최대손실 금액을 나타내므로, 금융소비들이 이해하기 훨씬 쉽다. 따라서 금융회사들은 지금부터라도 금융소비자들에게 VaR 개념을 전파하고, 이를 통해 리스크를 쉽게 파악할 수 있게끔 도와주어야 할 것이다.

(2) 가격정보의 공개

비정형 금융상품 거래 시에 내재된 개별 거래별로 각각의 가격정보를 제공하는 것도 금융소비자 보호 차원에서 필요하다. 다만, 이때 가격정보가 원가를 포함하는 것이라고 하면, 이는 자본주의 원칙에 위배되는 것으로서 부작용을 유발할 우려가 있다. 파생상품시장은 시장실패의 우려가 있는 독과점시장이라기보다는 경쟁시장에 가깝고 제도적 진입장벽도 낮은 편이다. 따라서 금융회사가 누리는 이익마진은 시장에서의 독과점적 지배력을 바탕으로 하는 지대(rent)라기보다는 금융공학 기술능력을 반영한다고 볼 수 있다.

적정 마진이 기대될 때 시장에서 창의력이 발휘되어 새로운 금융상품의 출현을 기대할 수 있다. 또한, 시장에서 복제(複製)가 손쉬운 금융상품의 특성상, 초기 적정이윤의 확보는 금융회사 입장에서 필요하다. 따라서 만일 원가와 마진을 지나치게 공개하게 되면 금융회사의 적정 마진 확보를 어렵게 하고, 시장에서 신금융상품의 개발 의욕을 떨어뜨려 장기적으로 시장효율성 개선에 방해가 될 수 있다. 원가 정보의 지나친 공개는 금융공학기술상 노하우를 노출할 가능성이 크다는 점도

우려된다.[4]

금융공학 기술이 시장의 핵심 경쟁력이 된 오늘날에 원가 및 금융상품 모형의 상세한 공개는 곧 업무 관련 핵심기술의 공개가 될 우려가 있으므로, 금융소비자들에게 필요한 것은 해당 상품의 리스크에 대한 정보로 족하다고 본다. 이를 넘어서서 원가를 포함한 세세한 가격정보까지 공개하라고 금융회사들에게 요구하는 것은, 금융소비자들보다는 오히려 경쟁자들에게 도움을 줄 우려가 있다.

3) 금융소비자의 피해 구제

앞에서 살펴본 갖가지 사전(事前) 보호장치들에도 불구하고, 금융소비자 피해가 발생했을 경우를 대비하여 적절한 구제방법들이 마련될 필요가 있다. 불법 또는 부당한 대우를 받아 금융소비자가 피해를 입은 경우에는, 우선 피해를 입증할 자료를 준비해서 판매한 금융회사 지점과 협의를 시작하게 된다.[5] 금융회사와 원만한 타결이 이루어지지 못할 경우 분쟁조정기관을 이용할 수 있으며, 여기서도 해결이 나지 않으면 최후에는 법적 소송을 통해 해결하는 수밖에 없다.

분쟁조정기관으로는 대표적으로 금융감독원, 한국소비자원, 금융투자협회 등이 있으며, 분쟁조정을 원하는 금융소비자들은 해당 기관에 인터넷, 우편, 전화, 팩스 및 직접방문을 통해 상담 및 분쟁조정 신청을 할 수 있다. 법적 소송단계에 이른 금융소비자들이라면 대한법률구조공단, YMCA 시민중계실 및 법률사무소 등 구제지원기관으로부터 상담 및 소송 지원을 받을 수 있다.[6]

금융분쟁조정위원회는 금융회사와 금융소비자 간 분쟁을 신속 공정하게 해결하기 위하여 금융감독원에 설치한 법적기구이다. 금융소비자가 방대한 조직과 전문

4 경쟁이 치열한 금융시장에서 이는 상품설계도를 공개하는 것에 다름 아니다.
5 이때 중요한 내용들은 내용증명서를 이용하여 법적 근거를 확보하는 것이 도움이 된다.
6 '한국투자자보호재단' 홈페이지(www.invedu.or.kr) 참조.

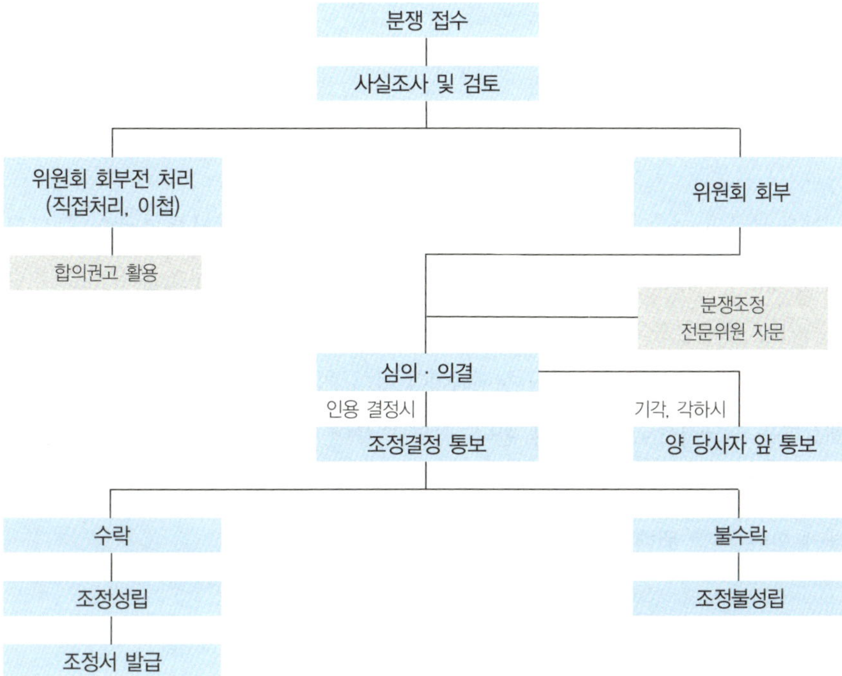

〈그림 13-1〉 금융분쟁조정위원회 조정과정

자료: 금융감독원, 금융감독제도, 2012

성을 갖춘 금융회사와 대등한 지위에서 분쟁을 해결하거나, 시간과 비용이 많이 소요되는 소송을 통하여 해결하는 것이 어려우므로 이는 소송 외 분쟁해결기구로서의 역할을 수행한다. 금융분쟁조정위원회의 조정안을 양 당사자가 수락한 경우에는 당해 조정안은 재판상 화해와 동일한 효력을 갖는다.[7]

---

7 『금융감독용어사전』(금융감독원, 2011.2) 참조.

2. 포용적 금융

1) 진정한 금융의 역할[8]

가계 부문의 여유자금을 기업 부문으로 연결시켜 기업의 투자를 이끌어내고, 그래서 기업이 고용을 창출하고 경제성장을 이끄는 '금융선순환' 구조를 유지, 확대발전시키는 것이 금융의 역할이다. 이를 위해서는 정부와 기업이 협력하여 미래 신성장동력을 찾는 범국가적 노력이 선행되어야 하며, 기업의 투자를 가로막는 각종 장애요인을 적극적으로 제거해야 한다. 이와 더불어 금융이 특정 계층에만 혜택을 주는 것에서 벗어나, 골고루 혜택을 주어 양극화를 해소하는 방향으로 나아가도록 해야 한다. 이를 위해서는 서민금융에 대한 보완이 필요하다.

2) 서민금융의 이해[9]

그런데 서민금융 제도들이 진정 서민들에게 도움만 되는 것일까? 돈을 빌릴 때는 부담하는 이자보다 더 높은 수익을 내는 데에 투자하거나, 미래소득을 현재소비에 미리 끌어다 사용해야 할 분명한 사정이 있어야 한다. 하지만 현실에서는 적지 않은 사람들이 현재 고통을 미래로 단순히 지연시키는 방법으로 돈을 빌린다. 이들에게는 서민금융이 꼭 도와주는 것이라고만 할 수 없다. 부담금리가 시장금리보다 낮다고 해도 어쨌든 이자는 계속 쌓여가는 것이며, 미래에 이를 갚을 부담은 현재의 고통보다 훨씬 커지기 쉽고 이를 갚지 못하면 신용불량으로 인해 경제생활의 정상궤도에서 이탈할 가능성도 있다.

따라서 진정으로 서민들을 도울 생각이라면 양질(良質)의 일자리를 늘리는 데에

---

8 『참여정부 시기의 금융이야기』(김진호 저, 이화여자대학교출판부, 2007) 참조.

9 『금융위기와 리스크관리』(김진호 저, 박영사, 2012) 참조.

〈표 13-1〉 서민금융 공급 현황(2011년 기준)

	햇살론 (10.7 도입)	새희망홀씨대출[1] (10.11 도입)	미소금융 (09.12 도입)	바꿔드림론 (08.12 도입)
대출기관	저축은행 및 신용협동기구	은행	미소금융중앙재단 등 비영리 단체	자산관리공사 및 은행
지원방식	지역신보 보증(85%) 지원을 통한 대출(생계 · 사업 · 대환[2] 자금)	신용대출(생계자금)	신용대출(사업자금)	신용보증을 통한 저리전환 대출[2]
지원대상	연소득 2.6천만 및 4천만 & 신용 6등급 이하	연소득 3천만 및 4천만 & 신용 5등급 이하	제도금융 이용이 불가능한 창업희망자	연소득 2.6천만 및 4천만 & 신용 6등급 이하
최종부담	대출기관 및 정부	은행자금	기부금, 휴면예금	신용회복기금 (은행 등 출연금)
이자율	연 10~13%(+보증료 1%)	연 6~14%	연 2~4.5%	연 8.5~12.5%
취급실적[3]	1.7조원	0.9조원	0.3조원	0.5조원[4]
공급계획	5년간 10조원	5년간 영업이익 10% (11년 약 1조원)	10년간 2조원	-
사후관리	없음		자활컨설팅 및 상담지도	성실상환시(1년) 소액대출 (연 4%) 지원

주: 1) 2009년 3월 도입된 희망홀씨대출을 확대 · 개편
2) 연 20% 이상 고금리 채무를 정상 상환하는 경우
3) 2011년 8월말 기준
4) 지원창구 확대조치(자산관리공사 점포→은행 전국점포) 등을 통해 2011년 상반기중 전년도(1,685억원)의 116% 수준인 1,957억원 지원

자료: 한국은행, 한국의 금융제도, 2011

범국가적인 모든 노력을 기울여야 한다. 돈을 빌려줄 때는 빌린 이자보다 더 높은 수익을 내는 데에 투자하거나, 미래소득을 현재소비에 미리 끌어당겨 사용해야 할 분명한 사정이 있을 때에만 엄격하게 심사하여 시행하여야 한다. 정치적 목적을 달성하기 위해 '우는 아이에게 떡 하나 던져주는 심정'으로 서민금융 제도를 실시하는 것은 서민들의 실망감을 더욱 키워갈 뿐이다.

3) 포용적 금융을 위한 금융정책[10]

서민금융에 대해서는 빈곤층에 대한 금융접근성을 제고하여 빈곤 해결과 재도약의 발판을 마련해준다는 긍정적 평가와 더불어, 새로운 형태의 고리대금업에 불과하며 결국 부채의 악순환으로 귀결될 것이라는 부정적 평가가 공존한다. 그러나 자본주의의 유지와 성공을 위해서는 자유로운 경쟁 여건 조성과 더불어, 1차 경쟁에서 실패한 사람들에게 '2차 기회(Second Chance)를 마련해주어야 한다는 점에서 서민금융은 꼭 필요하다.

포용적 금융은 단순한 서민금융을 넘어서서 '적절한 가격으로 광범위한 양질의 금융서비스에 대한 보편적 접근이 가능한 상태'를 의미한다.[11] 금융위원회는 금융부문의 시장실패 보완을 위해 정부가 관심을 갖고 지원해야 하는 분야를 맞춤형 지원, 소득발생과 연계한 지원, 재기 지원의 세 가지로 분류하고, 포용적 금융을 위한 금융정책 추진의 구체적 방향으로 서민금융 지원, 창업 및 재기기업 지원, 금융소비자 보호 강화를 제시했다.

(1) 서민금융 지원

서민금융 지원의 기본 방향은 금융소외계층의 금융접근성 제고, 취약계층의 자활 및 재기 지원 강화, 수요자 중심의 맞춤형 금융서비스 제공이며, 이를 위한 정책과제로는 정책서민금융 공급 확대, 맞춤형 채무조정 지원 강화, 서민금융 지원체계 개편, 중금리 대출 활성화, 민간 서민금융회사 역할 강화가 제시된다.

(2) 창업 및 재기기업 지원

창업기업 지원으로는 크라우드 펀딩으로 온라인 펀딩포털을 통해 다수의 소액

10 「포용적 금융을 위한 금융정책」(금융위원회, 한국금융학회 정기학술대회 자료, 2016) 참조.
11 『Center for Financial Inclusion』(박상균 · 하석균 저, mimeo, 2016) 참조.

투자자들을 대상으로 하는 공모증권 발행이 제시된다. 중소, 벤처기업 투자금융 활성화 방안으로 민간의 벤처투자 활성화를 유도하고, 벤처캐피탈 산업을 육성하며 회수시장 활성화도 검토된다. 또한, 창업 및 성장과정의 끊어진 다리를 이어주는 사다리 역할을 위해 성장사다리펀드 조성과 확대도 제시된다. 이는 창업 지원, 성장 지원, 회수 및 재도전 지원으로 구분된다. 창업과 성장 초기 기업 지원을 강화하고 성숙기 이후 보증 이용을 합리화하는 방향으로 정책금융 지원 강화도 제시된다.

재기기업 지원은 성실한 실패자의 재기를 활성화하기 위함이다. 이를 위해 채무조정과 재기 지원의 원스톱 서비스를 제공하고, 연대보증 채무 감면 등 잔존채무 감소로 재창업 환경을 조성하며 실패 낙인효과의 최소화로 정상적인 경영활동을 지원한다.

(3) 금융소비자 보호 강화

금융상품에 대한 충분한 정보제공이 부족하여 금융소비자와 금융회사 간 정보 비대칭성이 발생함으로써 금융소비자의 권익이 침해될 가능성을 줄이는 것이 금융소비자 보호의 핵심이다. 이를 해결하기 위한 대응 방향으로는 첫째, 권역별 금융상품 비교, 공시제도를 통합하고, 판매수수료 표기 근거를 마련하는 등 금융상품 비교 및 공시를 강화한다. 둘째, 독립투자자문업 제도를 도입하고 일반인의 자문서비스 활용이 용이하도록 보호장치를 강구하는 등 자문업 활성화를 제시한다. 셋째, 수준별 맞춤 교육과 생활 중심 교육을 통한 금융소비자 교육 강화를 제시한다.

chapter 14

금융과 사회

1. 금융과 회계

1) 회계 투명성[1]

글로벌 표준(Global Standard)을 선도한다고 자부하던 미국에서 엔론과 같은 기업들의 회계부정이 가져온 투자자들의 신뢰 상실은 미국 주가의 폭락만이 아니라 전 세계로 파급되면서 국내 시장에도 타격을 입혔다.[2] 회계 투명성과 신뢰성에 대한 아쉬움은 국내 기업들에게 있어서도 마찬가지이다. 분식회계로 금융당국의 징계를 받은 기업들이 끊이지 않으면서, 이 사회에서 신뢰가 상실되고 있다.

'회계'란 무엇인가? 이는 조직의 경제활동에 관한 내용의 체계적 분석으로서, 규

1 '금감원이야기' 저자 칼럼(금융감독원 원보, 2002년 9월) 참조.

2 결국 미국은 신뢰 위기를 타개하기 위해 CEO들로부터 회계 장부의 신빙성을 보증하는 서명을 받기로 하는 등 대대적 개선책을 내놓았다. 이른바 사베인-옥슬리 법안의 시행이다.

칙에 따라 업무성과를 기록하고 정리하여 조직 내, 외부의 사람들이 사용할 수 있게 해주는 것이다. 조직 내에서 만들어진 회계자료는 외부의 CPA가 검토하여 신뢰성을 담보한다. 이렇게 산출된 회계보고서는 곧 기업의 성적표로서, 관련 이해당사자들은 이를 믿고 의사결정을 한다. 그런데 이것을 믿을 수 없다면 얼마나 황당한가?

재무제표(財務諸表)는 기업의 성적표이다. 성적표가 위조될 경우 대학은 우수한 신입생을, 기업은 유능한 신입사원을 뽑을 수 없다. 마찬가지로 재무제표가 위조될 경우 투자자들은 기업에 제대로 된 투자를 할 수 없으며, 채권자들은 적절하게 돈을 빌려주기 어려워진다. 우리나라 기업들의 주가가 저평가되어 있다는 일부의 지적을 종종 받는 것은, 남북대치라는 특수한 정황 이외에 회계투명성에 대한 신뢰 부족이 갖는 영향도 크다.

2) 회계 부정[3]

회계 부정은 대부분의 경우 기업의 비자금(秘資金) 조성과 관련이 있다. 비자금이란 회계장부에 적합하게 기록되지 않고, 따라서 세금을 제대로 내지 않은 돈이다. 이는 주로 정경유착(政經癒着)에 사용되어왔으며 주주 이익에 위배된다. 제대로 기록되고 관리되었다면 배당 또는 투자에 사용되었을 돈인데, 부정한 방법으로 감추어져서 옳지 못한 목적하에 쓰였기 때문이다. 비자금은 또한 정부나 채권자에 대한 배신이기도 하다. 이익에서 부당하게 누락되어 세금을 탈루했을 뿐 아니라, 기업의 채무변제 능력을 축소시켜 채권자의 이익을 훼손하기 때문이다.

회계 부정이 갖는 악영향은 여기에서 그치지 않는다. 사람들이 회계자료에 대한 신뢰를 상실하면 불필요한 리스크가 증가한다. 이는 추가적 리스크 프리미엄에

3 「신용경제」 저자 칼럼(2004년 1월) 참조.

대한 요구로 나타나, 주식, 대출 및 채권을 통한 기업의 자금 조달비용을 증대시킨다. 따라서 기업투자 부진, 경제성장 저하, 고용 악화로 연쇄적으로 이어진다. 또한, 비자금을 통한 정경유착에 참여하지 않은 양심적 기업들의 좌절감은 우리 사회의 '기업하려는 의지'를 꺾고, 더 나아가 사회적 불신(不信) 분위기를 팽배하게 만든다.

2. 금융과 세금[4]

1) 보수와 진보의 입장 차이

일반적으로 보수(保守)는 정부에 비해 민간 부문이 상대적으로 더 효율적이라 믿으며, 따라서 작은 정부를 선호한다. 그래서 감세(減稅)를 통한 소비와 투자 증대가 경제성장을 이끌어낼 것을 믿는다. 이에 반해 진보(進步)는 분배와 평등을 더 중요시하여, 이를 위한 수단으로서 큰 정부를 선호한다. 따라서 증세(增稅)와 재정지출 증가를 통한 서민 지원에 보다 적극적이다.

보수와 진보진영 간 주장 차이는 시공(時空)을 초월한 일반적인 것이지만, 이로 인한 계층 및 세대 간 갈등이 지나치게 악화되는 것은 우려할 만한 것이다. 보수진영은 기득권층에서 세금을 더 걷어 소외계층에게 분배하는 것이 일시적으로 대중적 인기에 영합할지 모르나, 능력 있는 자들의 의욕을 꺾어서 국가의 장기적 장래를 위해서 위험한 발상이라고 염려한다. 진보진영은 소득불균형과 이에 따른 양극화가 자본주의의 근간(根幹)을 흔들 수 있음을 우려한다. 어느 쪽도 무시할 수 없이 둘 다 일리가 있는 주장들이다.

4 『참여정부 시기의 금융이야기』(김진호 저, 이화여자대학교출판부, 2007) 참조.

2) 세수 논쟁과 금융시장

보수와 진보진영의 충돌은 세수(稅收)를 둘러싸고 종종 벌어진다. 이때 금융의 입장에서 중요한 것은 타협과 양보에 의해 이들 간 갈등이 생산적으로 해결되지 않을 경우, 금융시장의 불확실성이 증폭될 것이며 양자 간 타협안이 확정되기 전까지 경제주체들의 주요 의사결정이 지연될 가능성이다. 이는 시장 내 리스크 증가, 경제주체들의 추가적 리스크 프리미엄 요구로 이어지고, 따라서 주식, 대출 및 채권을 통한 기업의 정상적 자금조달을 어렵게 만들어 결국 기업투자 부진, 경제성장 저하, 고용 악화로 이어진다. 이것이 바로 금융이 보수와 진보 간 갈등에 무관할 수 없는 이유이다. 즉 세수에 관한 지나친 갈등이 불확실성에 대한 시장의 우려를 촉발하여, 금융시장의 경색으로 나타날 수 있다는 것이다. 시장은 기본적으로 불확실성을 싫어한다!

세수에 관한 지나친 논쟁이 일으키는 두 번째 우려는 양극화에 대한 것으로서, 이는 계층 간 갈등으로 이어져 시장체제 자체를 위협할 수 있다. 정부가 추진할 것은 모든 사회구성원들이 현재보다 더 잘살게 되는 이른바 '파레토 최적' 상태이다. 잘사는 사람 10% 대(對) 그렇지 못한 90%의 파괴적인 흑백 갈등으로 문제를 끌고 가는 것은, 기득권층에서 세금을 더 걷어 소외계층에게 분배하자는 주장으로 이어질 수 있다. 보수진영은 이를 일시적으로 대중적 인기에 영합할지 모르나 국가 장래를 위해서 위험한 발상이라고 우려한다. 이들은 이 방법으로는 현재의 양극화 문제가 해결되기는 고사하고 더욱 악화될 수 있다고 본다.[5] 이에 대해 진보좌파는

---

5 걱정스러운 것은 계층 간 갈등을 유도하는 불안한 사회분위기이다. 대기업은 이 사회에서 비교적 경쟁력을 갖춘, 그래서 '황금알을 낳는 닭'에 비유할 수 있다. 이들 중 일부가 불법 또는 비도덕적 행위를 했고 재산 형성과정이 불투명하다하여, 이들 모두를 질시하고 죄인시하려는 사회분위기는 바람직하지 않다. 이는 기업인들의 의욕 상실과 자괴감으로 이어져 생산성을 떨어뜨리고, 일자리를 감소시켜 오히려 소외계층에게 피해를 줄 것이기 때문이다. 황금알을 낳는 닭은 건강하게 키워서 꾸준히 좋은 '알'을 낳도록 챙겨야지, 뱃속에 실제 들지도 않은 황금이 탐나서 '배'를 가르는 어리석음을 저질러서는 곤란하다. 양극화 문제를 해결하는 가장 좋은 방법은 '양질(良質)의 일자리 창출'이다. 사람이 굶지 않고 '생존'하는 자체도 중요하지만, 사회의 보람된 존재로서 '생활'해간다는 자긍심을 유지하

양극화 자체가 사회 안정에 더 치명적이라는 반론을 제시한다.

3) 세수 논쟁과 정치권의 역할[6]

보수주의(保守主義)란 전통적 제도와 관습을 소중히 여기며, 검증되지 않은 혁신에 대한 불신에 기반을 둔다. 이에 반해 진보주의(進步主義)는 기존 사회를 유지하기보다 개선하고 변혁해나가고자 하는 입장을 견지한다. 보수주의가 지나치면 옛 제도나 관습을 무작정 그대로 지키고 따르려는 수구(守舊)로 흐르게 될 우려가 있으며, 진보주의가 극단에 치우치면 이념이나 정책, 사회적 운동 등을 지나치게 빠르게 실현하려고 하는 급진주의(急進主義)로 가게 된다.

중요한 것은 현재 지니고 있는 것들 중에서 어떤 부분을 유지, 계승하며, 어떤 부분을 과감하게 개혁(改革)할 것인가에 대한 사회적 공감대를 조화롭게 만들어가는 것이다. 이 과정에서 불확실성이 다소 증폭되고 사회적 갈등이 심화된다 해도, 이는 우리 사회가 재도약을 이루기 위해서 불가피한 과정으로 생각된다. 과거 고도성장을 이끌어낸 원동력이 우리 사회의 고유한 장점에 기인한다면 이를 유지하고 승계하려는 노력을 기울여야 한다. 검증받지 않은 변화의 요구가 노도(怒濤)와 같이 몰려온다 해도, 우리 사회가 정말 지켜야 할 가치관이라면 이를 갖고 가야만 한다. 하지만 이제까지 우리를 이끌어온 철학 중에서 더 이상 시대에 맞지 않는 심각한 결함이 있다면 과감한 개혁이 필요하다. 이 과정에서 수구적(守舊的) 일부 기업인과 정치인들의 퇴장(退場)과 이에 따른 실업의 고통이 잠시 우리를 위협하더라도, 새로운 환경 설정과 새로운 기업인들의 출현을 기다리며 이를 참아내야만 한다.

기 위해서 적절한 일자리가 무엇보다도 선결조건이다. 일자리는 기업의 투자에서 창출된다. 따라서 기업이나 부자들로부터 세금을 더 걷기 위해서 노력하는 만큼이나, 이들의 적극적이고 자발적 투자를 유도하는 것이 필요하다. 모든 기업과 부자들을 잠재적 범죄자로 취급하는 사회분위기 유도는 오히려 이들의 불안감을 증폭시키고, 이로 인한 불확실성은 결국 서민들의 일자리를 줄일 가능성이 크다.

6 월간 『금융』 저자 칼럼(2004년 4월) 참조.

이때 보수와 진보 간 사회구성원들의 엇갈린 의견을 조율하고 승화(昇華)시켜 사회적 공감대를 이끌어내는 것이 바로 정치인들에게 주어진 고유한 사명이다. 정치란 국민들의 이해관계의 대립을 조정하고 국가의 정책과 목적을 실현시키는 일이므로 결국 여기서 갈등을 해결할 수밖에 없다!

3. 금융과 정치

금융과는 얼핏 관련 없어 보이는 '정치' 이슈를 굳이 이 책에서 다루는 것은, 시장 내 불확실성이 정치에 의해 조율되지 못하거나 더 나아가 정치 스스로가 불확실성을 증폭시킬 때 금융 및 실물경제에 지대한 피해를 주기 때문이다. 즉 불확실성이 커질수록 금융시장의 요구수익률이 커져서 기업의 투자비용이 증대하며 자금조달이 어려워지고, 이는 곧 자산가격 하락, 경기침체, 고용불안으로 이어질 수 있다.

1) 불확실성과 정치[7]

고도 성장기를 마치고 저성장 국면에 잠겨 있는 한국경제가 재도약하기 위해서는 노동, 자본, 기술, 그리고 경영의 경제성장 4요소를 되짚어볼 필요가 있다. 노동 측면에서 저성장, 또는 성장을 하더라도 '고용 없는 성장'이 이루어지면서, 고실업, 특히, 청년실업이 심각한 지경에 이르고 있다. 자본 측면에서는 대기업의 내부유보자금 확충 및 확장적 통화신용정책 등에 힘입어 비교적 여유가 있는 편이지만, 신성장동력을 찾지 못한 기업들의 투자 부진으로 부동자금(浮動資金)만 떠돌아다니

7 『신용경제』 저자 칼럼(2003년 5월) 참조.

는 형국이다. 기술 측면에서는 창의적 원천기술은 부족한 채, 저렴한 노동력에 기초한 중급(中級) 기술들이 대부분이라 신성장동력을 찾기 어렵게 하고 있다. 마지막으로 경영 측면에서 대기업의 세대 상속이 이어지는 과정에서 '기업가 정신'이 빠르게 소진되고 있으며, 중소기업들은 대기업에 눌려 '기업하려는 의지'를 상실하고 있다. 우리 경제가 재도약하려면 이들 4요소의 막힌 곳을 뚫어 나아갈 길을 평탄하게 해주는 정치적 리더십이 꼭 필요하다.

그런데 최근의 한국경제는 내우외환(內憂外患)에 처해 있다. 대외적으로는 글로벌위기의 연장선에서 세계적 경기침체 우려와 더불어, 미국의 정책금리 인상과 각국의 포퓰리즘 정치에 따른 정책 불확실성 등으로 인해 한 치 앞을 예측하기 어렵다. 대내적으로는 부동산 거품, 과도한 가계대출, 저성장과 신성장동력 약화, 노령화와 인구감소, 계층 및 세대 간 갈등에 이어, 대통령 탄핵 정국까지 맞아 불확실성이 극대화되고 있다. 이때 불확실성을 제거하고 갈등을 해결해야 할 정치 부문이 오히려 앞장서 불확실성과 갈등을 조장하면서 더 큰 우려를 낳고 있다.

시장 불확실성이 심화될 때 경제주체들은 씀씀이를 줄이는 것으로 대처하기 쉽다. 가계 부문은 소비를 줄이고 기업들은 투자를 억제한다. 이럴 때일수록 정치권과 정부가 적극 나서서 올바른 방향을 제시하고 리더십을 발휘해야 한다.[8] 그렇다면 지금 정치권과 정부는 시장의 안정과 경제 재도약을 위해 무엇을 할 수 있을까? 우리는 현재 경제성장의 기본 동인(動因)을 상실한 상태에 놓여 있다. 2008년 글로벌위기 극복과정에서 엄청난 유동성이 시장에 공급되었음에도 불구하고, 자금이 생산에 활발히 사용되고 있다는 증거를 찾기 어렵다. 돈은 숨을 죽이고 기다릴 뿐이다. 이미 여러 나라의 경제는 확장적 통화신용정책을 통해서도 소비와 투자가 더 이상 활성화되지 않는 유동성 함정에 빠진 것으로 보인다. 이런 상황에서

8 저자는 기본적으로 시장의 수요, 공급과 가격기능에 따른 자율성, 정부 개입의 최소화를 지지한다. 자본주의는 여러 번의 실패에도 불구하고, 학문적 이론과 각국의 경험을 통해 적어도 현재까지 우리가 갖고 있는 최선의 대안임을 증명해보였다. 그러나 시장도 외부 충격 또는 시장참가자들의 비이성적 행동에 따라 효율성을 상실할 수 있으며, 이때는 정부 개입이 정당화된다.

금리를 더 낮추고 자금을 더 풀어보아야 애꿎은 자산시장거품만 키울 뿐이다. 지금 정치권과 정부가 나서서 적극적 리더십을 발휘해야 하는 것은 시장구성원들 간 갈등 해소를 통한 불확실성의 제거이다.

정치권과 정부가 적극적으로 나서서 문제를 해결하지는 못할지언정, 갈등을 추가하거나 증폭시킨다면 우리의 장래는 어둡다. 많은 세금을 거두어 '정치'라는 '비싼' 제도를 유지하는 것은, 다양한 구성원으로 이루어진 민주주의 사회에서 집단 간 발생하는 이익의 상충(相衝)을 합리적이고 평화롭게 조정하라는 것이다. 정치권과 정부가 이를 이루어내지 못한다면 이는 국민을 기만하는 것이다.

2) 정치권의 좌우 날개

(1) 해결해야 할 과제들

지금의 위기를 극복하려면 국민통합과 신뢰회복을 기초로 하는 사회 전 분야의 개혁이 필요하다는 데에 많은 사람들이 동의한다. 교육제도의 개선, 특히, 사교육비 감축을 통한 가계부담 축소, 이를 바탕으로 하는 창의적 원천기술의 개발, 인구 감소와 노령화 부작용 해소, 남북통일 노력과 이민제도 개혁, 부동산 시장 안정, 에너지와 식량 등 수입을 유발하는 소비 감소, 관행이라는 미명(美名)하에 누적된 사회적폐 해소 등이 우리 앞에 놓인 과제들이다.

해결해야 할 과제가 있다는 것은 미래가 개선될 여지가 있다는 점에서 긍정적이지만, 한편으로는 해결이 완수되기까지 불확실성이 존재한다는 문제가 있다. 경제성장의 중심축인 기업은 예측 가능한, 즉 불확실성이 작은 경영환경을 원한다. 예측이 가능하려면 대외변수가 안정적으로 움직이고, 시장참가자들이 합리적으로 행동해야 한다. 지금처럼 불확실성이 증대하면 소비와 투자가 감소하는 '시장의 실패'가 나타날 가능성이 크다. 이때 정치권의 역할이 부각된다. 사회갈등을 치유하고 불확실성을 제거하며, 민간이 두려워하는 리스크를 적극적으로 부담하는 정부의 재정투자를 유도하여 경제 활력을 북돋아주어야 한다. 그리하여 민간 경제주체들의 자발적 동참을 유도해내야 한다.

(2) 보수와 진보

보수우파와 진보좌파는 시대의 전환점마다 나름대로 시의적절(時宜適切)한 해결책을 경쟁적으로 주장하며 역사를 발전시켜왔다. 보수우파는 기본적으로 성장 중심, '기업하려는 의지' 존중, 정치 불안정과 계급갈등을 소비와 투자 부진 원인으로 비판, 임금 상승과 복지수준 개선은 원가 상승요인으로 부담스러워한다는 특성을 갖는다. 이에 반해 진보좌파는 기본적으로 분배 중심, 빈부격차와 대기업 중심 양극화 비판, 사회적 약자 보호, 개혁을 통한 경제체질 개선, 노블레스 오블리제(Noblesse Oblige)와 청빈한 부(富)를 요구한다는 특성을 갖는다.[9] 새가 좌우 날개로 날듯이 보수우파와 진보좌파는 둘 다 필요하다. 갈등과 불확실한 시대에 누가 더 바람직한 해결책을 내놓는가를 놓고 생산적 경쟁을 할 따름이다. 경쟁은 역사와 국민을 위해 건설적으로 이루어져야 하며, 결코 파괴적이어서는 안 된다.[10]

행복의 기준 우선순위에서 영육(靈肉)간 건강, 가족 간 화목과 친구와의 우정이 최우선이며, 명예가 두 번째이고 물질적 풍요는 세 번째라고 한다. 우리 사회는 그동안 물질적 풍요만을 지나치게 추구하는 과정에서, 더 큰 가치들을 상실한 것은 아닌지 반성할 필요가 있다. 갈래갈래 실타래처럼 흐트러진 국민들의 가치관을 가다듬어 올바른 방향으로 이끄는 것이 정치의 역할이다. 지금 우리에게 주어진 정치인들의 행태가 아무리 실망스럽더라도 기대를 아주 접어서는 안 되는 것은, 이렇게 막중한 임무가 그들에게 주어져 있기 때문이다.

---

9 굳이 비유한다면 보수우파는 앞 기관차가 잘 달리면 나머지 뒤따르는 객차들도 저절로 잘 따라올 것이라는 입장임에 반해, 진보좌파는 빠르게 달리는 열차에서 떨어졌거나 일시적으로 뒤쳐진 사람들의 낙담을 따뜻하게 고려해야 한다는 입장이다.

10 정치의 역할은 부모에 비견될 수 있다. 부모가 가족 외적(外的) 환경으로부터 자식들을 보호하고 가족들 간 갈등을 조정하는 것처럼, 정치는 국내외 환경의 불확실성을 제거하고 사회 갈등을 봉합하고 치유하는 것이다. 부모가 가정폭력의 원인이 되면 집안이 불행해지는 것처럼, 정치권이 갈등의 원천이 되는 국가에서는 미래를 기대하기 어렵다.

part 6

금융의 역사적 경험

chapter 15

1997 외환위기와 2008 글로벌위기

역사를 공부하는 것은 과거에 대한 해석에서 출발하여 현재를 이해하고 나아가 미래를 예측하고자 함이다. 따라서 현재의 금융을 이해하기 위해서 우리 금융 역사상 큰 위기로 간주되어온 1997 외환위기와 2008 글로벌위기에 대해 분석해보기로 한다.

1. 1997 외환위기[1]

1997년 초 한보사태로부터 시작한 위기는 대기업들의 연쇄부도로 이어졌다. 우리 경제의 건전성과 정책당국의 대처능력에 회의를 느끼기 시작한 외국인들이 시장에서 이탈하면서 원/달러 환율이 급등했다. 시장은 정책당국의 적극 대응을 강

1 『국민금융』 저자 칼럼 'IMF 구제금융에 따른 1998년도 금융환경 전망과 은행의 대처방안'(1997년 12월) 참조.

하게 요구했으나, 당국은 '우리 경제의 기본(fundamental)은 튼튼하며, 혼란은 금융시장의 일시적 현상일 뿐'이라는 입장을 고수했다. 해외 금융회사들은 이를 지켜보면서 한국경제에 심각한 문제가 있다고 판단하고, 한국에 대해 신규 자금공여를 중지했을 뿐 아니라 이미 대출된 자금도 회수하기 시작했다.

결국 한국경제는 심각한 외화부족을 견뎌내기 어렵게 되자 IMF에 구제금융을 신청하기에 이르렀다. 그러나 IMF는 한국경제에 외화공급이라는 선물만을 가져온 것이 아니었다. 위기의 핵심을 금융시장의 비효율성과 재벌 위주의 무분별한 확장 투자에 있다고 본 IMF는 자금을 빌려주는 대가로 우리 경제의 강력한 구조조정을 요구했고, 이는 이후 우리 금융의 모습을 크게 바꾸는 계기가 되었다.

1) 외환위기의 시작

1997년 당시 주요 경제변수들을 살펴보면 충격의 심각함을 알 수 있다. 〈그림 15-1〉의 GDP 성장률은 1979~80년 위기 이래 두 번째이면서, 사실상 훨씬 더 심각했던 1997 외환위기 당시의 마이너스 성장을 보여준다. 오랜 기간 고도성장을 누리던 우리나라에서 마이너스 성장은 충격적이었다. 또한, 금리는 이전 12~15% 수준에서 급등하여, 위기 초기에는 무려 20%를 넘나드는 고공행진을 했다. 국내자금의 해외이탈을 막기 위한 고육지책(苦肉之策)이었지만, 이때 고금리 부담으로 인한 기업들의 도산은 이후 우리 경제의 성장 잠재력에 해를 끼쳤다. 극적인 충격은 60~70%에 달하는 주가의 급락이었다. 코스피 기준 1,000을 넘나들던 주가는 일거에 200대로 폭락했다. 또한, 대외신인도가 급락하면서 원/달러 환율이 크게 상승했다. 경제성장률, 금리, 주가, 환율 등 모든 경제변수에서 일어났던 이와 같은 엄청난 변화는 우리 역사상 드문 일로 기록되고 있다.

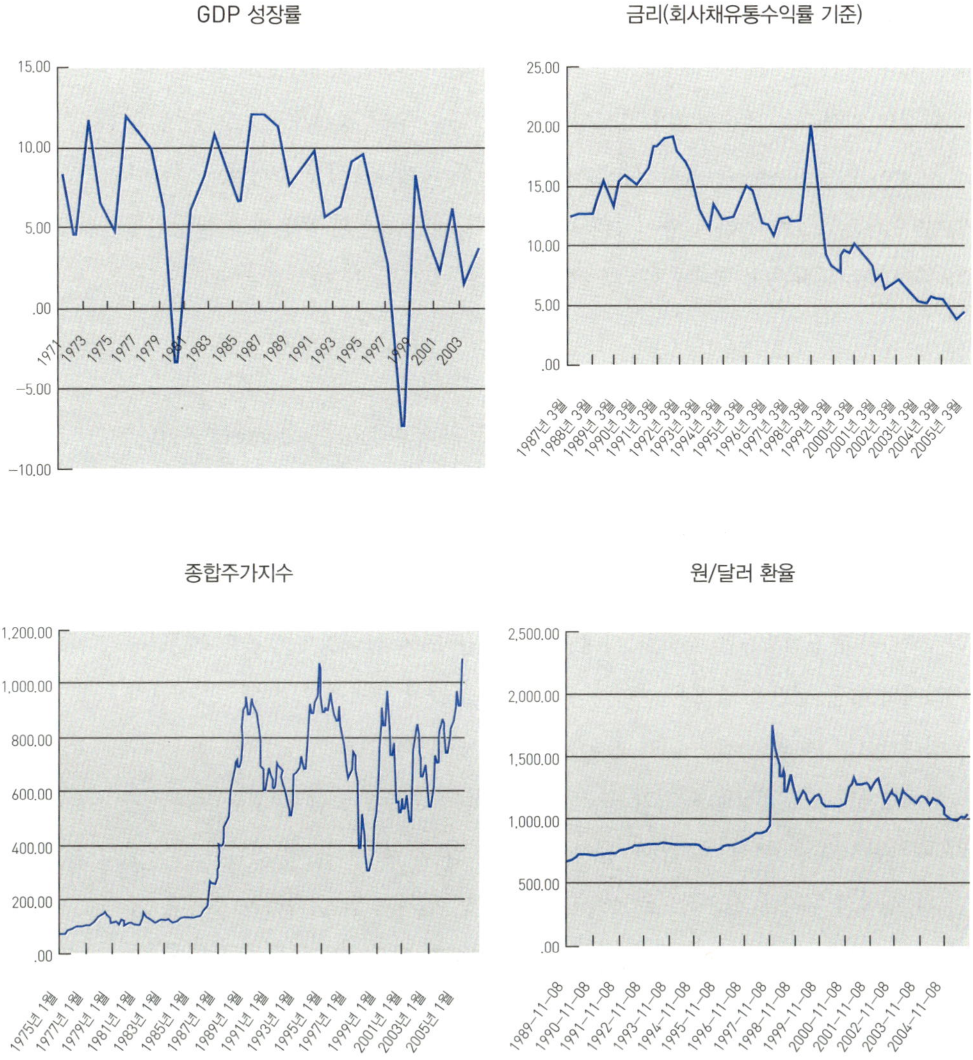

〈그림 15-1〉 1997 외환위기 당시 주요 경제변수 움직임

자료: 한국은행

2) 외환위기의 원인

'한강의 기적'으로 칭송받으며 고도성장을 구가해온 우리 경제가 위기를 맞게 된 것은 당시 미국의 긴축적 통화신용정책 등 복잡한 국제금융시장 움직임도 연관이 있지만, 기본적으로 우리 금융시장의 비효율성과 재벌 중심의 무분별한 과잉투자가 원인으로 지적된다. 경제주체별로 책임 소재를 살펴보도록 하자.

(1) 기업들의 책임

당시 위기 원인의 하나가 기업들의 높은 재무 레버리지(financial leverage)이다.[2] 높은 재무 레버리지는 좋은 시절에는 이익을 늘려주지만, 어려운 시절에는 손해를 증폭시키는 양면성을 갖는다. 즉 불황기에 기업이 조달비용에 미치지 못하는 수익을 낼 때는, 자기자본만으로 경영을 했을 경우에 비해 큰 부담을 기업이 져야 한다. 1960년대 경제개발을 시작한 이래 고도성장을 해온 한국경제는 높은 재무 레버리지의 좋은 점만을 즐겨온 셈이었는데, 1997년 들어 경제가 침체에서 벗어나지 못하며 첩첩이 쌓인 부채 부담이 한국경제를 침몰시켰다.

한국경제가 고도성장을 구가할 수 있었던 전략은 대기업 중심의 압축성장 전략, 즉 제한된 자원을 특정 대기업에 몰아주는 것이었다. 정부 지원이 기업의 기술개발 등 생산적 투자에 집중적으로 쓰였다면 1997년 위기는 덜 심각했을 것이다. 그러나 기업들 다수는 정책적 지원을 문어발식 확장과 비생산적 부동산 투자에 쏟아 부었다. 그럼에도 불구하고 문제가 초기에 드러나지 않은 것은 1980년대 '3저(低) 호황', 1990년대 '반도체 호황' 등 우호적 대외환경에 힘입은 바 크다. 이때 구조조정의 적기(適期)를 놓친 기업들 상당수는 서서히 경쟁력을 잃어갔고, 1980년대 후반 민주화 분위기 속의 급속한 임금상승으로 기업들은 원가 경쟁력을 상실했다.

2 이는 자기자본에 대한 부채의 비율을 뜻한다.

부동산 시장 침체는 기업의 입지를 더욱 악화시켰다. 이전에는 기업들이 생산성 하락과 기술개발 부족으로 인해 영업 부문에서 이익을 내지 못하더라도 부동산 투자가 이를 보완해주었는데, 부동산 시장의 침체는 이마저도 앗아가버렸다. 결국 기업들이 돈을 벌 수 있는 분야는 피폐해지고 거대한 부채만 남은 것이다. 따라서 1997 외환위기는 기업, 특히 당시 재벌들에게 일차적 책임이 있다.

(2) 정부의 책임

자금이 남는 곳에서 모자라는 곳으로 효율적으로 이전시켜주는 업무를 담당하는 금융회사는 '이윤극대화'라고 하는 기업 고유의 목적과 더불어 '공공성 유지'라는 임무를 갖는다. 외환위기 전까지 한국 금융회사들에게 강조된 것은 오직 후자였다. 고도성장기를 구가하는 동안 금융회사에 부여된 임무는 그저 많은 자금을 저렴하게 끌어모아주는 것이었다. 당시 금융회사, 특히 은행에 대해 기업성을 속히 되돌려주지 못했던 것은 정부의 실책이다. '금리자유화'[3]와 '금융회사 주인 찾아주기'[4]가 지연되었던 것은 참으로 유감이다.

'금리자유화'와 '주인 찾아주기'로 대표되는 금융자율화가 제대로 시행되지 못함에 따라, 우리나라 은행들은 기업성보다는 공공성이 더 강조되는 환경하에 영업을 해왔다. 기업성이 강조되었더라면 시장기능이 작동하여 자금이 보다 효율적 부문

---

3 예금금리는 은행의 원자재가격이고 대출금리는 상품가격이다. 일반 기업에서 이 두 가지를 묶어두고 이윤극대화를 할 수 있는가? 당시 정부가 금리자유화를 보다 빨리 시행하지 않은 이유는 금리자유화 이후 금리 상승을 우려한 것이다. 그러나 만일 금리자유화 이후 금리가 오른다면 이는 두 가지 가능성을 갖는다. 첫째는 시장과잉반응으로 인해 자유화 이후 오르나 다시 하락하는 경우로서 문제될 것이 없다. 둘째는 정책당국의 우려대로 금리가 한 단계 상승하는 것이다. 하지만 이는 오히려 금융시장이 정상화되는 과정으로 이해했어야 한다. 인위적으로 낮은 금리를 유지해줌으로써 압축성장을 가능케 했던 것이 경제개발 초기 우리 경제의 고도성장을 가능케 한 것은 사실이나, 이는 이후에 오히려 기업들의 과잉투자를 유발했기 때문이다. 은행들에게 실질적 금리자유화를 허용하고 기업성을 회복시켜 주었더라면 기업들의 무분별한 확장투자를 막아 구조조정을 앞당겼을 것이다.

4 금융자율화의 또 다른 축은 '주인 찾아주기'이다. 이 문제는 재벌의 은행 인수를 제한하는 이른바 '금산분리' 논쟁으로 인해 결론 없이 방치되어왔다. 어떤 방식으로든 실제 권한을 갖는 주주와 이들에게 책임을 지는 경영진을 세웠어야 옳다. 그랬다면 은행들이 정치권의 압력에 굴복하거나 기업들과 결탁하여 부실대출을 일삼는 일은 쉽게 하지 못했을 것이다.

으로 배분되었을 것이고, 따라서 무분별하고 비생산적 투자에 자금이 낭비되는 일을 줄일 수 있었을 것이다.

따라서 우리 경제를 오랫동안 관(官) 주도형으로 끌어오면서 금융회사들의 발목을 무기력하게 붙잡아둔 당시 정부는 응분의 책임을 지지 않을 수 없다. 정부가 상황을 정확하게 인식하고 솔직하게 대내외 협조를 구하면서 적절한 대응을 취했다면 1997년 외환위기는 덜 심각했을 것이다.

(3) 금융회사들의 책임

고도성장기의 관(官) 주도형 금융시장에서 대출심사기능이 사실상 박탈된 상태에서 금융회사, 특히, 은행이 할 수 있는 일은 그다지 많지 않았다. 그럼에도 불구하고 금융권에도 분명한 책임이 있다. 국제 금융시장에서 다른 나라 금융회사들이 리스크관리에 실패하여 도산하는 경험을 지켜보면서도 타산지석(他山之石)의 교훈을 얻지 못했다는 점이다. 관 주도 금융환경에서 실질적 리스크관리 능력이 배양되기 어려웠을 것이라는 점을 인정하더라도, 모든 책임을 외부에만 전가할 수 없다. 국제 조류에 뒤떨어진 은행들의 무능은 국제금융시장의 실망을 불러왔고, 급기야 한국경제 전체에 대한 불신을 증폭시키는 데에 일조했다.

3) IMF 구제금융과 구조조정 권고안

(1) 금융권의 변화

당시 IMF는 금융산업의 부실 부문을 정리하여 방만한 투자를 일삼아온 재벌에 직간접적 영향을 줌으로써 경제의 건전성을 회복하기를 원했다. 부실이 큰 금융회사는 퇴출되어야 하며 생존 금융회사들도 부실채권을 정리해야 한다는 것이다. 이는 높은 부채비율을 유지해온 재벌들의 필연적 구조조정을 이끌어 낸다.

금융회사 건전성 확보 차원에서 자본금 확충 의무가 강화되었으며, 정부통계 및 기업회계의 투명성도 제고 요청을 받았다. 금융회사들이 생존전략을 추진하는 과정에서 대규모 M&A가 이루어졌으며, 이때 금융회사에 대한 외국자본의 참여도 자유화되었다. 대출의 상업성 원칙을 확립하여 정부가 은행경영 및 대출결정에 개입하지 않기로 명시했으며, 단기금융상품과 회사채에 대한 외국인의 매입을 허용하여 국내 금융시장이 해외 투기성 단기자금에 노출되게 됐다.

이러한 일련의 금융제도 변화는 금융회사들의 부실 부문 정리와 회계제도 혁신, 대출심사기능 개선, 리스크관리 시스템 구축과 실행 능력 개선, 금융신상품 개발 능력 확충으로 이어져 이후 우리나라 금융회사들의 모습을 변화시키는 계기가 되었다.

(2) 거시경제 및 산업정책의 변화

거시경제적 측면에서 IMF 권고안은 경상수지 적자 축소와 재정 및 통화신용 긴축으로 요약할 수 있다. 정부는 물가상승을 억제하는 긴축기조 과정에서 시장금리의 일시적 상승을 용인하며, 대규모 국책사업, 교육 및 농어촌투자 등에 대한 재정지출도 삭감했다. 산업정책 측면에서 노동시장 유연성 제고를 위해 근로자파견법을 제정하고, 계약제 고용 제한을 완화하며 실업급여 지급기간을 조정하는 등 고용보험제도 기능을 강화했다. IMF는 그간 미국, 일본이 꾸준히 요구해온 시장개방을 상당 부분 실현시켰다.

IMF 권고안이 우리 경제에 약(藥)이 될지 해(害)가 될지에 대해 당시 많은 우려가 있었다. IMF는 자신들의 처방에 따라 강도 높은 구조조정을 취할 경우 한국경제가 2~3년 내로 건실한 경제체질을 회복할 것으로 보았다. 그러나 IMF 처방이 방만한 재정, 높은 물가상승률, 큰 규모의 경상수지 적자를 보이는 국가에는 도움이 될지 몰라도, 한국 경제와 같이 건실한 거시경제지표를 유지하는 국가에는 오히려 경제기반을 무너뜨리는 개악적(改惡的) 조치가 될 수 있다는 지적도 있었다.

1997년 외환위기는 한국경제가 고도성장 후유증을 적시에 해결하지 못함에 따른 구조적 취약점이 누적되어 나타난 것이다. 그런데 갑자기 초긴축정책을 요구한다면 오히려 성장 잠재력을 무너뜨리는 나쁜 결과를 낳을 수도 있다는 것이었다. 또한, 국내 금융시장이 갑자기 개방됨에 따라 단기 국제자본의 급격한 이동의 충격을 피할 수 없을 것이라는 우려는 이후 현실화되어 불안요인을 장기적으로 내포하게 되었다.

4) 외환위기의 극복과정[5]

(1) 과감한 구조조정

외환위기의 주요 원인이었던 기업들의 과잉투자를 해소하기 위해 구조조정을 진행하는 과정에서 상당수 재벌들이 퇴출되었으며, 더불어 시장개방이 이루어져 외국인들이 대거 진출하는 계기가 마련되었다. 노동시장 유연성을 제고하기 위해 비

〈표 15-1〉 금융권역별 공적자금 지원현황(1997년 11월~2002년 5월 말) (단위: 조 원)

	출자	출연	예금대 지급	자산 매입 등	부실채권 매입	합계
은행	33.9	13.6	–	14.0	24.5	86.0
종금	2.7	–	17.2	–	1.6	21.5
증권 · 투신	7.7	–	0.01	–	8.3	16.0
보험	15.9	2.7	–	0.3	1.8	20.7
신협	–	–	2.2	–	–	2.2
저축은행	–	0.1	6.7	0.6	0.2	7.6
해외금융기관 등	–	–	–	–	2.3	2.3
합계	60.2	16.4	26.1	14.9	38.7	156.3

자료: 舊 재정경제부

5 『금융위기와 리스크관리』(김진호 저, 박영사, 2012) 참조.

〈표 15-2〉 외환위기 이후 국내 금융회사의 구조조정 추진 현황 (단위: 개, %)

금융권별	'97말(A)	구조조정 현황				
		인가취소	합병	해산 · 파산, 영업이전 등	계(B)	비중(B/A)
은행	33	5	10	–	15	45.5
종금	30	22	7	–	29	96.7
증권	36	5	6	3	14	38.9
보험	50	10	6	4	20	40.0
투신	30	6	4	–	10	33.3
저축은행	231	102	28	1	131	56.7
신협	1,666	2	109	504	615	36.9
리스	25	11	2	1	14	56.0
합계	2,101	163	172	513	848	40.4

자료: 공적자금관리위원회. 공적자금지원백서, 2005

정규직 제도와 근로자 파견제 등이 본격 도입된 것도 이때이다. 기업 부문의 부실은 금융회사의 부실자산 형태로 집중되었다. 정부는 금융회사의 부실자산 매각 또는 상각에 따른 손실을 공적자금 투입을 통해 정리하고, 퇴출과 합병을 통해 새로운 금융시장을 구축해나갔다.[6]

(2) 긴축정책 시행

국내자금의 해외이탈을 막고 신규자금 유입을 위해 긴축적 통화신용정책의 한 방편으로 금리가 크게 인상되었다. 이는 소기의 목적을 달성한 반면, 결과적으로 기업들의 자금조달비용 상승을 통해 장기적 성장잠재력을 훼손시켰다는 부정적

6 이 과정에서 외국인들의 지분참여가 크게 허용되면서, 우리나라 대부분 은행들에서 외국인 투자비중은 50%를 상회하기에 이르렀다.

평가를 동시에 받았다.[7]

5) 외환위기를 극복하려는 노력들이 남긴 결과

(1) 금융회사 경영의 개선

정부 주도의 성장과정에서 단순 자금조달 창구역할을 맡아 공공기관과 같았던 은행들은 점차 공공성과 수익성을 함께 추구하는 새로운 형태, 즉 '금융기관'에서 '금융회사'로 탈바꿈했다. 부실대출 정리와 공적자금 투입과정에서 기존의 '조상제한서'에서 현재의 '국신우하' 체제로 바뀐 것은 단순히 외형상의 변화만은 아니었다.[8] 금융회사들은 회계제도를 혁신했으며 낙후되었던 대출심사기능을 개선했다. 초보적 자산부채종합관리(ALM)에 머무르던 리스크관리는 상당한 인적, 물적 자원 투입으로 큰 발전을 이루었다. 이를 바탕으로 신상품개발 능력도 증진되었다.

(2) 무리한 경기부양의 부작용

과감한 구조조정은 외환위기를 빠르게 극복하는 원동력이 되어 긍정적 평가를 받기도 했지만, 위기극복을 무리하게 추진하는 과정에서 일부 부작용도 있었다. 소비 회복을 위해 인위적으로 부동산 경기를 부양하고 신용카드 남발을 조장한 것이 대표적이다.

당시 정부는 부동산가격 상승을 통해 '부(富)의 효과(wealth effect)'를 유발하여 소비를 진작시키고자 했다. 이는 어느 정도 효과를 거두었으나 이로 인한 부동산 투기의 재발은 이후 사상 초유의 저금리와 맞물려 자산거품이라는 부작용을 낳았

---

7 당시 긴축정책은 IMF의 권고에 따른 것이었지만, 세계은행(World Bank)의 부총재 스티글리츠는 이 정책이 우리나라 경제에 장기적으로 해악이 될 것이라고 비판하여 논란이 되었다.

8 '조상제한서'는 조흥 · 상업 · 제일 · 한일 · 서울신탁은행, '국신우하'는 KB국민 · 신한 · 우리 · 하나은행을 약칭하며, 각각 그 시대의 대표적 은행들을 묶은 것이다. 다만, 열거 순서에는 특별한 의미가 담겨 있지 않음을 분명하게 밝혀둔다.

다. 부동산거품은 서민층의 주거비용 부담 증가라는 고통을 안겨줌과 동시에, 부동산을 소유한 계층과 그렇지 못한 계층 간 양극화를 초래함으로써 이후 사회불안의 씨앗이 되었다.

신용카드 남발 조장은 미래소득을 현재소비에 당겨쓰도록 유도함으로써 소비를 진작시키는 데에 기여했다. 그러나 상환능력이 없는 사람들에게까지 카드가 무책임하게 발급되면서, 카드사는 신용리스크관리 실패로 인해 부실화되었다. 따라서 카드사들이 자금조달 방법으로 발행한 카드채를 매입했던 기관투자자들의 자금회수도 어려워지면서, 금융시장이 경색국면으로 진입했다. 카드를 사용하고 제때 상환하지 못한 소비자들 다수가 신용불량자로 전락함으로써, 이후 소비의 발목을 잡는 어두운 부분으로 남게 되었다.

(3) 양극화

외환위기 이후 경기회복이 주로 수출, 대기업 중심으로 이루어짐에 따라 중소기업, 내수기업들이 상대적으로 낙후되었으며, 부동산거품이 형성되면서 부동산을 가진 자와 그렇지 못한 자들 간 양극화가 발생했다. 이후 우리나라는 성장과 효율성을 강조하는 보수우파와 분배와 형평성을 강조하는 진보좌파로 나뉘어 심한 정치적 갈등 양상을 보이게 된다.

(4) 안정희구성향과 외국인 투자

외환위기 당시 급변하는 주가를 경험한 다수의 소액투자자들은 주식시장을 떠나 예금이나 국채 등으로 자산구성을 바꿔갔다.[9] 당시 금리가 사상 초유의 저금리를 보였음을 고려한다면, 이와 같은 안정희구성향은 다소 지나친 감이 있었다.

---

9 일반투자자들이 매도한 주식을 적극적으로 매입한 것은 외국인들과 대주주들이었다. 외환위기 이후 2000년대 중반에 이르는 기간 동안 주식을 매도했던 일반투자자들은 이후 경제가 회복세를 보이면서 주가가 상승하는 과정을 지켜보며 허탈함을 느낄 수밖에 없었다. 결국 1997년 외환위기 이후 경기회복의 과실을 대주주와 외국인들이 대부분 차지하면서, 이후 이들이 향유한 시세차익에 대한 대중의 불만이 나타난다.

투자자들의 안정희구성향 자산배분 결과 중소기업 발행 주식이나 채권은 시장에서 외면받아 중소기업들이 심한 자금경색을 겪은 반면, 대기업들의 상황은 호전되어 대기업 여유자금은 오히려 은행으로 환류되어 들어왔다. 은행은 이렇듯 투자자들과 대기업들의 예금으로 자금사정이 호전되었지만, 신용 리스크를 우려하여 이를 중소기업 대출에 활용하지 못하고 부동산 담보대출로 돌리면서 이후 부동산 거품 형성에 일조하게 된다.

(5) 사회 가치관의 변화

우리 사회는 1960년대 고도성장을 시작한 이래 외환위기에 이르기까지 이른바 '아시아적 가치(Asian Value)'가 중심 철학을 이루고 있었다.[10] 그런데 외환위기 극복 과정에서 당시 글로벌 시장의 지배적 논리였던 '신자유주의(New Liberalism)'를 강요받게 된다.[11] 한 사회의 기초 철학이 변경되는 과정에서 당시 우리 내부의 치열한 검토와 의견조율이 부족했음은 안타까운 사실이 아닐 수 없다.

사회 가치관과 철학의 이동이 누구를 상대적으로 더 유리하게 만들었는가는 이후 계속된 논쟁거리가 된다. 겉으로 드러난 수치로 보면 외환위기 이후 대기업과 금융회사 이익이 큰 폭으로 개선되었음에 반해, 가계 부문의 소득배분 비율은 상대적으로 줄어들었다.[12] 기업 지분의 상당 부분을 보유한 대주주와 외국인들의 배당 및 주식 시세차익도 막대한 것으로 나타났다.[13] 이 과정에서 분배가 공정하지 못했다고 생각하는 상당수는 부익부(富益富), 빈익빈(貧益貧)의 불만을 토로하며, 청년실업 증가, 부동산가격 폭등 등으로 인한 중산층, 서민들의 박탈감은 이때부터 본격화된다.

---

10 이는 유교문화(儒教文化)에 근거한 것으로 조직에 대한 무한충성(無限忠誠), 연공서열(年功序列), 종신고용(終身雇傭), 호봉제(號俸制)로 대표된다.

11 신자유주의는 아시아적 가치와는 상반되게, 시장 중심주의, 무한경쟁(無限競爭), 적자생존(適者生存), 자본자유화, 연봉제(年俸制), 계약제, 유연한 노동시장으로 대표된다.

12 이는 기업 구조조정과 비정규직 도입에서 절약된 인건비 때문으로 추산된다.

13 물론 여유자금으로 주식투자가 가능했던 재산가들 또한 충분한 이익을 향유할 수 있었다.

6) 1997 외환위기는 끝났는가?

(1) 남은 과제들

외환위기는 본질적으로 기업 부문의 부실에서 출발했지만 이후 구조조정 과정을 통해 대부분 부실을 금융회사들이 떠안았고, 이는 다시 공적자금 투여를 통해 국민들, 정확하게 말하면 미래의 납세자들이 부담하게 되었다. 따라서 외환위기의 분명한 종결은 당시 투입된 공적자금 대부분이 환수되었을 때 가능하다. 공적자금이 투여된 상당수 기업들이 아직까지 사실상 정부의 관리하에 있는 한, 외환위기는 안타깝게도 아직 끝나지 않은 것이다. 위기 극복과정에서 양산된 신용불량자 문제 역시 새로운 출발을 위해 이미 해결되었어야 할 과제이다.

외환위기를 초래한 근본 원인 중 하나인 금융회사 대출심사능력 부족에 대한 개선작업도 충분히 이루어졌다고 보기 어렵다. 이로 인해 한계기업 퇴출 및 구조조정 능력이 선진국 대비 떨어진다는 사실은 외환위기가 완전히 극복되었다고 보기 어려운 증거이다. 금융업의 국제 경쟁력이 계속 의문시되는 이유도 취약한 대출심사능력, 보다 넓게는 리스크관리 능력 부족으로 이에 대한 개선이 시급하다.

(2) 은행 민영화[14]

외환위기 당시 기업구조조정은 기업부실의 상당 부분을 금융회사, 특히 은행에게 사실상 전가시켰다. 부실 대출을 은행들이 상각하고 손실을 떠안았기 때문이다. 이에 따른 은행부실은 공적자금 지원을 통해 사실상 정부재정이 부담했다. 즉 국민들의 미래 세금을 담보로 기업부실을 일시 제거한 것이다. 따라서 은행에 쌓인 기업부실 찌꺼기를 제거하고 급한 불을 끄기 위해 지원된 공적자금을 제대로 상환했을 때 외환위기는 비로소 극복되었다고 할 수 있다.

14 『신용경제』 저자 칼럼(2002년 3월) 참조.

이 중에서 은행에 지원된 공적자금의 회수와 직결된 문제가 곧 은행의 주인 찾아주기, 이른바 민영화이다. 이때 주인의 자격을 둘러싸고 오랜 논쟁이 있었다. 가능한 주인의 후보는 네 명이 있다.[15] 그런데 그중 마땅히 마음에 드는 후보가 없다는 것이 고민이었고, 따라서 정부는 오랜 시간을 끌다가 결국 2016년 말에서야 과점(寡占) 주주들에게 분할 매각하는 방식으로 마지막까지 남아 있던 공적자금 투입 은행인 우리은행의 민영화를 해결했다.

2. 2008 글로벌위기[16]

1997 외환위기의 극복과정에서 누적된 잔재, 즉 공적자금 투입 회사들의 매각 부진, 신용불량자 급증 등을 제대로 해결하지 못한데다 이후 크고 작은 위기 국면마다 과도하게 공급된 유동성으로 인한 자산거품 문제까지 안은 상태에서 2008년 글로벌위기를 맞게 된다. 흥미로운 것은 시기적으로 떨어져 있어 상관없어 보이는 1997 외환위기와 2008 글로벌위기가 밀접하게 연결되어 있다는 점이다.

---

15 첫째, 국내 금융전업자본가이다. 국부(國富)의 해외 유출 우려도 없고 산업자본에 의한 금융지배도 걱정하지 않아도 된다. 그러나 현실적으로 국내 대형은행을 인수할 만한 자금능력을 갖춘 금융전업자본가를 찾기 어렵다는 것이 문제였다. 두 번째, 다수의 소액지주들을 모아 국민기업으로 만드는 것이다. 그런데 이를 택할 경우 정부의 관치 금융에서 벗어나기 어려울 것이라는 우려가 있다. 모두가 주인이라는 것은 사실 아무도 주인이 아니라는 것이며, 이럴 경우 정부의 낙하산 인사를 포함한 보이지 않는 각종 관치 금융에 시달릴 가능성이 크다. 세 번째, 해외매각을 통해 외국인 주주에게 넘기는 것이다. 선진금융기법을 전수 받을 수 있고 정부 간섭으로부터 자유로울 수 있다는 장점을 갖는 반면, 국가 중추산업인 금융산업을 외국인 손에 넘긴다는 사실에 대한 반발적 국민 정서 및 헐값 매각 논란의 부담이 있다. 마지막 가능성이 산업자본가, 즉 국내 재벌들에게 매각하는 것이다. 경영효율화, 책임경영제 실현, 관치금융 해소, 공적자금 조기 회수 등의 장점이 있는 반면, 산업자본의 금융 지배라는 폐해를 낳는다. 은행이 산업자본의 사금고로 전락하고 은행과 기업 간 불공정행위 발생가능성이 증대하며, 기업 부실이 은행으로 파급되어 금융제도의 불안정성이 증가할 가능성이 크다.

16 글로벌위기의 출발을 2008년이 아닌 2007년으로 보는 견해도 있다. 2008년설은 2008년 가을 미국 리먼브라더스의 도산을 기점으로 국제 금융시장이 대혼란으로 들어선 것을 위기의 시작으로 본다. 2007년설은 위기의 원인인 미국 서브프라임 대출이 문제로 부각되어, 주요 금융회사들이 이를 인식하기 시작한 2007년을 기준으로 보는 입장이다. 이 책에서는 2008년설을 기준으로 서술했다.

1997 외환위기는 우리나라에만 국한되지 않았고, 다수의 동아시아 국가도 비슷한 위기를 겪었다. 따라서 국제적으로 이를 통칭하여 '동아시아 위기(East Asian Crises)'로 부른다. 위기를 겪는 과정에서 비상시 유동성으로서 외환보유, 특히 달러 보유의 중요성을 깨닫게 된 각국 중앙은행들은 이후 달러 표시 채권 매입 등을 통해 달러자산을 비축해갔다. 이 과정에서 전 세계 상당액의 자금이 미국시장에 공급되면서, 과잉 신용공급으로 인해 미국 자산시장에 거품이 형성된다. 그런데 이때 형성된 미국 부동산 시장거품이 붕괴됨과 더불어 시작된 미국발 위기가 일파만파(一波萬波)로 전 세계로 퍼져나가면서, 이른바 '글로벌위기'가 도래한 것이다.

1) 글로벌위기의 시작과 배경[17]

2008 글로벌위기는 오랜 기간 국제 금융시장의 병폐(病廢)가 누적되어 발생한 것이다.[18] 사건의 출발이 된 미국이 무역적자와 재정적자라는, 이른바 쌍둥이적자로 오랜 고통을 받아오고 있음은 이미 알려진 사실이다. 세계 최강이라는 미국이 중국으로부터 싼 물건을 수입해서 소비하며, 이로 인한 적자를 중국을 위시한 다른 나라들의 돈을 빌려다 메우는, 이른바 '글로벌 불균형'이 문제의 출발점이다.[19]

한편, IT 거품붕괴, 9·11 사태 등에 따른 시장불안을 해결하기 위해 그린스펀이

---

17 『금융위기와 리스크관리』(김진호 저, 박영사, 2012) 참조.

18 서브프라임(sub prime)이라는 단어가 일반인들의 우려 대상으로 등장하기 시작한 것은 2007년 봄 영국 HSBC가 관련 손실을 발표하면서부터이다. 그해 여름에 이르러 이와 관련하여 전 세계 주가가 폭락을 경험했지만, 이후 그럭저럭 잘 마무리되어가는 것처럼 보였다. 그러나 2008년 3월에 미국 5위의 투자은행이던 베어스턴스가 망해서 제피모건체이스에 인수되면서 불안해지더니, 9월에 들어서는 4위 리먼 브라더스 파산신청, 3위 메릴린치가 BOA에 피인수, 급기야는 전 세계 1, 2위 투자은행인 골드만삭스와 모건스탠리까지 독자 IB를 포기하고 은행지주회사로 전환하는 사태로 이어졌다.

19 이를 근본적으로 해결하기 위해서는 미국이 뼈를 깎는 노력으로 근검절약(勤儉節約)을 추진하고 생산성을 높여나가야만 했다. 그러나 이는 미국 내에서뿐 아니라, 물건을 만들어 미국에 팔아 먹고사는 전 세계 다른 나라들에게도 대미(對美) 수출부진에 따른 자국(自國)의 경기침체가 우려된다는 점에서 인기 있는 대안이 아니었다. 따라서 전 세계는 이와 같은 '글로벌 불균형' 유지에 대한 암묵적 합의를 그동안 유지했던 것이다.

이끌던 당시 미국 FRB는 과감한 금리 인하와 유동성 공급을 유지하고 있었다. 소비와 투자의 진작(振作)을 겨냥했던 이들 정책은 아쉽게도 실물경제의 부흥을 이끌어내기보다는, 주식과 부동산 시장의 '자산거품' 현상을 촉발하고 만다.[20] 미국경제가 본질적 경쟁력을 상실한 마당에 확장적 통화신용정책만으로는 실물경기회복이 어려웠던 것이다.[21] 능력이 부족한 소비자들에게까지 무리하게 주택담보대출을 해준 것은 미국인들의 헤픈 소비와 자산시장 거품형성과 밀접하게 연관되어 글로벌위기의 출발점이 되었다. 이때 파생금융상품과 레버리지의 잘못된 결합만 없었더라도 위기의 정도는 훨씬 덜했을 것이다.[22]

2) 글로벌위기가 주는 교훈

2000년대 들어서 크고 작은 경제위기마다 유동성 공급을 통해 안일하게 문제를 해결하고자 했던 정책당국의 무책임, 그렇게 풀려나온 과잉유동성이 신(新)성장동력을 찾지 못해 투기자금화하면서 형성된 자산거품, 이 기회를 놓치지 않은 인간들의 과도한 탐욕이 결합되어 나타난 것이 글로벌위기이다. 미국과 중국 간 '글로벌 불균형'으로 인해 중국의 대규모 흑자가 미국시장 자산거품으로 이어졌고, 금융의 증권화가 활발해지면서 장기대출이 '단기증권'화된 것도 주목하지 않을 수 없다. 결국 거품이 생성되었다가 붕괴하는 과정에서 일차적으로 금융시장이 큰 타격을 입었으며, 이는 실물경제의 발목을 잡아 다시 금융시장을 더욱 곤경에 빠트

---

20 한때 '금융의 신(神)'으로까지 추앙(推仰)을 받았던 전(前) 미국 FRB 의장 그린스펀은 글로벌위기를 미필적(未必的) 고의(故意)로 유발한 장본인으로 지적된다. 소비자들과 정부의 헤픈 씀씀이를 지켜보면서도 위기국면을 유동성 공급을 통해 쉽게 해결하고자 한 그의 치적기간 동안 금융시장은 안정되었고, 주식과 부동산 시장가격이 폭등하면서 전 세계 사람들은 환호했다. 투자자들이 행복했고 미국에 수출하는 많은 나라의 근로자들이 즐거웠던 시기였지만, 위기의 싹은 이미 피어나고 있었다.

21 자산거품 현상을 경고한 그린스펀의 유명한 단어 '비이성적 활황(irrational exuberance)'은 이때 등장한다.

22 원래 헤지 목적으로 고안된 파생금융상품은 글로벌위기에서 투기적 목적으로 남용되었고, 단기적 성과에 대한 금융계의 과도한 보상체계는 엄청난 레버리지를 촉발하여 드디어는 CDO, CDS와 같은 신용파생상품 시장에서 거대한 거품을 형성했다.

리게 된다.

글로벌위기가 준 교훈을 네 가지로 나누어 정리해보자. 첫째, 금융정책은 노끈과 같아서 경기과열을 진정시키는 효과는 강하지만, 불황에서 회복시키는 힘은 상대적으로 약하다. 그럼에도 불구하고 위기 때마다 만병통치(萬病通治)식으로 확장적 통화신용정책에 집착한 전(前) 미국 FRB 의장 그린스펀이 찬사의 대상에서 위기의 원흉으로 추락한 것은 글로벌위기에 따른 것이었다. 둘째, 미국이 값싼 중국물건을 사들이는 과정에서 발생한 무역적자와 거두는 세금 대비 방만한 재정으로 인한 재정적자, 즉 '쌍둥이 적자' 및 이를 가능케 한 당시 미국과 중국의 밀월관계가 글로벌위기의 폭심(爆心: Ground Zero)으로 드러났다.

셋째, 리스크관리의 실패도 지적하지 않을 수 없다. 1980년대 말부터 본격화된 금융회사 리스크관리에서 그동안 상당한 진전이 있었음에도 불구하고,[23] 2008년 위기에서 리스크관리는 처절하게 실패했다.[24] 넷째, 금융감독 역시 글로벌위기국면에서 취약점을 드러냈다.[25] 과잉유동성과 저금리의 거시충격을 미시적 감독규제만으로 막기 어려웠다는 것을 핑계로 삼을 수는 있겠지만, 그래도 감독당국들은 시장을 크게 조망하는 이른바 '조감도(bird' s eye view)'를 가지고 시스템 리스크를 통제하며 규제를 보다 선진화하고 금융회사 자본을 확충하는 등 선제적(先制的) 조치를 취했어야 했다.[26]

---

23 특히, 신바젤협약안 이후 전 세계는 통일된 방침에 따라 안정적 금융시장관리가 가능할 것으로 생각했다.

24 서로 다른 리스크, 지역, 권역 간 리스크 전이(spill-over)를 제대로 파악하지 못했으며 이들의 복합리스크를 정확하게 측정하지 못하고, 위기 중에 우왕좌왕한 금융전문가들의 모습은 많은 사람들을 실망시켰다. 금융회사와 개인들이 탐욕과 무모함으로 과도한 수익을 추구하는 과정에서 리스크를 경시(輕視)하는 폐습(弊習)은 여전히 반복되었으며, 금융회사 임직원에 대한 지나친 보상체계는 많은 사람들을 분노하게 했다. 정부는 금융규제가 은행, 증권, 보험 등 전통적인 제도권 금융권에만 집중되다 보니, 헤지펀드 등 이른바 '그림자금융(Shadow Banking)'이 일으키는 문제점들을 제대로 포착하고 관리하지 못했다.

25 중국 금융감독기관 CBRC 리우밍캉 위원장은 2009년 『파이낸셜 타임즈』 인터뷰에서 금융회사들의 지나친 레버리지, 남용된 금융공학, 단기실적 기준 보수체계가 결합되어 글로벌위기를 촉발했다고 주장했다.

26 2008 글로벌위기의 특징 중 하나는 미국 부동산 시장의 신용리스크가 자산유동화를 통해 시장리스크로 전환되고, 궁극적으로는 유동성 위기로 귀착되었다는 것이다. 이 과정에서 금융권역별, 리스크 종류별로 분리된 기존의 감독방식은 유효하지 않았다. 감독당국은 전대미문(前代未聞)의 복합리스크 출현에 적절히 대응하지 못했다. 금융공학을 통한 파생금융상품의 복잡한 진화가 전통적 ALM(자산부채종합관리)과 유동성 리스크에 중대한 위협이 되었음

3) 2008 글로벌위기의 단계별 진행[27]

(1) 1단계: 글로벌 금융위기(2008~2009)

글로벌위기는 금융시장에서 시작되었다. 출발은 미국에서 능력이 부족한 소비자들에게까지 무리한 주택담보대출을 해준 것이다.[28] 그런데 금융회사들은 이들 대출에 첨단 파생금융상품을 결합하여 자산유동화상품으로 변환한 후, 이를 다시 제3의 투자자들에게 매각했다. 이렇게 팔려나간 대출유동화상품들이 손바뀜을 통해 전 세계로 돌아다닐 때, 진원지인 미국에서 주택거품이 꺼지고 경기침체로 인해 차입자들이 약속한 대출 원리금을 못 갚는 상황이 벌어진다. 따라서 대출유동화상품들도 부도 위기에 처한다.

미국은 오랜 기간 무역적자와 재정적자의 '쌍둥이 적자'를 유지하면서, 이를 대외차입을 통해 변제해왔다.[29] 한편에서는 1990년대 금융위기를 겪은 많은 나라들이 이를 극복하기 위한 방책으로 확장적 통화신용정책을 시행하면서, 시장에 과잉 공급된 유동성은 자산시장의 거품으로 이어지고 있었다.[30]

거품이 폭발적으로 커지고 이에 따른 부(富)의 효과로 인플레이션 가능성이 대두되자 그제서야 여러 나라가 금리를 올리기 시작했다. 경제의 실질성장이 아닌

에도 불구하고, 바젤협약안은 이에 대해 소홀했고 오직 신용, 시장, 운영리스크관리에 치중했다. 감독당국에게 주어진 또 다른 과제는 파생금융상품 규제이다. 글로벌위기 이후 그동안 시장주의를 신봉해온 금융, 경제학자들조차 어떠한 형태로든 파생금융상품에 대한 규제가 필요한 지경에 이르렀다는 공감대를 형성했다. 금융회사 직원들이 자신의 돈이었다면 하지 않았을 무모한 거래를 회사의 이름으로는 광범위하게 했다는 도덕적 해이의 문제에 대해서도 손볼 필요가 생겼다.

27 『금융위기와 리스크관리』(김진호 저, 박영사, 2012) 참조.

28 당시 문제가 된 서브프라임 대출은 프라임(prime) 또는 알트-A(Alt-A) 대출에 비해 신용도가 떨어지는 이들을 대상으로 이루어져 다소 위험한 성격을 가졌다.

29 전 세계에서 미국이 차지하는 위상을 고려할 때, 이와 같은 미국경제의 취약성은 많은 전문가들의 걱정의 대상이었다.

30 각국 정부는 자산시장거품이 중앙은행 통화정책의 대상이 될 수 없다는 주장을 내세우며 애써 자산거품을 외면했다. 저금리는 자산시장거품을 형성한 데에 그치지 않고, 경제의 실질적 기반도 붕괴시켰다. 연구개발을 통한 생산성 향상 추구, 차세대 신(新)성장동력의 발굴, 근검과 절약을 통한 제대로 된 삶의 가치관 확립 대신, 무모한 재테크를 통한 거품형성과 자원의 비효율적 낭비 및 과소비가 횡행했다.

과잉유동성 공급으로 형성된 거품은 유동성 축소와 더불어 꺼지기 시작한다. 그러자 여기저기에서 시장참가자들의 신음소리가 난무하고, 당장의 대책을 요구하는 목소리가 정치권을 압박했다. 자산거품으로 인해 나름대로 이득을 본 사람들은 그런대로 견딜 만했지만, 뒤늦게 막차를 탄 사람들의 고통은 컸다.[31]

결국 손실은 애초 주택담보대출을 해준 은행, 구조화를 통해 이를 유동화자산으로 만들어서 팔아준 투자은행, 그리고 최종적으로 유동화자산을 보유하게 된 투자자들에게 광범위하게 귀착된다.[32] 각국 감독당국들은 최종적으로 피해규모가 드러날 때까지 대증요법(對症療法)으로 대응하면서, 사태 확산에 따른 불안감을 키워갈 수밖에 없는 골치 아픈 상황에 놓였다.[33] 결국 글로벌위기의 첫 단계인 금융위기는 각국이 확장적 통화신용정책을 적극적으로 펼침으로써 2009년에 이르러 일단 마무리된다.

2008 글로벌 금융위기와 1997 외환위기의 비교

외환위기는 한국경제가 오랜 기간 고도성장하는 과정에서 누적된 고비용, 저효율 시스템을 극복하지 못한 상태와 국제금융시장의 긴축이 맞물려 발생했다. 외환보유고 부족으로 촉발된 외환위기는 기업들의 연쇄부도, 금융회사 부실로 이어졌고, 실물경제에 미치는 악영향을 피할 길 없어 경기가 침체국면으로 진입했다. 외환위기는 불리한 외부 환경요인 탓도 있었지만, 근본적으로 우리 자신의 취약점 때문이었음을 부인하기 어렵다.

이에 비해 글로벌 금융위기는 미국의 부동산거품 붕괴로부터 촉발되었다. 서브프라임 대출 중심으로 연체율이 급증하고, 이로 인한 금융회사들의 유동성 위기

31 오랜 기간 거품을 형성해온 미국에서, 특히 서브프라임, 즉 비우량 주택담보대출의 부실은 치명적이었다.

32 원래의 주택담보대출이 파생상품으로 포장되어 자산유동화 과정을 거친데다가 레버리지를 통해 리스크가 크게 증폭되었는데도 불구하고, 놀랍게도 그 누구도 리스크 노출규모를 정확하게 파악하지 못하고 있었다.

33 위기의 진원지인 미국 정부도 피해규모를 파악하고 나서야, 사상 최대의 구제금융 법안을 통과시켜 문제를 수습하기에 이르렀다.

가 세계적 경기침체로 이어진 것이다. 한국경제는 글로벌 금융위기의 중심에서 벗어나 있었지만, 수출 중심의 개방형 소국(小國)의 특성상 위기를 피해가기 어려웠다. 선진국 경기가 침체되면서 우리나라 수출이 어려워졌으며, 국제 금융시장의 경색은 우리나라 금융시장에도 커다란 충격을 주었다. 그러나 글로벌 금융위기는 본질적으로 우리의 책임은 아니었다.

글로벌 금융위기와 대공황 비교[34]

1929년 대공황과 2008년 글로벌 금융위기의 공통점은 '금융시장의 신뢰상실'이다. 글로벌 금융위기 당시 각국 중앙은행들이 경쟁적으로 달러유동성을 시장에 공급했음에도 불구하고, 달러가뭄이 극심했던 것은 경제주체들의 서로에 대한 믿음이 실종되었기 때문이다. 금융위기가 실물경기침체로 이어지는 모습도 비슷하다.[35]

그러나 대공황에 비교할 때 글로벌 금융위기는 차이점이 두드러진다. 대공황 당시 미국정부는 재정적자를 해결한다는 명분으로 긴축적 재정정책을 실시했고 중앙은행은 금리를 올리며 유동성을 줄이는 등, 불황기에 총수요를 줄이는 황당한 정책을 실시했다. 그러나 글로벌 금융위기 국면에서 각국 정부는 세금 환급, 감세(減稅) 및 재정지출 증가 등 확장적 재정정책을 실시했으며, 금리 인하 및 유동성 공급 등 확장적 통화신용정책을 통해 위기를 극복해나갔다. 대공황 당시 정책당국의 초기 정책실패로 인해 위기가 오히려 증폭되었다면, 적어도 글로벌 금융위기에서 정책은 시장을 치유하기에 도움이 되는 방향으로 시행되었다. 단, 글로벌 금융위기에서도 유동성 공급을 사용한 치유책이 단기적 대증요법(對症療法)에 그칠 가능성은 컸다.

---

34 『금융위기와 리스크관리』(김진호 저, 박영사, 2012) 참조.

35 1929년 10월, 대폭락이 시작된 첫 일주일 동안 주가는 1/3 하락했고, 이후 3년 동안 주가는 애초의 10% 수준으로 떨어졌다. 당시 미국의 실업률은 25%를 상회했으며, 생산과 기업이윤은 절반 가까이 하락했다. 정도의 차이는 있으나 글로벌 금융위기와 흡사하다.

(2) 2단계: 글로벌 재정위기(2010~2012)

1단계 글로벌 금융위기 극복과정에서 통화신용정책 못지않게 재정정책도 확장적 기조를 통해 위기극복에 나섰다. 이때 재정에 여유가 없었던 일부 국가들은 차입을 통해서 자금을 조달했다. 그러나 위기는 쉽게 마무리되지 않았고 경기도 기대만큼 빨리 회복되지 않았다. 그러자 각국의 세수(稅收)에 차질이 생기고 경기침체로 인한 복지 수요는 증가해 재정부담이 크게 증가했다.

급기야는 그리스를 위시한 남유럽국가들이 재정 부담을 견뎌내지 못하면서 재정위기가 발생했다. 이를 '글로벌 재정위기' 또는 '남유럽위기'라고 부른다.[36] 이에 따라 IMF, ECB 등 국제기구들과 각국 정부들이 나서서 당장 위기에 처한 국가들을 대상으로 채무 조정, 워크아웃 등 다양한 재정위기 극복노력을 펼쳐나갔다. 이는 재정위기에 처한 국가들에게 불가피하게 긴축을 요구했고, 해당 국가 국민들의 거센 정치적 저항으로 이어졌다. 한편, 미국에서는 막대한 국가부채를 축소하라는 야당의 압력으로 재정정책 집행이 잠시 멈추는 드문 일이 발생하기도 했다. 그러면서 글로벌위기는 점차 급성(急性)에서 만성(慢性) 질환으로 자리 잡았다.

(3) 3단계: 환율전쟁과 보호무역주의(2013~)

위기가 파국으로 이어지는 것은 가까스로 막았으나, 각국은 경기회복을 위한 각자도생(各自圖生)의 길로 접어들었다. 글로벌위기의 1, 2단계에서 보여주었던 국제적 공조는 사라지고, 일부 국가들이 자국 통화가치의 절하(切下)를 시작했다. 일본의 아베 수상이 주창한 '아베노믹스'가 대표적이다. 그런데 세계는 돈이 넘치는 산유국, 무역흑자 선진국과 신흥국, 무역적자 선진국과 신흥국 등 다양한 이해당사자로 구성되어 있어서, 한 나라의 각자도생(各自圖生)은 다른 나라의 피해로 이어질 수

---

36 재정위기는 남유럽국가들에게만 국한될 수 없었다. 당시 유럽 각국은 상호 출자, 차입 및 대출 등을 통해 얽히고설킨 상태에 놓여 있었기 때문이다. 예를 들어 그리스가 국가부도에 처하면 그리스에 돈을 빌려준 프랑스나 독일 금융회사들이 파산하여 위기가 전 세계로 확산될 우려가 있었다.

있다. 결국 여러 나라들이 잇달아 자국 통화가치의 절하에 나서면서 전 세계는 '환율전쟁'에 진입했다.

여기에 추가하여 영국이 EU에서 탈퇴하는 '브렉시트'를 감행하고, 미국의 새 대통령 트럼프가 미국 우선의 보호무역주의를 주창하면서 전 세계는 새로운 긴장국면에 들어섰다. 국제 공조를 통해 공동 이익을 극대화하려고 노력했던 이제까지의 기조가 무너지고, 각국이 자국(自國) 이기주의를 추구하기 시작하면서 금융 및 실물경제의 불확실성은 그 어느 때보다 증폭되고 있다.

(4) 반성과 교훈

오랫동안 세계는 침체된 경기를 살리기 위해 저금리와 유동성 공급에 매달려왔지만 생각만큼 경기는 살아나지 않았고, 풀린 자금이 부동화(浮動化)하여 투기자금으로 변질되어 금융자산과 부동산가격만 올려놓는 실패가 반복되었다.[37] 저금리와 과잉유동성의 폐해는 여기서 그치지 않는다. 바람직한 경제에서는 가계 부문이 저축을 하고 이 자금을 기업이 조달하여 투자를 일으켜서 고용을 창출한다. 이에 따라 임금, 이자 및 배당 등이 가계 부문으로 환류(還流)되고, 가계는 이 중 일부를 다시 저축하는 선순환(善循環) 구조를 완성한다. 그러나 우리나라는 지금 거꾸로 가고 있다. 기업들이 벌어들인 돈이 사내유보를 통해 금융권으로 몰려들고, 오히려 가계 부문이 이를 빌려다 부동산 투자를 해온 것이다. 여러 번의 위기 국면에서 정부가 풀어낸 막대한 돈은 가계부채를 더욱 악화시켰다. 금융의 경제적 순기능이 사실상 멈춘 것이다.

---

37 일부에서는 물가가 안정되어 있는 점을 들어 과잉유동성에 대한 우려가 지나친 것이라고 주장하지만, 2000년대의 물가안정은 자금이 실물경제로 선순환(善循環)되지 않고 금융권과 부동산 시장에서만 맴돌았기 때문에 나타난 특이한 상황이었다. 이 과정에서 자산시장의 거품이 위험수준까지 형성되었으므로, 향후 국제 원자재가격이 불안해지면 물가도 결코 안심할 수 있는 상황이 아니다.

chapter 16

금융 및 실물경제의 역사, 그리고 미래[1]

1. 실물경제와 금융시장 분석

신체 건강을 살펴보는 지표들로 체온, 혈압, 맥박 등이 있다. 실물경제와 금융시장에서도 몇 가지 변수들을 살펴봄으로써 흐름을 대략 파악할 수 있는데, 이들이 곧 경기, 물가, 국제수지, 금리, 주가, 환율, 그리고 부동산가격이다. 따라서 이들 변수의 움직임을 중심으로 우리나라 실물경제와 금융시장의 과거, 현재, 미래를 나름대로 조망해보고자 한다.

1) 경기

경기상황을 나타내는 변수는 GDP 성장률, 실업률(失業率), 그리고 시장참여자들

---

1 『금융위기와 리스크관리』(김진호 저, 박영사, 2012) 참조.

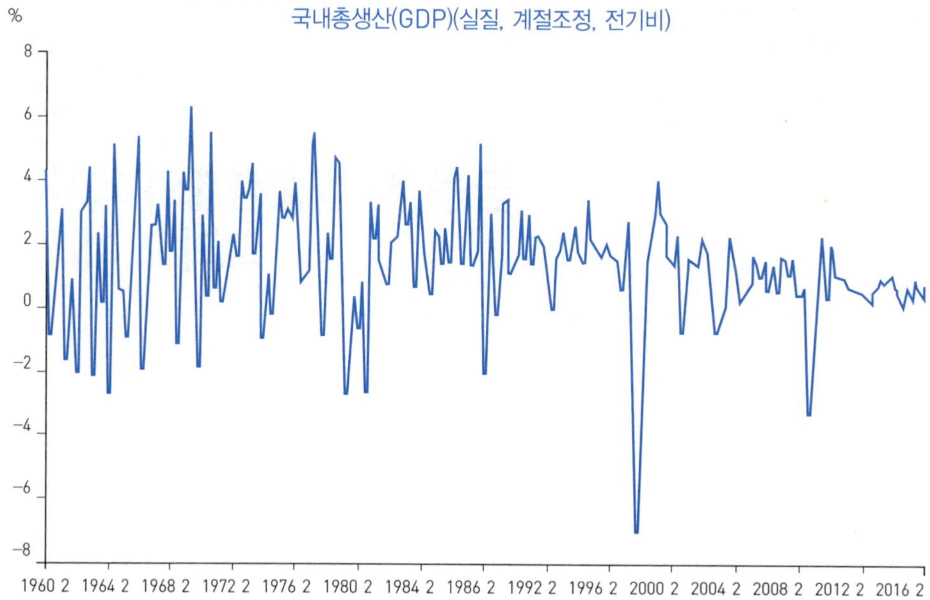

〈그림 16-1〉 경제성장률 추이

자료: 한국은행 경제통계시스템

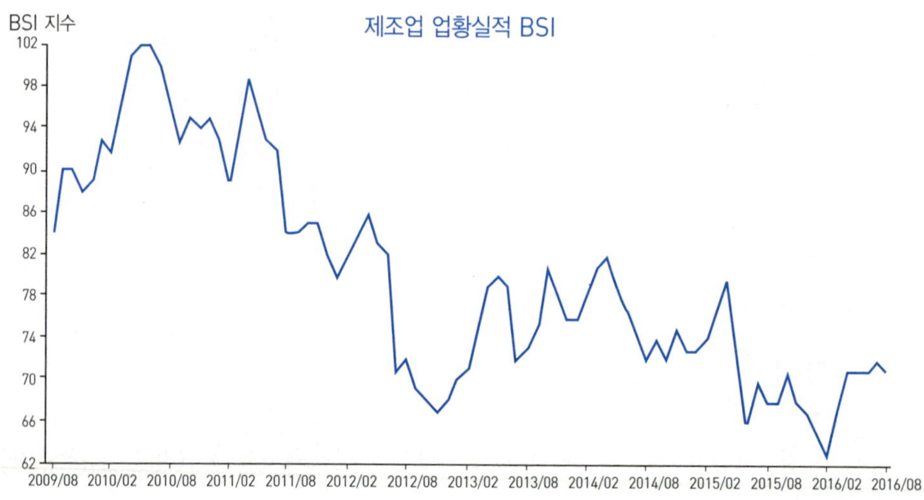

〈그림 16-2〉 제조업 업황실적 BSI

자료: 한국은행 경제통계시스템

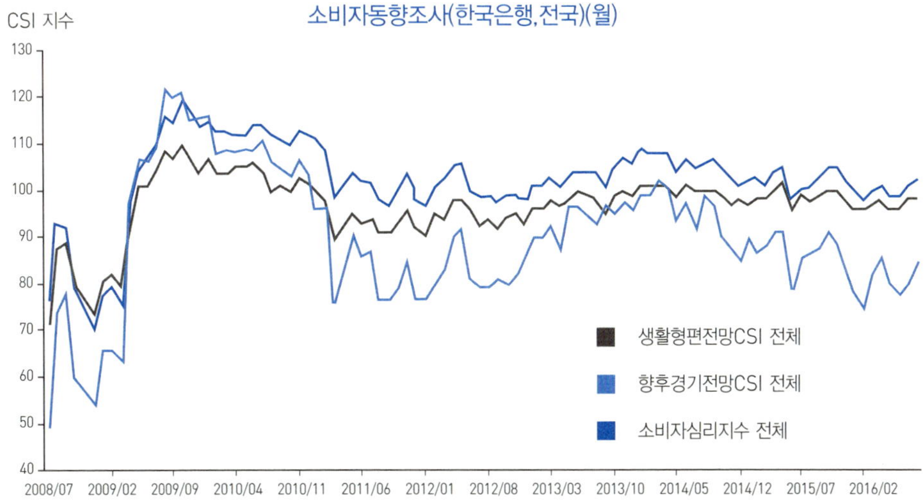

〈그림 16-3〉 소비자 심리지수

자료: 한국은행 경제통계시스템

의 분위기를 나타내는 소비자 심리지수와 제조업 BSI지수 등이 있다. 1960년대 들어 경제발전을 시작하여 70~80년대 고도성장을 구가했던 우리나라의 GDP 성장률은 이후 추세적 하락세를 보이고 있어 우려를 낳고 있다. 실업률은 적어도 통계적으로는 유의미(有意味)한 움직임을 보이지 않지만, 이는 통계작성상의 한계에 따른 것으로 최근 들어 체감실업률은 조금씩 악화되어왔음을 부인하기 어렵다.

한편, 식량과 에너지를 자급자족하지 못하고 대부분 수입해야 하는 우리에게 있어 수출은 절대적으로 중요하며, 따라서 주요 교역 대상국들의 경기 동향을 살펴보는 것은 중요한 과제이다. 얼마 전부터 중국이 미국을 제치고 우리나라의 제1수출국으로 부상했다. 사회주의 국가가 자본주의를 도입하는 과정의 혼란, 계층 간·지역 간 분배 불평등 문제 등의 과제가 남아 있지만, 엄청난 인구에서 뿜어져나오는 역동성과 최근 100여 년을 제외하고는 세계사의 중심권에서 벗어나본 적이 없는 잠재력을 바탕으로 한 중국의 성장은 두렵기까지 하다. 다만, 글로벌위기와 더불어 고도성장에 따른 거품조정 필요성으로 인해 중국경제가 당분간은 냉각기를 가질 수도 있다고 생각된다.

세계 2차 대전 이후 막강한 파워를 자랑해온 미국은 재정적자와 무역적자의 '쌍둥이 적자'를 걱정한다. 이들이 본질적으로 해결되지 않는 한 글로벌위기는 해결되기 어려울 뿐 아니라 언제든지 재발할 수 있다. 이를 해결하기 위해 트럼프 대통령은 미국 이익 중심의 보호무역주의를 주창하고 나섰다. 미국이 이를 통해 자신들의 문제를 해결한다 해도 우리에게 반갑지만은 않다. 이는 곧 우리 기업의 수출 감소를 의미하기 때문이다.

아세안과 브릭스 국가들의 성장은 앞으로도 상대적으로 양호할 것으로 판단되지만, 이들은 세계 경제를 이끌어가는 기관차라기보다는 선진국 경기에 의존하는 주변국가의 성격을 띠고 있다. 따라서 중국과 미국을 대신하여 세계경제의 중심을 잡아주기에는 역부족이다. 경제규모나 정치력으로 봤을 때 유럽이나 일본이 그 역할을 해줄 수 있지 않을까 기대한 때도 있었지만, 지금은 이들에 대한 기대가 많이 줄어든 상황이다.

일본은 1990년 초 거품 붕괴 이후 부실을 제대로 정리하지 못하고, 인구 감소 및 노령화가 진행되면서 과거의 영광을 되찾지 못하고 있다. 여기에 지진, 쓰나미 등 자연재해와 이로 인한 원전 사고가 겹치면서 어려운 상황에 놓여 있다. 아베노믹스의 확장적 경제정책이 중장기적으로 어떤 영향을 미칠지는 좀 더 지켜볼 필요가 있다. 한편, 유럽의 서부는 노쇠(老衰)했고 동부는 사회주의에서 벗어나 이제 막 자본주의로 편입되는 과정에서 성장통을 겪고 있으며, 남부는 글로벌 재정위기의 주인공으로 어려움을 겪고 있다. 따라서 당분간은 유럽이 미국을 대신하여 세계의 지도자 국가로 자리매김하리라 기대하기는 어렵다. 이러한 분석들을 종합해보면 적어도 2017년 초에 바라보는 세계경기 분위기가 그다지 밝지만은 않다.

2) 물가

고도성장 과정에서 오랜 기간 인플레이션 압력에 시달렸던 한국경제는 저성장 국면에 진입하면서 오히려 디플레이션을 걱정해야 할 상황에 이르렀다. 식량과 에너지

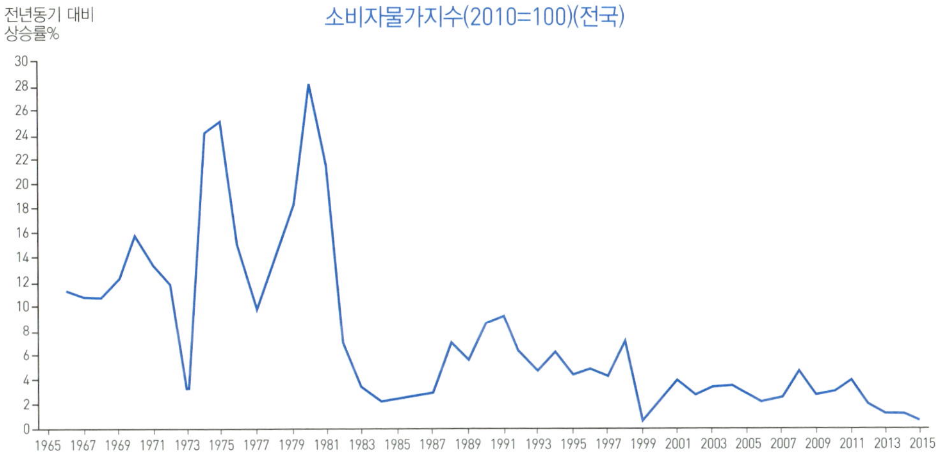

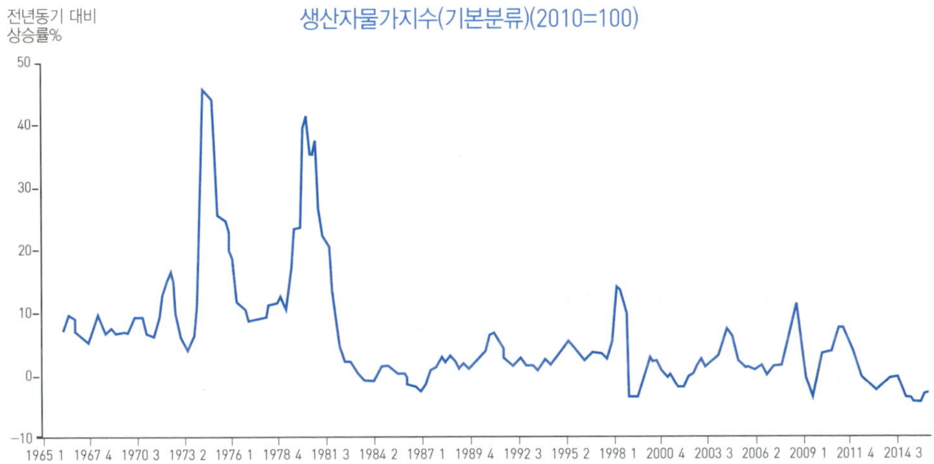

〈그림 16-4〉 물가

자료: 한국은행 경제통계시스템

의 수입가격이 안정세를 보인 것도 이에 영향을 미쳤다.[2] 다만, 일부 생활물가에서 체감물가와 공식통계상 물가 간 괴리가 나타나는 것은 눈여겨 볼 필요가 있다.

3) 경상수지

우리나라는 수출을 통한 외화 확보가 식량과 에너지 마련이라는 국가안위에 있어 중요한 조건이다.[3] 따라서 경상수지는 우리에게 중요한 변수가 아닐 수 없다.[4] 아직까지 경상수지는 안정적 흑자를 보이고 있지만, 국내외 상황에 따라 외환위기는 언제든 재발할 수 있다.[5]

식량, 에너지, 원자재의 국제가격은 우리가 직접 통제할 수 없다. 이들 수입수요가 감소하거나 적절하게 통제되지 않는 한, 수출산업에서 달러를 벌어들이는 능력이 소진될 경우 경상수지는 적자로 전환하여 외환위기로 이어질 소지가 있다. 우려되는 것은 우리나라 핵심 주력산업들이 중국 등 이머징 국가들과의 경쟁에서 점점 밀려나고 있다는 것이다. 이미 섬유, 의류, 봉제, 신발, 가발 등 경공업은 이머징 국가들에게 넘겨준 지 오래다. 아직까지는 자동차, 전자 등 주력 산업에서 돈을 벌

---

2 2008년 당시 유가는 배럴당 150달러에 육박하면서 제2차 석유파동 당시의 100달러를 훌쩍 넘어섰다. 다행히 안정세를 회복했지만 유가는 이후에도 커다란 변동성을 보이고 있다. 2008년 당시 급등의 원인은 이머징 마켓의 수요 증가와 중동지역의 정정 불안, 더불어 일부 세력의 투기 움직임이 결합된 것으로 분석된다. 원유의 부존(賦存) 매장량이 불투명하며 언젠가 화석연료(化石燃料)가 지구상에서 소진될 수밖에 없다는 두려움이 배경에 깔려 있다. 당시에는 유가뿐 아니라 산업용 원자재들과 곡물가격도 덩달아 폭등했다.

3 식량과 에너지를 자급자족하지 못하기 때문에 수출을 통해 외화를 벌어 이들을 수입해서 써야 하는 한계를 갖고 있는 우리나라에서 원자재 수입과 가공을 통한 수출 증대는 지속가능한 성장전략의 핵심이며 생존기반이다. 1997년 외환위기 당시 외환보유고가 바닥을 드러내면서 우리는 미증유(未曾有)의 국가위기를 맞은 바 있다.

4 자동차, 조선, 전자산업 등에서 수출을 통해 벌어들인 돈으로 우리는 그동안 식량과 에너지를 수입하고 유학생들을 내보내고 해외여행을 다녔다.

5 우리나라 경상수지가 본격적 흑자를 구가하기 시작한 시점은 1988년 서울 올림픽을 전후로 한 이른바 '3저 호황기'이다. 금리, 유가, 원화가치의 세 가지가 낮았다고 하여 당시 3저(低)로 불렸다. 이후 1997년 외환위기를 맞아 고전한 적도 있었지만, 과감한 구조조정과 원화가치 절하에 힘입어 2000년대 들어서도 괄목할 만한 경상수지 흑자를 지속적으로 시현할 수 있었다. 이를 주도적으로 이끈 것이 자동차, 전자, 반도체, 철강, 조선, 석유화학, 통신산업이다. 이들이 창출한 막대한 상품수지 흑자는 해외여행, 조기유학, 각종 로얄티 지급으로 인한 서비스수지 적자를 메워주고도 남아 경상수지가 흑자 기조를 유지할 수 있었다.

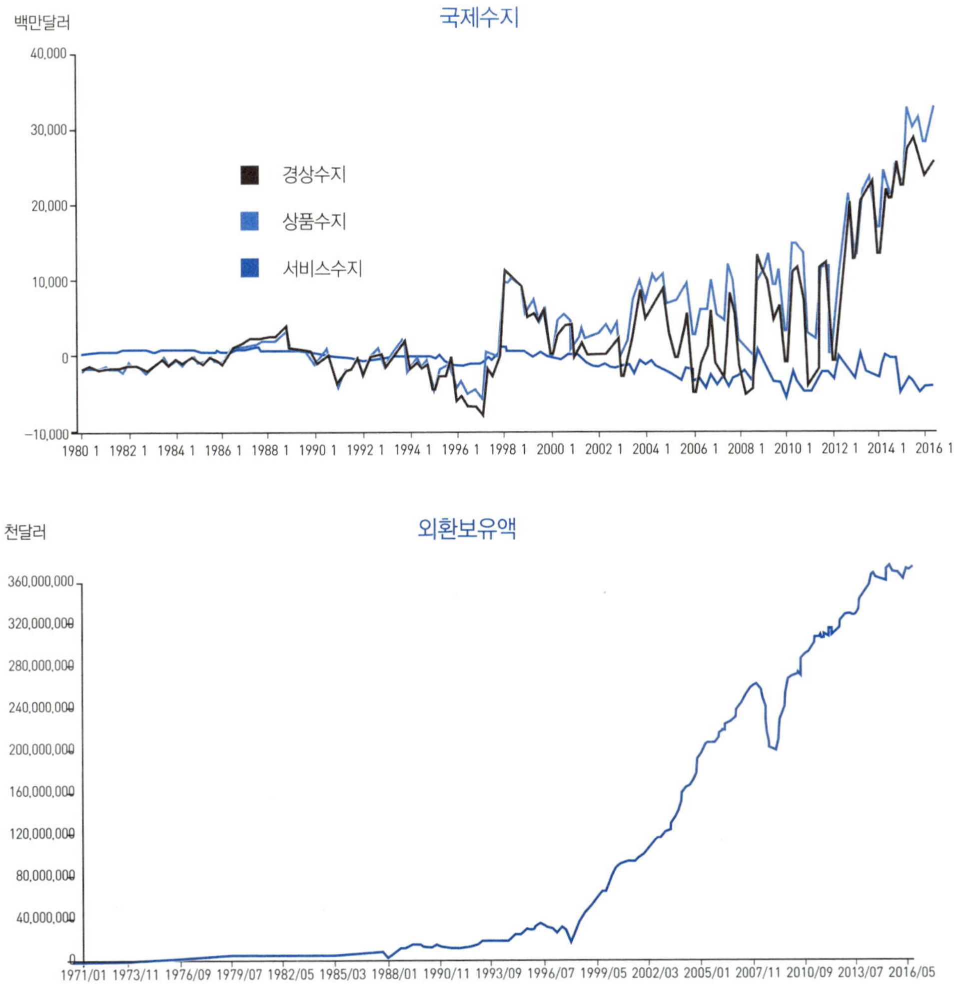

〈그림 16-5〉 국제수지와 외환보유액

자료: 한국은행 경제통계시스템

고 있지만 이 구조가 오래가지는 못할 것이다. 특히, 가전, 전기자동차, 조선업 분야에서 중국의 추격은 매섭다. 향후 경상수지를 방어하기 위해서는 외화를 벌어들일 수 있는 신수종사업에 이미 과감한 투자가 시작되었어야 하지만 안타깝게도 현실

은 그렇지 못하다.[6]

4) 금리

금리, 주가, 환율은 금융의 3대 가격변수들이다. 우리나라 금리는 1997년 외환위기를 지나면서 극적으로 변화를 보여, 외환위기 전에 14~15%에 달하던 금리가 2~3%대까지 급락했다.[7] 이렇게 금리가 급락한 배경은 무엇일까? 2000년대 들어서 금리 하락은 우리뿐 아니라 미국과 유럽에서도 비슷하게 나타났다. 주요 국가들에서 시장금리가 하락한 것은 이들 국가들이 경제, 금융위기 극복방안으로써 정책금리를 인하함에 따른 것이다. 즉 금리 하락에 따라 소비와 투자가 증가하여 경기가 회복될 것을 기대한 것이다.[8]

그러나 정책금리를 지나치게 낮춘 부작용이 부동산거품으로 나타났다. 또한, 새로운 위기가 닥칠 경우 금리를 더 이상 낮추기 어렵기 때문에, 금리가 통화신용정책 수단으로서의 기능을 상실하고 있다는 점도 우려할 만하다.[9]

현재 우리나라는 금리를 올리기 어렵다. 금리를 올릴 경우 1,300조원에 달하는 가계부채의 부실이 염려될 뿐 아니라, 빚 상환을 위해 경제주체들이 부동산을 매

---

6 교육시스템 낙후로 인해 원천기술 개발이 부진해지면서 제품의 질 향상에 차질이 생기고 있다. 수출 경쟁력을 결정짓는 것은 제품과 서비스의 가격과 질이다. 그런데 2000년대 후반으로 갈수록 가격경쟁력과 질이 모두 떨어지는 문제에 봉착하고 있어 우려된다.

7 우리사회의 재테크 열풍은 지나치게 하락한 금리 때문이기도 하다.

8 그런데 우리나라에서는 금리가 급락해도 소비와 투자가 기대만큼 회복되지 않았다. 소비와 투자가 부진했던 데에는 나름대로 이유가 있다. 첫째, 외환위기 이전에 우리나라에 드물던 비정규직, 계약직 제도가 활성화되면서 가계 불안이 커진 것과 더불어, 부동산 구입을 위한 가계부채의 급증, 카드남발에 따른 신용불량자 급증 등으로 가계재정이 악화된 것을 소비부진의 원인으로 꼽을 수 있다. 둘째, 기업의 투자부진의 원인으로는 원천기술의 고갈로 인해 차세대 신(新)성장동력이 뚜렷이 부각되지 않고 있다는 점과 더불어, 우리 사회 일부의 반(反)기업정서, 반(反)부자정서를 들 수 있다.

9 미국과 일본에서는 지나치게 금리가 낮아서 통화신용정책이 제대로 작동하지 않자 중앙은행이 시장에서 채권을 직접 매입하거나(양적완화), 장기채를 사고 단기채를 매도하는(operational twist) 정책을 사용할 수밖에 없었다. 이러한 관점에서 볼 때 위기가 아닌 평안했던 시기로 평가되었던 2005~2007년에 한국은행이 적극적으로 금리를 정상화시키지 못했던 것은 아쉽다.

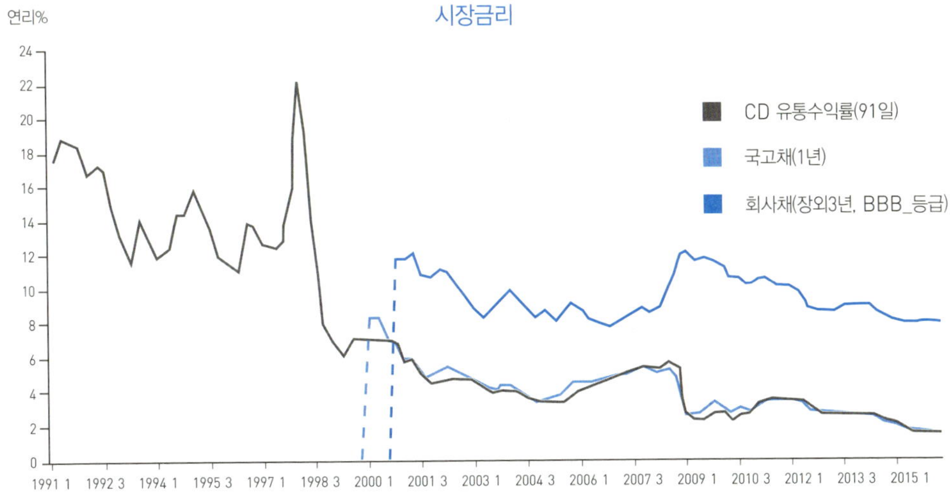

〈그림 16-6〉 CD금리와 국고채수익률의 움직임

자료: 한국은행 경제통계시스템

도할 경우 부동산거품 붕괴로 이어질 수 있기 때문이다. 그렇다고 금리를 내릴 수도 없다. 이는 부동산거품을 더욱 키울 가능성과 더불어 인플레이션을 자극할 우려가 있기 때문이다. 이러한 안타까움은 외환위기 극복과정에서 지나치게 낮아진 금리를 제때에 정상화시키지 않고, 매번 크고 작은 위기 때마다 해결책으로 금리정책을 남용한 대가이다.

5) 주가

1997 외환위기 당시 폭락했던 코스피지수가 2007년에 이르러 다시 2,000선을 넘나들었지만 주식에서 돈을 벌었다는 얘기가 과거만큼 들려오지 않는 이유는 외국인과 대주주들의 주식 지분이 크게 증가한 탓이다. 주가 회복국면에서 설마하고 쳐다보던 국내 일반투자자들이 투자에 다시 나서기 시작한 것은 주가가 최고점에 근접하던 2006년에 들어서이다. 그런데 2008년 글로벌위기의 직격탄을 맞아 주

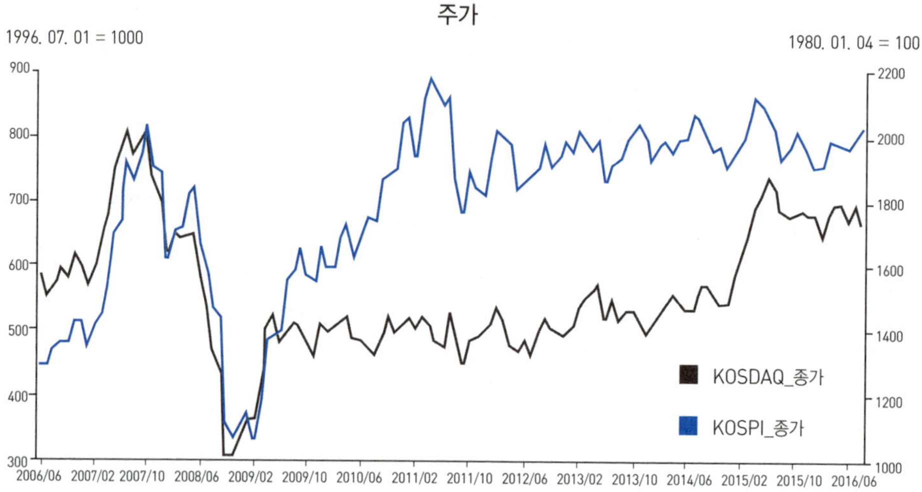

〈그림 16-7〉 주가지수의 움직임

자료: 한국은행 경제통계시스템

가는 1,000 이하로 급락했다. 그나마 적립식펀드로 조금씩, 그리고 꾸준히 투자를 해온 투자자라면 2008년 공포의 하락 장세에서도 부담이 없었겠지만, 2006~7년의 상승장에서 욕심을 내어 주식에 무모하게 투자했던 사람들은 이후 고전했다.

주가는 기업의 미래수익, 시장금리, 불확실성의 세 가지가 결정한다. 글로벌위기의 탈출구가 아직 보이지 않는 2017년 초 현재 상황에서 기업의 매출과 영업이익은 당분간 변동성을 보일 가능성이 크다. 시장금리는 이미 충분히 낮은 상태라서 향후 오히려 상승할 가능성이 크다는 점이 주가에 부담이다. 주요 선진국에서 포퓰리즘 정치와 보호무역주의가 대두하면서 불확실성도 당분간 지속될 가능성이 있다.

다만, 실물경제에서 성장 동력이 소진된 상태에서 금융시장에 과도한 유동성이 공급되어 형성된 거품이 붕괴되면서 작금의 경기침체가 초래된 것이므로, 궁극적 해결책으로 실물 부문에서 새롭고도 강력한 성장 동력, 즉 신수종산업이 출현하면 주식시장은 다시 활성화될 것으로 기대한다.

6) 환율[10]

수출 중심 경제를 유지해온 우리나라에서 환율은 수출가격 경쟁력을 결정하는 중요한 변수이다. 환율은 급작스러운 변동이 문제이지 상승이나 하락 자체는 크게 문제되지 않는다. 왜냐하면 상승과 하락 각각에 따라 부작용도 있지만 긍정적 측면도 있기 때문이다.[11] 또한, 환율은 해외펀드 투자자들에게도 중요하다. 해외펀드의 원화표시 수익률은 해당 국가 통화표시 수익률과 더불어 그 나라 통화가치 변동률의 곱으로 나타나기 때문이다.

1997년 외환위기 이후 하락한 원/달러 환율이 지속적으로 수출가격 경쟁력을 하락시키자 한때 정부가 무리하게 환율인상을 추진한 적이 있다. 그러나 이는 물가상승만 불러일으키고 급기야 정부 신뢰만 훼손시키고 말았다. 정책당국의 환율시장 개입은 추세적 요인(fundamental)을 건드리지 말고, 시장교란 요인의 제거에만 국한하여야 한다는 교과서적 지침을 당시 관료들이 무시한 탓이다.

환율은 기본적으로 두 나라 향후 경제력의 상대적 비교에서 결정된다. 2008년 글로벌위기 이전의 미국과 한국 경제, 양쪽 모두 밝아 보이지 않았지만, 미국의 쌍둥이 적자문제가 보다 심각하다고 보아 미국경제가 상대적으로 좀 더 불안해 보였다. 당시 원/달러 환율이 하락(원화 강세, 달러 약세)하는 추세를 보인 것은 이 때문이다. 그러나 2008년 글로벌위기를 맞아 전 세계 자금이 안전지대를 찾아 미국으로 몰려들면서, 원/달러 환율은 1,500원대까지 급등했다가 이후 다시 안정세를 회복했다.

한편, 환율을 논할 때 함께 살펴볼 것이 금값이다. 2000년 초 온스당 300~400불에 불과하던 금값은 이후 폭등하기 시작하여, 한때 2,000불을 바라보다가 이후

---

10 여기서는 원/달러 환율에 대해서만 분석하도록 한다.

11 예를 들어 원화가치 절하(환율상승)는 수입물가 불안과 외화부채 상환에 따른 걱정을 주지만, 상대적으로 우리나라 수출상품의 가격 경쟁력을 개선시켜 경상수지에 긍정적 효과를 준다.

〈그림 16-8〉 원/달러 환율의 움직임

자료: 한국은행 경제통계시스템

안정되어 2017년 초 현재 1,200불대에서 움직이고 있다. 금에 대한 산업 및 장신구 수요 증가를 감안하더라도 최근 상승세는 놀랄 만한 것으로서, 이는 동 기간 동안 진행된 미국 달러의 과도한 공급을 빼놓고 해석하기 어렵다. 즉 금이 역사상 오랜 기간 통화로서 기능해왔음을 고려할 때, 국제 기축통화인 달러의 공급이 금의 공급을 크게 상회함에 따라 금 통화의 상대가치가 급등한 것으로 보아야 한다. 따라서 금값의 폭등은 단순히 금이라는 특정 실물자산 가치의 상승이 아니라, 방만한 통화신용정책이 가져온 기축통화 가치의 폭락으로 해석되어야 한다.

7) 부동산

경기침체 국면에서 소비와 투자를 살리기 위해 통화신용정책이 과용(過用)되어 왔음은 앞에서 충분히 지적한 바 있다. 금융시장에 풀린 돈은 소비와 투자로 연결

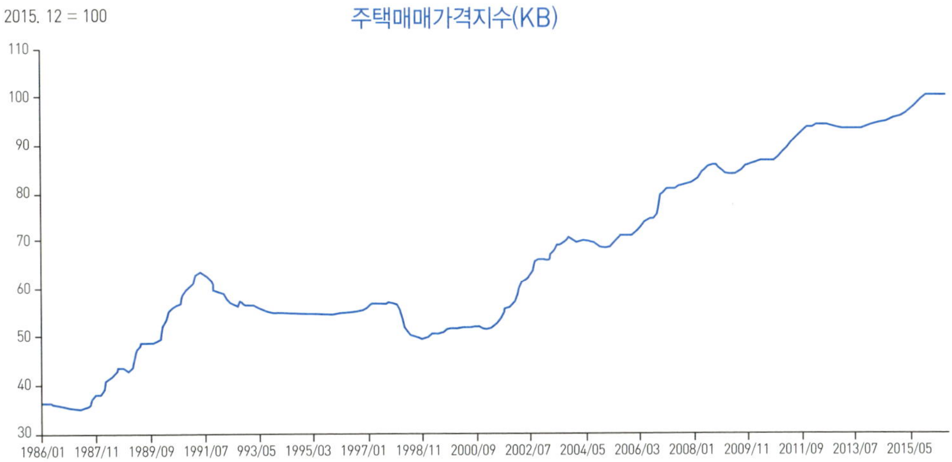

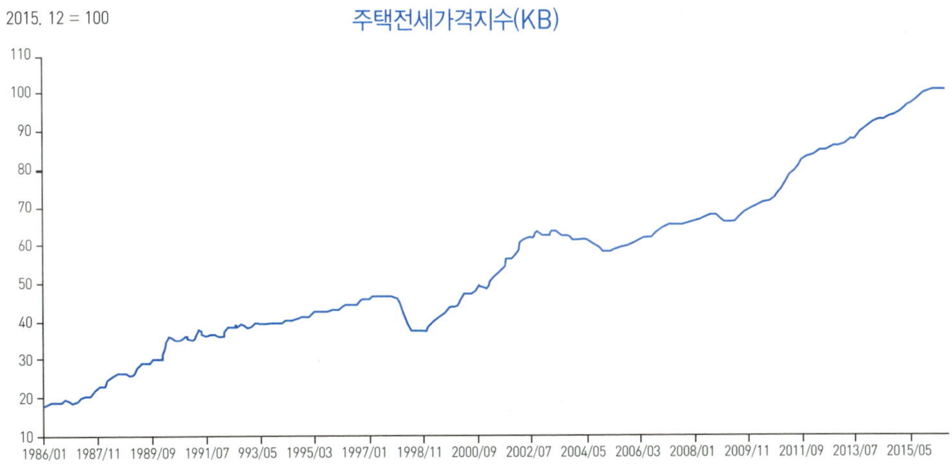

〈그림 16–9〉 부동산 매매와 전세가의 움직임

자료: 한국은행 경제통계시스템

되지 못하면서 '풍선효과'로 부동산거품을 야기했다. 1990년대 안정적이던 부동산이 2000년대 중반 들어 폭등하기 시작한 것은 이 때문이다.[12] 이후 한때 한국은행

12 금리가 급락하자 연금퇴직자들이 저금리의 고통에 못 이겨 전세를 낀 아파트를 사서 시세차익을 추구하고, 옛날 같으면 월세나 전세에서 삶을 시작했을 신혼부부들이 대출을 받아 자기 집을 구입하기 시작했다. 이렇게 수요는 폭발

이 정책금리를 올리면서 부동산이 잠시 안정 국면에 진입하기도 했지만, 2015년 정부가 경기진작책으로 부동산 경기 활성화를 추진하면서 다시 부동산 시장은 불붙었다.[13]

우리나라에서 2000년대 들어 금리와 부동산은 불가분의 관계를 갖고 있다. 1988년 서울올림픽을 전후로 아파트가격이 폭등하자 당시 노태우 대통령이 '200만호 건설' 대책을 시행하고 각종 규제조치들을 취하면서 1990년대 10년간 부동산 시장은 안정된다. 그러던 것이 2000년대 들어와 다시 폭등하기 시작했다. 큰 변화가 있다면 기간 대를 나누어 양쪽 환경에 주요 변화요인을 찾아보는 것이 분석의 출발점이다. 1990년대와 2000년대의 큰 차이 중 하나가 '금리'였다. 14~15%에서 2~3%대로 하락한 금리가 거대한 부동산 수요를 촉발했던 것이다.[14]

2. 우리 경제의 리스크 요인들

1) 부동산거품과 가계대출 급증

미국이 쌍둥이 적자에도 불구하고 달러의 발권을 통해 전 세계의 시장 역할을 유지한 반면, 중국 등 이머징 국가들은 내수보다 수출을 통해 적극적으로 달러를 벌어들였다. 그런데 이러한 '글로벌 불균형'은 세계경제를 병들게 하고 말았다. 국가

시켜 놓고 재개발과 재건축을 통한 공급은 억제하는 상황에서 당시 부동산가격이 상승하지 않을 수 없었다.

13 부동산거품 붕괴 우려는 중산층, 서민들에게 큰 고통을 안겨주게 된다. 실수요자들 다수는 마지막까지도 대출받아 집을 사는 것을 거부하고 열심히 돈을 모아 집을 사려 했다. 그러나 돈 모으는 속도보다 집값 올라가는 것이 더 빠르다고 판단하여 결국은 포기하고 대출을 받아 집을 샀는데, 집값이 하락하게 되면 그야말로 '막차를 탄 셈'이 되는 것이다.

14 당시 정부는 부동산가격 폭등의 원인이 '투기세력'이라 단정하고 종합부동산세 신설, 양도세 중과 등 세금정책을 고집했다. 저금리로 인한 강한 수요가 뒷받침된 가격상승에 벌칙성 세금을 부과할 경우, 실제 부담은 부동산 실수요자인 전세입자에게 전가되어 상황을 악화시킬 수 있다는 주변의 우려는 무시되었다. 당시 정부가 재개발과 재건축을 억제하여 실질적 주택공급을 줄인 것도 아쉽다.

간 경상수지 불균형이 무한대로 확장될 수 없기 때문이다. 이에 더하여 각국은 크고 작은 경제위기를 극복함에 있어 근원적 처방보다는 확장적 통화신용정책에 지나치게 의존함으로써 경제체질을 악화시켜왔다.

엄청나게 풀려나간 유동성은 기업투자로 이어지지 못한 채 금융권을 통해 가계대출로 전환되어 부동산 시장으로 몰려들면서 부동산거품을 생성했다. 실물경제가 침체되어 차주들의 대출상환능력은 떨어지는데, 담보역할을 하는 부동산의 거품이 소멸하면 경제는 어려움에 봉착할 것이다.

2008 글로벌위기의 시발점이 되었던 미국의 서브 프라임 대출위기, 중국 경제의 경착륙 우려, 우리나라 부동산 시장과 가계대출의 복합불황 우려 등은 공통적으로 이와 같은 방만한 경제운용의 결과물이다. 우리나라에서는 개인의 금융부채 대비 자산 비율이 하락하고 가처분소득 대비 금융부채 비율이 급증하며, 가처분소득 대비 지급이자 비율이 증가하는 등 적신호가 켜지면서 비상상황에 진입했다.

2) 정책수단의 소진

경기침체 국면에서 정부가 사용하는 정책은 통화신용정책과 재정정책이다. 전통적 통화신용정책은 정책금리 인하와 통화량 증대가 주축이었으나 글로벌위기 국면에서 이들 정책이 한계를 보이면서, 양적완화, 마이너스 금리 등 비전통적 정책들까지 동원되었음에도 불구하고 응급조치에 그쳤을 뿐 본질적 치유책이 되지 못했다. 방만한 통화신용정책의 결과로서 달러의 기축통화 위상이 불안해질 것을 염려한 미국 FRB가 정책금리 인상에 나서면서 2017년 초 세계는 금융시장 경색 가능성을 염려하고 있다.

한편, 민간수요 축소를 보완하고자 각국은 적자를 감내하고서라도 유효수요를 증대하는 확장적 재정정책을 시행했다. 그런데 민간수요가 되살아날 때까지 재정적자 부담을 언제까지 버텨줄 수 있을 것인가에 대한 의문이 있다. 이렇듯 통화신용정책과 재정정책, 양 측면에서 정부가 할 수 있는 한계에 도달한 것이 아닌가 하는 우려가 일면서, 향후 더 큰 위기 발발 시 정부가 사용할 수 있는 추가적 정책수단이 고갈된 것이 아닌가 하는 염려가 나타나고 있다.

3) 디플레이션

우리 경제보다 20년 정도 앞서간다고 판단되어온 일본이 고도성장을 멈추고 디플레이션의 고통을 겪게 되자, 우리나라에서도 비슷한 일이 벌어지는 것은 아닌가 하는 우려가 있다. 상품 및 서비스가격의 하락은 기업 수익 및 현금 흐름을 감소시키고, 따라서 기업의 생산과 투자에 악영향을 미친다. 이로 인해 실업이 증가하면 가계의 소비와 지출 또한 감소하며, 이는 상품, 서비스 수요의 감소로 이어져 시장의 과잉공급을 유발한다. 그리고 이는 또다시 상품과 서비스의 가격을 하락시키면서 악순환을 가속화한다.

현재 상황에서 디플레이션이 특히 걱정되는 것은 '부채 디플레이션' 때문이다. 디플레이션은 '돈 가치의 상승'을 의미하므로, 채권자에게 유리하고 채무자에게 불리하다. 대출을 받아 집을 산 중산층과 서민들의 경우에는 집값이 하락하는데 대출부담은 증가하는 어려운 상황에 놓일 수 있다. 따라서 가계부채가 과다한 상태에서 디플레이션이 발생하면 가계 부문을 더욱 피폐하게 만들 가능성이 농후하다. 그런데 이때 부채 축소를 위한 경제주체들의 노력이 디플레이션을 가속화시킨다는 점도 유념해야 한다. 아직까지 우리 경제가 디플레이션에 진입했다고 볼 분명한 근거는 없지만, 위의 심각한 부작용들을 고려한다면 사전에 철저히 대비하는 것이 필요하다.

4) 노령화와 인구감소

출산율이 크게 하락하여 생산가능 인구가 급감하는 반면, 의료기술 발전 등에 힘입어 평균수명이 연장되면서 노령화가 빠른 속도로 진행되고 있다. 생산과 소비의 주체인 젊은 층의 감소는 경제 전반에 걸친 생산능력 저하 및 시장수요의 축소를 가져와 불가피하게 경제를 위축시킨다. 이에 비해 노령 층은 장수 리스크에 대비하여 소비보다 저축에 신경을 쓰게 되므로, 이들의 수요가 젊은 층의 수요 감소를 보완하기는 어려워 보인다.

5) 시대에 뒤쳐진 교육

1960년대 경제개발을 시작한 한국경제는 선진국의 기술을 전수받아 보다 효율적으로 산업현장에 적용함으로써 경제발전을 이루는, 이른바 '빠른 추종자(Fast Follower)' 전략을 통해 고도성장을 이루어냈다. 이때는 필요한 지식을 요약하고 암기하는 '주입식 교육'이 필요했다.

그러나 2017년 현재, 한국은 더 이상 선진국으로부터 기술을 전수받기에는 충분히 선진화된 국가이며, 오히려 우리가 원천기술을 개발하고 신성장산업을 발굴하여 세계에 기여를 해야 하는 위치에 도달했다. 이러한 상황에서 필요한 교육은 새로운 문제를 찾아내어 해결책을 독창적으로 제시하는 '창의성 교육'이다. 그럼에도 불구하고 우리 교육은 아직까지 주입식 교육의 틀을 벗어나지 못하고, 안타깝게도 시대에 필요한 인재들을 제대로 양성하지 못하고 있다.

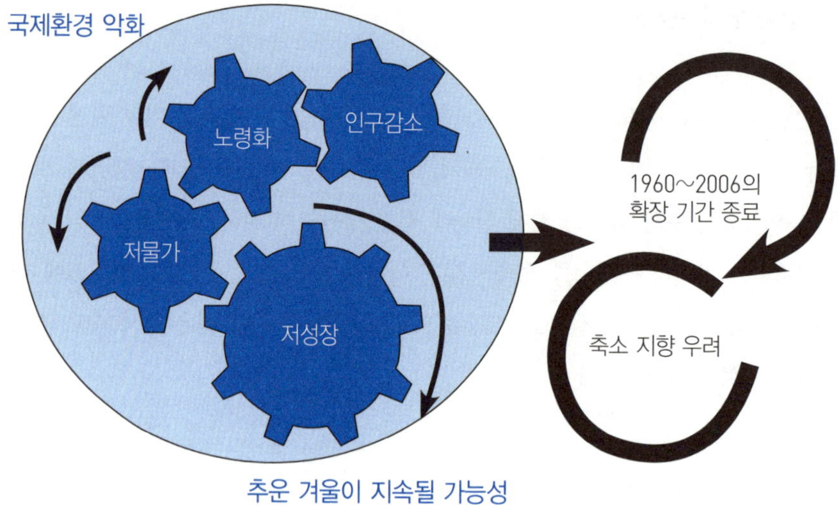

〈그림 16–10〉 현재 상황의 시사점

3. 현재 상황의 극복과 재도약

대내적으로 노령화와 인구감소, 저성장과 저물가의 어려움, 대외적으로 보호무역주의의 확대 등으로 내우외환(內憂外患)에 처한 한국경제는 1960년대 이래의 확장 기간을 마무리하고 당분간 축소 국면에 진입할 가능성이 있다. 추운 겨울이 생각보다 오래 지속될 수도 있다.

한국경제가 어려움을 극복하고 재도약하기 위해서는 경제발전 4요소별로 해결책을 강구할 필요가 있다. 첫째, 노동력 측면에서는 세 가지 방안이 제시된다. 평화로운 남북통일을 통해 북한의 인력을 활용하거나, 이민 문호를 적극 확대하거나 젊은 층의 출산을 장려하는 것이다. 그 어느 것도 당장에 쉬워 보이지 않지만, 이들 모두를 포기한다면 탈출구는 없다. 특히, 평화통일은 우리 경제에 주어진 마지막 희망일 수도 있다. 성경의 고린도후서에는 이런 말씀이 있다. "…너희의 넉넉한 것으로 그들의 부족한 것을 보충함은… 그들의 넉넉한 것으로 너희의 부족한 것을 보충하여 균등하게 하려 함이라…" 물론 성경말씀은 다른 의미로 쓰여진 것이지만, 이를 우리 경제상황에 차용할 수 있다. 우리는 자본, 기술, 그리고 고도성장의 경험을 갖고 있으며, 북한은 젊고 저렴한 인력과 엄청난 부존자원을 갖고 있다. 이들을 결합하면 상호보완을 통한 큰 시너지 효과가 생겨 남북 모두에게 유리할 수 있다.

두 번째, 기술 측면에서는 주입식 교육을 버리고 창의성을 키우는 방향으로 교육제도를 전면 개편하여, 이를 통한 원천기술 개발과 신수종산업 발굴이 필요하다. 지금부터 적극 추진에 나서도 늦은 편인데 이를 계속 지연시킨다면 이는 우리 경제의 미래를 암담하게 할 뿐 아니라, 교육현장에 놓인 젊은 세대들에게 비효율적이고 불필요한 교육을 강요하는 것이다.

셋째, 자본 측면에서는 비교적 여건이 양호하다. 대기업들이 내부유보를 통해 축적한 자본과 더불어 확장적 통화신용정책에 따른 여유자금이 시중에 비교적 넉넉한 편이다. 다만, 미국의 정책금리 인상과 양적완화 축소 등으로 인한 기축통화 달러의 유동성위기 가능성에 대비하는 것은 필요하다.

경제성장의 네 번째 요소는 기업가 정신과 경영능력이다. 대기업의 창업 1세대들은 정경유착 등 다소 아쉬운 잘못을 저질렀음에도 불구하고, 우리 경제의 고도성장을 이루어내고 고용을 창출하는 데에 나름대로 기여했다. 그런데 2, 3세대로 이어진 오늘날의 대기업이 자신들에게 주어진 사회적 책임을 제대로 다하고 있는지에 대해서는 반성해야 한다. 고용 없는 기업 자신만의 성장, 중소기업 영역을 침해하는 대기업의 횡포 등을 버리고, 앞장서서 필요한 리스크들을 과감히 부담하며 '창조적 파괴'를 통해 경제성장과 발전에 기여하는 제대로 된 기업인들을 우리 사회에서 다시 보게 되기를 기대한다.

실물경제가 뼈와 근육이라면 금융은 핏줄에 해당한다. 뼈와 근육이 노화하고 병들어가는데 핏줄만 강건하기 어렵다. 뼈와 근육이 활발하게 성장할 때 핏줄 또한 이들에게 필요한 혈액을 공급하기 위해 함께 자란다. 간혹 가다가 성장에 필요한 혈액을 과잉 또는 과소공급하여 문제가 생길 수 있다. 이때가 바로 축소적 또는 확장적 통화신용정책이 필요한 시점이다. 그러나 뼈와 근육이 성장을 멈추고 노화하는데 혈액만 무한히 공급한다고 해서 건강이 회복되지 않는다. 그래서 '금융정책은 노끈(string)과 같다'고 말한다. 지나치게 빠르게 달려가는 말의 속도를 늦추는 데에는 유효하지만, 주저앉아 있는 말을 일으켜 세워 달리게 하는 데에는 역부족이라는 뜻이다.

금융학자로서 이렇게 마무리하여 아쉽지만, 지금 우리가 해결해야 할 문제에서 금융이 할 수 있는 역할은 그다지 크지 않다. 정치인들이 다양한 갈등을 평화롭고 조화롭게 조율하는 능력, 아이들을 많이 낳아 활발하게 뛰어놀게 하고 싶은 세상을 만들어나가는 지혜, 암기가 아니라 창의적 문제해결을 통해 학교 가기가 즐겁게 만드는 배려, 이런 것들이 세상을 바꿀 것이다. 금융의 역할은 이에 필요한 혈액을 제때, 필요한 만큼, 필요한 곳에 공급하는 것이다.

참고문헌

강병호, 『금융기관론』, 박영사, 2004.

강종만·임병철·구정한·서병호, 「국내 금융회사의 투자은행업무 활성화 방안」, 한국금융연구원, 2008.

금융감독원, 『금융감독용어사전』, 2011.

______, 『똑똑한 금융 내비게이션』, 2012.

______, 『금융감독제도』, 2012.

______, 『금융리스크분석』, 2012.

______, 『금감원이야기』, 각월호.

______, 홈페이지(http://www.fss.or.kr)

______, 금융소비자 정보 포털 '파인'(http://fine.fss.or.kr)

금융위원회, 「포용적 금융을 위한 금융정책」, 한국금융학회 정기학술대회 자료, 2016.

______, 홈페이지(http://www.fsc.go.kr)

김진호, IMF 구제금융에 따른 1998년도 금융환경 전망과 은행의 대처방안, 『국민금융』, KB국민은행, 1997.

______, 『파이낸셜 뉴스』 칼럼, 2001.

______, 『참여정부 시기의 금융이야기』, 이화여자대학교출판부, 2007.

______, 『금융위기와 리스크관리』, 박영사, 2012.

______, 한국금융학회-한국은행 주최 정책심포지움 토론자료, 2016.

김우진, 「2006년 은행의 주요 경영과제」, 『주간 금융브리프』, 한국금융연구원, 2006.

김해식, 「위기의 한국 금융, 해법은 무엇인가」, 한국금융학회·보험연구원·자본시장연구원 공동 정책심포지엄 발표자료, 2015.

박상균·하석균, 「Center for Financial Inclusion」, 출처미상, 2016.

연강흠·이준행, '대형 IB의 가능성과 전망', 재무 관련 학회 공동학술대회 발표자료, 2006.

전국은행연합회, 월간 『금융』, 각월호.

천위루·양동, 『금전통치』, 레인메이커, 2012.

통계청, 홈페이지(http://kostat.go.kr)

한국개발연구원, 『나라경제』, 각월호.

한국금융투자자보호재단, 홈페이지(http://www.invedu.or.kr)

한국산업경제연구원, 『신용경제』, 각월호.

한국은행, 『한국의 금융제도』, 2011.

______, 『금융생활 길라잡이』, 2012.

______, 『한국의 금융시장』, 2012, 2016.

______, 홈페이지(http://www.bok.or.kr)

Bernstein, P. I, 『리스크(*Against the Gods*)』, 안진환 역, 한국경제신문사, 2006.

Huntington, S. P., 『문명의 충돌(*The Clash of Civilizations*)』, 이희재 역, 김영사, 1997.

Kindleberger, C. P. and R. Z. Aliber, 『광기, 패닉, 붕괴: 금융위기의 역사(*Manias, Panics and Crashes: A History of Financial Crises*)』, 김홍식 역, 굿모닝북스, 2006.

Smiles, S., 『자조론(*Self-Help*)』, 공병호 역, 비즈니스북스, 2006.

찾아보기

[ㅊ]

[ㅌ]

[ㅍ]

[ㅎ]

금융으로 세상을 읽다

김진호 교수의 금융학 강의

펴낸날 1판 1쇄 2017년 7월 26일
2쇄 2023년 2월 16일
지은이 김진호
펴낸이 주소현
펴낸곳 이화여자대학교출판문화원
주소 서울특별시 서대문구 이화여대길 52(우 03760)
등록 1954년 7월 6일 제9-61호
전화 02) 3277-2965(편집), 02) 362-6076(마케팅)
팩스 02) 312-4312
전자우편 press@ewha.ac.kr
홈페이지 www.ewhapress.com
책임편집 민지영
디자인 정혜진

ISBN 979-11-5890-233-9 93320
값 24,000원

이 도서의 국립중앙도서관 출판예정도서목록(CIP)은 서지정보유통지원시스템 홈페이지
(http://seoji.nl.go.kr)와 국가자료공동목록시스템(http://www.nl.go.kr/kolisnet)에서
이용하실 수 있습니다. (CIP제어번호 : CIP2017016223)